本书由国家社会科学基金项目
"少数民族地区反贫困战略中农户小额信贷扶贫的绩效评价"（05CJL025）
和教育部哲学社会科学研究重大课题攻关项目
"金融市场全球化下的中国金融监管体系研究"（07JZD0010）
共同资助。

中国农户小额信贷影响研究

朱乾宇◎著

 ZHONGGUO NONGHU XIAOE
XINDAI YINGXIANG YANJIU

人民出版社

序

朱乾宇同志目前正在北京大学做博士后研究工作,我是她的指导老师。她作为我的研究助理协助我从事研究教育部社科重大课题攻关项目"金融市场全球化下的中国金融监管体系研究"(07JZD0010),她主要研究中国农村金融监管问题。她的研究方向是金融学,近些年来,她对农村金融中的农户小额信贷问题进行了大量研究,尤其对少数民族贫困地区的农户小额信贷问题进行了深入研究,取得了丰硕成果,受到好评。在深入研究的基础上写出了《中国农户小额信贷影响研究》一书。

长期以来,金融服务尤其是信贷服务的缺乏已经成为制约中国农村经济发展的瓶颈,广大的低收入贫困农户长期得不到正规金融机构的金融服务和支持,仍然在贫困和低收入的边缘徘徊。在当前全球金融危机影响逐渐加深的宏观经济背景下,大量的农民工失业返乡,他们对于创业资金的需求更加凸显了农村金融供给不足的矛盾。要提高农民收入、解决"三农"问题、建设社会主义新农村,中国的农村金融急需提供新的供给主体并在组织和制度上进行创新。

小额信贷,这种为贫困和低收入群体提供的额度较小的无抵押、无担保的信贷服务方式,已在众多的发展中国家得到了广泛的推广,并被国际社会视为减缓贫困的一种有效金融制度创新。与此同时,国际社会上越来越多的目光也开始关注小额信贷的具体影响及如何进一步提高其经济和社会影响。中国作为小额信贷推广较晚的国家,小额信贷在发展过程中遇到了许多困难,各种类型的小额信贷和不同的小额信贷机构在发展的过程中都面临着一些亟待解决的问题。要想充分地发挥小额信贷的经济和社会绩效,对这些问题进行研究是十分必要的。

该书在归纳总结国际小额信贷成功的发展模式和经验的基础上,从理论、实证和政策三个层面系统地对中国小额信贷进行了影响评价。以金融经济学、宏观经济学、信息经济学和创新理论的基本原理为指导,综合运用多种研究方法,按照我国小额信贷发展的阶段,着重对现存的主要小额信贷机构的农户小额信贷的影响进行了评价,并对提高和改进影响的操作和政策进行了深入的探讨。理论上对小额信贷的相关概念进行了界定,对小额信贷的扶贫效应、国际小额信贷的主要发展模式及小额信贷影响评价体系与方法进行了理论回顾与探讨;实证研究方面在实地考察和调研的基础上分别对农业银行、农信社和村镇银行农户小额信贷的影响评价进行了研究;政策上分析了当前其他商业性小额信贷机构和非政府组织小额信贷机构的发展前景和发展对策,并提出了中国小额信贷的有效监管框架和可持续发展的整体政策建议。三个层面的分析具体采用了归纳和演绎、实证和规范、定性和定量相结合的研究方法,并注重方法和指标上的创新,使得整个研究层次分明,重难点突出,自成系统。

笔者在借鉴国际经验的基础上结合中国的现实,对中国当前各种类型的小额信贷机构开展的农户小额信贷的影响进行客观的评价,并在此基础上探讨改进小额信贷影响的操作和政策建议,对于促进小额信贷机构的健全发展,更好地发挥小额信贷对于中国减缓贫困和促进发展的作用和贡献具有重要的意义。

曹凤岐

2009 年 9 月 10 日

目　　录

理　论　篇

实　证　篇

政　策　篇

第一章　引　言

第一节　研究的目的和意义

一、问题的提出

2006 年诺贝尔和平奖获得者孟加拉国经济学家穆罕默德·尤努斯(Muhammad Yunus)以其所创建的孟加拉国乡村银行(Grameen Bank)小额贷款方式在过去的 30 多年里帮助了千百万人脱离了贫困。这一成功的扶贫方式为第三世界国家提供了良好的扶贫范本,迅速推广到亚洲、非洲和拉丁美洲的许多发展中国家,各国根据本国特点逐步创新出新的小额信贷模式。随着小额信贷项目和机构日益成为减缓贫困和促进微型企业发展的重要组成部分,人们的目光不仅仅关注小额信贷机构的数量扩张、服务人数、总贷款规模和还款表现,而且更多地开始审视小额信贷对贫困居民经济与社会生活的世纪影响(特别是长期影响)。1998 年联合国会员大会就指定 2005 年为"国际小额信贷年",而在其制定的五个主要目标中,首要目标即为"评估并促进微型金融和小额信贷对'千年发展目标'的贡献"。

中国作为世界上重要的发展中国家之一,目前还拥有 1.2 亿贫困和低收入人口,并且他们绝大多数分布在广大的农村地区。伴随农村的信贷需求日益呈现区域差异化和多样化的态势,当前农村金融机构还没有充分发挥其支农作用。目前,在广大的农村地区,农村的信贷约束问题依然严重,农户的"贷款难"问题依然存在。具体表现为:一方面,农户有比较强烈的信贷需求和其他的金融服务需求;另一方面,随着四大商业银行的网点陆续从县域撤离,当前农村地区金融服务的机构和覆盖网点严重不足,而且由于农业高风险和低收益的特征,现有的农村金融机构往往还会将从农村地区吸收的资金投向回报高、见效快的城市,使得农村资金外流严重,农户和农村地区广泛存在的微小企业很难获得正规金融机构的金融支持。党的十七届三中全会和2009年中央一号文件当中,都把改革农村金融提到了相当的战略高度,而人民银行、银监会也屡次下发文件对农村金融的改革提出了指导意见。这些政策措施的目的,都是为了促进农村地区信贷供给的增加,有效解决农户和农村地区的微小企业"贷款难"的问题。

小额信贷,这种专门针对贫困和低收入人口以及微小企业提供金融服务的信贷方式,已被国际社会广泛视为金融领域的一项重大制度创新,其在各国减缓贫困、解决农户和低收入人口贷款难、促进微型企业发展等方面发挥了重要的作用。从1993年底由中国社会科学院农村发展研究所组建了我国第一个由非政府组织操作的专业化小额信贷机构——河北易县信贷扶贫合作社之后,小额信贷在我国已发展了16个年头,取得了巨大的进步。虽然小额信贷这种被发展中国家广泛采用和推广的信贷扶贫方式在我国反贫困的实践中也开始发挥着越来越重要的作用,但由于小额信贷在我国的发展时间还相对较短,各种小额信贷机构在其发展过程中存在各种问题亟待解决和进一步完善。因此,对中国农户小额信贷的影响展开研究是十分必要的。

二、研究的意义

在全球金融危机的背景下,我国应对危机所采取的扩大内需、实现外需型经济结果的转型等一系列经济措施,其落脚点的关键还是要在我国庞大的农村市场。因此,从这个意义上来说,能否解决"三农"问题,已经成为中国经济战略转型能否实现的关键,而解决"三农"问题的关键,就在于能否为农村提供充足的、多层次的金融服务支持。小额信贷的发展,解决了部分中低收入群体发展的金融需求,以创新的要素介入金融市场,促进了金融市场的竞争和发展,如果能够充分地发挥小额信贷的作用,其带来的经济和社会影响将是巨大的。

从中国目前农村小额信贷机构的供给类型来看,可以分为正规金融机构和非正规金融系统两大类,其中为农户和农村地区微小企业提供小额信贷的正规金融机构主要有农业银行、农信社(农商行、农合行)、邮储银行、村镇银行和农村资金互助社;此外,国家开发银行、农业发展银行甚至股份制商业银行(例如深圳发展银行等)也开始涉足小额信贷领域,外资金融机构(例如德国复兴信贷银行 KFW、汇丰银行、渣打银行)和一些国际组织(例如国际金融公司等)也参与进来,它们有的参股农村商业银行或农村合作银行,有的甚至独资或合资设立村镇银行、小额信贷公司,直接参与小额信贷的发放。非正规金融系统主要包括民间借贷组织、扶贫社和非政府组织(NGO)等等。虽然从小额信贷的规模和总量上看,目前农信社发放的农户小额贷款仍然占绝对地位,但是,其他类型的小额信贷机构开展的农户小额信贷也已初见成效,且发展潜力巨大。如近两年来,农业银行的经营目标已从城市为重点转向同时占领和发展城乡两个金融服务市场,有可能成为农村小额信贷业务的主力军之一;邮储银行具有3.7万个全国最大的城乡网络,具有覆盖农村金融空白,成为特色零售银行的巨大潜力;村镇银行已在全国范围内试点,并由于享有贷款利率(4倍于基准利率)上的政策优势,外资机构也开始纷纷进入村镇银行小额贷款领域;农村资金互助社的注册门槛较低,如果监管得当,也能够很好地发挥其支农的效果和作用。

鉴于这一现状,全面准确地评价中国现有的小额信贷机构开展的农户小额信贷的影响并探讨其改进操作与解决问题的方法,进而相应地提出切实可行的政策建议,对于进一步构建和完善新型农村金融体系,更好地发挥小额信贷在中国减缓贫困和促进发展中的作用具有重要的理论意义和现实意义。

三、研究的目的

笔者认为,中国要推进农村金融体制改革、建立现代农村金融制度的关键之一,就在于进一步完善以小额信贷为主体的普惠农村金融体系。在当前农村金融环境不宽松、民间和国际机构的小额信贷暂时不能以金融机构的方式进入农村小额信贷市场的情况下,一方面,农村正规金融机构更应该加大小额信贷的发展力度,充分发挥其支持"三农"的主力军作用,同时,还要进一步实现组织创新,发展新型农村小额信贷机构;而另一方面,非正规金融机构也要加快其正规化的步伐,促进小额信贷的规范健康发展。只有这样,才能将那些长期被排斥于传统金融服务之外的农村低收入人口纳入正规农村金融服务范围,使他们也能够分享到中国改革开放 30 年和经济增长所带来的福利改善。

　　相对于国外 20 世纪 80 年代就广泛开展的小额信贷的影响研究,国内在此领域仅仅是在最近 5 年才逐渐展开且主要集中在对个案的分析。因此,无论是在小额信贷影响研究的理论探讨还是实证研究方面,国内在该领域的研究都相对落后。2006 年之后,随着各种新型农村商业性小额信贷机构的出现和农村金融新政的出台,中国的农村金融市场格局发生了巨大的变化。本书以中国目前现存的主要小额信贷机构为研究对象,运用归纳和演绎相结合、实证和规范分析相结合、定性和定量分析相结合的研究方法,从理论、实证和政策三个层面系统地评价了中国现有小额信贷机构开展农户小额信贷的影响,旨在为进一步提高和改进小额信贷的操作和完善农村小额信贷机构的规范和健康发展提供理论和实践依据。

第二节　小额信贷及其相关概念界定

一、小额信贷的产生和发展

（一）小额信贷产生的雏形

　　早在中世纪,一些国家中就有各种形式的储蓄和贷款小组的存在。1462年,意大利就有了第一家官办的典当行,以应对社会上的高利贷。1515 年,罗马教皇就授权典当行的利率要覆盖其运营成本。在 18 世纪 70 年代,"爱尔兰贷款基金系统"成立,向没有抵押的贫困农户提供小额贷款。在其运营的鼎盛时期,每年给 20% 的爱尔兰家庭提供贷款。在 19 世纪 80 年代,德国建立了信贷合作社。从 1865 年起,合作社运动在欧洲和北美快速发展,最终发展到发展中国家。

（二）小额信贷的发展

　　在 20 世纪初期,上述这些类型的小额信贷在拉丁美洲得到本地化的发展。20 世纪 60 年代开始,不少发展中国家和国际组织一直在试图为低收入阶层提供信贷服务。一些国家的国有政策性金融机构和农民合作社努力扩大农业信贷,这些机构获得低息贷款,再以补贴利率贷给借贷户。这些政策性金融机构由于低利率无法覆盖其运营成本,损失了绝大多数的资本金。因此,由国际组织援助和政府支持的为穷人提供信贷服务的项目,在20世纪60~70年代始终没有探索到既能为穷人提供信贷服务,又能解决信贷机构的自我生存的途径。

20世纪70年代初,现代小额信贷诞生了。一些试验项目向贫困妇女提供小额贷款,供她们开展微型生产经营活动。这些先驱者包括孟加拉国乡村银行(Grameen Bank,GB)、拉美的行动国际(Action International)和印度的自我就业妇女协会(SEWA)银行。

20世纪80年代,一些为穷人提供小额信贷服务的项目和机构,在吸收以往教训的基础上,仍在持之以恒地进行艰苦的努力和有益的探索,并不断取得令人鼓舞的成绩,世界小额信贷项目在不断改进和创新。孟加拉国乡村银行(GB)、印度尼西亚人民银行(BRI)的农村信贷部、玻利维亚的“阳光银行”(BancoSol)、泰国的农业和农村合作社银行(BAAC)、国际社区资助基金会(FINCA)、信贷联盟和众多的非政府组织等一批组织和机构,由小额信贷项目成功地覆盖了大量贫困农户,到小额信贷机构实现逐步制度化且实现自身财务的持续发展。

20世纪90年代初,“小额信贷”开始被“微型金融”所取代,也就是说,小额信贷不只是提供贷款,而且还提供储蓄、保险和汇款结算等服务。

进入21世纪,传统的小额信贷和较大规模的金融体系的边界开始模糊起来,人们越来越强调应建立起为穷人服务的完整的或普惠性的金融体系。

二、小额信贷的相关概念界定

(一)小额信贷和微型金融

1. 小额信贷

小额信贷是由英文单词Microcredit翻译而来的,从国际流行观点定义,小额信贷是指向低收入群体和微型企业提供的额度较小的信贷服务,其基本特征是额度较小、服务于贫困人口,无担保、无抵押。小额信贷可以由商业银行、农村信用合作社等金融机构提供,也可以由专门的小额信贷机构(或组织,简写MFI)提供,一般只包括信贷业务。

当然,对于小额信贷的含义仍然存在许多争论,但世界范围在小额信贷的两个基本要求上已经达成了一致,即:第一,小额信贷服务于传统银行不愿或难以服务的弱势群体。小额信贷服务的对象是信贷市场的低端客户,世界银行"扶贫协商小组"(Consultative Group to Assist the Poorest,CGAP)认为小额信贷的客户群体应除去最贫困的赤贫客户外的各类贫困户和刚刚跨过贫困线的低收入以及中等收入群体。但在现实中,客户群体的范围实际上被大大扩展了。第二,小额信贷的额度应该有个限度。但小额信贷中的"小额"是个相对的综合概念,并不仅限于"小额度"的含义。"小额度"只是指最初客户得到的贷款额度非常小,但随着良好的贷款信誉,客户可以得到较大额度的后续贷款。国际上的一种流行看法是它的贷款额度应大体等于或小于本国(地区)的人均GDP。但在现实中,小额信贷的额度限定也被大大扩展了,事实上目前成功的小额信贷项目客户的贷款额度并不是很小。①

2. 微型金融

微型金融是由英文单词 Microfinance 翻译而来,许多人把微型金融与对穷人提供的小额贷款联系起来,尽管产品(贷款)和市场(穷人)都是在微型金融的范畴之内,但是,它们更多反映的是微型金融的起源,而不是微型金融的现在和将来。微型金融业从小额信贷项目演变而来,然而,到今天它已经成为覆盖更大范围产品和服务的机构,从信贷和储蓄,到保险和货币汇划。因此,从概念上说,小额信贷是微型金融的一个组成部分。

现今,许多人给微型金融下了更为宽泛的定义,即微型金融是为那些被正规金融体系排除在外的人提供的金融服务。② 这种宽泛的定义促使微型金融对它们提供的产品以及服务的市场进行思考,这里提到的服务隐含了微型金融服务潜在的宽度。被正规金融体系金融服务排除在外的不仅是缺乏财富的人群,而且还包括社会、文化和性别等方面的障碍。有效的微型金融的定位是要克服这一系列障碍,为那些被正规金融体系排除在外的许多不同客户提供更大范围的金融服务。

20世纪90年代,"小额信贷"逐渐被"微型金融"取代。如今,传统的微型金融与更广泛意义上的金融体系之间的边界变得越来越模糊,一些国家,银行

---

① 杜晓山、刘文璞等:《小额信贷原理及运作》,上海财经大学出版社2001年版,第23页。
② 联合国资本发展基金:《微型金融远程学习课程》,美国2002年印刷,第19页。

和其他商业组织已经进入微型金融行业,开始建立完全面向贫困人口的金融体系。

(二)小额信贷和农村金融

农村金融是指为农村地区提供的、由所有收入水平的人使用的金融服务。农业金融是农村金融的一个分支,即专门为与农业相关的活动提供的金融服务,如农业生产资料的供应、生产、销售和批发、市场营销活动等。

第二次世界大战以后,许多获得政治独立的发展中国家,为了摆脱对西方国家的经济依赖,促进本国经济迅速增长并有效削减贫困,实行了"赶超式"经济发展战略。这一战略对农村经济的关注,表现为大量的补贴性信贷资金被源源不断地通过各种政策性金融机构投放到农业部门和农村地区。这种传统农村金融政策的基本特征:一是单方面强调优惠贷款的作用,通常以低于市场水平的补贴性利率发放贷款,或附有其他优惠条款;二是以国有政策性金融机构为信贷投放主体。然而,这种强调贷款供给的传统农村金融政策,在以后几十年的国际经济发展实践中并没有获得成功。其造成的不利后果一是低利率政策抑制储蓄,并对民营金融机构具有排挤效果;二是当政府性信贷资金被更多地视为一种补贴或者拨款而不是贷款的时候,必将导致较低的还贷率,并会进一步破坏信用环境;三是低利率信贷资金并没有使普通农户真正受惠,而是常常被那些乡镇社区中的有权阶层获得。

在这样的历史背景下,各国开始实行以开放市场为基本特征的农村金融改革,农村经济发展政策的"新方法"逐渐兴起。为顺应这种潮流,自20世纪70年代以来,规模不一的小额信贷已经在非洲、亚洲、拉丁美洲、加拿大乃至美国等广大区域内迅速发展起来。在有些国家,小额信贷已经具备能够为农村人口提供系统性金融服务的可持续的制度体系,因此,小额信贷实际上是农村金融服务的一种制度创新。

小额信贷与一般农村金融的服务目标有相当的重合,基本目标都是促进增长、增加收入和减缓贫困。在图1.1中,为农村贫困人口提供的金融服务由小额信贷领域和农村金融及农业金融的重叠阴影部分表示,它包括根据农村地区贫困人口的需要所设计的各种用途和来源的金融服务,服务的提供者既包括金融机构,如银行和信贷联盟,也包括非金融机构。

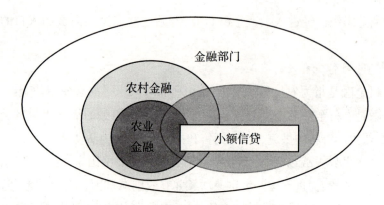

图1.1　小额信贷和农村金融的关系

（三）小额信贷与普惠金融

过去20多年,小额信贷的概念不断被拓宽,从小额度信用贷款到微型金融,再到建立服务于穷人和低收入人群的完整的金融体系——"普惠"金融体系。

早在20世纪90年代,发展界就开始认识到小额信贷提供者可以收回给穷人和低收入人群发放的贷款,并且可以覆盖其成本,进而可以服务于更多的人。世界银行扶贫协商小组(CGAP)意识到,如果良好实践得以付诸实施,金融服务就可以让贫困家庭拥有力量,把他们从为糊口而奔波发展到为未来生活进行规划,获得物资和金融资产,并投资于提高营养、改善生活条件以及孩子的健康和教育状况。如果能够可持续地提供金融服务,即使在小额信贷的捐助者或政府小额信贷项目结束之后,贫困人口也可以继续享有这些益处。CGAP成员为微型金融的未来勾画出这样一个愿景:在这样的世界里,任何地方的穷人都能长期地获得多种多样的、高质量的金融服务,这些服务由不同类型的机构通过各种便捷的方式提供给他们。

由此,联合国在2005国际小额信贷年推出了普惠金融的概念,并于2005年5月在日内瓦举行了全球关于普惠金融体系的启动大会。普惠金融体系(Inclusive Financial System)是以小额信贷为核心,同时涉及微观、中观和宏观层面的农村金融政策"新方法"。普惠金融体系框架认同的是只有将包括穷人为对象的金融服务有机地融入微观、中观和宏观三个层面的金融体系,才能使过去被排斥于金融服务之外的大规模客户群体获益,①见图1.2。

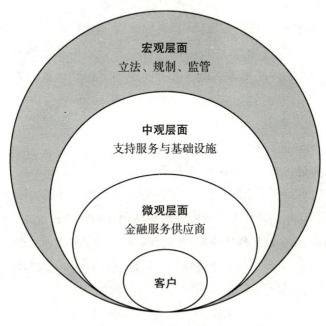

图1.2　普惠金融体系

　　零售金融机构以及其他直接为客户提供服务的供应商是普惠金融体系的支柱(微观层面)。具体包括金融和非金融机构,如非政府组织、金融公司、银行、储蓄和信贷合作社以及其他机构。另外,需要必要的当地市场基础设施,以降低交易成本、扩大客户覆盖范围、加强能力建设,并培育零售机构之间的透明度(中观层面)。中观层面的服务提供者包括审计机构、评级机构、零售金融服务供应商的专业协会或网络,征信机构、汇款和支付系统、信息技术、技术服务供应商以及培训机构。最后,由相应的政府机构提供的有利而稳定的宏观经济和政策环境对于巩固一个为贫困人口建立的金融体系来说是非常必要的。中央银行、财政部以及其他国家政府机构是宏观层面最重要的角色。在所有层面上,尤其是在市场基础设施或中观层面上,相应的利益相关人还可能超越国家界限,把区域或全球的相关机构包含进来。②

---

① 　杜晓山:《小额信贷的发展与普惠性金融体系框架》,载《中国农村经济》2006年第8期。
② 　世界银行扶贫协商组织 CGAP:《微型金融出资人良好实践指南》,2006年10月第二版,第4页。

　　总体而言,普惠金融体系包括微观层面上具有活力的"民营农村金融机构"以及适当的金融工具;中观层面上有序竞争并高效运行的农村金融市场以及良好的农村金融监管框架;宏观层面上的稳定政策以及政府旨在强化市场力量的直接干预。最终,这种包容性的金融体系能够对发展中国家的绝大多数人,包括过去难以到达的更贫困和更偏远地区的客户开放金融市场。

　　(四)小额信贷与千年发展目标

　　1. 国际消除贫困年

　　自从人类进入文明社会以来,贫困问题就一直困扰着人们。1959 年,联合国开始指定"国际年",目的是把人们的注意力吸引到主要的国际热门话题上,并鼓励开展和这些话题相关的国际行动。贫困作为一种社会经济现象并不是为某一个国家、地区或民族所独有,而是普遍发生在世界上所有的国家、地区或民族之中。可见,贫困是具有世界性的。因此,在当今社会经济快速发展的同时,国际社会从未放弃消除贫困的努力。

　　1980 年以来世界银行每隔 10 年出版一个以"贫困"为主题的报告。1992年 12 月 22 日第 47 届联合国大会确定每年的 10 月 17 日为"国际消除贫困日",旨在引起国际社会对贫困问题的重视,宣传和促进全世界清除贫困的工作,动员各国采取具体的扶贫行动。1995 年 3 月,联合国在丹麦首都哥本哈根召开了社会发展世界首脑会议,100 多个国家的政府代表,联合国 20 多个机构和 1000 多个非官方组织,参加了这次为期 7 天的首脑会议。联合国秘书长加利在开幕会上指出,在当今世界,仍有 13 亿人生活在绝对贫困状态,有 15 亿人无法享受最基本的医疗服务,其中妇女占 70% 。为解决这一社会发展问题,各国都应该实施强有力的社会政策、采取一系列政治措施,特别是加强立法和制定有关规章制度。他呼吁全世界"向贫困开战"。会议集中讨论了消除贫困、社会融洽、促进发展的问题,并通过了《哥本哈根宣言和行动纲领》。这是联合国首次举行的以社会发展为主题的首脑会议,会议确定 1996 年为"国际消除贫困年",同年 12 月 18 日,联合国第 50 次大会正式宣布 1996 年为"国际消除贫困年"。加利呼吁各国政府和人民行动起来,在 1996 年制定出消灭贫穷的战略计划和具体政策,以实现各国政府首脑对《哥本哈根宣言和行动纲领》的承诺。1997 年联合国开发计划署(UNDP)全球人类发展报告的主题是"消除贫困"。世界银行 2000/2001 年度报告主题确定为"与贫困作斗争"(Attacking Poverty)。[1]

2. 千年发展目标的主要内容

20 世纪 90 年代,一些大型的国际会议和政府首脑集会开始讨论新世纪全球发展方向,并确立了一些比较明确的目标,称为"国际发展目标"。2000 年 9 月,联合国将这些目标整合并重新命名为"千年发展目标",以此作为 21 世纪全球发展规划的具体指引。在 2000 年 9 月举行的联合国千年峰会上,189 个国家的元首和政府领导人就《千年宣言》达成了历史性一致,制定千年发展目标,明确承诺在 2015 年以前将全球贫困人口比例减半。千年发展目标提供了一套有时限的指标用于消除贫穷、饥饿、文盲、疾病、对妇女的歧视、环境恶化和促进全球合作发展。包括中国在内的成员国承诺履行这一框架。

千年发展目标(MDGs)具体包括八个目标。一是消灭极端贫穷和饥饿:靠每日不到 1 美元维生的人口比例减半;挨饿的人口比例减半。二是普及小学教育:确保所有男童和女童都能完成全部小学教育课程。三是促进两性平等,并赋予妇女权利:最好到 2005 年在小学教育和中学教育中消除两性差距,至迟于 2015 年在各级教育中消除此种差距。四是降低儿童死亡率:五岁以下儿童的死亡率降低三分之二。五是改善产妇保健:产妇死亡率降低四分之三。六是与艾滋病毒/艾滋病、疟疾和其他疾病作斗争:遏止并开始扭转艾滋病毒/艾滋病的蔓延;遏止并开始扭转疟疾和其他主要疾病的发病率增长。七是确保环境的可持续能力:将可持续发展原则纳入国家政策和方案,扭转环境资源的流失;无法持续获得安全饮用水的人口比例减半;到 2020 年使至少 1 亿贫民窟居民的生活有明显改善。八是全球合作促进发展:进一步发展开放的、遵循规则的、可预测的、非歧视性的贸易和金融体制。包括在国家和国际两级致力于善政、发展和减轻贫穷;满足最不发达国家的特殊需要。这包括:对其出口免征关税,不实行配额;加强重债穷国的减债方案,注销官方双边债务;向致力于减贫的国家提供更为慷慨的官方发展援助;满足内陆国和小岛屿发展中国家的特殊需要;通过国家和国际措施全面处理发展中国家的债务问题,使债务可以长期持续承

---

① 刘俊文:《超越贫困陷阱——国际反贫困问题研究的回顾与展望》,载《农业经济问题》2004 年第 10 期。

受;与发展中国家合作,为青年创造体面的生产性就业机会;与制药公司合作,在发展中国家提供负担得起的基本药物;与私营部门合作,提供新技术特别是信息和通信技术产生的好处。

千年发展目标是由联合国、各国政府、众多国际发展组织和其他关心世界贫困问题的人们共同制定的。宣言所包含的八项"千年发展目标"(以及相关的18项具体目标和48项指数)承载了所有国家促进发展的庄严承诺。之所以拟定千年发展目标,是因为这些组织想要做两件事情:第一,他们希望能够帮助贫困人口实现自给自足,并能为他们的社会作出贡献。第二,他们想要看看在减轻全球贫困和帮助贫穷国家发展方面取得了哪些进步。这些目标现在已成为国际社会衡量发展进度的重要标准。

为了实现重点发展目标,千年发展目标着重强调发达国家和发展中国家必须共同承担责任,履行义务。全球要为实现千年发展目标共同努力,因为国际社会的每一位成员的参与对实现这些目标都具有至关重要的意义。国与国之间需要相互合作,更要调动全社会的力量,让社会各界,包括政府部门、私营企业、民间团体、普通民众以及新闻媒体都参与进来方能成功。

3. 国际小额信贷年

在千年发展目标中,"根除极度贫困和饥饿"被列在首位,凸显联合国对于消除贫困、改善人们生活状况的决心。在此背景下,小额信贷作为扶贫的有效手段和攻坚力量,开始进入联合国的规划视野。1998年12月,联合国会员大会指定2005年为"国际小额信贷年",并正式宣布这一年将成为促进小额信贷计划贯彻全球的一个重要机会;2002年12月,联合国秘书长征求各国政府对小额信贷年的观点和建议;2003年4月,联合国资本开发基金(UNCDF)制定了国际小额信贷年的行动计划草案;2003年6月,该草案在联合国"第一个消灭贫穷十年计划(1997~2006)"的执行会议上,作为联合国秘书长报告的一部分提交定案;2003年10月,联合国制定简报,安排各成员国在国际小额信贷年行动草案中的任务;2004年9月,联合国秘书长2005国际小额信贷年的准备报告出台;2005年11月18日,"国际小额信贷年"在美国纽约的联合国总部正式启动,目标是到2015年,全球每天收入1美元以下的贫困人口比例比1990年减少一半。

在联合国"2005小额信贷年"的相关文献中,农村金融政策的"新方法"被系统地进行整理并被冠以"普惠金融体系"之名,它实际强调应把具有可持续发展潜力的小额信贷纳入正规金融体系,从而把那些被排斥于传统金融服务和整体经济增长轨道之外的农村低收入人口,纳入农村金融服务范围,使他们分享到经济增长所带来的福利改善。

联合国制定了"国际小额信贷年"的五个发展目标:第一,评估并促进微型金融和小额信贷对千年发展目标的贡献;第二,增加公众对微型金融和小额信贷作为发展平衡的一个至关重要方面的认识和理解;第三,推广面向各类顾客群体的金融机构;第四,支持对金融服务的可持续发展性评估;第五,鼓励创新,促进和支持新的战略合作伙伴关系,以建设和扩大小额信贷和微型金融的服务领域。①

国际社会已对实现千年发展目标作出了庄严承诺。为了了解小额信贷为穷人提供金融服务究竟是不是实现千年发展目标的一个有效手段,CGAP 针对穷人获得金融服务的现状,以及获得金融服务与千年发展目标的关系做了一项实证研究。有证据表明,虽然在很多情况下,小额信贷可能并不是最好的扶贫方法,②但是穷人获得金融服务增强了他们以可持续的方式实现千年发展目标的能力。金融服务能使穷人增加收入来源多元化,构建人力资本、社会和经济资产,并从和贫困相关的多个方面改善自己的生活。③

从全球视角观察,发展小额信贷对于缩小个人收入差距和解决区域发展不平衡和资源有限性问题能够起到推动和促进作用,具体可以分为三个方面:第一,小额信贷是扶贫的有效工具。它通过提供存款、信用和保险工具使得贫困人群可以进行更加稳定的消费,更加有效地去管理他们的风险,发展微小企业并增加自身的营利能力,提高生活质量。第二,小额信贷服务可以促进资源配置、市场发展和技术进步,并通过这些渠道促进经济的增长和社会发展。第三,小额信贷服务可以通过对金融市场进一步完善来促进整个金融体系的发展。

---

① 中国人民银行小额信贷专题组:《小额贷款公司指导手册》,中国金融出版社 2006 年版,第 95 页。

② 在面对极端贫困或不能从事任何经济活动的赤贫人群时,有针对性的扶贫和社会福利项目也许是更好的解决办法。

③ Sananikone O.,"Microfinance and the Millennium Development Goal", *CGAP Donor Brief*, No. 9, 2002.

第三节　本书的研究框架和研究方法

一、本书的研究框架

本书包括引言、理论篇、实证篇和政策篇共 11 章内容。

（一）引言

第一章为引言,介绍了研究的背景、意义和目的,小额信贷的产生和发展,并对小额信贷及其相关概念如微型金融、农村金融、普惠金融及千年发展目标等进行了界定,对它们之间的区别与联系进行了阐述。

（二）理论篇

第二、三、四章为理论篇,对小额信贷的扶贫效应、国际小额信贷的主要发展模式及小额信贷影响评价体系与方法等进行了理论回顾与探讨。

第二章为小额信贷扶贫效应的理论回顾。本章首先对贫困的定义与测定和世界范围贫困的现状与分布进行了分析,然后总结了国际社会反贫困的主要经验,并对中国政府反贫困的主要政策和做法进行了分析,对中国反贫困政策的整体效果进行了概括。在此基础上,本书从金融制度创新的角度对小额信贷在反贫困战略中的地位和作用进行了分析,指出从小额信贷的目标群体、模式类型、基本原则及核心运行机制上看,小额信贷这种为穷人和低收入阶层服务的信贷扶贫方式是金融领域的一项重大制度创新。

第三章为小额信贷发展模式的国际比较和成功经验。本章首先分析了小额信贷发展的洲际分布和区域特点,然后对国际小额信贷典型的四种发展模式——孟加拉国的乡村银行（Grameen Bank）模式、玻利维亚的阳光银行（BancoSol）模式、印度尼西亚的人民银行（BRI）模式及拉丁美洲的村银行（FVB）模式的基本特征、基本做法及各自的优劣势进行了比较。在此基础上,分析了近十年来国际小额信贷的发展趋势及国际社会成功的小额信贷发展具有的共性及成功的经验。

第四章为小额信贷影响评价体系与方法。本章通过分析大量的文献,介绍了国际上较通用的小额信贷影响评价的体系与方法,影响评价体系包括评价的目标、影响链模型、评价的单位、评价的指标等;影响评价的方法包括科学方法和人类学方法两大类,其中每类方法中又包括许多子方法,各种方法都有其自身的优劣势,针对不同的情况采纳不同的方法及方法上的组合会使影响评价工作开展得更顺利,同时增加影响评价结果的准确性和说服力。国际小额信贷影响评价的具体实践中运用不同方法分析了不同区域和项目的小额信贷在减缓贫困、发展儿童教育、改善妇女儿童健康状况和妇女赋权等方面的影响,得出了各自的结论。

(三)实证篇

第五、六、七、八章为实证篇,在分析了小额信贷在中国发展的实践的基础上,着重对农业银行、农信社和村镇银行农户小额信贷的影响评价进行了实证研究。

第五章为小额信贷在中国的实践。首先介绍了小额信贷在中国发展的开端、发展的四个阶段及现有主要小额信贷机构的运行状况与特征,然后基于中国农村金融市场的供需现状和矛盾分析了在构建新型农村金融体系过程中小额信贷机构应发挥出的作用和贡献。最后根据中国小额信贷的主要类型总结了当前国内在国际机构资助的小额信贷项目、政府主导型小额信贷项目、国内非政府组织小额信贷项目和正规金融机构小额信贷项目中已进行的影响研究,并通过对比国外的研究现状分析了国内这项工作中的不足和有待改进之处,这些有待改进之处在第六、七、八章中均有体现。

第六章为农业银行农户小额信贷影响评价的实证研究。本章根据农业银行的发展历程分析了农业银行农户小额信贷的发展历程和发展现状,指出前期由农业银行运作的小额信贷项目主要是以政府机构和农业银行共同运作的政策性小额贷款扶贫项目,这些项目目前在国内只在很小范围内开展,而2007年之后全国绝大部分省份的农业银行主要是通过金穗惠农卡为载体来开展小额农贷业务。在此基础上,本章首先选取了农户小额信贷扶贫开展较好的广西壮族自治区为例,对该区农业银行农户小额信贷扶贫项目的影响进行了实证和案例分析;然后,对近年来刚开始推行的农业银行惠农卡农户小额信贷影响评价进行了实证分析。

第七章为农村信用社农户小额信贷影响评价的实证研究。当前农村信用社开展的农户小额信贷仍是中国小额信贷的主力军。本章以湖北省恩施土家族苗族自治州为例,在分析了该州农信社农户小额信贷基本做法与成效的基础上,采用不同的评价体系、运用科学方法中的多元回归分析方法和样本调查、快速评估、案例研究、专家访谈等人类学方法相结合的综合分析方法分别对不同的评价单位——农户个人和家庭、机构(农信社)——进行了影响评价,然后对农信社农户小额信贷面临的问题及原因进行了分析,提出了农信社小额信贷影响改进的政策建议。

第八章为村镇银行农户小额信贷影响评价的实证研究。本章以新型农村金融机构中占绝对地位和发挥最主要作用的村镇银行为研究对象,分别选取了成立最早的中国首家村镇银行四川仪陇惠民村镇银行和发起行较为全面的湖北省村镇银行为代表,评价了村镇银行开展农户小额信贷的影响,然后分析了村镇银行开展农户小额信贷的制约因素,提出了村镇银行小额信贷影响改进的政策建议。

(四)政策篇

第九、十、十一章为政策篇,分析了当前其他商业性小额信贷机构和非政府组织小额信贷机构的发展前景和发展对策,最后从整体上提出了中国小额信贷有效监管的初步框架和可持续发展的政策建议。

第九章为其他商业性小额信贷机构的发展前景和政策建议。由于邮政储蓄银行、农村资金互助社和小额贷款公司这些新型商业性农村小额信贷机构成立的时间并不长,要么开展农户小额信贷业务有限(如邮政储蓄、小额贷款公司),要么机构数量有限(如农村资金互助社),这些机构如何更好地开展农户小额信贷还处于探索阶段。因此,现阶段来评价这些机构开展的农户小额信贷的影响还相对困难。本章着重分析了这些新型商业性小额信贷机构的发展现状,开展小额信贷业务中存在的问题和发展前景,并提出了促进它们发展的相应的政策建议。

第十章为非政府组织小额信贷的发展前景和政策建议。非政府组织小额信贷是我国小额信贷试点初期阶段的最主要形式,为我国政府部门和正规金融机构开展小额信贷项目提供了非常宝贵的经验。然而,由于其在法律地位、资金产权、治理结构和管理体制等方面存在着一些问题,其在中国的发展呈萎缩的趋势。本章在总结了中国非政府组织小额信贷的实践的基础上,分析了其现存的主要问题,对其前景进行了展望,并提出了促进其发展的相关政策建议。

第十一章为中国小额信贷的有效监管和可持续发展。本章结合国际小额信贷机构监管的原则和经验,根据中国现行的小额信贷机构的运行现状和特征,提出了中国小额信贷机构的有效监管框架,最后整体性地提出了中国小额信贷可持续发展的政策建议,并分析了政府在中国小额信贷发展中的合理定位和作用。

本书研究内容的框架如图1.3所示。

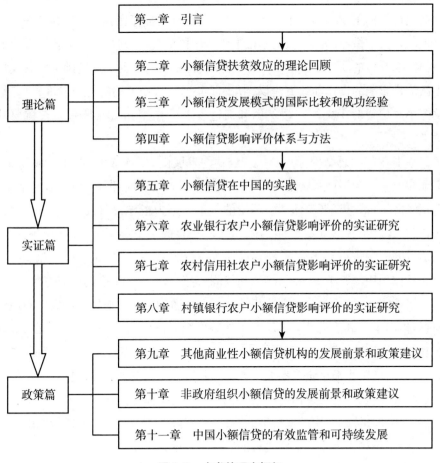

图1.3 本书的研究框架

二、本书的研究方法

小额信贷这种20世纪70年代初在孟加拉国诞生并随后在发展中国家广

泛推广的信贷扶贫方式,在中国经过十几年的发展,已经取得了很大的进步。如果从目前中国小额信贷机构的供给类型来看,主要包括 NGO 和国际社会组织、农业银行、农信社(包括农合行、农商行)、邮储银行、村镇银行、小额贷款公司、农村资金互助社、城市商业银行等等,同时,外资机构也频频进入村镇银行和小额贷款公司领域。各种类型小额信贷机构的成立和发展对于促进中国农村地区信贷供给的增加、解决农户"贷款难"的问题和帮助贫困地区贫困农户脱贫减贫发挥了积极的作用,但各种小额信贷机构都存在各种问题有待进一步完善。如何在借鉴国际经验的基础上结合中国的现实,对中国当前各种类型的小额机构开展的农户小额信贷的影响进行客观的评价,并在此基础上探讨改进小额信贷影响的操作和政策建议,对于促进小额信贷机构的健全发展,更好地发挥小额信贷对于中国减缓贫困和促进发展的作用和贡献具有非常重要的意义。

本书在归纳总结国际小额信贷成功的发展模式和经验的基础上,从理论、实证和政策三个层面系统地对中国小额信贷进行了影响评价。以金融经济学、宏观经济学、信息经济学和创新理论的基本原理为指导,综合运用多种研究方法,按照我国小额信贷发展的阶段,着重对现存的主要小额信贷机构的农户小额信贷的影响进行了评价,并对提高和改进影响的操作和政策进行了深入的探讨。具体采用了归纳和演绎、实证和规范、定性和定量相结合的研究方法。

第一,归纳方法和演绎方法相结合。本书通过对小额信贷扶贫效应的理论回顾,指出了小额信贷是世界反贫困战略中金融制度的一种创新形式;通过分析和比较国际典型的小额信贷发展模式,归纳出其发展的成功经验和发展趋势;通过对国际小额信贷影响评价方法的归纳和对国内外小额信贷影响评价研究现状的比较分析,演绎出小额信贷影响评价的整体评价体系及各种评价方法的优劣势和具体操作中的适用度;通过借鉴国际小额信贷成功的监管原则和经验,演绎了中国当前小额信贷机构的有效监管框架。

第二,实证分析和规范分析相结合。本书根据实地调研考察和金融统计数据,在分析了我国农村金融市场供需现状的基础上,结合经验验证和逻辑推理方法,着眼于"实际是什么",对我国小额信贷机构中的农业银行、农信社和村镇银行农户小额信贷的影响评价进行了实证分析;然后,对各机构开展农户小额信贷现存的问题和原因进行了深入的探讨,提出了提高和改进小额信贷影响的对策措施和政策建议,给出了"应该是什么"的研究结论。同时,分析了最早出现的非政府组织小额信贷和近年来出现的商业性小额信贷机构的发展前景和政策建议,并在建立中国小额信贷有效监管框架的基础上提出了中国小额信贷可持续发展的政策建议。

第三,定性分析和定量分析相结合,科学方法和人类学方法相结合。本书在农业银行和农信社农户小额信贷影响评价的实证研究中,首先对各类小额信贷机构开展农户小额信贷的现状和产生的积极效应进行了定性的分析,然后运用定量分析方法从农户个人及家庭、机构等方面考察了小额信贷的影响;在实证研究过程中,还充分借鉴国外的研究经验,综合运用了多元回归的准实验方法和多种人类学方法相结合的综合分析方法。

三、本书的特点与不足

(一)本书的特点

相对国内现有的研究而言,本书具有三个方面特点:

1. 研究较具有系统性

国内小额信贷的影响分析较多地停留在个案分析的基础上,而本书拟从理论、实证、政策三个层面对中国小额信贷机构农户小额信贷进行影响评价,理论上通过分析小额信贷的运行机制及其发生影响的作用机理,建立小额信贷的影响链评价模型,构建农户小额信贷影响评价的框架;实证上全方位地评价农业银行、农信社、村镇银行等机构农户小额信贷的影响,既包括"评估"影响,也包括"改进"操作;政策研究中既对邮政储蓄、农村资金互助社和小额贷款公司等新型的商业性小额贷款机构的发展前景和发展对策进行了探讨,又分析了我国NGO小额信贷的主要问题及未来可能的转型方向,最后从整体上提出了中国小额信贷机构的有效监管框架及中国小额信贷业可持续发展的政策建议。整个研究层次较分明,重难点突出,显示出了较强的系统性。

2. 研究方法上的特点

目前,国内的研究在研究方法上多采用抽样调查、专家访谈和案例分析等方法,也有一些研究采取控制组方法,较少研究采用准实验中的多元回归方法,这导致目前的研究很难较准确地从数量上寻求小额信贷项目的影响因素与非影响因素的影响效果。本书在研究方法上,在尊重中国小额信贷发展现状的基础上力求创新,以准实验方法中的多元回归方法和控制组方法为主,同时结合样本调查、专家访谈和案例研究相结合的人类学方法。在农业银行和村镇银行农户小额信贷影响评价的实证研究中主要运用样本调查、参观者观察、专家访谈、案例研究等人类学方法;在农信社农户小额信贷影响评价的实证研究中,本书充分利用农信社在开展农户小额信贷业务中主力军的优势及在开展该类业务上相对规范、数据资料相对完整的优势,运用了多元回归的准实验方法和多种人类学方法相结合的综合分析方法,对农信社在农户小额信贷的影响进行了实证研究。一方面以此在"评估"影响的实证分析中检验数据的有效性和提供更高可信度的结论,另一方面帮助小额信贷机构和政策制定者较全面准确深入地了解农户小额信贷在我国的作用和影响。

　　3. 影响评价单位和指标上的特点

　　国内近年小额信贷影响评价的研究在评价单位上主要集中于对农户个人进行评价,主要采用经济指标中的收入指标进行评价,很少研究涉及收入以外的其他经济评价指标和社会评价指标对家庭、社区和小额信贷机构进行影响评价。本书一是在评价单位上进行了创新,不仅对农户个人和家庭,还对发放农户小额信贷的机构尝试性地进行了影响评价;二是在评价的指标中,不仅采用收入这一经济指标,还采用农户拥有的生产资料、家庭财产变化和反映机构营利能力和信用风险的系列财务指标等其他经济指标进行了评价。除此之外,还考虑了瞄准对象是否为妇女和贫困户等社会绩效指标方面的变化。整个研究在评价单位和评价指标体系上具有自己的研究特色。

　　(二)本书的不足之处

　　本书的不足之处主要表现在以下两点:一是在对小额信贷影响评价的实证研究中,受资料和数据收集难易程度的限制,虽然有对社会指标的考察和关注,但仍然是以经济指标为主来进行评价;二是由于新型农村小额信贷机构的发展时间尚短,目前还很难运用定量的分析方面对其开展的农户小额信贷进行较准确的影响评价,主要还是运用定性分析方法。以上两点不足之处在小额信贷的发展过程中都将有待进一步改进和完善。

理　论　篇

第二章 小额信贷扶贫效应的理论回顾

第一节 贫困的测定和分布

一、贫困的定义和测定

（一）贫困的定义

经济学对于贫困问题的关注可以上溯到亚当·斯密、马尔萨斯、李斯特以及卡尔·马克思等人的著述中。但是，他们更多地是对贫困状况的一些描述，而很少给"贫困"下一个确切的定义。直到1901年，朗特里（S. Rowntree）出版了一本贫困研究的专著——《贫困：关于乡村生活的研究》（*Poverty：A Study of Town Life*），他在这本书中对贫困含义的阐述被认为是较早的贫困定义，他认为："如果一个家庭的总收入不足以维持家庭人口最基本的生存活动要求，那么，这个家庭就基本上陷入了贫困之中。"①并且，他还采用绝对消费的方法制定了英国20世纪初的贫困线。尽管如此，经济学家们仍然认为，在20世纪60年代以前，关于贫困的理论研究还没有被作为一个特定的对象纳入到经济学框架之中。舒尔茨在1965年发表的《贫困经济学》中指出："虽然经济学家们已经对经济稳定和经济增长做过了大量的分析研究，但是在经济学中却仍然缺乏带有理论性的贫困问题的专门研究。……也没有提出任何为了解释有关贫困的一些重要经济问题的经济学假说。……因为他们没有将关于贫困问题的理论纳入经济学的研究范畴。"②在美国，较早的贫困定义是由奥尔辛斯基（Orshansky）

---

① 吴理财：《"贫困"的经济学分析及其分析的贫困》，载《经济评论》2001年第4期。

② ［美］西奥多·W. 舒尔茨，吴珠华等译：《人力资本投资》，北京经济学院出版社1990年版，第50页。

在20世纪60年代给出的并为美国官方统计机构所采纳。[①] 她将购买美国农业部食品计划所包含食物的费用的3倍设定为贫困线,如果某人所在家庭收入低于由此计算出来的具有相同特征家庭的贫困线,这个人就被认为是贫困者。此后,随着贫困研究日趋走热,关于贫困的定义也越来越多。

1. 传统意义上的贫困定义

20世纪80年代以前的学者和权威机构,一般都是从物质层面和经济学意义上来理解贫困的。汤森(Townsend)认为,所谓贫困,是指"所有居民中那些缺乏获得各种食物、参加社会活动和最起码的生活和社交条件的资源的个人、家庭和群体"[②]。奥本海默(Oppenheim)认为,贫困"是指物质上、社会上和情感上的匮乏,它意味着在物质、保暖和衣着方面开支要少于平均水平"[③]。世界银行在《1980年世界发展报告》中指出,"贫困是指当某些人、某些家庭或某些群体没有足够的资源去获取他们在那个社会公认的,一般都能享受到的饮食、生活条件、舒适和参加某些活动的机会"[④]。从上述定义可以看出,传统意义上的贫困定义涉及的主要是经济范畴,侧重的是收入和消费水平。

2. 阿玛蒂亚·森的贫困思想

联合国、世界银行以及亚洲及太平洋经济社会委员会等国际机构和组织对贫困的定义都是以1998年诺贝尔经济学奖获得者阿玛蒂亚·森的思想为理论基础的。森突破了传统的收入贫困的概念,提出了能力剥夺(即缺乏维持最低标准的体面生活的能力)和社会排斥所造成的贫困。[⑤]

首先,贫困是对基本的可行能力的剥夺,而不仅仅是收入低下。森主要关注三个指标,即未成年死亡率、营养不良和文盲。森认为,越好的基础教育和卫生保健,潜在的穷人就越可能有较好的机会和能力脱离贫困。从能力角度理解贫困可以使我们将基本的注意力从改变贫困的手段(传统手段是提高收入)转移到人们希望实现的最终目标(自由),从而加深了对贫困和剥夺的特征和原

① 蔡荣鑫:《国外贫困理论发展述评》,载《经济学家》2000年第2期。

② Townsend P. , *Poverty in the Kingdom: A Survey of the Household Resource and Living Standard*, Allen Lane and Penguin Books,1979.

③ Oppenheim C. , *Poverty: The Facts*, London: Child Poverty Action Group,1993.

④ 世界银行:《1980年世界发展报告》,中国财政经济出版社1980年版。

⑤ [美]阿玛蒂亚·森:《贫困与饥荒》,商务印书馆2000年版;[美]阿玛蒂亚·森:《以自由看待发展》,中国人民大学出版社2002年版。

因的理解。其次,贫困还包括社会排斥。社会排斥包括很多方面,如各种不平等所导致的排斥、劳动市场的排斥、信用市场的排斥、性别排斥、缺乏健康保护导致的剥夺(比如高昂的医疗费用或者缺乏政府提供的公共健康保护所导致的排斥)等等。森的贫困思想对国际社会产生了重大影响,许多国际机构和组织相继重新定义了贫困。

3.《联合国人类发展报告》对贫困的定义

森帮助设计了联合国自1990年以来每年发表的《人类发展报告》以及用于其中的"人类发展指数"。1997年的《人类发展报告》将注意力放在贫困问题上。贫困不仅指低收入,也指医疗与教育的缺乏,知识权与通讯权的被剥夺,不能履行人权和政治权利,缺乏尊严、自信和自尊。2003年的《人类发展报告》的主题是"千年发展目标:消除人类贫困的全球公约"[1]。联合国为实现到2015年将全球上亿贫困人口减半的目标,提出了人类发展战略的五项政策议程:(1)优先扩大贫困人口的受教育率,改善其健康状况;(2)评估人类发展的核心是人类最终成果而不单是经济的增长;(3)进行政治、社会改革,以实现民主治理为目的,保障人权、增强集体力量、扩大参与权与自主权;(4)以公正为目标对全体人民的自由、能力及权利的强烈关注要求公共政策能够实现这些目标;(5)全球范围内的体制改革,为欠发达国家参与全球市场、全球科技、全球信息提供更有利的经济环境。

4. 世界银行的贫困定义

世界银行秉承了森的理论,即所谓贫困乃是可行能力的剥夺,而这种可行能力正是每个人选择不同生活方式的基本自由。2000年,世界银行再度把"与贫困作斗争"定为了2000/2001年的世界发展主题。[2] 这一年的世界银行发展报告《向贫困开战》以大量的实证调查为基础重新界定了贫困的含义,即贫困不仅仅意味着低收入和低消费,而且还意味着缺少受教育的机会、营养不良、健康状况差。该报告对贫困的定义可能超出所有人的常识:贫困意味着无权、没有发言权、脆弱和恐惧等。世界银行报告写作组花费了2年的时间,调查了60多个国家6万多穷人的个人状况才得出这一定义。

---

[1]　联合国开发计划署:《2003年人类发展报告》,中国财政经济出版社2003年版。

[2]　世界银行:《2000/2001年世界发展报告:与贫困作斗争》,中国财政经济出版社2001年版。

5. 亚太经社会的贫困定义

亚太经社会的贫困定义也是以森的贫困理论为基础的。2003 年的亚洲和太平洋经济社会第 59 届会议将贫困定义为:贫穷包含多种内容。贫穷的多种方面可以归结为:缺钱、缺少机会以及缺乏权利。首先,缺少财源严重限制了选择以及获取任何形式的物品和服务的机会,包括食物、住房、教育和卫生服务,它反过来又限制了穷人的创收机会。其次,穷人常常缺乏参与发展的人力和社会资本。他们常常难以获得清洁用水、保健和教育等服务的机会,而这些服务对享受健康生活、获得知识、创造就业以及挣得足够收入是必不可少的。再次,穷人常常无法积极参与决策进程。如果穷人的呼声不为人所知,其实际利益就无法纳入政策之中,政策也因此可能无法满足其具体需求。①

(二)贫困的类型

贫困是一个十分复杂的概念,视角不同类型的划分也会不同。

在人类历史的发展里程上,大致有四种类型的贫困,当然,在每一种类型的贫困中又细化为若干亚贫困类型。第一,古典贫困(老式贫困),主要是指由于饥荒和生产能力不足而引起的贫困,应该说资本主义社会以前的贫困就属这种类型。第二,稀缺中的贫困或者经济不发展而导致的贫困,主要是指由于经济不发达而导致的贫困。它主要表现为:区域性人均收入水平低下,基本生活必需品供应不足,经济生产活动中抵御自然灾害的能力很差,社会能提供的公共医疗和教育等社会服务水平低下,婴儿死亡率较高,人口平均预期寿命较短等。发展中国家特别是高度集中计划管理的发展中国家的贫困就属这种类型。第三,经济高速发展的贫困,是许多发展中国家在经济高速发展中,大量农村劳动力涌入城市,导致城市就业水平和下层劳动者收入水平下降而产生的贫困。发展中国家城市普遍存在的贫困就属这种类型。第四,富裕中的贫困,是许多发达国家普遍存在的贫困。究其原因,一是由于现代科学技术的应用和经济全球化背景下产业结构的变迁,导致夕阳产业衰落、失业人数增加;二是在相对稳定的市场经济制度和不平等的结构中,劳动力市场、教育机构和其他重要的社会参与机会对某些劳动者和社会成员的排斥或歧视,导致穷人缺乏同等的机会,即机会不足;三是政府和社会在教育和劳动力市场中采取的社会保障和增大福

---

① 王艳萍:《贫困内涵及其测量方法新探索》,载《内蒙古财经学院学报》2006 年第 2 期。

利供应的一系列反歧视政策,引起穷人对政府和社会福利的过分依赖,导致通过自身努力摆脱贫困的动机不足。[①]

谭崇台(2002)对贫困的类型做了几点考证。[②] 凯恩斯在《就业、利息和货币通论》中曾提出在资本主义快速经济增长中由于经济危机而出现的"丰裕中贫困"。萨缪尔森在《经济学》一书中也提及"丰裕中贫困",指出"各个国家曾发生过三种贫困:由于饥荒和生产能力不足而引起的老式贫困(Ancient Poverty);体制上的原因造成购买力不足而引起不必要的丰裕中贫困;GDP 颇高但由于分配不恰当、不公平的分配而造成的贫困"。谭崇台同时分析了科尔内的《短缺经济学》一书,得出发展中国家特别是高度集中计划管理的发展中国家的贫困,是一种"稀缺中贫困",以此与"丰裕中贫困"相对应。

就中国而言,从表现形式看,即从一系列量化指标衡量,可分为狭义贫困和广义贫困、绝对贫困和相对贫困、长期贫困和短期贫困三大类型。

1. 狭义贫困和广义贫困[③]

狭义贫困仅仅指经济上的贫困,反映维持生活与生产的最低标准。这种贫困的概念只包括物质生活的贫困,而不包括精神生活的贫困。处于这种贫困状态中的人所追求的是物质生活上的满足,希望得到的是维持生存所需的收入、食品、衣着、住房。

广义贫困指贫困人口不仅处于收入分配低层,而且在教育、科技、卫生保健等方面获得机会少,也就是说,广义贫困既包括经济贫困,也包括社会、文化贫困;既包括物质贫困,也包括精神贫困。

我国农村由于经济发展水平低,未解决温饱问题的贫困人口众多,因而在长期的扶贫开发进程中,单纯从年人均纯收入来衡量贫困,只能反映扶贫对象物质生活水平,而不能全面反映精神、文化生活状况;只有反映狭义贫困的指标,没有反映广义贫困的指标,衡量贫困的指标单一、不完全,在扶贫中往往忽视对贫困户教育、实用技术、医疗卫生、文化等方面的扶助,忽视贫困人口素质的提高。

---

①　叶普万:《贫困经济学研究:一个文献综述》,载《世界经济》2005 年第 9 期。

②　谭崇台:《论快速增长与"丰裕中贫困"》,载《经济学动态》2002 年第 12 期。

③　严江:《贫困的相关重要范畴与推进我国农村扶贫开发》,载《软科学》2006 年第 1 期。

2. 绝对贫困与相对贫困

绝对贫困是指缺乏维持劳动力再生产的基本物质条件,连简单再生产也不能维持或者只能进行萎缩再生产,个人或家庭生存常常受到威胁的那种生活状况,即通常所说"食不果腹,衣不遮体"的生活。绝对贫困的主要表现是食物没有保障。由于实物收入或货币收入过低而造成不定期的挨饿,或者由于某种原因造成生活消费下降到最起码的需求水平以下,持续地满足不了人体所必需的最低热量标准,造成严重的营养不良。可见,绝对贫困着眼于人的基本生活需求或生理要求。

相对贫困则是对一种特定参照群体而言,是收入和生活水平的差距。是指当一个人或者家庭的收入比社会平均收入少到社会认可的一定程度时所处的那种生活境况。当一个人或家庭的收入比社会平均水平低到一定程度,从而使其生活水平不能为多数人接受时,就被认为处于贫困状态。相对贫困揭示不同社会群体或阶层之间的不平等。在经济发展过程中,相对贫困将长期存在,国家只能把它控制在"合理差异"范围以内,但是不可能消灭它。我国官方迄今为止还没有公布反映相对贫困的统计指标。

对发达国家而言,由于人们生活水平普遍较高,处于绝对贫困状态的人占的比例很小,即使由于突发性的或其他原因使其陷入绝对贫困,也能很快得到政府和社会的救济,因而绝对贫困是暂时的。但对不发达国家而言,仍有相当数量的人生存问题没有解决,政府又没有足够的财力帮助他们,因而首先要解决的是绝对贫困问题。

3. 长期贫困和短期贫困

短期贫困是指处于这种状况的一部分人:从收入上看低于贫困线,但他们由于有储蓄或能够借钱,因此消费水准却高于贫困线。

长期贫困是指处于这种状况的一部分人:无论是收入还是消费都低于贫困线,他们没有储蓄也无法借钱来维持高于贫困线的消费水平。长期贫困包含了贫困的动态分析,其最重要特征就是贫困持续的时间。近年来西方有关贫困的研究中,有一种相对集中的意见是,"长期贫困"是指一个个体经历了 5 年或 5 年以上的确切的能力剥夺。[1]

---

[1]　Hulme D. , Shepherd A. , "Conceptualizing Chronic Poverty", *World Development*, No. 3, 2003.

国内还有一些学者对贫困类型进行了富有开拓性的研究,如果从成因看,主要有六种:一是体制性贫困,主要是指传统计划经济体制下所形成的二元经济制度和二元社会结构制度,即对待农民和市民截然不同的就业制度、分配制度、户籍制度以及社会保障体制下形成的以农民为主体的贫困,这种贫困与贫困者自身的禀赋和素质无关。[①] 在这种贫困中,当然也包括资源富饶型贫困,如西部一些资源富集地区。二是资源匮乏型贫困,主要是由于资源短缺或缺乏可资利用的资源而导致的贫困,如恶劣的自然环境、贫瘠的土地、储备稀少的矿产资源、匮乏的生物资源等等。三是生态恶劣型贫困,是由于自然环境恶劣,生态环境脆弱而导致的贫困,如西南喀斯特山区、黄土高原以及其他一些不具备人类基本生存条件地区的贫困。四是灾害导致型贫困,主要是由于各种自然灾害和不可预测事件而导致的贫困。[②] 五是人口膨胀型贫困,由于人口生产超过物质资料生产,劳动力难以转移而造成的贫困。六是能力衰弱型贫困,又称素质型贫困,主要是由于丧失劳动能力(如老、弱、病、残)或缺乏一定的专业技能所引起的贫困。如果从区域看,主要划分为城市贫困与农村贫困。从不同的角度划分出不同的贫困,进而采取相应的反贫困战略,无疑能显著提高减贫效率。

(三)贫困线、贫困地区和贫困县的确定

1. 贫困线的确定

度量贫困有两个核心问题:一是如何选择福利度量方法;二是如何选择贫困线。这两个问题一直是学术界和政策层面有关中国贫困争论的主题之一。在个人福利的度量方面,选用人均收入,或者人均消费,或者两者的结合,一直是中国最广泛采用的方法。一般而言,收入可以被当做是对福利机会(Welfare Opportunity)的度量,而消费则是对福利实现(Welfare Achievement)的度量。

所谓贫困线(Poverty Line)就是通常所说的最低生活保障线,一般为度量贫困而针对最起码的生存条件或者相对社会中等生活水平的差距所做的定量化界定。[③]

国外学者归纳出三种测定贫困标准的类型:一是客观相对贫困标准测定。就是一部分人的生活水平明显低于另一部分人。有等价定义法、收入平均数法

---

① 康晓光:《中国贫困与反贫困理论》,广西人民出版社 1995 年版。

② 吴国宝:《对中国扶贫战略的简评》,载《中国农村经济》1996 年第 8 期。

③ 吴清华:《当代中外贫困理论比较研究》,载《人口与经济》2004 年第 1 期。

和商品相对不足计算法等三种基本测定方法。相对贫困难以对横向的情况进行比较。二是客观绝对贫困标准测定。所谓客观绝对贫困，是指从现实来看，一些人的生活水平低于一个确定的最小值。分为确定贫困线和编制贫困指数两种方法。国际上确定贫困线一般有恩格尔系数法、经济合作与发展组织（OECD）提出的收入比例法、标准预算法和剥夺指标法。三是主观贫困标准测定。主观贫困标准的测定就是从个人主观感受测量贫困程度，这是由于各地情况不同，确定客观贫困标准比较困难，1970 年以来，学者们开始注重主观贫困标准的测定。

世界银行根据绝大多数发展中国家的实际消费水平，分别提出了几种可供选择的贫困线，即每人每日 1 美元贫困线、每人每日 2 美元贫困线，分别简称为 1 美元贫困线、2 美元贫困线。① 而且世界银行将 1 美元贫困线定义为最低标准的贫困线，相当于最低生存线，按照 1 美元贫困线划定的贫困人口属于赤贫人口。

2. 中国贫困线的确定

从 20 世纪 80 年代初期，中国政府开始接受由国家统计局设定的农村贫困线，把它作为识别农村贫困人口规模和农村贫困发生率的标准。该贫困线设定的方法是符合国际规范的。首先，确定一种营养标准，国家统计局将营养标准确定为每人每天 2100 大卡。其次，根据 20% 的最低收入人群的消费结构来测定出满足这一营养标准所需要的各种食物量。再次，按照食物的价格计算出相应的货币价值。这一货币价值成为"食物贫困线"。最后，确定"非食物贫困线"，较为简单的确定方法是既可以主观地确定食物贫困线在整体贫困线中的比例，也可以参照整个社会的恩格尔系数或低收入人群的恩格尔系数来确定这一比例。

现实中，农村贫困线的确定通常包括两条线，一条线是名义的官方贫困线，一条线是利用 1985 年的不变价格对后来年份加以调整后的实际贫困线。1985 年的农村贫困线被确定为 206 元，在后来的 20 年中以 1985 年不变价格测量的农村贫困线基本上处在 200 元上下，也就是说实际贫困线基本上处于一种稳定

---

① 需要注意的是，1 美元贫困线是按照 1985 年的美元价值和各国的实际购买力平价测量出来的，因此在确定一个国家的 1 美元贫困线时该国货币实际购买力的估计是关键所在。

水平上。近年来人们在农村贫困线的认识上逐步取得了共识，即认为官方农村贫困线存在较大程度的低估。这种共识主要来自于人们对贫困的进一步认识，贫困不仅仅是"吃不饱饭"的问题，而且涉及人们生活的各个层面，除了吃之外，还包括"穿、住、行"，包括教育、医疗、社会交往等。为了使过去使用的官方贫困线具有一定的连续性，使不同时期的贫困发生率具有可比性，国家统计局估计出了低收入线。低收入线实际上是调整后的贫困线，它参考了世界银行的1 美元贫困线，调高了贫困线中非食物支出的份额。[①] 这意味着贫困的标准提高了，同时反映了贫困概念的扩展。

在众多被采用的贫困线中，下列是一些最常用的标准：

（1）官方贫困线，它一直为中国政府所采用，用来监测农村贫困的进展。2003 年的官方贫困线标准为每人每年 637 元人民币。

（2）低收入线，从 2000 年开始被中国政府所采用，用来监测高于贫困线但低于低收入线的这部分农户的状况。2003 年的低收入线标准为每人每年 882 元人民币。

（3）拉韦利恩—陈（Ravallion-Chen）基本需求线，它是由拉韦利恩和陈按照人均每天 2100 大卡热量（其中的 75% 来自粮食）以及非食品的基本消费支出计算得出的。他们根据 2002 年的农村和城市价格分别将农村和城市的基本需要线评定为 850 元人民币和 1200 元人民币。

（4）世界银行贫困线，该贫困评估使用的贫困线为按照 2003 年的农村价格制定出的每人每年 888 元人民币的标准。对于该标准有以下两点独立依据：

第一，该贫困线可从拉韦利恩—陈（Ravallion-Chen）基本需求线及布兰特（Brandt）和霍尔兹（Holz）2005 年测算的生活成本差中推导出来。世界银行制定的农村地区贫困线为直接和间接测算出的农村贫困线的加权平均值，其中，前者（根据国统局的入户调查）用 2002 年的农村人口数加权，而后者（根据城市入户调查）用城市人口数加权。这就得出了 2002 年每人每年 874 元人民币的标准。再将 2002~2003 年 1.6% 的农村通胀率（根据官方公布的农村消费价格指数）计算在内，世界银行就得出了 2003 年农村地区每人每年 888 元人民

[①]　根据国家统计局的介绍，低收入线是在原来贫困线基础上，将非实物消费支出部分提高到 40% 后得出的。因此，低收入线可以看做一条调高的绝对贫困线。

币的贫困线。

第二,每人每年 888 元人民币的贫困线也可以根据"一天一美元"的国际标准,使用 1993 年的购买力平价(PPP)将美元换算成人民币得出。严格说来,按照 1993 年的 PPP 美元测算,"一天一美元"的国际标准相当于一人一天 1.08 美元或每月 32.74 美元。使用 1993 年每美元在中国合 1.419 元人民币的 PPP 测算,即按照 1993 年价格得出,相当于每人每年 557 元人民币(32.74 × 12 × 1.419)。再将 1993 ~ 2003 年这十年间的 59.3% 的农村通胀率(根据官方公布的农村消费价格指数)计算在内,得数也是每人每年 888 元人民币。①

因此,两种方法都得出了 2003 年中国农村地区每人每年 888 元人民币的贫困线。再把 2003 年城市对农村 26.5% 的价格差计算在内,即推算出 2003 年的城市贫困线为每人每年 1124 元人民币。使用农村和城市的消费价格指数,世界银行为 2007 年制定的农村和城市贫困线分别为每人每年 1018 元人民币和 1251 元人民币。

中国 2003 年各种贫困线的贫困线值见表 2.1 所示。

表 2.1　中国 2003 年的贫困线值

单位:元/人均每年

各种贫困线	制定者	农村贫困线	城市贫困线
官方贫困线	国家统计局	637	
低收入线	国家统计局	882	
Ravallion-Chen 基本需求线	Ravallion 和 Chen(2007)	864	1211
世行贫困线	世界银行	888	1124
一美元线	世界银行	888	1124

注:贫困线数值以 2003 年全国农村和城市价格水平为参考。

资料来源:Ravallion M., Chen S., "China's(Uneven) Progress Against Poverty", *Journal of Development Economics*, No. 1, 2007。

---

① 世界银行:《从贫困地区到贫困人群:中国扶贫议程的演进——中国贫困和不平等问题评估》,2009 年 3 月,第 2 ~ 3 页。

3. 贫困地区和贫困县的确定

西方经济学中的贫困地区,是指资本形成缺乏,资本形成率低,没有参加国家经济的全面增长的地区,也即"萧条区"。① 我国的贫困地区一般是指贫困面比较大的省(区、市)内的县(市、区)中集中连片的群众温饱问题尚未解决的最贫穷地区。这类地区主要分布在中西部山区、少数民族地区和边疆地区。导致贫困的区域性因素包括自然条件、发展起点、经济结构、积累能力、科技力量、人口数量和素质、社会服务、市场机制、制度创新等。

1986 年,国务院扶贫领导小组确定了 258 个国家级贫困县。确定贫困县的主要标准是 1985 年人均纯收入低于 150 元,但革命老区和少数民族自治县的标准扩大到 200 元,对中国革命作出重要贡献的老革命根据地和内蒙古、新疆、青海的一部分有特殊困难的少数民族自治县的标准提高到 300 元。在确定的贫困县中,83 个贫困县农民人均纯收入低于 150 元,82 个县在 150 ~ 200 元之间,93 个县在 200 ~ 300 元之间。只有三分之一的县符合 150 元的最低标准,表明贫困县的选择具有很强的政治性。1987 年,13 个革命老区县和 2 个其他县被列为国家级贫困县。1988 年,27 个牧区和半牧区县被定为贫困县,加上自20 世纪 80 年代初期以来就一直得到国家财政援助的"三西"地区的贫困县,国定贫困县的总数在 1988 年达到 328 个。陕西、甘肃、云南、广西和四川的贫困县最多,而甘肃、宁夏、陕西、青海和广西贫困县占总县数的比例最大。到 1988年,还有 370 个县被确定为省级贫困县。1989 年,海南从广东独立出来建省,国家又在海南确定了 3 个国家级贫困县。直到 1993 年,国定贫困县还没有发生变化。②

1994 年,我国开始实施《国家八七扶贫攻坚计划》,为了覆盖更多的贫困人口,也由于随着国民经济的发展,国家的财政实力相应增强,国定贫困县的标准放宽,数量扩大到 592 个,分布在 27 个省(区、市),涵盖了全国 72% 的农村贫困人口。随着扶贫攻坚的结束,贫困人口减少,并呈现"大分散,小集中"的分布特点,以县为单位瞄准贫困人口的做法遇到挑战。到 2000 年,全国 592 个国定贫困县只覆盖了贫困人口的 60% 左右。在 2001 年开始的新阶段扶贫开发

---

① 世界银行:《全球化、增长与贫困》,中国财政经济出版社 2003 年版。

② 汪三贵、李文:《中国农村贫困问题研究》,中国财政经济出版社 2005 年版。

中,为了更好地瞄准贫困人口,我国政府在保留 592 个国定贫困县作为基本扶贫单位的同时,又结合扶贫到村到户,在全国范围内确定了 14.8 万个重点贫困村作为补充,可以覆盖 83% 的贫困人口。

二、世界范围贫困的现状及分布

(一)世界贫困人口的地域分布和经济特征

从全球来看,过去 100 多年,贫困发生率随着社会进步和经济发展呈现不断下降的趋势。按 1 美元标准的贫困人口下降了近 4 亿。[①] 但也应该看到当前的贫困状况仍相当严重。20 世纪末 21 世纪初,全世界每天收入不足 1 美元的赤贫人口大约为 12 亿,占世界人口的五分之一;每天收入不足 2 美元的贫困人口大约为 28 亿,接近世界人口的二分之一。[②] 从贫困人口的分布来看,主要集中在发展中国家,特别是亚洲和非洲的发展中国家。根据联合国开发署估计,2001 年收入低于人均每天 1 美元的生存贫困人口在东亚国家接近 17%,在南亚国家甚至更高,接近 30%;而非洲国家的生存贫困问题更加严重,同期的贫困发生率高达 46%,与 1990 年相比不仅没有下降,反而上升近 2 个百分点。南亚和非洲国家仍有相当高比例的人群,常年处于饥饿和半饥饿状态,达不到足够的营养标准,在 2000~2002 年间,南亚国家的这一比例为 22%,非洲国家为 33%。[③]

世界银行 2008 年公布的最新贫困人口测算数据显示,2005 年发展中国家有 14 亿人(占四分之一)以不到 1.25 美元为生,比 1981 的 19 亿人(占二分之一)减少了 5 亿人。[④] 新数据表明,过去 25 年中发展中国家贫困人口的分布范围比原先估计的更为广泛,但总体减贫进展势头强劲(虽然各地区进展并不平衡),贫困人口一直以每年 1% 的速度下降,从 1981 年占发展中国家总人口的 52% 下降到 2005 年的 26%。这不能不说是一大成就,因为这一时期贫困人口数量减少了 5 亿人,但即便这一速度得以延续,2015 年全世界仍将有 10 亿人

①　Benerjee A. V., Benabou and Mookherijee, *Understanding Poverty*, Oxford University Press, 2006.

②　World Bank, *China: Overcoming Rural Poverty*, The World Bank, Washington, D. C., 2001.

③　United Nations, *The Millennium Development Goals Reports* 2005, New York, 2005.

④　Chen, S. H., Ravallion M., "The Developing World is Poorer than We Thought, but no less Successful in the Fight Against Poverty", *Policy Research Working Paper*, No. WPS 4703, 2008.

左右每天以不到1.25美元为生。

研究进一步显示,全球范围各发展中地区的减贫进展很不平衡。1981年,东亚地区是世界上最贫困的地区,但1981~2005年间,其以1.25美元贫困线衡量的贫困人口占本地区总人口的比重从近80%下降到18%(约为3.3亿人),这主要是由于中国在减贫方面取得的巨大成就。1981~2005年间,南亚地区以1.25美元贫困线衡量的贫困率也从60%降至40%,但这不足以减少本地区的贫困人口数量(2005年约为6亿人)。1981~2005年间,撒哈拉以南非洲地区以1.25美元贫困线衡量的贫困率并未显示出持续下降趋势,一直维持在50%左右。同时,本地区贫困人口的绝对数量几近翻番,从1981年的2亿人增加到2005年的3.8亿人。但是,本地区近期显示了良好的势头:贫困率从1996年的58%下降到2005年的50%。

从各方面观察的发展综合而言,发展中国家的贫困人群呈现出如下几个特点:

1. 穷人大都分布在乡村地区。在非洲和亚洲,大约80%到90%的贫困人口分布在乡村地区,在拉美,即使城市化水平较高,也有约50%的贫困人口居住在乡村。由于贫困人口极不平衡地集中于农村,任何旨在缓解贫困的政策都必须在很大程度上向乡村和农业部门的发展倾斜。

2. 穷人的职业往往是农业和非正式部门。住在农村的大部分穷人主要从事农业,耕种小块土地,农闲时兼做手工业,生产率与收入水平极低。如果是无地农民,他们依靠租地或出卖劳动力谋生。城市穷人由于受教育少、技能低,主要在非正式部门从事一些临时性的、又苦又累又脏的工作,没有固定的薪水和福利,报酬极低,收入无保障,生活朝不保夕。当然,穷人往往与失业者联系在一起。

3. 妇女占穷人的大部分。在发展中国家,大多数妇女受教育比男人要少,文盲率比男人高,很少在正规部门(如政府部门或大公司)就业,主要从事一些报酬低且很不稳定的非正规工作,或成为家庭妇女以照顾家庭与子女;即使少数妇女谋得正规工作,但报酬也比从事同样工作的男人要低。对于低收入和贫困家庭来说,妇女的贫困是很严重的。此外,对于那些单身妇女与子女组成的家庭来说,问题更为严重。据统计,以妇女为家长的家庭,在印度大约占20%,哥斯达黎加占17%,而且这个比例还在上升。

4. 穷人经常集中在少数民族和土著人口中。全世界大约有40%的国家有五个以上相当规模的民族,其中有一个或一个以上民族受到经济、政治和社会歧视。在70个国家中,土著人口数量超过3亿,其贫困问题也相当严重。一般由于政治原因,关于少数民族和土著人口的资料难以获得。但从拉美土著人口调查来看,在墨西哥,超过80%的土著人口属于穷人,相比之下非土著人口只有18%。土著人口的贫困导致他们营养不良、文盲、健康不佳和失业机会大增。[①]

(二)中国的贫困现状及其地区分布

改革开放以来,中国经济的高速发展在提高城乡居民生活水平的同时,也带来了贫困人口的大幅度减少。在过去30年的经济发展过程中,农村贫困人口数量,不论采用何种标准衡量,都出现了大幅度的减少。按照中国官方的贫困线,中国农村贫困人口在1978年为2.5亿人,到2005年底减少到2365万人,贫困发生率从31%下降到2.5%。[②] 即使按照较高的贫困线标准,如世界银行提倡的1美元/天/人的贫困线,农村贫困人口和贫困发生率也出现了大体相同的下降趋势。在改革开放之前,限于经济发展水平和经济体制的制约,中国的贫困发生率远远高于当时世界各国的平均水平,现在,中国的贫困发生率已经明显低于世界的平均水平,中国在扶贫方面所取得的巨大成就得到了国际社会的普遍认可。然而,中国反贫困的任务仍然相当艰巨。一方面,一定规模的贫困人口仍然存在,而且现有的贫困人口大多属于最不易于脱贫的人口;另一方面,随着社会的进步和人们对贫困认识的深入,现在所说的贫困已经不仅是收入的不足,而更多地表现为贫困人口自身生存能力的低下。

不论是从收入还是从消费的角度而言,中国的贫困人口仍主要生活在或来自于农村地区。即便像很多国家的住户调查那样,不将农民工算入农村人口中,农村贫困人口仍然占贫困线以下人口的90%。相比之下,根据衡量实际收入和消费时使用的具体城市和农村生活成本差异的不同,城市居民(不含外来人口)仅占中国总贫困人口的1%到3%。表2.2是按照世界银行贫困线统计的2003年中国城乡的贫困分布。

---

① 张培刚:《发展经济学教程》,经济科学出版社2001年版,第55～56页。
② 国家统计局农村社会经济调查司:《中国农村贫困监测报告(2006年)》,中国统计出版社2007年版。

表2.2　中国城乡的贫困分布

单位:%

	占总人口的百分比	收入		消费	
		贫困发生率	占总贫困人口百分比	贫困发生率	占总贫困人口百分比
农村	72.5	9.5	99.2	17.9	99.4
城市	27.5	0.2	0.8	0.3	0.6
总和	100.0	6.9	100.0	13.1	100.0

资料来源:世界银行:《从贫困地区到贫困人群:中国扶贫议程的演进——中国贫困和不平等问题评估》,2009年3月,p. XIII。

　　根据国家统计局对2005年的农村贫困状况的分析,农村生存贫困人口主要集中在中西部。在全国农村2365万贫困人口中,东、中、西部地区各占324万、839万和1203万,分别占农村贫困人口总量的13.7%、35.5%和50.8%,中西部地区的生存贫困发生率分别是东部地区的3.1倍和6.5倍。1998年至2005年中国农村生存贫困人口的地区分布及其变化见表2.3。

　　表2.3表明,虽然到2005年底中西部地区的生存贫困人口仍占全部农村生存贫困人口的主体,但是这两个地区减贫人数也占全部农村减贫人口的绝大部分。在1998~2005年间,农村生存贫困人口减少了1845万,其中中部地区减少720万,西部地区减少827万,分别占农村减贫人口的39%和45%。这意味着中西部地区不仅在过去扶贫过程中为农村贫困人口减少作出了很大的贡献,而且仍然担负着未来农村扶贫的更大使命。

表2.3　中国农村生存贫困人口的地区分布及其变化(1998~2005年)

		1998年	2000年	2001年	2002年	2003年	2004年	2005年	1998~2005年期间下降幅度	1998~2005年期间下降率(%)
贫困人口规模(万人)	全国	4210	3209	2927	2820	2900	2610	2365	1845	43.8
	东部	622	487	393	465	448	374	324	298	47.9
	中部	1559	1091	996	888	1030	931	839	720	46.2
	西部	2030	1632	1537	1468	1422	1305	1203	827	40.7

续表

		1998 年	2000 年	2001 年	2002 年	2003 年	2004 年	2005 年	1998 ~ 2005 年期间 下降幅度	1998 ~ 2005 年期间 下降率（%）
贫困发生率（%）	全国	4.6	3.5	3.2	3.0	3.1	2.8	2.5	2.1	45.7
	东部	1.7	1.3	1.0	1.2	1.2	1.0	0.8	0.9	52.9
	中部	4.8	3.4	3.1	2.7	3.2	2.8	2.5	2.3	47.9
	西部	9.1	7.3	6.8	6.5	6.2	5.7	5.2	3.9	42.9
占农村贫困人口比重（%）	东部	14.8	15.2	13.4	16.5	15.4	14.3	13.7	1.1	7.4
	中部	37.0	34.0	34.0	31.5	35.5	35.7	35.5	1.5	4.1
	西部	48.2	50.8	52.5	52.0	49.0	50.0	50.8	-2.6	-5.4
贫困距指数	东部	0.011	0.008	0.008	0.008	0.006	0.004	0.002	0.009	81.8
	中部	0.020	0.012	0.010	0.010	0.011	0.010	0.006	0.014	70.0
	西部	0.049	0.028	0.023	0.023	0.023	0.021	0.018	0.031	63.3

资料来源：中国发展研究基金会：《中国发展报告 2007：在发展中消除贫困》，中国发展出版社 2007 年版，第 38 页。

（三）中国少数民族地区的贫困问题

中国少数民族地区，是指我国境内少数民族聚居的地区。在统计上，常用"民族自治地方"和"民族八省区"的统计数字来代表少数民族地区。民族自治地方包括 5 个自治区、30 个自治州、123 个自治县，行政区域面积 610 万平方公里，占国土面积的 64%；民族八省区，包括新疆维吾尔自治区、内蒙古自治区、宁夏回族自治区、广西壮族自治区、西藏自治区，以及民族人口众多的云南、贵州、青海三省。

改革开放以来，民族地区的经济呈现快速增长的势头。少数民族地区经济社会发展，呈现出如下特点：首先，少数民族地区工农业生产稳步增长，特色经济和优势产业逐渐形成；其次，少数民族地区固定资产投资不断扩大，基础设施状况明显改善；第三，少数民族地区人民生活水平显著提高，绝大多数群众摆脱了贫困；第四，少数民族地区改革步伐不断加快，对外开放成效显著；第五，少数民族地区教育、文化、卫生等社会事业全面进步，民族关系更加融合。

但是,少数民族地区经济建设、社会发展取得了举世瞩目的成就的同时,还面临一些突出的困难和问题,其中最主要的问题是民族地区仍然一直被贫困问题所困扰,而且民族地区与全国特别是东部沿海地区的差距仍在继续拉大。从区域上看,中国贫困人口集中连片主要分布在如下的贫困地区:内蒙古努鲁尔虎山地区、陕北地区、甘肃中部地区、宁夏西海固地区、秦岭大巴山地区、横断山地区、滇东南地区、桂西北地区和西藏地区等,其中绝大部分为少数民族地区。[①] 从国定的592个贫困县的分布上看,目前,国家扶贫开发重点县共592个,民族自治地方267个县(除西藏),加上西藏74个县整体被列入国家扶贫开发重点扶持范围,民族自治地方覆盖国家扶贫开发重点扶持的县为341个,占民族自治地方(县、旗)总数的53.5%,比全国覆盖率(30%)高27.5个百分点。从贫困人口上看,2003年底,我国还剩下未解决温饱的贫困人口2900万,少数民族地区有1304万人,占45%。2004年,在全国尚未解决温饱的2610万贫困人口中,少数民族就有1246万人,占47%;贫困发生率为7.8%,高出全国5个百分点。[②] 根据《2007年中国发展报告》,2005年贫困发生率在5%(相当于全国农村平均水平的2倍)以上的省区有内蒙古、贵州、云南、西藏、陕西、甘肃、青海、新疆,主要集中在西部的少数民族地区。

因此,我们应该看到民族地区扶贫开发任务还相当重。民族自治地方是全国扶贫攻坚的重点和难点地区。这些地区能否解决贫困人口的温饱问题,能否巩固前一时期扶贫攻坚的成果,直接关系到该地区的民族团结和全面建设小康社会目标的实现,甚至对整个国民经济的可持续发展等都有着极其重大的影响。全国没有解决温饱的3000万贫困人口,以及虽已脱贫但还不巩固的6000万人口,大部分都在民族地区,全面建设小康社会的难点、重点在民族地区。对民族地区来说,面临既要解决群众温饱,又要实现全面建设小康的双重历史任务。没有民族地区的小康就没有全国的小康,没有民族地区的现代化就没有全国的现代化,没有民族地区的加快发展就没有全国的持续快速健康发展。

---

① 杨明洪、王永莉:《西部民族地区贫困问题的现状及其形成原因》,载《中国西部经济发展报告2005》,社会科学文献出版社2005年版。
② 《国家高度重视少数民族贫困问题》,中国网2005年5月27日。

第二节　反贫困的国际经验与中国反贫困的主要实践

一、反贫困的国际经验

随着贫困的概念从简单的定义到蕴涵多种意义的变化,对于贫困的描述及反贫困战略的理论研究也在不断深化,反贫困已经成为国际社会的共识,特别是发展中国家积极努力的方向。在过去几十年的反贫困实践中,各个国家都在根据自己的社会、经济和文化特点寻求有效的反贫困政策措施,也积累了大量的经验和教训。这里不对所有国际上现有的扶贫政策一一进行讨论,只对一些对中国未来的反贫困实践具有重要借鉴意义的经验归纳如下。

(一) 以贫困地区农村基础设施建设为扶贫开发的重点

公共基础设施建设对农业生产、经济增长和减贫的重要性是毋庸置疑的,根据发展中国家的经验来看,它们往往以贫困地区农村基础设施建设为扶贫开发的重点,强调农村居民生产生活基础设施的改善。[1]

由于发展中国家人口增长迅速,且大多数生活在农村,农村落后状况长期得不到扭转,农村居民生产生活设施陈旧、老化问题比较严重,有些国家的贫困农村还存在严重的人畜饮水困难等问题,因此,许多发展中国家的扶贫开发首先以改善农村贫困居民生产生活条件为主要目标。例如,印度贫困人口比例长期居高不下,至20世纪90年代初贫困人口占人口总数的比例仍高达35.97%,其中24400万贫困人口生活在农村,15%的农村贫困人口健康状况极差,19%的贫困地区无清洁饮用水。20世纪70年代初印度政府就制定了"最低需求计划",这项计划以建立农村健康设施,改善农村供水条件,兴建农村道路,解决农村无土地人口住房问题,解决农村电力供应问题及改善环境为主要内容。这项计划实施以来,在一定程度上缓解了农村极端贫困状况。巴西南部富裕,北部贫穷,经济发展极不平衡,20世纪50年代中期开

---

[1]　这方面的研究文献可见:Binswanger 等,1993;Fan 等,1999;Jacoby,2000;Jalan 和 Ravallion,2002;Limao 和 Venables,1999;Kandker,1989;Escobal,2001;Fan 和 Chan-Kang,2005。

始,巴西政府便首先从基础设施建设入手着手解决这一问题。巴西政府通过投入巨额建设资金在东北部贫困地区大兴水利,修建公路和机场,在 3 个贫困地区与 2 个发达地区之间修建了数千公里的公路,把贫困地区与发达地区联系起来,促进贫困地区资源开发和经济发展;在全国建造了 200 多个机场,形成陆空交通运输网。20 世纪 80 年代初巴西政府还成立了东北部、中西部和亚马孙 3 个地区开发署,负责制订综合开发计划,筹集资金和进行大规模基础设施建设。

(二)重视人力资本的投入,以此作为从根本上消除贫困的有效办法

20 世纪 50~60 年代发展经济学家普遍认为发展中国家贫穷的根源除了物质资本缺乏外,人力资本匮乏是根源之一。人力资本对个人提高和宏观经济增长具有显著的促进作用,这已经成为人们的共识。扩大对教育和健康的投资,特别是针对贫困人口的投资,已经成为国际社会反贫困政策的一个重点。

在教育投资中,基础教育投资被认为具有优先权。不少经验研究证实,在发展中国家,对落后地区进行教育投资、对基础教育投资、对妇女的教育投资通常能够获得更高的投资回报率。[1] 因此,扩大基础教育投资成为主流的减贫政策安排之一。例如,Avenstrup 等回顾了肯尼亚、马拉维、莱索托和乌干达的免费基础教育实施情况,这些政策实施促使入学率和入学人数剧增,入学人数和入学率的增加对贫困人口有积极的影响。[2] 另外,疾病是贫困的一个重要维度,也是导致收入贫困的重要原因之一。在发展中国家,通过有效的政策设计,扩大基础医疗保健服务供给,被认为是提高居民健康水平,增加人力资本积累和减少贫困的基本手段。印度在 1947 年 8 月独立时,文盲率高达 84%,流感、疟疾、霍乱等流行病肆虐,死亡率高达 27%(1947 年),严重制约着印度社会经济的发展。为此,印度政府从 1948 年开始就先后制定了"统一农村发展计划"、"农村青年自我就业培训计划"、"农村地区妇女儿童发展计划"和"资源与收入开发计划"等政策措施,通过政府资本投入和提供贷款,培训 18~35 周岁的农村青年,使其能自行就业;通过提高妇女儿童的文化教育水平,提高妇女

---

① World Bank, *China: Overcoming Rural Poverty*, The World Bank, Washington, D. C. ,2001.

② Ravallion M. , "Pro-poor Growth: A Primer", *The World Bank*, *Policy Research Working Paper*, No. 3242,2004.

社会地位,提高适龄儿童的入学率,加强对婴幼儿的健康保健等。这些计划的实施取得了一定的效果,20世纪末文盲率降至48%左右,40岁以前早逝率降为19%左右。

（三）发展中国家扶贫开发过程中尤其注重解决民族矛盾

大多数发展中国家属多民族国家,民族之间、教派之间的经济发展、生活环境差别很大,少数国家的民族教派之间甚至积怨很深,常常爆发民族之间、教派之间的武力冲突,给国家造成极度的不安定隐患。因此,一些发展中国家特别注重对少数民族,尤其是居住在边远山区、落后地区少数民族的援助,致力于改善贫困民族的生活条件,提高收入水平和生活水平,不断开发开放相对闭塞的贫困地区,促进交流与合作,努力化解民族矛盾。

例如,马来西亚是一个多民族国家,20世纪70年代以前,民族纷争时常发生。主要原因是当地人口众多的马来人(Bumiputeras)贫困现象比较严重,贫困发生率相对较高,区域发展极度不平衡。1970年马来人贫困人口占全国贫困人口总数的64.85%,而华人和印度人的贫困比率为20%和39.2%。1961年爆发全国性的种族冲突之后,马来西亚政府开始重视贫困与民族利益分配问题,制定并实施反贫困战略。1971年马来西亚政府制定实施了一项新经济政策,其目的是消除贫困、缩小种族之间的发展差距、促进各民族共同发展。由于马来人贫困比率相对较高,低收入人数较多,因此这项政策对马来人广泛脱贫较为有利。经过30年的努力,民族之间经济发展逐渐处于平衡,马来人的收入水平、生活水平得以有效提高,贫困人口大幅度下降。

（四）科技扶贫和保护生态环境下的开发日渐成为发展中国家扶贫开发的政策取向

随着全球经济的不断发展,发展中国家摆脱贫困,跟上或超过发达国家经济增长速度的要求日趋迫切,从根本上解决贫困现象与贫困人口,科技引进、研究与推广日渐成为扶贫的主要方向,并重视生态环境的保护与自然和谐统一的扶贫开发道路。巴西、马来西亚、泰国等国家自20世纪80年代开始注重对热带雨林的保护,鼓励贫困人口迁出保护区。印度政府从1966年开始,实施“绿色农业革命”战略,以消除影响农业增长的技术限制,改变对农业的投入结构,实施节水型农业,增加有效灌溉面积,采用增施有机肥、扩大电力灌溉面积、推广良种等现代投入方式。近年来随着科技的发展和国际社会对发展中国家生态环境的高度关注,大多数的发展中国家开始将现代农业技术应用到贫困农村的扶贫开发上。

（五）小额信贷扶贫在发展中国家反贫困实践中发挥着越来越重要的作用

在发展中国家,由于受信息、交易成本、垄断以及不合理的政府干预等因素的影响,正规金融市场的发展受到严重的抑制;而中小企业和居民家庭(特别是在农村地区)也因为缺乏有效的抵押品和担保,加上经济生活中的不确定性,无法获得充分的正规金融服务,资本积累缓慢(包括物资资本和人力资本)。为了缓解正规金融供给不足的局面,从20世纪50~60年代开始,一些国家政府试图通过金融机构扩张、强制性的贷款安排、限制存贷款利率等手段来进行干预。经过20~30年的实践,这种干预在一定程度上收到了效果,但是也产生了许多问题,如严重的不良贷款、政府和金融机构之间的多重道德风险问题、贷款对象不能有效瞄准等。据统计,在发展中国家,传统的银行和金融机构仍然只能为不到20%的人提供金融服务,能为贫困人口提供的服务就更少了。到20世纪70年代,正当理论界普遍对通过上述干预手段实现发展和减贫的前景感到悲观时,小额信贷的出现为金融干预政策的未来提供了新的选择。在短短的30多年里,小额信贷广泛地被全世界大多数发展中国家和发达国家的不发达地区所采纳,各种模式的小额信贷被不同的机构和组织用做扶贫的工具,小额信贷扶贫在发展中国家反贫困实践中发挥着越来越重要的作用。[①]

二、中国反贫困的主要政策和效果

（一）中国反贫困的主要政策

高速经济增长是中国大规模减贫的决定性因素,除了经济增长的减贫效应外,中国政府在农村和城市都制定实施了针对特定地区和特定群体的扶贫政策措施,来帮助贫困地区和贫困人口摆脱贫困。

表2.4列出了农村和城市主要扶贫政策和对贫困人口有重要影响的惠农政策。从政策列表中可以看出,中国在农村实施的与扶贫有关的政策要远远早

[①]　中国发展研究基金会:《在发展中消除贫困:中国发展报告2007》,中国发展出版社2007年版,第23页。

表 2.4　中国的扶贫政策和与扶贫有关的部门政策

政策分类		主要政策	全面实施时间	对象
开发式扶贫政策	农村	移民搬迁	1983	贫困县
		以工代赈	1985	贫困县
		贴息贷款	1986	贫困地区
		财政发展资金	1986	贫困县
		科技扶贫	1986	贫困地区
		社会扶贫	1986	贫困地区
		贫困地区义务教育工程	1995	西部地区
		小额信贷	1996	贫困地区
		整村推进	2001	贫困村
		劳动力培训转移	2004	贫困县
		产业化扶贫	2004	贫困地区
		西部地区"两基"攻坚计划	2004	贫困地区
	城市	再就业工程	1995	下岗职工
社会保障政策	农村	五保户救助	人民公社化时期	农村"三无"人口
		农村医疗救助	2002	农村贫困人口
		农村低保	2003	农村特贫人口
		农村特贫救助	2003	农村特贫人口
	城市	生育保险	1988	城镇职业妇女
		失业保险	1993	城镇企事业职工
		养老保险	1995	城镇企业职工
		城镇低保	1997	城镇贫困家庭
		医疗保险	1998	城镇单位从业人员
		工商保险	2003	城镇企业职工
惠农政策	农村	一费制改革	2001	农村中小学
		中小学布局调整	2001	农村中小学
		森林生态效率补偿	2001	生态保护区
		退耕还林和退牧还草	2002	山区和牧区
		粮食生产区粮食、良种和农机补贴	2003	粮食生产区粮食生产者
		新型合作医疗	2003	农村人口
		农村税费改革	2004	农村人口
		农村义务教育改革	2006	农村义务教育阶段学龄儿童

资料来源:中国发展研究基金会:《在发展中消除贫困:中国发展报告2007》,中国发展出版社2007年版,第92~93页。

于在城市实施的扶贫政策,而且两类政策有明显的区别,在农村以开发式扶贫为主,在城市则以社会保障为主。在此着重探讨中国农村开发式扶贫的主要政策。

中国政府有针对性的农村扶贫政策始于 20 世纪 80 年代初期,并在随后的 20 多年中不断发展完善。农村扶贫政策的演变大体上可以划分为四个阶段:

1. 农村经济改革和小规模的区域扶贫(1979～1985 年)

由于十年“文化大革命”的冲击以及长期以来计划经济体制的束缚,使国民经济发展在 20 世纪 70 年代限于全面停滞。1979 年开始,中国政府开始对农村经济体制进行以家庭联产承包责任制为主的改革。生产经营制度的变革、市场的部分开放和农产品价格的大幅度提高使农业生产和农村经济出现了前所未有的高速增长,农民的收入水平大幅度提高。农村改革带来的经济增长惠及几乎所有的农村人口,农村的贫困状况因此大幅度缓解。

在逐步推进农村改革的同时,中国政府也开始利用专项资金来支持部分极端贫困地区的经济发展。1980 年设立了“支援经济不发达地区发展资金”,投向贫困地区。1983 年实施了覆盖甘肃定西、河西和宁夏西海固地区 47 个县的为期 10 年的“三西”农业建设计划。1984 年 9 月,中共中央、国务院联合发出了《关于帮助贫困地区尽快改变面貌的通知》,同年设立革命老区、少数民族地区和边远地区专项贷款,还实施了改善贫困地区基础设施条件的以工代赈计划。[①] 这些政策的实施不仅直接帮助了部分极端贫困地区的经济发展和生产生活条件的改善,也为后来实施更大规模的农村扶贫开发计划积累了经验。

2. 大规模有针对性扶贫计划的实施(1986～1993 年)

当农村经济改革所释放出来的能量在 20 世纪 80 年代中期逐步耗尽后,农村经济和农民收入的增长都明显减慢了,农村的收入差距也迅速扩大,部分地区贫困问题凸显。这一宏观经济形势的变化促使中央政府下决心实施全国性的大规模农村扶贫开发。1986 年全国人民代表大会六届四次会议将扶持老、少、边、穷地区(即革命老区、少数民族地区、边远地区、贫困地区)尽快摆脱经济文化落后状况,作为一项重要内容,列入国民经济“七五”发展计划(1986～1990 年)。国务院贫困地区开发领导小组及其办公室于 1986 年成立,标志着

---

① 国家计委国土地区司:《以工代赈工作指南》,科学技术文献出版社 1991 年版。

中国大规模的有针对性农村扶贫计划的开始。

随后,中央政府制定了一系列的扶贫政策和措施来推动农村扶贫。首先,确立了在农村实施开发式扶贫的方针。其次,采用区域瞄准,并以县为单位进行扶贫开发。国务院扶贫领导小组根据农民人均收入、人均粮食量和其他政治因素确定国定贫困县,作为扶贫开发的主要对象。再次,在 20 世纪 80 年代初已经形成的小规模扶贫投资计划的基础上,确定了三项大的扶贫投资计划,即专项扶贫贷款、以工代赈和财政发展资金计划。第四,对国定贫困县给予一定的税收优惠。第五,动员社会力量参与农村扶贫工作。

3. "八七扶贫攻坚计划"(1994~2000 年)

20 世纪 80 年代后期是农村经济发展和农民收入增长相对缓慢的时期。尽管实施了大规模扶贫开发计划,但由于农村经济形势的不利变化,农村贫困人口在这一时期的下降速度远远低于上一个时期,扶贫难度增加。为了进一步推动农村的扶贫开发,中央政府在 1994 年启动了"八七扶贫攻坚计划",目标是在 1994~2000 年期间使剩下的 8000 万农村绝对贫困人口基本解决温饱问题。这表明了中央政府在解决农村贫困问题上的更大决心。

"八七扶贫攻坚计划"的主要措施包括:第一,帮助贫困户进行土地改良和农田基本建设,增加经济作物和果树的种植,增加畜牧业生产,创造更多的非农就业机会;第二,使大多数乡镇通路和通电,改善多数贫困村的人畜饮水问题;第三,普及初等义务教育和初级预防与医疗保健服务;第四,调整扶贫资金分配的区域结构,将扶贫重点进一步放到中西部地区;第五,加强扶贫资金的管理,减少资金的漏出和提高扶贫投资的可持续性;第六,动员各级党政机关、沿海省份和重要城市及国内外其他机构广泛参与扶贫。① 在"八七扶贫攻坚计划"执行期间,中央政府重新确定了贫困县,并且强化了地方政府领导对所辖地区扶贫工作责任制。扶贫资金自 1997 年起大幅度增加,当年就增加了 50%,扭转了 10 年来实际扶贫资金下降的局面。

4. 农村扶贫开发纲要的实施(2001~2010 年)

在"八七扶贫攻坚计划"完成之后,中国政府实施了新的《中国农村扶贫开发纲要(2001—2010)》。20 世纪 90 年代末,随着农村贫困人口减少,剩余贫困

---

① 国务院扶贫领导小组:《国家八七扶贫攻坚计划》。

人口的分布也更加分散了。按照国家统计局的贫困标准,2000 年国定贫困县的贫困人口占全国总贫困人口的 54.3%,贫困发生率 8.9%。[1] 世界银行资助的一项研究结果表明,2001 年贫困县的贫困发生率也只有 16%。[2] 如果继续以贫困县作为扶贫开发的基本单位,就意味着有将近一半的农村贫困人口不能从中央政府的扶贫投资中受益,而且由于贫困县中贫困发生率并不高,以贫困县为基本瞄准对象,也会导致扶贫资源的使用效率严重下降。

2001 年中国政府制定和颁布了《中国农村扶贫开发纲要(2001—2010)》。纲要对扶贫工作重点县进行了调整,进一步将工作重点放到西部地区;贫困村成为基本的瞄准对象,扶贫投资将覆盖到非重点县的贫困村。新的纲要注重发展贫困地区的科学技术、教育、文化和卫生事业,并强调参与式扶贫、以村为单位进行综合开发和整村推进。[3]

(二)中国反贫困政策的整体效果

在过去 25 年里,中国的扶贫工作取得了巨大的进展。从收入和消费的角度来衡量,贫困率均大幅度下降。对于新千年发展目标而言,中国大多数都已达到,中国现已步入了一个与 20 世纪 80 年代初的改革初期相比完全不同的发展阶段。

按照中国的官方贫困标准计算,中国农村的贫困率(人口数量比例)从 1981 年的 18.5% 下降到了 2004 年的 2.8%,农村贫困人口的数量从 1.52 亿下降到 2600 万。按照世界银行的贫困标准(按 2003 年农村价格计,平均每人每年 888 元人民币)计算,中国的扶贫成就则更为显著。从 1981 年到 2004 年,在这个贫困线以下的人口所占的比例从 65% 下降到 10%,贫困人口的绝对数量从 6.52 亿降至 1.35 亿,5 亿多人摆脱了贫困。在如此短的时间里使得如此多的人摆脱了贫困,对于全人类来说这是史无前例的。

从中国 25 年来的扶贫实践来看,各类扶贫政策对城乡贫困状况的缓解都起到了重要的作用,但不同政策对贫困人口的影响在不同地区和不同时期是不同的。以发展带动减贫的开发式扶贫,对贫困地区的经济发展起到了显著的促进作用,但由于采用区域瞄准而不是直接针对贫困人口的方式,开发式扶贫的

---

[1]　国家统计局农调队:《中国农村贫困监测报告(2001)》,中国统计出版社 2001 年版。

[2]　Wang, S. G., Albert P., Shubham C., Gaurav D., "Poverty Targeting of China's Intergrated Village Development Program", *CGAP Mimeo*, 2006.

[3]　国务院扶贫领导小组:《中国农村扶贫开发纲要(2001—2010)》。

减贫效果随着贫困人口的减少而降低了。在贫困人口比重较大的 20 世纪 80 年代中后期和 90 年代初,开发式的扶贫方式更有可能覆盖更多的贫困人口。20 世纪 90 年代后期以来,尽管区域瞄准的单位从贫困县变为贫困村,但由于贫困人口的比例大幅度降低和扶贫项目在实施过程中存在的问题,绝对贫困人口受益的可能性却越来越低了。目前的开发式扶贫政策的作用更主要是减缓了贫困地区与非贫困地区收入差距扩大的趋势。采取更加有针对性的以人力资本开发为重点的开发式扶贫政策,使贫困人口更多地受益,应该是下一阶段农村开发式扶贫政策的主要调整方向。

社会保障政策的实施对城市贫困的缓解起到了决定性的作用,城市低保和养老、失业、医疗等保险制度实施,使绝大多数城市人口免于贫困的威胁。城市社会保障政策面临的主要问题是在非正规部门就业的劳动力和流动人口不能平等地享受社会保障带来的好处,而且城镇低保作为城市扶贫的核心政策在实施过程中,由于受地方财力差异的限制,没有做到应保尽保。城市扶贫政策的调整方向是进一步扩大政策的覆盖面,并使保障程度在城市间更加均等化。社会保障对农村扶贫的作用越来越重要,它的重点对象是那些缺乏开发潜力的农村贫困家庭以及遭受疾病和其他灾害打击的贫困人口。更加有针对性的开发式扶贫和适当的社会保障相结合,将是未来农村扶贫政策调整的方向。

其他惠农政策尽管不完全针对贫困人口,但有些政策的实施有可能对贫困人口带来更大的好处或更大的损害。像农业税费的减免、退耕还林和基础教育的"两免一补",给贫困人口带来了更大的利益,成为近年来农村贫困人口减少的主要推动力量;而医疗服务的市场化、中小学布局调整等,却给贫困人口带来了更大的损害。今后在进行部门政策调整时,必须充分考虑对贫困人口的影响,更多地采用对贫困人口有利的部门惠农政策,而限制对贫困人口不利的部门政策。当某些必要的部门政策改革对贫困人口的不利影响不可避免时,必须有相应的补偿政策。[①]

在过去的 25 年里,中国的扶贫和发展成就虽然令人称羡。然而,中国未来的扶贫重任仍将继续,在某些方面,任务可能还会更加艰巨。主要原因为:

---

① 中国发展研究基金会:《在发展中消除贫困:中国发展报告 2007》,中国发展出版社 2007 年版,第 155 页。

第一,按照国际上划定和计算贫困人口数量的标准,中国的贫困人口依然庞大。由于中国庞大的人口基数,按照国际标准计算得出的中国消费贫困人口数在国际上仍排名第二,仅次于印度。根据世界银行最新发布的中国贫困评估报告,2005 年直接问卷调查数据显示,中国仍然有 2.54 亿人口每天的花费少于 1.25 美元(按 2005 年美元购买力平价),这样的贫困人口数量与中国官方估计的农村 1500 万贫困人口看似不一致,主要是因为中国官方贫困线标准(2007年为人均每年 785 元)偏低造成的。中国的贫困线标准在 75 个国家的抽样调查中是最低的,一些最新的研究也显示,即使按照贫困线应该达到的客观标准(最低生存所需支出以及满足衣食等基本生存需要)来衡量,中国官方的贫困线水平可能也太低。

第二,目前中国易受收入变化波动影响的贫困脆弱性人口还比较普遍。按照世界银行的贫困线计算,在 2001 年至 2004 年这 3 年间,中国农村有大约三分之一的人口曾经至少有一次陷入消费贫困状态,这一数字是当年贫困人口的 2 倍。在农村,70% 的严重收入贫困以及 40% 的严重消费贫困是由于各种风险造成的。对于持续性贫困人口而言,风险的存在会加剧他们的贫困程度。降低脆弱性贫困的人口数量无疑是今后中国扶贫工作中的一项非常重要的任务。

第三,随着贫困率的下降,地理上的分散将导致消除剩余贫困人口变得更加困难。西部省份在贫困的发生率及严重程度上居全国前列,但仍有近一半的贫困人口分布在其他地区。同样,山区和少数民族地区的贫困现象最为严重,但仍然有超过一半的贫困人口分布在其他地区。随着贫困水平的降低,村一级的行政单位的贫困集中程度有着下降的趋势。这带给我们一个重要的启示:随着中国扶贫的进一步推进,剩余贫困人口的分布将更加分散,它将大大削弱地区瞄准相对于家庭瞄准方法的扶贫优势。

第四,不是每个人都平等地分享到了经济增长的成果。自改革开放以来,中国的收入不平等状况加剧。收入不平等的基尼系数(未经调整)已经从 1981年的 30.9% 上升到 2003 年的 45.3%。即使考虑到城乡生活成本的差异做了调整后,基尼系数也从 1990 年的 32.9% 上升到 2005 年的 44.3%。这一数值已与其他中等收入经济体,包括诸如泰国、马来西亚等东亚地区的国家的水平相当。中国的收入不平等的上升幅度和速度非常突出,收入不平等的加剧是城乡收入差别的扩大和城市内部、农村内部收入不平等两方面叠加的结果。

　　基于以上原因,贫困问题和扶贫工作在今后相当长一段时间还将在中国长期存在和长期开展。国际和中国扶贫进程中金融支持的经验告诉我们,小额信贷作为一项重大的金融制度创新,在各国反贫困的战略中均发挥了积极作用,而以小额信贷为主体的普惠金融体系的建立实际上强调了应把具有可持续发展潜力的小额信贷纳入正规金融体系,从而把那些被排斥于传统金融服务和整体经济增长轨道之外的农村低收入人口,纳入农村金融服务范围,使他们分享到经济增长所带来的福利改善。①

第三节　反贫困战略中小额信贷的金融制度创新

　　金融服务在减贫方面起着关键作用,长期获得金融服务能够帮助穷人把握自己的生活。但是世界上大多数国家的穷人都很难获得正规金融或半正规金融提供的金融服务。小额信贷,这种为穷人和低收入阶层服务的信贷扶贫方式的出现正是人们对扶贫手段积极探寻的结果,也是金融领域的一项重大制度创新。

一、贫困人口的金融需求

　　从对世界贫困人口的经济特征和地域分布的情况分析来看,贫困人口主要分布在发展中国家的农村和少数民族地区,贫困人口主要从事传统的农业和手工业生产,他们没有固定的收入来源,也几乎不拥有任何固定资产,他们中的大部分无法获得自己所需要的各种金融服务。无论是正规或非正规金融服务的供给者,还是提供投入品信贷的商人和农业加工者,他们所提供的金融服务相对来说要么价格昂贵,要么条件苛刻。

　　但是,贫困人口与非贫困人口一样也有多种类型的金融服务需求。图 2.1 显示了贫困客户在多种情况下所需要的不同类型的金融服务。通过此图,可以看出贫困客户在不同情况下有贷款、储蓄、保险、汇款、转账、养老金等一系列金融需求。

---

　　① 世界银行:《从贫困地区到贫困人群:中国扶贫议程的演进——中国贫困和不平等问题评估》,2009 年版,第Ⅴ~Ⅷ页。

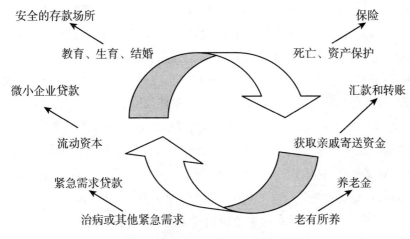

图2.1　贫困客户需要多种类型的服务

例如,贫困客户在结婚、生育及为其子女受教育的准备时,有储蓄的需要。现实中,穷人很少能够得到正规或半正规机构提供的存款服务。然而他们却不得不进行非正式的储蓄:购买牲畜,在家里存放现金,将存款放在邻居家里,或参加各种合会。许多情况下这种非正式的储蓄风险很高,流动性差,不能分割或者是被强加以统一的条件。例如,一头牛如果生病死了,就必须整头出售以获得现金,而不能按部分出售。并且这种交易还需时间和财务成本。通常,穷人希望储蓄是安全的、低成本的、设计合理的,而且,如果可能的话要能够保值。他们对储蓄的偏好优先次序是这样的:一是安全,安全的储蓄不应存在欺诈、盗窃、火灾和亲戚索要的危险,即便存在通货膨胀,安全性也是首位重要的;二是较低的交易成本,接近客户是降低存款和取款交易成本的根本,方便的营业时间和尽可能少的书面工作也是很重要的;三是适当的设计,个人自愿存款产品最好能允许经常性地存入小额、金额不等的现金并能快速支取资金;四是利率,如果交易成本低,农村储蓄在实际回报为负的情况下也会发生——这说明穷人在评价储蓄时可能不会将利率作为一个敏感的首选项,不过,随着实际利率的提高,对储蓄产品的需求确实也会增加。[①]

虽然居住在农村地区的贫困人口和其他非贫困人口一样有金融需求,但是

---

① 世界银行扶贫协商小组:《储蓄和信贷一样重要:为穷人提供存款服务》,载《捐助者简报》2002年第4期。

努力拓展农村地区业务的金融机构却面临着很多限制,从而制约了这些机构对金融服务的开展。农村地区金融服务的制约因素具体表现为:一是因经济活动落后和人口密度较低而导致对金融服务的需求分散;二是基础设施落后(道路、通讯)和客户信息缺乏(没有个人身份证明或财产注册)导致信息和交易成本较高;三是在小的农村社区缺乏受过良好教育和培训的人员,使得农村金融供给者的机构能力薄弱;四是来自国有银行或捐助者项目的补贴或指令性信贷导致的溢出效应;五是许多农业生产活动有季节性及一些农作物的成熟期较长,导致对储蓄和信贷的需求变化较大、现金流动不均衡以及贷款发放和回收衔接不好;六是农业生产特有的风险,如降雨的不确定,虫害和农作物疾病,价格波动以及小农户在获得农业生产资料投入品、咨询和市场方面所处的弱势等;七是由于财产和土地使用权的不明确,昂贵或冗长的注册登记程序以及功能较弱的司法体系,使得农民手头缺少可用的抵押品。[①]

二、小额信贷的目标群体

按照传统的金融政策和金融方法,居住在广大农村地区的贫困人口几乎没有机会得到任何金融服务。而小额信贷的目标群体却正是这一类贫困、有生产经营能力但得不到所需的金融服务的人群,见图2.2。尽管小额信贷模式多种多样,各国采取的模式也不尽相同,但各种小额信贷的目标基本是一致的,即为整个低收入阶层提供便利的金融服务,帮助他们减缓贫困和促进发展,同时实现小额信贷机构的自我生存和发展。

小额信贷目标群体的总体特征是贫困、有生产能力、得不到所需的金融服务。在这里,目标群体还可以根据小额信贷的实践进行细分,一类是针对贫困者中的最贫困者,以孟加拉国的乡村银行(GB)为代表;另一类是为整个社会的低收入阶层服务,以印尼人民银行(BRI)、玻利维亚的阳光银行(BancoSol)、墨西哥和厄瓜多尔的国家发展银行为代表。CGAP曾对一些国家小额信贷的客户进行了研究,世界发展报告的研究结果表明,绝大多数小额信贷客户属于中度贫困和脆弱的非贫困家庭,即边缘贫困;也有极度贫困家庭的客户参与小额信贷项目,但他们不是项目的主体,那些针对较贫困群体的项目往往有较高比

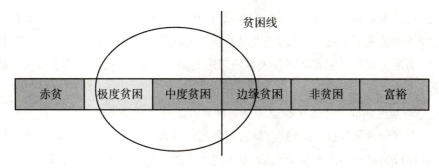

图2.2　小额信贷的目标群体

资料来源：Cohen，The Impact of Microfinance。

例的客户来自于极度贫困的家庭；赤贫家庭则没有被小额信贷项目所惠及。[①]
表2.5反映了一些小额信贷机构能够惠及的客户情况。

表2.5　小额信贷机构能够惠及的客户情况

贫困程度	菲律宾（CARD）	乌干达（UWFT）	玻利维亚（Bolivia）	孟加拉国（BRAC）
赤贫	无法惠及	无法惠及	无法惠及	无法惠及
极度贫困	一些	很少	几乎没有	40%
中度贫困	许多	许多	许多	35%
边缘贫困	一些	许多	许多	25%

注：CARD是菲律宾农业和农村发展中心；UWFT是乌干达妇女金融信托基金；BRAC是孟加拉国农村进步委员会。

资料来源：Cohen M. ，Sebstad J. ，"Microfinance and Risk Management：A Client Perspective"，*CGAP Focus Note*，No. 5，2000。

对穷人和低收入阶层提供信贷服务的理论依据为：[②]

1. 穷人有能力和有愿望改变自己的生活处境

应当相信穷人的能力且挖掘和发挥他们的潜力，通过信贷给予穷人以资金支持，他们可以改变自身条件。减缓贫困的最佳办法就是让穷人自己努力做自己的事，因为没有一个人比当事人有更大的动力去改善他自己的状况。传统农

①　Cohen M. ，Sebstad J. ，"Microfinance and Risk Management：A Client Perspective"，*CGAP Focus Note*，No. 5，2000.

②　杜晓山、刘文璞等：《小额信贷原理及运作》，上海财经大学出版社2001年版，第49~51页。

村金融政策是以城市为基础的,在发展中国家仍有约80%的居民在得不到金融服务的条件下生存,其中的绝大多数属于发展中国家的贫困人口。而小额信贷以满足大规模贫困者和低收入客户需求为基本目标,将长期排斥于传统金融服务之外的广大人群纳入金融服务范围。

2. 制度和商业性的小额信贷是一种有效的社会经济发展因子

在有金融服务设施的地方,储蓄服务可以保障人们安全地储存财富并保障季节性或临时性多余资金的流动,以备将来之需。信贷服务可以利用预期的收入进行当前的投资或消费。商业性小额信贷机构可以通过帮助劳动的穷人及他们的家庭降低风险,提高投资收益,改善管理,提高劳动生产率和生活质量,增加他们的择业机会。

3. 补贴性信贷受资金约束

穷人和低收入阶层对小额信贷的需求量如此之大,靠补贴捐赠或政府基金是无法满足的,而只能通过政府允许的商业性机构,这样的商业性机构能够动员地方储蓄,把商业性投资作为必要的杠杆,进而提供大批量的小额贷款。

对于小额信贷的目标群体,虽然最初的小额信贷并不针对女性,但是随着实践的发展,越来越多的小额信贷逐渐将服务对象锁定为妇女。妇女通常被认为是社会贫困群体中最易受损害的,她们不仅承担着贫困家庭生产量(特别是食品)的大部分,还承担生育、教养子女的责任以及与此相关的沉重的家务劳动。当家庭缺乏必要食品而发生营养不良时,她们首当其冲。由于特殊的劳动环境和生理特点,她们受到各种疾病的威胁要比男性多得多,也大得多。尽管她们在维持贫困家庭生存方面承担重任,但她们获得各种资源的机会却少很多,在接受教育方面,她们备受歧视,其机会要比男性少得多,她们是文盲中的主要部分;她们获取生产性贷款的机会也少得可怜,或者她们受到金融机构的不公平对待,或者她们根本就没有这样的机会。

然而,孟加拉国乡村银行在实践中却发现了一件很奇妙的事情,那就是把钱借给妻子与把钱借给丈夫相比,给家庭带来的收益更大。尤努斯对这一现象给予了解释:"因为妻子更善于持家,她们拿到钱后,可以用来更好地照顾孩子,改善家人的衣食住行;妻子通常具有巨大的牺牲精神,她们能够为家庭作出更大的贡献,并懂得家庭的哪个方面更需要钱。而男人却相反,他们总是先考虑自己,其次才是家人,所以丈夫拿到钱,我们几乎看不到他们给家庭带来的任何变化"。"丈夫可能只会给家庭带来少量的食物或其他什么东西,而这些家庭主妇,却需要照顾安排好家里的每一个方面,确保家里人每天都能吃好饭,睡好觉,即使在她们的丈夫无法给家里带来食品的日子。她们必须精打细算,否则,她们的丈夫会责怪她们无能。在这个过程中,她们成为了出色的管理者,可以很好地利用稀缺的资源。"①因此,在目前孟加拉国乡村银行的670万借贷者中,96%是妇女借贷者。

三、小额信贷的模式类型和基本原则

（一）小额信贷的模式类型

小额信贷的基本要素包括:服务的目标群体即客户要素;为满足特定客户的信贷运作方式和金融产品要素;农户组织和机构组织要素;实现财务自立途径和管理机制要素。这些要素的不同组合构成多样化的小额信贷模式。表2.6是小额信贷根据构成的不同要素分为的不同模式类型。

表2.6　按照小额信贷的基本要素划分的小额信贷的模式类型

小额信贷模式	目标群体	按收入分类	核心贫困阶层
			中低收入阶层
		按性别分类	限定妇女
			以妇女为主
			不强调性别差异
	信贷运作	按区域分类	农村地区
			城市地区
			农村和城市
		金融产品类型	贷款条件
			贷款额度和期限
			贷款偿还频率
			储蓄特征
			利率类型和水平

---

① Jonathan Richter、温则圣、何国俊、徐冲:《小额信贷:缓解贫困问题的一条重要途径——穆罕默德·尤努斯教授在北京大学的演讲》,载《经济科学》2006年第6期。

续表

小额信贷模式	组织机构	客户组织类型	团结小组模式
			村银行模式
			个人模式
			混合模式
		机构组织类型	国际和国家非政府组织
			信贷联盟
			专门小额信贷机构
			金融中介
			正规银行
	持续性	财务状况	补助阶段
			运作持续性阶段
			金融持续性阶段

资料来源:杜晓山、刘文璞等:《小额信贷原理及运作》,上海财经大学出版社 2001 年版,第 48 页。

1. 按照目标群体要素划分

在目标群体要素中,根据贫困程度可分为:为核心贫困阶层服务的小额信贷模式和为低收入阶层服务的小额信贷模式;根据性别特征可分为:以妇女为目标群体的模式,以贫困妇女为主要目标群体的模式和目标群体不强调性别差异的模式等;根据提供金融服务的区域范围可分为:以农村贫困户为目标群体的模式,以农村中低收入阶层为目标群体的模式,以城市低收入阶层为目标群体的模式,不强调区域差异为整个城市和农村中低收入阶层提供金融服务的模式等。

2. 按照信贷运作要素划分

在信贷运作这一要素中,根据得到贷款的条件分为:需要财产或资产抵押担保的模式,根据贷款额度的多少决定担保形式的模式,不需要财产抵押和担保人的模式,小组联保的模式,小组联保和有形资产抵押担保相结合的模式等;根据贷款期限可分为:以客户需求确定的灵活贷款期限模式,根据信贷纪律确定的固定贷款期限模式等;根据贷款的偿还频率特征分为:分期还款和一次性还款,分期还款又可分为每周还款、两周还款、每月还款等不同期限;根据储蓄特征分为：自愿储蓄模式，由储蓄额度决定贷款额度即存贷相连模式；根据利率水平分为：以覆盖项目操作成本为依据确定利率水平的模式，以覆盖项目总成本为依据确定利率水平的模式。

3. 按照农户组织和机构组织要素划分

根据农户的组织形式可分为：连带小组模式，村银行模式，个人模式和混合模式；根据实施小额信贷项目的机构可分为：非政府组织运作模式，信贷联盟运作模式，银行运作模式，以及专门从事小额信贷开展和协调的区域和国际网络模式，还可划分为批发式机构模式，零售式机构模式。

4. 按照实现财务自立途径和管理机制要素划分

持续性特征是小额信贷项目是否成功的重要标志，它反映金融运作能力。根据小额信贷项目或机构的财务状况，持续性可分为三个阶段：依靠外部补助阶段，运作持续性阶段和金融持续性阶段。

(二)小额信贷的基本原则

小额信贷有以下基本原则：①

1. 贫困人口需要多样化的金融服务，而不仅仅是贷款。穷人和其他人一样需要各种各样的方便、灵活和定价合理的金融服务。根据穷人不同的境况，他们不仅需要信贷，而且还需要储蓄、保险、资金结算和汇款服务等。

2. 小额信贷是反贫困的一个有力工具。当穷人使用金融服务时，他们能够提高收入，构建资产，并减轻外部冲击。小额信贷能使贫困家庭不再着眼于每天的生计，而是筹划未来，如改善营养、居住条件、健康和教育。

3. 小额信贷意味着要建设为穷人服务的金融体系。在大多数发展中国家，穷人占人口中的大多数。然而，他们却是获得银行服务最少的人。小额信贷通常被视为一个边缘领域，是一个捐助者、政府和社会投资者关心的"发展"活动，而不被视为是国家主流金融体系的组成部分。然而，只有当小额信贷成为金融体系的组成部分时，它才能够服务于最多的穷人。

4. 小额信贷能够实现自负盈亏，而且如果它的目标是服务于非常大规模的穷人，它必须做到其服务收费应足以覆盖其运营的一切成本。大多数穷人无法得到很好的能够满足他们需要的金融服务是因为缺少强有力的能够提供这

---

① CGAP，"Key Principles of Microfinance"，http://www.cgap.org.

种服务的金融机构。强健的机构需要收取一定的利息来覆盖其成本。覆盖成本不是最终目的,而是要达到在规模和影响方面远远超出捐助者资金所不能达到的范围的唯一途径。一个财务可持续的微型金融机构能够长期持续不断地扩展其服务。实现可持续性意味着降低交易成本,为客户提供有用的服务以及发掘为更多的未获得金融服务的穷人提供服务的新途径。

5. 小额信贷的目标在于建立持久的地方金融机构。为穷人提供金融服务需要强健的、能够永久为穷人提供金融服务的本地金融机构。这种机构需要吸收本地的储蓄,将这些储蓄转化为贷款以及提供其他金融服务。随着本地金融机构和资本市场的逐渐成熟,它们对捐助者和政府(包括政府的发展银行)的依赖将越来越小。

6. 小额信贷并不是万能的,对于那些没有收入或还贷手段的赤贫者,其他形式的扶持可能更有效。小额信贷不是对所有人或在所有情况下都是最好的手段。没有收入或没有还款手段的贫困和饥饿的人,在能够使用贷款之前需要其他形式的支持。在许多情况下,其他手段能够更好地缓解贫困,如小额赠款、就业和培训项目或基础设施改善等。这些非金融服务应当尽可能与增加贫困人口的储蓄结合起来。

7. 设定利率上限使贫困人口更加难以获得贷款服务,最终伤害的是穷人。发放大量的小额贷款的成本比发放少量的大额贷款的成本要高得多。如果小额贷款者不能够收取比银行平均贷款利率更高的利率,他们就不能覆盖其成本。由于资助者或政府提供的资金是稀缺和不确定的,因此机构的成长也受限制。政府制定利率政策时,通常设定的利率水平限制过低,使得小额信贷无法覆盖其成本,因此,应该避免这类规定。同时,小额贷款提供者也不应当通过收取高额利息让客户为其低效率埋单。

8. 政府的职责应是使金融服务有效,而不是自己去提供金融服务。政府应该制定政策以鼓励为穷人提供金融服务,同时为储蓄提供保护。政府自己几乎不可能良好地运作贷款业务,但它能营造良好的政策支持环境,政府也可以通过改善企业家的经营环境,遏制腐败和改善市场和基础设施的条件来支持为穷人提供的金融服务。在缺少其他资金的特殊情况下,政府可以保证向稳健和独立的微型金融机构提供资金。

9. 捐助者的资金与私营资本应是互补而不是竞争的关系,捐助者的补贴应设计为一定时期的支持,尤其是在机构启动时提供支持,以使它顺利发展到能够吸引私人资金的投入。

10. 小额信贷发展的主要瓶颈是缺少强有力的机构和经营管理团队。小额信贷和微型金融是一项将银行业与社会目标相结合的特殊领域,在所有层面上都需要能力和制度的建设:机构的管理者和信息体系、央行对机构的监管、其他政府部门和资助者。捐助者的支持应当集中在能力的培训和提升上,而不仅仅是给钱。

11. 小额信贷的成长也有赖于小额信贷机构自己关注、测定、提高和披露其运作业绩,小额信贷机构的经营和财务报表不仅能帮助各有关方判断该机构的成本和效益,而且也有助于它改进运作方式,提高运作水平。小额信贷机构需要提供准确和可比较的财务运营报告,该报告的内容不仅包括还贷和自负盈亏情况,也包括社会发展方面的指标,例如服务客户的数量和客户的贫困状况。

四、小额信贷的核心运行机制

传统的信贷市场由于普遍存在的信息不对称容易产生逆向选择和道德风险问题,克服信息不对称的最常见方式是借款者提供抵押品。然而,小额信贷旨在向低收入客户提供微型金融服务,这些客户既没有足够的自有资本作为银行服务的担保和抵押品,也不可能提供可信的资信报告和信贷记录,小额信贷市场面临的信息不对称问题尤为严重;除此之外,由于小额信贷的目标群体主要为居住在广大农村地区的贫困人口,分散的居住状况加大了小额信贷的交易成本。

因此,小额信贷机构赖以成功的关键要素,是在不同于传统的金融服务合约的方向上,重新整合各种价格和技术要素,不断创新金融产品和相关的风险控制手段,用以在一定程度上克服小额信贷市场借贷双方的信息不对称和交易成本高的问题,提高信贷市场的效率。在客户缺乏经济资源的背景下,各种创新的小额信贷机制事实上都将目标客户群的社会资产[①]作为约束激励机制赖以建立的关键。小额信贷的主流模式中,用以缓解交易成本和信息问题的小额信贷的核心运行机制主要包括不同形式的团体贷款机制、贷款的动态激励机

---

① 社会资产可以理解为我们常说的人际关系和组织关系。

制、整借零还的分期还款制度、不同形式的抵押担保替代制度以及锁定女性客户等。

（一）团体贷款机制

在实践操作中，团体贷款通常被认为是小额信贷的同义词。相对于传统的商业贷款操作，为何团体贷款从理论上可以克服逆向选择和道德风险问题呢？

1. 对于克服逆向选择问题

团体贷款是指个人为了从贷款者那里获得贷款从而自愿地组成小组的形式并承诺对于小组团体内的每个成员的还款负有连带责任的一种贷款安排。在借款者相互了解的情况下，团体贷款合约可以通过负有连带责任这一条件促使借款者达到一种"分类匹配"，从而在一定程度上克服逆向选择问题。概括地说，就是在团体贷款制度下，那些互相之间比较了解且风险水平相近的借款者将会自动地组成联保小组，即风险低的借款者会去寻找风险低的同伴组成团体，风险高的借款者会去寻找风险高的同伴组成团体。通过这样的机制，放款机构实际上把个体贷款模式下本应由自己承担的风险识别责任的绝大部分转嫁给了互相之间更加了解的潜在客户群体，而且小额信贷机构可以针对不同风险类别的借款小组收取不同的利率。这种联保小组机制的信用发现功能，有利于克服信息不对称造成的逆向选择问题，也有助于减轻贷款机构承担的高昂的交易成本。

盖塔克（Ghatak，1999）的分析模型[1]解释了在团体贷款下，同样类型的借款者会聚集到一起，有效地解决逆向选择问题。同时，贷款合约可以实现一种歧视性的价格（利率），而这在个人的单独借款中是不可能实现的。

2. 对于克服道德风险问题

同时，团体贷款还可以帮助克服道德风险问题。贝斯利和斯蒂芬（Besley，Stephen，1995）[2]、施蒂格利茨（Stiglitz，1990）[3]的研究表明，尽管在正规金融的信贷中，银行由于无法完全控制借款者行为而面临着道德风险问题，但是，在

---

① Ghatak M., Guinnane T. W., "The Economics of Lending with Joint Liability: Theory and Practice", *Journal of Development Economics*, No. 60, 1999.

② Besley, T., Coate S., "Group Lending, Repayment Incentives, and Social Collateral", *Journal of Development Economy*, 1995.

③ Stiglitz J. E., "Peer Monitoring and Credit Markets", *World Bank Economic Review*, No. 3, 1990.

团体贷款下,同一个团体中的同伴监督却可以约束个人从事风险性大的项目,从而有助于解决道德风险问题。

在借贷合约签署以后,贷款机构实际上面临两类道德风险问题,一是借款者也许并不十分努力地进行投资和工作,或者将资金投资到那些具有更高风险的项目上去,这是事前道德风险;二是即使借款人投资成功却隐瞒获得利润的事实而抵赖还款,这是事后道德风险。对于事前道德风险,施蒂格利茨(Stiglitz,1990)建立了一个模型指出,团体贷款合约可以促使借款者监督其他团体成员的项目选择,惩罚那些从事过高风险项目投资的借款者,从而有效地规避事前道德风险。对于事后道德风险,虽然也有研究(Besley,Stephen,1995)认为只有团体成员相互监督的成本足够低,团体成员就有相互监督以保证合约执行的激励。但是在通常情况下,由于这种监督成本比较高,因此,团体贷款很难有效防止小组成员在还款环节上可能采取隐瞒和抵赖的行为,及对于防范事后道德风险,团体贷款显得能力不足。

(二)动态激励机制

虽然团体贷款在克服信息不对称方面有很多优势,但是它也有很多局限性。例如,如果小额信贷的服务对象居住得比较分散,或团体贷款的团员相互之间不是很了解,又或贷款的团员属于异质群体等,则实施团体贷款的操作成本和监督成本都会很高。另外,由于团体是建立在成员的社会关系的基础上,所以团体成员之间存在合谋的可能性,则此时的信贷市场仍然是低效的。除此之外,若影响一位团员的还款事件是外生的,则此时信贷机构对所有团员都将取消贷款资格的惩罚会显得过于严厉并可能造成紧张的借贷关系和紧张的团员人际关系。①

正是由于团体贷款的上述成本,以及现实条件对团体贷款的制约,近年来小额信贷在实践的过程中逐渐引入了诸多新机制,例如动态激励、灵活的抵押方式以及利用舆论的监督压力在公开场合还款等。在这些新机制中,最重要的一条便是动态激励机制。

动态激励机制就其本身而言,是指在多期重复博弈的环境中,将借贷双方对未来的预期和对历史记录的考察纳入合约框架,设计的能够促进借款人改善

①　李猛:《小额信贷的经济学原理》,载《贵州社会科学》2007 年第 7 期。

还款行为的机制。在小额信贷领域,动态激励机制已经被证明是行之有效的风险管理手段,无论是在团体贷款还是个人贷款的场合均能够得到广泛使用。与团体贷款合约相比,具有动态激励机制特性的信贷合约可能被更多的小额信贷机构所采用。一般而言,小额信贷领域的动态激励机制可以分为两类。第一类是简单的重复博弈,即如果借款人在借款后续的还款过程中表现良好,那么他就可望反复得到相同的信贷服务,而如果借款人发生拖欠或者未能偿还贷款,他再次获得贷款的可能性就随之降低,甚至再也不能得到任何贷款;第二类是在第一类的基础上,还款表现良好的借款人将可望在后续合作中获得更高额度的贷款,即累进贷款。这种累进的贷款安排增加了借款者逃废债务的机会成本因而对借款者履约会产生一种正向激励。[①] 因此,具有动态激励机制的小组联保合约可以有效避免之前团体贷款合约借款人之间可能出现的逃债"合谋",从而比团体贷款具有更强的适用性。事实上,国际小额信贷领域中,动态激励机制适用的范围确实要比团体贷款更为广泛。

当然,上述动态激励机制能否有效发挥作用,受到许多其他条件的影响。动态激励机制在人口流动性较低的地区比如农村更加有效;而不同小额信贷机构之间的竞争会削弱动态激励机制的作用。因为当借款人在一个机构有了违约记录后,他可以较容易地转而寻求其他机构申请新的贷款。阿曼达瑞斯和乔纳森(Armendariz, Jonathan, 2005)指出对于这种情况的解决方法不应该停留在限制小额信贷机构的竞争上,而是应该从提升借款者之间的合作入手,例如可以通过建立信贷局或办事处来帮助借款者获取信息。[②] 除此之外,小额信贷领域还需要建立跨越机构的公共信用登记系统,这个系统可以记录每个借款人的信用记录使其信息可为所有机构共同使用。

(三)简化的借贷程序和有规律的还款安排

小额信贷区别于传统金融服务的另一显著特征在于其简化的贷款申请程序和分期还款的还贷方式。一般而言,非政府组织和专门的小额信贷实施机构所要求的申请程序都很简单,各种表格清晰、简洁,机构工作人员还会向没有文化的妇女读讲和填写申请,并帮助贫困者评估业务经营和扩展的可行性。印度

---

① 焦瑾璞、杨骏:《小额信贷和农村金融》,中国金融出版社 2006 年版,第 65 页。

② Armendariz B. , de Aghion B. A. , Morduch J. , *The Economics of Microfinance*, MIT Press, Cambridge, MA, 2005.

自我就业妇女协会(SEWA)银行帮助申请者填写只有一张纸的申请表,贷款批准程序完成一般为一周。如果妇女有抵押品,她当时就可获得一笔抵押贷款。银行对妇女获贷,要求提交两张照片和按手印,不需在有关资料上签字。多米尼加的 ADOPEM 一般需 9 天完成放贷程序。印尼人民银行(BRI)的小额贷款申请程序最长两周,对再次贷款者只需要两三天。孟加拉国的乡村银行(GB)从贷款申请到发放贷款一般也只需要 1~2 周的时间。

多数小额信贷机构要求客户采用分期还款的方式还款,及客户每隔一段时间就要还贷。分期还款包括固定周期支付还款和灵活周期支付还款两类,前者可细分为周还款、10 天还款、半个月还款、月还款等,其中以月还款为主,在分期还款中占 60% 以上。分期还款制度之所以广泛存在,是因为它具有许多优点:第一,分期还款制度是一种基于"现金流"理念的贷款管理技术,贷款机构在注重自身现金流管理的同时,对借款人的现金流入也提出了较高的要求。比如,在孟加拉国乡村银行的传统模式下,一年期的贷款往往在借款人拿到贷款后几个星期就要开始偿还了,并且每周偿还一次,每次偿还的额度等于贷款总额和利息总额之和除以 50。乡村银行这种简单平均计算周期还款额的方法,事实上将借款人可能从事的那些长期项目排除在外,而且,乡村银行还从分期还款制度中获得了充足的现金和更加健康的财务状况。第二,分期还款制度具有一种"早期预警"功能,能提早发现那些具有较大潜在风险的贷款,从而避免所有的信贷风险在期末的时候集中暴露,这可以为小额信贷机构赢得更多的时间来尽量减少损失。第三,分期还款制度还有一个显著的特征,当客户的实际贷款额随着还款过程的进行逐次减少的时候,小额信贷的"有效利率"将大大高于合同上载明的水平。分期还款制度的这一特征,在许多利率受到管制的地区,将构成一种迂回收取高利率的权宜之策。[①]

(四)创新的担保抵押替代方式

小额信贷的服务对象都是穷人,他们借款很少有资产作为抵押,因此,大多数的小额信贷机构都不明确要求客户提供担保抵押品。但是,随着国际小额信贷实践的不断深入,为了保证还款率,各种替代性的担保抵押却广泛存在。这类替代性的担保抵押品可以是某种形式的"小组共同基金"或"强制储蓄",也

---

① 焦瑾璞、杨骏:《小额信贷和农村金融》,中国金融出版社 2006 年版,第 73 页。

可以是一般商业银行不愿意接受或正规金融市场不受法律保护的某种资产,甚至是可以预期的未来收入和现金流等。

这种担保抵押替代方式的创新之处在于不是考虑出售抵押品所得到的价值,而是考虑丧失抵押品给借款者带来的损失,比如,虽然借款者住房的市场价值很低,但是对他们的生活却十分重要,失去住房的压力会促使他们还贷。在不发达的贫困地区,虽然市场化的落后限制了抵押品的处理,但是这种抵押方式还是促进了信贷合约的执行,从而提高了还款率,降低了小额信贷机构的运营成本,从而可以更好地为穷人服务。

另外,小额信贷工作人员还将信贷服务与储蓄服务结合起来,创造了金融资产抵押方式。通过要求借款者开设储蓄账户,一方面为借款者提供了储蓄服务,另一方面小额信贷机构可以通过观察借款者的储蓄行为来了解他的理财能力,借款者的存款也可以为贷款提供抵押。

(五)锁定妇女客户

虽然最初小额信贷并不针对女性,但是随着实践的发展,很多国家和地区将小额信贷逐渐锁定为妇女。例如,孟加拉国乡村银行95%以上的客户是女性。以妇女为主要客户的原因可以归纳为:第一,与男性相比,妇女更贫穷,所以,锁定妇女放贷的收益率更高;第二,与男性相比,女性的流动性更小,团体贷款的连带责任对她们的限制性也更强,小额信贷的工作人员可以更好地对她们实施监督;第三,女性的投资决策往往更为谨慎,可以更好地保证贷款的安全;第四,给妇女提供资源将对经济发展产生更大的影响,妇女往往比男人更加关心儿童的健康和教育,而且,妇女往往是穷人中的更加穷困者,经常受到丈夫的压迫和社会陋规的束缚,因此将服务对象锁定为妇女将能更好地实现小额信贷的社会目标。

第三章　小额信贷发展模式的国际比较和成功经验

20 世纪 70 年代以来,小额信贷已经探索出一条在市场经济体制下为贫困人口提供有效金融服务并同时实现信贷机构自身可持续发展的路径,因而被国际社会视为减少贫困的金融制度创新,得到了国际社会和发展中国家的广泛认同。30 多年来,小额信贷的发展演化经历了四个发展阶段:从 20 世纪 70 年代的农户小额贷款发展到 20 世纪 80 年代微型企业的小额信贷,进一步发展到 20 世纪 90 年代追求商业可持续发展和贷款覆盖率为目标的小额贷款,目前,多元化模式的小额信贷正逐步融入金融体系。本章在分析和比较国际小额信贷典型的发展模式的基础上,进一步分析了国际小额信贷的发展趋势和成功经验。

第一节　小额信贷发展的洲际分布和区域特点

一、小额信贷发展的衡量指标

20 世纪 90 年代中期以来,一些学者与国际组织致力于小额信贷发展指标体系的研究。小额信贷作为为贫困和低收入人口以及微型企业创业者提供金融服务的一种组织形式,究竟是坚持商业性还是福利性的争论至今还没有完全达成共识,但覆盖面和可持续性一直是衡量小额信贷机构自身生存和发展的两个主要指标。在实际操作中,每个指标又包含了多个分类指标。用于衡量小额信贷机构覆盖面和可持续性的指标有:

（一）覆盖面

覆盖面衡量金融机构对小客户提供金融服务的广度，主要考察市场参与度、相对收入水平和服务质量。该项指标由 13 个部分构成：现有借贷人数、妇女借贷比例、贷款余额、总贷款资产、每个借贷人的平均借贷额、每个借贷人的平均借贷额占 GNP 的比重、账户平均月、账户平均余额占 GNP 的比重、自愿储蓄人数、自愿储蓄账户、自愿储蓄额、人均储蓄额、人均账户储蓄额。

（二）可持续性

可持续性是指小额信贷从信贷操作中取得的收入能够抵补其操作费用、资金成本、贷款损失、通货膨胀带来的资产价值的减少，同时还能够有项目扩展的盈余资金。该指标主要衡量小额信贷机构的绩效，要实现可持续性，小额信贷机构就必须提高管理效率和降低操作成本。这就要求提高资金的周转率，降低贷款的拖欠率和风险率，在不偏离服务目标群体的前提下扩大客户的规模，增加工作人员服务客户的数量和贷款规模，争取较低成本的资金来源等。要做到这些，加强管理、提高服务质量和实行制度创新是必不可少的。这又都会从管理和技术角度涉及机构指导思想和设计及运作的方方面面。

如何衡量机构的可持续性？目前人们正致力于建立一套能够在世界范围使用的小额信贷绩效标准，包括衡量机构或项目可持续性的业务指标，但至今还没有一套公认的标准指标体系。一些机构（如世界银行、国际食品政策研究中心）主要从业绩、效率、劳动生产率等方面来衡量小额信贷机构的可持续性。其中业绩指标主要包括资金收益率、股本收益率和自足运行率；效率指标主要包括运行费/贷款资产、人员费/贷款资产、平均工资/人均收入、每笔借贷成本、每人借贷成本等；劳动生产率指标主要包括每个员工的平均借款人数、贷款人数、自愿储蓄人数和自愿储蓄账户，每个贷款负责人的平均借款人数和贷款人数以及人力分配比例等。

二、小额信贷发展的洲际分布

比较全面系统调查全球小额信贷发展的是微观金融信息交流中心、世界银行、国际食品政策研究中心等机构。例如，国际食品政策研究中心曾经在 1999 年对亚洲、非洲、拉美小额信贷进行了大规模调查，其调查数据一直被研究全球小额信贷发展的学者广泛运用。国际食品政策研究院的调查涉及85个发展中国家的1500个样本(其中印尼688个样本)、5400万人、4400万储蓄者、1700万借贷者、46000个小额信贷机构,未到期贷款余额18亿元、储蓄额13亿元。根据这次调查结果,从洲际角度分析,亚、非、拉农村小额信贷发展是不平衡的。[①]

首先,亚洲是小额信贷活动最发达的地区。小额信贷机构拥有数量依次为亚、非、拉,占比分别为69.2%、21.8%和9%;从小额信贷惠及人数来看,分别为77.2%、9.9%和12.9%;从储蓄分布来看,比例分别为54.5%、5%和40.5%;从贷款分布来看,比例分别为64.9%、2.6%和32.5%。在调查中,印尼样本量权重很大,拉高了亚洲在各项指标中的比例。如果排除印尼,总体排序有一定变化,拉美单个小额信贷机构平均储蓄额和贷款额均高于亚洲和非洲,但在覆盖面、金融密度、储蓄比例和贷款比例中,亚洲仍然最高。

其次,亚洲小额信贷机构覆盖面、贷款偿还率高于非洲和拉美,但交易效率比较低。非洲国家由于法律法规建设相对滞后,执法不严,贷款风险比较大;贷款笔数、储蓄规模和贷款规模,亚洲明显低于非洲和拉美;亚洲小额信贷机构平均存贷款、贷款占GDP的比重也低于非洲和拉美。

再次,亚洲小额信贷机构可持续性发展指标高于非洲和拉美等地区。金融自给自足是实现可持续发展的前提。新产品的开发、高质量的金融服务、有效的治理与管理结构等因素被认为是小额信贷机构可持续发展的主要组成部分。总管理费用、人工费用、每个借贷者费用及平均资产回报率等指标显示亚洲的小额信贷机构自给自足率较高。[②]

谢玉梅(2005)根据微观金融信息交流中心2005年的调查和2006年《小银行公报》的数据对2005年全球小额信贷的发展进行了分析,并对全球各大区域小额信贷机构的覆盖面和可持续性发展指标进行了比较,见表3.1和表3.2。

---

① Lapenu C., Zeller M., "Distribution, Growth, and Performance of Microfinance Institutions in Africa, Asia, and Latin America", *IFPRI FCND*, No. 114,2001.

② Paul M. D., "Rural Banking in Emerging Asian Markets: Lesson for China", *OPEC Conference*, 2003.

表 3.1　2005 年全球小额信贷机构覆盖面的洲际分布

指标 ＼ 地区	亚洲	非洲	欧洲和中亚	拉美	中东和北非
人均贷款额(美元)	115	230	1141	640	248
人均贷款额/人均 GNP	19.4	90.1	73.1	37.4	15.1
平均未到期贷款余额(美元)	112	174	1170	619	246
平均未到期贷款余额(美元)/人均 GNP	20.3	86.3	73.7	35.2	15.1
人均储蓄额(美元)	92	109	6557	765	—
人均储蓄账户余额(美元)	92	106	1244	698	—

资料来源:谢玉梅:《2005 年全球小额信贷发展比较分析》,载《贵州社会科学》2007 年第 6 期。

表 3.2　2005 年全球小额信贷机构可持续性的洲际分布

指标 ＼ 地区	非洲	亚洲	欧洲和中亚	拉美	中东和北非
1. 业绩指标					
资产收益率	—	0.7	2.8	1.9	1.4
股权收益率	—	1.4	6.8	7.6	5.1
2. 效率指标					
运行费用占贷款比例(%)	35.8	22.8	20.3	20.6	21.7
员工费用占贷款比例(%)	15.9	11.9	11.7	10.8	13.9
每个借款人成本(美元)	78	38	200	139	60
平均工资占人均 GNP 比例(%)	13.5	2.9	5.5	4.5	3.5
每笔贷款成本(美元)	77	31	199	127	60
3. 劳动生产率指标					
借款人数/每个员工	133	142	80	126	156
贷款人数/每个员工	136	141	80	134	156
自愿储蓄人数/每个员工	181	127	6	123	—
自愿储蓄账户/每个员工	181	128	33	141	—
借款人数/每个贷款负责人	254	222	157	262	219
贷款人数/每个贷款负责人	254	224	165	270	219
人力分配比例	50.5	64.3	50.6	49.2	74.5

资料来源:笔者根据表 3.1 同一资料整理而成。

通过对表3.1和表3.2的分析和比较,结果表明,2005年全球小额信贷总体收益实现了收支平衡。但全球小额信贷发展仍然呈现洲际之间的不平衡性。亚洲小额信贷覆盖面和运行效率与劳动生产率较高,但妇女客户群占据绝对优势,贷款额度小,贷款成本高,难以实现贷款规模经济,收益率较差。相对而言,东欧中东一些国家虽然小额信贷覆盖面不是很高,但贷款规模较高,男性客户占较大比例,高端客户比例较大,小额信贷机构效益较好。

三、全球各大区域小额信贷发展的基本特点

小额信贷从第三世界国家产生,在亚洲、拉丁美洲和非洲的一些国家比较早地发展起来。在亚洲,孟加拉国和印度尼西亚的小额信贷发展得较好,处于第二梯队的是菲律宾、印度、尼泊尔、柬埔寨等国。在拉丁美洲,小额信贷在玻利维亚、墨西哥、秘鲁发展得最为成熟,其次是巴西、智利和萨尔瓦多等国。非洲国家中的南非、乌干达、坦桑尼亚等国发展较好。

(一)亚洲

一般来说,亚洲小额信贷具有较强烈的社会发展使命的定位和导向。它也更强调在人口较集中的农村地区开展金融服务。除了一些机构提供多样化的金融服务,更多的机构只是集中于贷款服务。亚洲的两个人口大国中国和印度,相对于它们的人口,可持续发展的小额信贷很少,造成这种状况最大的原因是政府长期以来习惯于广泛干预金融服务。孟加拉国和印度尼西亚在小额信贷发展方面是两个巨人。不过,两者采取的却是完全不同的方法:孟加拉国非政府组织(NGO),尤其是大型NGO小额信贷机构和其他传统小额信贷机构多以社会使命为宗首,它们服务于2460万的客户。印尼名为"人民银行"(BRI)的国有控股商业银行近年来进行了部分民营化改造,它是印尼小额信贷的领头羊,也是世界上最大的小额信贷机构,它以商业化的方式运作。

近年来,印度的小额信贷已开始起飞。一些商业银行与传统的以社区为基础的自助小组合作,向贫困客户群体提供金融服务。

(二)拉丁美洲

就全球各大区域而言,拉丁美洲有最长的开展商业化、可持续小额信贷的传统。该地区绝大多数小额信贷客户得到的金融服务来自于已获许可的金融机构。在一些国家,尤其在城市,金融机构之间的竞争越来越激烈。在其中的一些国家,由于竞争,贷款利率大幅下降。例如,在玻利维亚,利率已由20世纪90年代的50%下降到2004年的21%左右。

在多数金融机构集中开展小额信贷的同时,一些领头的机构则越来越注意提供多样化的金融服务,其中包括储蓄和对国际、国内资金的汇付结算。在一些国家,尽管小额信贷的市场份额和多样化的服务达到了一定水平,但在一些大国,例如墨西哥和巴西,还有很大的提供"供给"服务的空间和机会,在这些国家的一些中小城市和农村地区,小额信贷还很薄弱。

(三)东欧和中亚

东欧和中亚地区是小额信贷的后来者,并且小额信贷机构以NGO和其他一些机构为主,主要从事贷款业务。当然,也有一些例外,例如,比较著名的在几个国家都经营的ProCredit Bank对客户提供多样化的金融服务。该地区的小额贷款与世界其他地方相比有不同的特点。例如,由于该地区人口相对较高的收入和受教育水平,本地区机构提供的贷款额度较大。此外,很多机构比其他地区的机构更快地实现了金融自负盈亏。

对该地区小额信贷机构未来可持续发展的主要威胁是机构运作的高成本,以及能否脱离对捐助的依赖,而转为与金融体系连接。

(四)非洲

相对于其他地区,非洲小额信贷的总体发育程度低,并且运作成本较高。在大多数非洲国家,只有很少数人有银行账户。即使在南非这个非洲经济最发达的国家,也只有一半的成年人有银行账户。在另外两个主要国家肯尼亚和尼日利亚,大多数的自我就业者没有得到银行的服务,这两个国家分别只有11%和10%的人有银行账户。在非洲的法语国家,信用合作社是小额信贷的主体模式,拥有约几十万客户。在除南非以外的英语国家,也有大量的信用合作社,但相对于世界其他区域,专门的NGO小额信贷机构在这些国家更多。

近年来,正规银行已开始进入小额信贷市场,例如肯尼亚的Equity Bank、南非的Teba Bank等。

(五)中东和北非

在中东和北非地区,70%的小额贷款机构是NGO,它们依靠捐助者的资助。本地区的小额信贷在很大程度上被视为慈善性的,而没有作为普惠性金融体系的一部分。尽管如此,一些商业银行,尤其在埃及,正在开始面向这一低端金融市场,并开发为穷人的金融服务。

　　小额信贷正以平均年增50%的速度增长。不过,这种增长在很大程度上依靠两个国家的变化:摩洛哥和埃及。摩洛哥的两个小额信贷机构有超过30万的客户,埃及的商业银行正在以"降低贷款规模"的方式开展相关活动,即设立内部专门部门,从事小额信贷业务。

第二节　国际小额信贷典型的发展模式及其比较

　　根据亚洲发展银行的统计,目前提供小额信贷服务的机构主要有三类:一是正规金融机构如农村银行和农村合作金融组织;二是半正规金融机构,如非政府组织从事的小额信贷业务组织;三是非正规金融,如民间的货币借贷者和零售店主等。在众多的小额信贷机构中,以孟加拉国乡村银行、玻利维亚阳光银行、印度尼西亚人民银行村信贷部和拉丁美洲的村银行最为著名,被众多国家效仿。

　　以孟加拉国的 Gremeen Bank(GB)、印度尼西亚的 Bank Rakyat Idonesia U-nit Desa(BRI)、玻利维亚的 BancoSol 和拉丁美洲的 FINCA Village Bank(FVB)为代表的小额信贷机构从一开始就显示了与传统正规金融机构不同的特征:第一,就功能定位而言,不少小额信贷机构明确地表示除了提供金融服务外,还提供多种类型的社会服务(如扩大参与、促进女性赋权、扶贫、法律援助等),如 GB 和 BRI;第二,就服务群体而言,大多数小额信贷机构以那些被正规银行排除在外的人群为贷款对象;第三,就贷款规模和还款期限而言,大多数小额信贷机构的规模都比较小,期限较短;第四,就贷款风险控制技术而言,同伴选择(Peer Selection)、同伴监督(Peer Monitoring)、动态激励机制、以社会资本为基础的抵押替代等创新性机制被广泛地应用。除此之外,小额信贷还存在其他方面的与众不同之处,如创新性存款机制安排,主张商业化可持续运作等,对传统的金融理念和扶贫理念都是重要突破。[①] 这四种模式的基本特征见表 3.3,在此着重介绍这四种模式。

---

　　① 刘民权、俞建拖:《国际扶贫的理论和政策实践》,载《中国发展研究基金会报告》2007 年第 33 期。

表3.3　小额信贷主导模式的基本特征

	孟加拉国乡村银行（GB）	玻利维亚阳光银行（BancoSol）	印度尼西亚人民银行村信贷部（BRI）	拉丁美洲村银行（FINCA Village Banks）
客户数	240 万	81503	200 万借款客户、1600 万储蓄客户	89986
平均贷款余额	134 美元	909 美元	1007 美元	191 美元
一般贷款期限	12 个月	4 ~ 12 个月	3 ~ 24 个月	4 个月
妇女客户比率	95%	61%	23%	95%
经营地区	农村	城镇	主要在农村	主要在农村
是否团体贷款	是	是	否	否
是否要求担保	否	否	是	否
是否强调自愿储蓄	否	是	是	是
贷款额度累进	是	是	是	是
通常的还款期限	每周	灵活	灵活	每周
目标客户	贫困人口	大部分为非贫困人口	非贫困人口	贫困人口
是否财务可持续	否	是	是	否
名义贷款利率（每年）	20%	47.5% ~ 50.5%	32% ~ 43%	36% ~ 48%
年度消费价格通胀水平	2.7%	12.4%	8.0%	—

资料来源：本表数据转引自 Morduch J. ，"The Microfinance Promise"，*Journal of Economic Literature*，No. 37，1999。

一、孟加拉国乡村银行模式（GB）

孟加拉国乡村银行最初于 1976 年由穆罕默德·尤努斯（Muhammad Yunus）教授创建，是其经过考察实践，逐渐发展起来的，并不是由政府发起组织。尤努斯发现许多穷人只要有很少的一部分资金，就能做点小生意，从而增加收入、提高生活水平，如养头牛或是买辆三轮车，但却没有银行愿意给没有家产做抵押的穷人贷款。于是，尤努斯教授开始试验把自己的钱借给有需要的农民。尤努斯教授之所以选择向穷人贷款而非直接提供援助主要是基于两方面的考虑。首先，是因为借的钱是要还的，贷款人有责任和动力去努力工作，在努力的同时提高自己的能力，而不会像某些习惯了接受无偿援助或救济的人，坐等别人向自己伸出援助之手。其次,贷款与利息的偿还能够充分利用资金,使之能够被用来帮助更多的人摆脱贫困。让尤努斯教授惊讶的是,与人们想象的相反,穷人们的信用很好。

受到鼓励的尤努斯教授在一些国际发展组织的资助下,开始扩大试验的规模。1983 年,在政府支持下尤努斯教授创立了专门向贫困家庭贷款的银行——孟加拉国乡村银行,其中所有权的 92% 由会员拥有,8% 属政府所有。在此之后,乡村银行逐渐发展成为组织遍及全国的金融机构,服务于 64 个地区的 68000 个村。它被誉为是世界上规模最大、效益最好的扶贫项目和扶贫方法之一,在国际上受到广泛的推崇。到 2006 年,乡村银行已经拥有 600 万客户,并覆盖了 47.6% 的贫困人口,其小额信贷的覆盖面见表 3.4。

表 3.4 孟加拉国小额信贷覆盖面

总人口[1]	1.4 亿
葛莱珉乡村银行客户总数[2]	600 万
全国客户总数[3]	1.05 亿
覆盖面	75%
贫困线以下人口数量[4]	0.7 亿
贫困人口覆盖面	47.6%

资料来源:[1]世界银行 2006 年 4 月数据;[2]乡村银行 2006 年 4 月数据;[3]全球小额信贷峰会组织 2006 年 11 月数据;[4]孟加拉国小额信贷批发机构 PKSF 网站数据称孟加拉国生活在贫困线以下的人口占全国总人口的一半,其中 80% 生活在农村地区。

孟加拉国小额信贷的成功摧毁了在农村金融市场上的三个传统偏见:穷人不值得信贷;妇女比男子预示着更大的信贷风险;穷人不储蓄。孟加拉国乡村银行小额信贷的特征主要表现为:一是向穷人贷款,但不是直接与单个贫困农户发生联系,而是与项目实施最基层的小组和中心发生关系。一般 5 人自愿组成一小组,5 至 6 个小组组成一个中心。二是提供小额短期贷款,连年扶持。贷款期一般为一年(52 周),从第二周开始还贷,每周还本金的 1/50,50 周内还清。初次贷款金额为 1000 元,如借款人能按规定还本付息,第二次可贷 1500元,最高一次可贷 3000 元,连续扶持直至脱贫为止。三是贷款以小组内联保代替担保。贷款的发放,一般按"二二一"顺序,先贷给两个组员,观察两周后再贷给另外两名组员,最后贷给小组组长。每次借款必须储蓄一定数额作为所有组员的共同担保或保证(一般规定借款者每周须向项目存1元钱:发放贷款时,农户需把5%的贷款部分作为基金扣留等等)。四是小额信贷往往以妇女为主要对象(约占95%)。这当然不排除男人的参与,只是强调妇女作为主要牵头人。五是小组会议和中心会议制度。每周召开一次小组会,每半个月左右召开一次中心会,会议的中心内容是进行收款活动,也交流致富信息、传播科技知识等。

但乡村银行在其发展过程中,也经历了所谓"传统模式"的第一代乡村银行和称为"广义化推广模式"的第二代乡村银行两个阶段。乡村银行的传统模式实行团体贷款制度,小组成员间负有连带担保责任,如果一个成员发生违约,则整个小组都将会失去贷款资格。小组贷款一般采用"2+2+1"的贷款次序,即优先贷给5人小组中最贫穷的两人,然后贷给另外两人,最后贷给小组长。小组每星期要召开一次"中心会议",在会议上集中进行放款、还贷和集体培训,以便于成员之间互相监督,并且小组成员每周要存入一个"达卡"的存款作为小组基金和小组风险准备金。乡村银行面向小组提供的贷款期限一般为一年,实行分期等额的还款制度,并且借款人不被允许一次性提前还清贷款。乡村银行的这种传统模式通过向客户提供标准化、操作简单、规则明确的金融产品,极大地满足了贫困人口特别是贫困妇女的金融需求,但这种模式缺乏灵活性,在客户出现违约的情况下,缺乏可行的补救措施。

2001年,乡村银行进行了对其自身影响深远的改革,从而塑造了所谓第二代乡村银行模式。第二代乡村银行模式克服了传统模式缺乏灵活性的缺点,旨在为客户提供量身定做的更为周到的金融服务。在第二代乡村银行模式之下,小组成员之间不再承担连带担保责任,小组成员也可以一起得到贷款,而不用遵循先前"2+2+1"的贷款顺序。第二代乡村银行模式的业务基础,事实上已经从联保小组转移到了会员个人,小组的作用减弱了,也取消了小组基金,成员之间更多的是以道德约束互相督促按时还款,在发生违约的情况下,可以在借贷双方协商的基础上将贷款调整为"灵活贷款"。第二代乡村银行模式下贷款具有较灵活的期限,分期还款计划可以灵活处理,每次还款额度可以不等,期限也可以变化,借款人可以提前偿还所有贷款。

二、拉丁美洲村银行模式（FINCA）

村银行模式，是指"社区管理的存贷协会，其成立是为了便于社区成员得到金融服务，建立社区自我帮助的小组和帮助成员累计存款"①。由此可见，村银行是建立在社区基础上的存贷协会，以此架起了社区与正规金融相连接的桥梁。它可以克服客户地理上分散和人口密度低的弱点。村银行模式是1985年由国际社区资助基金会（FINCA）首先创立在拉丁美洲的小额信贷项目，其宗旨是便利社区会员得到金融服务，最终目标是减少贫困。目前，该模式已被25个国家的3000多个地方模仿和借鉴，成为国际小额信贷运动中的一种主要模式。

村银行一般建立在某一个自然村庄的基础上，其运行的基础和核心是村银行的互助小组。标准的村银行为30～50个成员组成，其客户组织结构为单个小组，目标群体为贫困妇女。但在多年的运作中，由于人口密度、需求和管理能力的差异，一个村银行规模为10～90名成员；考虑到核心贫困户的参与及双重担保等原因，在村银行内部又有5～7人的连带小组；现在目标客户不仅限于妇女，也有男性成员。

标准的村银行模式中，农户项目为贸易活动，额度为50美元，利率标准为覆盖运作成本，贷款周期为16周，还款方式为每周偿还等量本金和利息且每周存款。在实际运作中，根据经济水平和客户需求，农户项目除贸易外，有农业和养殖业等；贷款额度从50美元到200美元不等，最高额度一般为300～500美元，个别可达1500美元；利率水平除覆盖运作成本外，根据财务自立的需求，有些还要覆盖资金成本、技术支持成本和培训成本；贷款周期为12～36周。目前还款方式除每周还款外，还有2周还款、每月还款等方式，利息有分期偿还和一次性偿还等方式。

标准的村银行模式要求会员存款到达贷款额的20%以上，且属于强制储蓄。存款为存银行内部的资本金，由存款规模决定下轮贷款的规模。村银行的资金由村银行小组管理，小组由会员自治，小组领导由会员选出，小组自主设计规章制度，负责记账和贷款的监督并对违约情况进行处罚。小组每一至两周开一次会，对资金贷放问题具有最终决策权，其开展的小额信贷主要用于会员的

---

① 杜晓山、刘文璞：《小额信贷原理及运作》，上海财经大学出版社2001年版，第374～375页。

自我就业。①

村银行小组模式最鲜明的特征是高度参与和经济民主化,它将信贷决策权交予小组,小组会员以高度的主人翁精神参与村银行自身的发展。但村银行模式规模较小,除非与大银行和其他村银行联盟,否则其存贷款会受当地经济及规模的制约。

三、玻利维亚阳光银行模式(BancoSol)

玻利维亚阳光银行(BancoSol)成立于1992年。其前身是一个以捐款为基金来源的非营利性组织,成立于1987年,其目的是通过提供信贷服务和培训,扩大就业,鼓励向小企业投资并提高这一部门的收入水平。其小额信贷采取的是责任共担的小组贷款方式,其贷款运作颇为成功。到1991年底,项目已有11个营业所,116名雇员,项目资金也迅速增至400万美元,累计发放贷款超过2760万美元,平均贷款规模为273美元,妇女客户占77%,拖欠率几乎为零。该组织方式面临着挑战,主要表现为三个方面:发展速度不能满足巨大的信贷需求;不能合法地向客户提供全方位的金融服务,尤其是不能吸纳存款;不能采取以市场为导向的方式提供小额信贷服务。经过充分的可行性论证和转制的筹备和资金投入,阳光银行于1992年为玻利维亚有关当局正式批准以后,成为第一家专业从事小额信贷的私人商业银行。②

1992年阳光银行的前身将原有的14300个客户和400万美元的贷款业务量转移给了阳光银行。这样一个业务量使阳光银行获得了直接的收入来源和在此基础上继续扩大的机会。阳光银行从其前身普罗得(PRODEM)继承了完善的成本—效益贷款模式,继了一支经验丰富、责任心强的员工队伍和一个可靠、认真的贷款机构的良好声誉。此外,它还有一个与"行动国际"相联系的重要网络。1992年阳光银行采取了规模宏大的扩张战略。其营业网络和贷款业务量的扩大使阳光银行得以向更多的穷人提供服务。到1998年末,玻利维亚阳光银行的低收入客户已经达到81503户,而这占到玻利维亚整个银行系统客户总

---

① 村银行最初的资金来源于非政府组织如FINCA,以及由CARE、Catholic Relief Services、Freedom From Hanger、Save the Children等提供,之后村银行小组为成员提供可行有效的储蓄方案,最终努力营造一种互相帮助和鼓励自立的社区环境。

② CGAP:《小额信贷机构的增长挑战——BancoSol的经验》,载《焦点评论》1997年第6期。

数的 40%，实际上阳光银行在玻利维亚的银行系统中占据关键地位。[①]

　　阳光银行虽然也实行团体贷款制度，但却和乡村银行（GB）存在着很大的差别。第一，阳光银行只注重银行业务的开展，不提供其他社会性服务（如技术培训等）；第二，贷款小组由 3~7 人组成，贷款发放时所有会员可同时获得贷款；此外，阳光银行也直接面向个人提供信贷，团体贷款所占份额虽然很大但已呈下降趋势；第三，利率相对较高，年均贷款利率 47.5%~50.5%，之前还须支付佣金 2.5%，业绩良好的客户利率稍低，年利率约 45%；第四，高利率贷款使银行实现财务自立，不必依赖政府补贴就可获高收益；第五，贷款偿还方式非常灵活，借款者可按周偿还，也可按月归还；第六，贷款期限灵活，1 个月到 1 年不等；第七，每笔借款数额较大，平均额度超过 1509 美元，是乡村银行的 10 倍多。因此，阳光银行服务的客户群体主要是生活在贫困线以上的中低收入阶层，不是赤贫者。目前，阳光银行模式已被拉丁美洲其他 9 个国家模仿和借鉴。[②]

四、印度尼西亚人民银行模式（BRI）

　　在印尼，银行和非银行金融机构均涉足小额信贷业务。经营小额信贷业务的银行类金融机构主要有商业银行的小额信贷部、乡村银行和乡村信贷代理点。经营小额信贷业务的非银行类金融机构主要有农村信用合作社、典当行、乡村信用基金会、非政府小额信贷组织、自助会及伊斯兰小额信贷组织。截至 2005 年 12 月末，印尼从事小额信贷业务的银行和非银行类金融机构网点共计 17528 个，贷款客户 885.3 万户，贷款余额 41.1 亿美元，存款客户 4143.7 万户，存款余额 51.5 亿美元。[③]

　　虽然经营小额信贷业务的机构种类较多，但做得最好、业务量最大的仍是由中央银行监管的正规金融机构，其中具有较大影响的是印尼人民银行（BRI）。印尼人民银行是印尼五大国有商业银行之一，建于 1968 年，主要职责是提供农村金融服务，促进农业发展。从覆盖面来说，印尼人民银行的分支机构网是印尼所有银行中最大的，实际上覆盖了整个国家。近年来，印尼人民银行结合本国经济的发展，为大量农村低收入人口提供了信贷服务，支援了农业

---

①　Morduch J. , "The Microfinance Promise", *Journal of Economic Literature*, No. XXXVII, 1999.

②　范香梅、彭建刚：《国际小额信贷模式运作机制比较研究》，载《国际经贸探索》2007 年第 6 期。

③　李晓文：《印尼小额信贷的发展》，载《中国金融》2006 年第 14 期。

发展,在商业经营上取得了很好的效果。截至 2004 年底,在为数众多的印尼人民银行村级信贷部当中,有 96% 的小额信贷业务实现了赢利。

20 世纪 80 年代以后,BRI 的村级信贷部由过去以发放贴息贷款为主,逐步被改造成按照商业规则运行的小额信贷机构。BRI 从 1996 年开始在全国建立了 3600 个村级信贷部(Unit),到目前为止,印尼人民银行是世界上为农村提供金融服务的最大国有商业银行性金融机构,依靠遍布全国的村级信贷部和服务站(Post)降低经营成本。目前有省级分行 15 个,区域支行 325 个,村级信贷部 3874 个。虽然分支行和村级信贷部都是人民银行机构的一部分,但两者在服务对象和运行模式上有明显区别,见表 3.5。

表 3.5　印尼人民银行分支行与乡村部的区别

	人民银行分支行	人民银行乡村部
运行模式	实行商业化运作的同时,还要管理政府资助项目贷款	完全商业化运作
服务对象	主要为城镇和城镇周围的客户服务	主要为农村地区的小客户服务

资料来源:应寅峰、赵岩青:《国外的农村金融》,中国社会出版社 2006 年版,第 9 页。

BRI 具有权力下放的制度特征,[①]其总部的村发展部负责开发、运行和控制村信贷部系统;分行充当支行和总部之间的信息中介并对支行具有领导检查权力;支行对村级信贷部负有监督和监测职能并帮助它们处理问题;村信贷部是基本经营单位,具有贷款决定权,独立核算,自主经营,下设服务站负责吸收储蓄和回收贷款。村信贷部主要开展两大业务:贷款和储蓄,并实施动态存贷款激励机制,如储蓄利率根据存款额确定,存款越多,利率越高,借款者若按时还款,则所获贷款数额可不断增加,而贷款利率不断降低。贷款采用传统抵押担保方式,主要发放给中低收入者,平均贷款额为 1007 美元。客户根据自己的现金流决定贷款周期和还款期限,贷款期限 6 个月到 3 年不等,还款分周、月、季、半年分期偿还。采用能覆盖成本的市场化利率,平均名义利率为 32% ~ 48%。因此,印尼人民银行的村信贷部是以营利为目标的金融企业,其员工激励计划不以贷款户的增加为基础,而是以营利为基础。

---

① BRI 分行以上机构的员工只占工作人员总数的不到 1.1%,而从事业务和行政管理工作的只占 0.6%,这反映了村级信贷部系统的权力下放和一线业务人员的首要地位。

对于国际小额信贷运动来说,BRI最大的贡献在于,它以事实向人们表明:正规银行可以从事小额信贷活动,但应该设立独立的小额信贷部,并采取完全不同的风险管理技术;传统的国有政策性银行,可以在不改变目标客户群体定位的条件下,通过权力下放、建立适当的员工激励计划以及充分重视一线信贷员的重要地位,改制为具有财务硬约束的营利性商业银行。

五、各模式的优劣势比较

对比国际小额信贷发展的典型模式,既具有一些共性,同时在服务对象、机构性质经营模式和具体的操作方式上也存在不同点,见表3.6。

表3.6　国际小额信贷典型模式的比较

机构	服务对象	机构性质	经营模式	共性	特点
孟加拉国乡村银行	农村妇女	金融扶贫模式	政府支持下转化为独立的银行	(1)目标客户大多为中低收入群体;(2)与传统信贷相比额度较小;(3)均采取风险定价机制;(4)贷款期限、还款方式灵活;(5)大多采用连带小组形式	(1)连带责任和强制性存款形式;(2)自愿基础上组成5～6人贷款小组;(3)交叉放款;(4)培训功能;(5)按周分期还款
拉丁美洲村银行	贫困妇女	最终目标是减少贫困	社区资助基金会		(1)5～7人的连带责任小组;(2)村银行规模较小;(3)存贷款利率都较高
印度尼西亚人民银行	农村中收入较低的人群中有还款能力的人	以营利为目标	由政府项目转化为市场化经营		(1)足值抵质押;(2)利率覆盖;(3)根据客户的现金流决定贷款、还款周期;(4)鼓励按期还款;(5)大力吸收存款
玻利维亚阳光银行	城市中生活在贫困线以上的中低收入阶层	以营利为目标	是一种私人非政府商业银行模式		(1)连带小组贷款方式;(2)只注重银行业务的开展,不提供其他社会性服务;(3)贷款小组由3～7人组成,贷款发放时所有会员可同时获得贷款;(4)利率覆盖成本;(5)自负盈亏;(6)还款方式灵活;(7)贷款期限灵活;(8)每笔借款数额较大

资料来源:曹凤岐、郭志文:《我国农村小额信贷问题研究》,载《农村金融研究》2008年第9期。

与传统商业银行发放贷款相比,上述四种小额信贷模式在贷款发放与回收、抵押担保、贷款激励、目标设计与操作程序等方面都有机制创新,是获取高还款率和保证经营绩效的关键。但其运作机制设计并不是完美无缺的,在不同方面表现出优劣,从而在不同时间与地点采用这些模式将会有不同的效果。①

(一)联保贷款和个体贷款

理论上联保贷款的自我选择和甄别机制有利于减少逆向选择和道德风险。在个体贷款市场上,由于银行不能甄别借款者的风险类型,银行按照市场平均风险来确定利率,这样低风险者因不愿支付高于预期的利率被逐出市场,而市场中留下来的都是高风险者,从而出现逆向选择。而联保贷款的自我选择和甄别机制能改善信贷市场的这种低效状况,把低风险者拉回市场,从而减少逆向选择。同时,在个体贷款市场上,由于受信息不对称的影响,银行不能准确区分个体借款者投资项目的风险类别,为了弥补有些借款者投资高风险项目的风险,银行会提高利率,因此个体贷款总面临较高的银行利率。而联保贷款的连带责任机制可改善这种状况,贷款团体自动形成的甄别与监督机制迫使借款者选择安全项目,利用联保贷款中的连带责任机制实施贷款和进行监督,不仅能降低均衡利率,提高预期收益,也能提高预期的贷款偿还率。

联保贷款在减少逆向选择和道德风险上虽然比个体贷款有优势,但个体贷款在满足客户需求上更有优势。对于信贷能力强的单个农户,在联保贷款的情况下,可能会因为连带责任而在小组其他成员不能按时还款的情况下受到牵连,从而不能满足自己的贷款需求。

(二)市场化利率和贴息利率

小额信贷的利率高低有别,分贴补利率和市场化利率两种类型。相对而言,市场化利率与贴息式利率相比具有以下四个方面的优势:一是市场化利率能为机构的生存和发展提供连续的金融服务和保证资金供给,从而克服贴息式小额信贷严重依赖外部资金的缺陷。二是市场化利率有利于锁定正确的目标受益人。当有贴息贷款时,因腐败问题受益人往往是贫困地区里较富裕的人,甚至是执行此类贷款计划的官员、家属及亲戚;而市场化利率的小额信贷数额小、还款不方便等对富人没有吸引力,贷款反而能达到目标受益人——低收入阶层——手中。三是市场化利率有利于提高经营效率,降低管理成本,克服贴息信贷的低效率。贴息贷款被借款人看成一种慈善行为,利率低、管理成本和拖欠率高,这种低效率使小额信贷机构不能在盈亏平衡点上方运行,最终导致

---

① 杜云福:《国际小额信贷机构治理结构与运作的比较及启示》,载《海南金融》2008年第11期。

小额信贷因资金枯竭而失败。四是市场化利率可使机构杠杆化程度更高。高杠杆率机构更易使资本增值，从而吸引更多的信贷资金。在慈善捐赠有限而进入全球资本市场融资无限的情况下，财务自立的机构更有助于穷人脱贫致富。当然过多强调财务自立目标的重要性而一味地抬高小额信贷的利率，也会导致小额信贷机构在追求利润最大化时改变运作程序、结构和激励机制，从而改变小额信贷的初衷和性质，导致创新减少以及客户总成本增加。

（三）动态贷款对按时还贷具有激励作用但易遭遇重复博弈的困境

动态贷款机制的典型特征是首批贷款数额较小，随后根据对客户偿还贷款的满意程度不同，数额不断增加。如果贷款不按时归还，就切断未来贷款；如果借款人希望贷款数额不断增加，动态激励作用就更显著。动态贷款的另一个好处就是在项目启动时以小额贷款考验借款者，随着银行与客户信贷关系的发展，银行在发放大额贷款之前能把前景不好的项目淘汰掉，这样就可克服信息不对称和提高效率。动态激励在人口流动性相对较低的地区例如农村地区更有效，因为在城市，居民来来往往，不易发现那些跨镇和在不同分支机构借款的违规者。不过，单纯依赖动态激励也会遭遇重复博弈的困难，如借款者一直有良好信誉，但在最后阶段就可能违约。银行如果能预料到这一点，在最后就不会发放贷款，却激励借款者在倒数第二个时期违约，依次类推直至整个机制崩溃。除非末期有很大的不确定性或一个项目将会被更健全的项目所替代，才会在贷款中限定时间范围。

（四）即时启动的定期还款计划可提高还贷率但要求居民有其他收入来源

小额信贷中最不引人注意但最不同凡响的一点是贷款发放的同时几乎立即启动偿还程序。传统的贷款合同一般是借款者取得贷款后投资，期末再连本带息归还。在乡村银行模式中一年期贷款的分期偿还额等于到期贷款本息总额除以 50，在贷款发放两个星期后开始按周偿还固定数额。阳光银行和 BRI 的还款模式更灵活。如 BRI 发放的贷款由客户根据自己的现金流决定贷款周期和还贷期限，贷款期限 6 个月至 3 年不等，还贷期限则分月、季、半年等不同，以小额资金定期分次偿还本息。

定期还款计划有几个优点：一是能把不遵守纪律者淘汰掉；二是给贷款官员提供早期预警机制；三是可使银行了解客户现金流状况，防止还款资金被消费或转向。但是由于在投资获利之前借款者须按周偿还贷款，这就要求居民有其他收入来源。坚持每周还款制度意味着银行贷款的效率要靠居民的稳定性、多元化收入以及安全投资来保证。

第三节　国际小额信贷的发展趋势和成功经验

一、国际小额信贷的发展趋势

(一)福利型向商业型转变已成为小额信贷的发展方向

最近 20 几年来,GB、BRI、BancoSol、FVB 等主流小额信贷机构得到了迅猛的发展。如今,GB 已经拥有了超过 320 万的贷款客户,1178 家分支机构,为 41000 多个村庄提供了服务,并拥有超过 30 亿美元的资产。[1] 统计数据表明,BRI 目前为将近 3000 万的客户提供了存款服务,为 310 万的客户提供贷款服务。[2] 这些操作模式迅速地在发展中国家,甚至在发达国家得到了传播和复制,[3]甚至连传统的金融机构也开始借鉴小额信贷的操作模式,国际捐赠机构也开始对小额信贷纷纷慷慨解囊。[4]

但无论是哪种小额信贷模式,其成功的关键在于遵循小额信贷的两大基本目标和原则:一是为一定规模的穷人或中低收入客户持续提供使他们获益的信贷服务;二是实现服务机构自身的自负盈亏和可持续发展。尽管在当前的小额信贷产业界中,对可持续性的主流看法是:小额信贷机构可以在不依赖外界的优惠资金等条件而独立生存和长期发展和壮大,其本质含义是指在没有或剔除任何补贴的前提下,机构的经营收入能覆盖其成本。但是不同的小额信贷模式,对于可持续性的理解却不尽相同,具体可以分为两大类:一类是以孟加拉国乡村银行和拉美的国际社会资助基金会为代表的福利主义小额信贷;另一类是以玻利维亚阳光银行和印度尼西亚人民银行为代表的制度主义小额信贷。

①　Mainsah E. et al., "Grameen Bank: Taking Capitalism to the Poor", *Chazen Web Journal of International Business*, 2004.

②　Maurer K., "Bank Rakyat Indonesia: Twenty Years of Large-Scale Microfinance", Scaling up Poverty Reduction: A Global Learning Process and Conference, Shanghai, 2004, May 25-27.

③　Colin M., "Peer Group Micro-Lending Programs in Canada and the United States", *Journal of Development Economics*, No. 60, 1999.

④　Morduch J., "Poverty and Vulnerability", *American Economic Review*, No. 2, 1994.

福利主义小额信贷的首要目标是促进社会发展与消灭贫困,他们主张在提供小额信贷金融服务的同时,向贫困人口提供技术培训、教育、医疗等社会服务,他们更多地认为小额信贷是为穷人服务的,为了更优惠地帮助穷人或尽量减轻他们的负担,贷款的利息可以低些,持续的扶贫努力并不需要小额信贷机构以正常商业利率来开展信贷服务,只要有政府或捐赠者等外部资金的支持即可。如尤努斯认为,向贫困人口提供金融服务,必须突破抵押和担保措施。乡村银行正是通过小额度、整贷零还、小组联保、回访等一系列风险防范措施,在无须抵押和担保的情况下保证了资金的安全性。在过去的 20 多年里,尤努斯累计放贷 53 亿美元,惠及 400 万穷人。2005 年 8 月乡村银行的贷款余额为 3.85 亿美元,还款率为 99.2%。目前乡村银行模式(GB 模式)已经在全球 100 多个国家得到推广。在尤努斯劝说银行为穷人们放贷之时,银行家们“几乎晕倒”,他们跟尤努斯展开了长达 6 个月的辩论,但谁也没能说服谁。随着金融市场竞争的加剧,金融机构也渐渐开始向低收入人口和微型企业渗透。福利派的实践证明,穷人可以成为贷款对象、可以有高于企业贷款的还款率、可以承担高于市场利率的利息,这些都在吸引金融市场开拓者的目光,他们意识到,即使从逐利角度出发,微型金融也可以成为金融资本新的地理大发现和圈地运动的对象。

制度主义小额信贷认为小额信贷是在金融深化过程中衍生出来的金融创新,他们主张走商业化道路,通过监管将小额信贷机构纳入整个金融体系。与福利主义相比,制度主义更注重营利,强调采用国际通用的标准财务体系达到数据的公开透明,并习惯用自负盈亏率和资产回报率等财务指标来衡量小额信贷机构是否成功。玻利维亚的团结银行是其中的先行者。20 世纪 80 年代中期的经济危机和恶性通胀之后,玻利维亚小额信贷蓬勃发展,团结银行是其中的代表。到 1995 年,该行客户数目达到 6 万,在银行监管机构的 CAMEL 评级中,它被认定为玻利维亚运营最好的银行。由于强调商业利润、强调要将财务考核指标纳入考核制度,这一阵营通常也被称为制度派或者商业派。

关于福利主义和制度主义的争论由来已久,而且从未停息。其争论的关键在于对可持续性的关注程度。机构的可持续性对小额信贷的发展具有十分重要的意义。小额信贷机构对可持续性的要求的根本目的是为了能持续地服务于贫困群体并扩大其服务的范围、规模和深度,以减缓和消除贫困。减缓贫困需要持续地向穷人提供人力、社会和物资资本,直到他们的物资和文化需求能够得到基本满足,这是一个长期的过程。小额信贷作为实现这一目标的有效手段之一,如果只是作为短期的"项目",而不是长期生存和发展的"机构",则难以胜任其应负的重任和实现减贫这一根本目标。虽然福利主义和制度主义的争执还远未结束,因为双方争执的最后答案将必然地取决于实践中小额信贷的经营实绩。[①] 但国际范围内的小额信贷实践者已经意识到,为了削减成本,他们应该由简单复制那些并不适用于所有环境的所谓"最佳模式"转向依照本国或本地具体环境进行积极而有效的试验和创新,从而在管理机制和金融工具方面进行更多的探索和尝试。

随着小额信贷机构在国际范围内的迅速发展,对机构可持续性的首要关注逐渐得到了广泛的国际认同,随着小额信贷机构在国际范围内的迅速发展,对机构可持续性的首要关注逐渐得到了广泛的国际认同,这意味着制度主义理念逐渐在争论中占据上风,福利型向商业型转变是未来小额信贷的发展方向。

(二)逐步放松对小额信贷的利率管制

在小额信贷的早期发展过程中,很多国家设置利率上限以保护消费者免受不道德的放贷者的损害。出于政治或文化方面的压力,政府机构也经常要使利率保持较低的水平。到 2004 年,大约有 40 个发展中国家和处于经济转型期的国家规定了最高利率。[②] 但是,这样一来,贫困人口获得金融服务的机会越来越少,可以说,这一措施往往是伤害而不是保护了这些最弱势的群体。

小额信贷的成本很高并不是因为向贫困客户提供贷款的内在风险更高,而是因为非常小额的贷款业务,这种业务所需要的面对面的交流以及小额贷款以人与人之间的直接联系来替代正规的财产担保和用计算机计算出来的资信指数,这就使得交易成本变得很高。发放一笔小额贷款的成本占贷款额

---

① 目前不同的研究得到的答案并不一致:一份来自亚洲银行的报告指出,尽管亚洲地区小额信贷金融的覆盖范围比世界其他地区更为广泛,但该地区的大部分小额金融机构仍然尚未实现运营上的自给自足,仅有极少的这种机构实现了运营上的自给自足;另一方面根据世界银行王君(2005)提供的资料,那些效益最好的小额信贷机构,在剔除通货膨胀和所有补贴因素的影响后,其权益回报率(ROE)在2003 年超过了全球前 10 名商业银行 16.2% 的平均水平,许多拉美的小额信贷机构的权益回报率甚至超过40% ~50% 的水平;还有 Jonathan Morduch(2000)指出,那些认为完全遵循商业原则的小额信贷机构能够同时取得最大的扶贫效果的"双赢"观点,在逻辑上和实证研究中还远远没有得到证实。

② Helms B., Reille X., "Intertest Rate Ceilings and Microfinance: The Story So Far", *CGAP Occasional Paper*, No. 9,2004.

的比率要比发放一笔大额贷款的成本比率要高得多。一方面,小额信贷需要靠利率来覆盖以下三类成本,即获得贷款本金的成本、风险成本(如贷款损失),以及管理成本(识别和考察客户、处理贷款申请程序、发放贷款、回收贷款以及对坏账的善后处理)。而另一方面,贫困人口普遍认为,能够持续地获得信贷服务比为获得信贷服务而支付较高的成本更为重要。所以,为了保证贫困人口能长期地得到他们所需要的金融服务,金融机构必须能够覆盖其成本并且赢利,进行再投资以实现持续发展。强制规定利率上限让正规和半正规的小额信贷机构很难甚至无法覆盖成本,最终被挤出市场。而贫困客户要么成为被遗忘的角落而无法获得金融服务,要么就只能去非正规的信贷市场借钱,支付更高的费用。

因此,虽然设定利率上限的初衷是好的,但是它通常会阻碍新的小额信贷机构的出现,并使已有的小额信贷机构难以维持生计,从而伤害到穷人。在设有利率上限的国家中,小额信贷机构往往会淡出市场、发展减缓、贷款总成本透明度降低,或者减少在农村和其他高成本市场中的业务。通过排挤扶贫性质的金融机构,利率上限经常将客户又赶回到了价格昂贵的非正规金融市场,客户在这种市场中几乎得不到保护。利率上限还可能降低信贷成本的透明度,因为贷款人会在他们的服务中收取各种复杂的费用以弥补因利率上限的影响而减少的收益。

例如,在尼加拉瓜,根据其微型金融机构协会主席 Alfredo Alaniz 的说法,自 2001 年国会开始设定利率上限后,会员机构的贷款增长率从每年的 30% 下降到了 2% 以下;在非洲西部,中央银行 BCEAO 和政府财政部对微型金融业务强制实施了 27% 的利率上限,一些微型金融机构因此不再向比较贫困的客户和比较偏远的社区提供服务,而且许多机构现在将服务集中在服务成本较低的城镇地区,有一些机构还提高了平均贷款规模来提高回报率,从而使小额信贷服务于贫困客户的数量大大减少了;在南非,一项关于信贷法律的评论发现,目前的高利贷法和信贷协议法案中的利率上限条文没能有效地保护消费者,贷款分配已被曲解成为对低收入客户的损害,此外,一些机构通过收取贷款保险和其他费用的方法规避利率上限,降低了贫困客户贷款总成本的透明度;在哥伦比亚,规定利率上阻碍了从事小额信贷的非政府组织向正规的金融中介机构进行转变,限制了商业化小额信贷在该国的发展。[1] 因此,小额信贷发展的现阶段越来越多的国家逐步发松了对小额信贷的利率管制,实行商业性的小额信贷利率。

商业性小额信贷的利率就要遵循市场化原则。由于小额信贷的管理成本高于大额贷款的管理成本,因此,能覆盖小额信贷运营成本的利率通常要高于正规金融机构主导性的商业贷款利率。表3.7是部分国家小额信贷机构开展小额信贷业务的贷款利率。

表3.7　　部分国家小额信贷机构和小额信贷利率

贷款机构	贷款利率	市场利率	还款率或营利能力	数据来源
孟加拉国 Grameen 银行	20%	10%	还款率为 96% ~ 100%	所有相关研究皆可见
孟加拉国 BRAC	20%	10%	还款率为98%	Jahangir 和 Zeller,1995
马达加斯加 CIDR	36% ~ 48%	14%	还款率为100%	Zeller,1998
印度尼西亚 Rakayat 银行 Desa 项目	32% ~ 43%	20%左右	实现了赢利	Morduch,1999
印度尼西亚 Badan Kredit Desay 银行	55%	20%左右	实现了赢利	Morduch,1999
玻利维亚 BancoSol 项目	47.5% ~ 50.5%	20%左右	实现了赢利	Morduch,1999
印度尼西亚 BRI	26% ~ 32%	20%左右	还款率为96.5%	Robinson,1998

资料来源:曹辛欣:《小额信贷的利率分析》,载《黑龙江对外经贸》2007 年第 5 期。

除了以上这些国家,在其他国家,如在阿尔巴尼亚和乌克兰,小额信贷的利率是放开的,且普遍高于一般商业银行的贷款利率,甚至微型贷款的利率也高于小型企业贷款的利率,而且小额信贷业务的存款、贷款利率差也大,各机构的利率由机构本身确定。例如,在乌克兰一年期存款、贷款利率 2002 年底的情况大体是:本国货币存款为16% ~ 18% ,一般贷款20% ~ 25% ,小额贷款(以 MFB 为例)为26% ~ 36% ,贷款利率差距较大。硬通货(美元、欧元)存款利率为7% ~10% ,贷款利率为12% ~ 18% ,一般贷款和小额贷款间差别不太大。阿

---

[1]　CGAP, "The Impact of Interest Rate Ceilings on Microfinance", *Donor Brief*, No. 18,2004.

尔巴尼亚银行的一般商业贷款的利率为15%,小额信贷则为23%,而非政府组织小额信贷机构的贷款利率则大体在16%~30%。

（三）小额信贷与小额保险相结合

目前,关于小额保险的权威定义有两种:一是根据国际扶贫协商工作小组（CGAP）的界定,小额保险主要是面向中低收入人群,依照风险事件的发生概率及其所涉及成本按比例定期收取一定的小额保费,旨在帮助中低收入人群规避某些风险的保险;二是国际保险监督官协会（IAIS）关于小额保险的定义:小额保险是依据公认的保险惯例（包括保险核心原则）运营的,由多种不同实体为低收入人群提供的保险。这意味着小额保险单下的风险仍需依照保险原则进行管理,并由保费提供资金。小额保险通过在众多低收入者之间分摊不确定事件的成本提供了一种应付特殊风险的方法。

从世界范围来看,低收入人群一般得不到商业保险公司或国家社会保险体系的关注和覆盖。一方面,商业保险公司难以了解低收入人群,特别是那些地处边远农村的人口的风险保障需求。同时,由于保险营销和理赔成本较高等方面的原因,传统商业保险的保费水平往往令低收入群体无法接受。基于此,低收入群体的保险需求在现实中往往被忽视。另一方面,大多数新兴市场国家由于经济发展水平偏低,政府通常缺乏足够的资金实力为全体人口提供基本风险保障。在此情况下,往往被牺牲的是低收入群体的利益。为适当改变这一局面,2002年,包括世界银行和国际劳工组织在内的33个发展援助组织和机构,共同设立了为贫困人口服务的咨询工作组（CGAP）。2006年2月,国际保险监督官协会（IAIS）与CGAP设立联合工作小组（全称是小额保险联合工作组）,共同将发展小额保险作为推动低收入人群风险保障的一项重要工作。[①] 至此,小额保险在一些发展中国家逐渐得到发展,成为解决低收入人群基本保障的有效手段。据CGAP统计,截至2006年12月有超过40个的国家和地区在实践20余种小额保险产品,累计受众已经超过8亿人次,小额信贷与小额保险相结合成为国际小额信贷发展的又一大趋势,而小额保险也成为继小额信贷以来发展最为迅速的农村金融产品。

2007年4月,中国保险监督管理委员会积极申请并正式加入IAIS-CGAP

---

① 张宗军:《小额保险业务的国际比较与我国的发展》,载《金融发展研究》2009年第3期。

小额保险联合工作组。小额信贷在我国作为一种为贫困或低收入客户摆脱贫困而提供的信贷服务,其面对的客户偿还能力都非常有限,信贷机构作为一种以追求营利为目的的商业性机构,在面对这种风险更高而收入并不太高的信贷服务体系下,其积极性必将大打折扣。为了降低信贷机构的信贷风险,提高其发放小额信贷的积极性,使得农民贷款更加容易,我们就必须要提高借款者的信用等级,在一定程度上降低借款人还不上钱的可能性,我国农村小额信贷保险正是在这种情形之下推出的。农村小额信贷保险的推出,不仅为借款人提供了意外保障,增加了其信用等级,也有效控制和降低了农村信贷机构的贷款风险,是保险公司支持和服务"三农",开拓农村保险市场的一条较好途径。

二、国际成功的小额信贷的共性及主要经营原则

（一）国际成功的小额信贷的共性

目前,世界各国的小额信贷模式千差万别,以各种方式存在。各国在选择自己的小额信贷模式的时候,均充分考虑到本国的具体政治模式、经济体制、金融发展状况等国情,选择适合自己的小额信贷发展模式。

无论是哪种模式,国外成功的商业可持续小额信贷机构应同时具备两个条件:一是项目具有可持续性,二是项目有一定的覆盖率。所谓可持续性,是指小额信贷从信贷操作中取得的收入能够抵补其操作费用、资金成本、贷款损失、通货膨胀带来的资产价值的减少,同时还能够有项目扩展的盈余资金。所谓覆盖率,就是项目服务于特定的人群比例。[1]

事实上,只有那种符合客户需要的,根据他们的特点所设计的金融业务才能持续。金融机构的持续发展只有通过金融创新才能实现,也就是要建立减少金融风险、降低操作成本的制度,确保高的贷款偿还率;同时贷款利率能补偿成本和风险。成功的小额信贷机构已经进行了一系列的金融创新来持续地扩展为穷人服务的金融市场。大部分的小额信贷机构利用各种风险管理工具的组合来降低贷款的风险:小的贷款规模,通常起始于 50 美元;短的贷款期限,大抵适合于 3~12 个月的周期;奖励按时还款以将来有权使用更高的额度;必需的存款保证金,与借款数额成比例;定期的小组会议;逾期还款处罚,例如收费、拒

① 徐忠:《小额信贷:国际经验及其对我国启示》,载《上海金融》2006 年第 8 期。

绝给予更高的贷款额度;培训借款者金融和商业经营方面的技能;反映风险因素的利率。在评估贷款申请时,根据申请人的资产,或申请项目预计的现金流,或申请人的信用。就放款的方法,有对个人放款,对小组放款,或在村级建立代办机构或二级信用机构。就金融产品而言,提供比较灵活的满足借款人需要和存款人需要的产品。

　　缺乏正式的抵押品,如土地和房屋,这是贫困户获得正规金融机构贷款的主要障碍。小额信贷是以非传统的方式处理抵押担保和风险方面的关键问题。当商业银行放贷时,借款人通常需要提供抵押品。穷人没有有价值的抵押品,这使得他们被排除在商业信贷市场之外。小额信贷机构依靠抵押品的替代形式进行贷款。社会担保是最常见的替代方式,并且被用于村银行模式和小组联保型借贷。通常对抵押的替代为组成连带小组。建立小组并承担本小组成员还款责任是给成员贷款的条件,小组成员相互担保各自的贷款。这种方法的实现能使成员之间起到相互监督和连带责任的作用。小组往往有 5~8 个人。逐步增加贷款额是抵押的另一种替代。在下一贷款周期能获得更多贷款的保证,有利于鼓励还贷。此外,以低收入阶层为目标群体的小额信贷项目多采用直接担保形式或小组联保和直接担保相结合的形式。采取灵活多样的动产抵押形式也是一些小额信贷机构采取的办法。

　　(二)国际成功的小额信贷机构的主要经营原则

　　上述几种成功的小额信贷模式的整体运作具有一致性,如以穷人或低收入阶层为服务对象;服务方式着眼于节约交易时间和成本,提高效率和效益;贷款数额小;利率不至于过低等等。如果小额信贷能够增加资产为穷人提供长期的金融服务,它必须达到相当的覆盖面和具备生存能力。良好的覆盖面意味着可以为更多的穷人提供优质的、有质量的金融服务;生存能力意味着机构能在一定的赢利水平上经营,这样机构就可以不依赖捐赠而持续提供服务。归纳而言,成功的小额信贷机构主要遵循以下主要经营原则,遵循这些原则会更有可能获得更大覆盖面和取得财务上的生存能力。

　　第一,了解市场。要获得成功,小额信贷机构必须了解市场并设计最适合客户的产品,这就需要倾听客户的要求并能够认识到服务提供方具有的局限性。

　　第二,流程化经营。小额信贷机构采取流程化经营非常重要,这样,小额贷款所需要的成本就可保持较低的水平。流程化经营也可提高员工的效率和资源使用率。

第三，非正规金融全面的运作。比如以替代物品代替抵押物，采取简单和快速的贷款申请和放款手续，提供具有亲和力和专业的服务，以及选择便利的经营位置，帮助机构管理风险，激励还款和降低行政成本等。

第四，还款激励。对客户进行还款激励最有效的方法之一是让他们认识到还款是获得下一次借款的先决条件，成功的小额信贷将客户的还款表现与未来的贷款紧密结合起来。

第五，储蓄服务。高质量的储蓄服务具有流动、安全、方便的特点，同时能为客户提供具有竞争力的回报。高质量的储蓄服务不仅仅提供给借款者，许多穷人家庭对将钱存放于一个安全的地方比对借钱更有兴趣。

第六，生存能力和增长。大多数成功的小额信贷机构能创造一个适合业务发展的环境，所有员工都关注效率、金融生产率及财务生存能力，这些需要改进整个组织结构，包括管理方法及经营能力，以及员工和提供服务的系统。

第七，不容忍拖欠。成功的小额信贷机构不能容忍呆坏账，因为呆坏账会加重贷款资金成本、侵蚀资产和加重机构的负担。通过实施严格的不能容忍呆坏账的政策，小额信贷机构在成功的道路上将处于更加有利的地位。

第八，更持续的利率。经验表明，穷人愿意为在他们需要时就可以方便获得的高质量金融服务付费。为了实现可持续性，小额信贷机构必须设定足够高的利率和费用以便能够覆盖提供服务所需要的所有成本，包括薪酬、行政费用、贷款损失准备金、资金成本及预期的资本积累。

第九，与金融市场连接。要保持较大的覆盖面，小额信贷必须要从商业市场获得资金来源，通过净资产和捐赠款，小额信贷机构可以获得更大笔的资金，从而为更大范围的客户服务。

第四章　小额信贷影响评价体系与方法

随着小额信贷项目和机构正在日益成为减缓贫困和促进微型企业及小型企业发展的重要组成部分,关于小额信贷的影响和绩效评价也变得越来越重要,尤其是那些援助机构,它们正努力地通过影响评价来确认自己投放的小额信贷资金得到了有效的利用。影响评价"既是一门科学也是一门艺术"[①],它既涉及科学领域,也涉及人文领域。在科学领域,影响评价要探索如何科学地设计衡量的标准、如何科学地进行样本的选取和科学地选择分析的技术,这也是经济学家们关心的领域。在人文领域,影响评价至少应解决三个方面的问题:一是如何在考虑影响评价的成本、特定目标和内容的基础上对其进行更系统和完整的整体设计;二是如何选择适合各种情况的影响评价的综合方法;三是如何使影响评价的结果能够对小额信贷政策制定者和经理们起作用。

在这样的情况下,小额信贷的影响评价目前成为研究人员、政策制定者和发展领域的实践者进行探索的重要领域。可以说,20 世纪 90 年代后,国外小额信贷的影响评价体系逐渐完善,许多学者在关于小额信贷的影响评价方面开展了一系列的理论和实证探索,其中理论研究包括对小额信贷影响评价的影响链模型、评价单位、评价指标、评价方法等一系列的探讨;实证研究又包括对不同的评价单位采取各种不同的评价指标和方法进行影响评价的实践。

这里所谓的影响,是指小额信贷金融服务是如何影响贫困人口的生活的,影响包括收入的增长、财产的积累以及脆弱性的降低。影响评价的指标超越了对企业的影响评估指标(如资产、员工数量和收入等),延伸到有关贫困问题的方方面面,包括家庭收入情况、教育和卫生状况以及赋权(指妇女自尊心的增

---

① Little P. , "Assessing the Impact of Microfinance Programs on Incomes and Assets", *CGAP Mimeo*, 1997.

强和对家庭资源控制的权力)等。①

第一节　小额信贷的影响评价体系

一、小额信贷影响评价的目标

相对于20世纪80年代的研究只注重考察小额信贷项目"影响"本身而言，20世纪90年代之后小额信贷影响评价的研究目标通常具体表现为"证明"影响和"改进"操作这两个方面。前者是尽可能精确地测量小额信贷的影响，而后者表现为理解小额信贷的干预过程以及它们如何产生影响，从而进一步改进这个过程。当对小额信贷的影响进行评价时，有一系列的因素是和这些目标密切相关的，表4.1对小额信贷影响评价的初步目标、面向的对象及与之相关的系列因素进行了归纳。

表4.1　小额信贷影响评价的目标

	确认影响	改进操作
初步目标	尽可能精确地测量干预的影响	理解干预过程以及它们的影响从而改进这个过程
面向对象	学术研究者；政策制定者；评估机构；项目管理者	项目管理者；援助领域员工；非政府组织人员；预期的受益者
相关因素	客观性；理论；外部性；自上而下；一般化；学术研究；长的时间跨度；可信程度	主观性；操作；内部性；自下而上；内容化；市场研究；短的时间跨度；拟真程度

资料来源：Hulme D. ，"Impact Assessment Methodologies for Microfinance: Theory, Experience and Better Practice"，*World Development*，No. 1，2000。

如表4.1所示，在影响评价的背后，有大量的因素，这些因素是理解影响评价及其潜在贡献的重要组成部分。从外在因素来说，影响评价同时由捐助者和项目的实施者来推动，这样他们才能了解正在进行中的事项并且改进他们行为的效率和有效性。从内在因素来看，影响评价是一种方法，通过这种方法捐助者可以了

---

① Cohen M. ，"The Impact of Microfinance"，*CGAP Donor Brief*，No. 13，2003.

解到比通过负责项目实施单位了解到的更多的关于项目有效性的信息。

二、小额信贷影响评价的理论模型

在所有的小额信贷项目背后,都存在着这样一个假设,即认为干涉(小额信贷项目)会通过将人们引导向预期的目标结果而改变人们的行为和操作。小额信贷影响评价是评价那些受到干预(小额信贷项目)的客户(个人、企业、家庭、社区、政策制定者等)产出的关键变量值和那些没有受到干预而可能出现的关键变量值之间的差别。[①] 评价的客户要么经历了干预,要么不会经历干预,所有的变化都受到中间过程(经济环境、自然环境、社会环境和政治环境)的影响,影响机制不仅会影响行为变化,还会影响难以预测的产出。小额信贷产生影响的路径可以通过图 4.1 中的影响链模型得到简单的阐述。

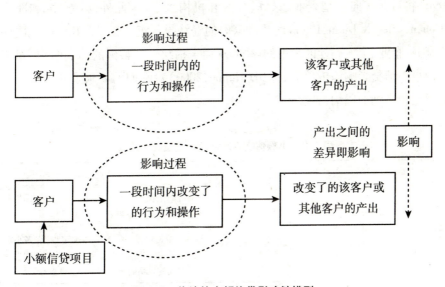

图 4.1　传统的小额信贷影响链模型

比如,在一个传统的小额信贷项目中,一揽子的技术和资金支持会改变小额信贷机构(MFI)的行为(以及产品),这个小额信贷机构通常会通过贷款的方式对客户提供不同的服务;这些服务会使客户调整他或她的小型企业活动,而

---

① Sebstad J., Neill C., Barnes C., Chen G., *Assessing the Impacts of Microenterprise Interventions*: *A Framework for Analysis*, Washington, D. C.: USAID, 1995.

这些调整可能会增加或者减少小型企业的收入;小型企业收入的改变会带来家庭收入的改变,进而带来家庭经济安全的增强或减弱;而家庭经济安全水平的改变又会进一步带来家庭成员的生病率和死亡率的变化、教育和技能水平的改变以及日后经济和社会参与机会的改变。这一系列的改变都可视为小额信贷带来的影响。

三、小额信贷影响评价的单位

国外早期的小额信贷影响的评价单位通常是考察个人水平上的影响,如皮斯和休姆的研究(Peace & Hulme,1994)。[1] 戈茨和格普特的研究以机构操作下的家庭、企业或者机构环境(Goetz & Gupta,1996)为考察对象。[2] 之后有许多研究尝试着进行多水平的影响评价,比如休姆和莫斯利(Hulme & Mosley,1996)将目光转向小型企业、家庭、社区和机构水平。[3] 此外,科恩、陈和邓恩(Cohen,Chen & Dunn,1996)还通过家庭的经济投资组合模型(HEPM)试图评估家庭、企业、个人和社区水平的影响,从而来描绘一个整体的影响图。[4] 对于种种小额信贷影响评价单位,休姆(Hulme,2000)对它们的要求及其优缺点进行了比较详细的归纳,见表4.2。

表4.2　小额信贷影响评价单位及其优缺点

评价单位	优点	缺点
个人	易于定义和确定	大部分的干预项目都有个人以外的影响;非聚集组的影响和关系影响难以确认
企业	易于使用分析工具(利润率、投资回报等)	微(小)型企业界限的定义和确定难;许多小额信贷也可用于其他企业或消费;企业绩效和生活水平之间的联系需要认真论证其有效性

[1]　Peace G.，Hulme D.，"Microenterprise and Children what are the Intra-household Impacts of Income-generating Programmes"，*Small Enterprise Development*，No.1，1994.

[2]　Goetz A. M.，Gupta R. S.，"Who Takes the Credit? Gender，Power and Control over Loan Use in Rural Credit Programs in Bangladesh"，*World Development*，No.1，1996.

[3]　Hulme D.，Mosley P.，*Finance Against Poverty*，London：Routledge，1996.

[4]　Cohen M.，Chen M. A.，Dunn E.，*Household Economic Portfolios*，Washington，D. C.：Management Systems International，1996.

续表

评价单位	优点	缺点
家庭	相对容易定义和确定;能进行生活水平的鉴定;能进行不同企业和消费之间相互关系的鉴定	有时难以确认准确的成员;认为对家庭有益即是对所有成员有益的假设通常是无效的
社区	能获得主要的项目干预的外部性	定量的数据较难获得;社区界限的定义模糊
机构影响	数据较好采集;易于使用分析工具(利润率、SDIs、交易成本等)	关于效果是由机构行为产生的推论在多大程度上是有效的有待确定
家庭经济投资组合(包括家庭、企业、个人和社区)	综合覆盖了各种影响;不同单元间的联系可鉴定	复杂;成本高;需要较高的分析技术;耗时

资料来源:同表4.1。

如表4.2所示,仅仅集中于个人或者企业进行评价的缺点是它们可能被认为是不足信的;家庭经济投资组合模型则不存在这个问题,特别是如果机构影响包含在社区水平的分析中时,但它也有一个主要的缺陷,即该方法在成本、有技能的人员和时间等方面都有较高的要求,因此如果仅使用有限的资源则可能从深度和广度上都达不到对小额信贷影响的准确评价。

四、小额信贷影响评价的评价指标

通常,经济指标是小额信贷影响评价中使用得最早也是最多的,几乎所有的影响评价都会涉及经济指标的考察。霍森(Hossain,1988)早期一项重要的乡村银行研究就评价了项目的经济福利的影响。[1] 在经济指标中,收入的变化又是最普遍使用的一个指标,其他指标还有支出、消费及资产的水平和方式。马斯塔发、阿拉和巴鲁等人(Mustafa,Ara,Banu,1996)对孟加拉国农村进步委员会(BRAC)的成员的家庭支出和资产的变化进行了考察。[2]

20世纪90年代之后,一些研究运用社会指标来评价小额信贷的影响。舒勒和哈希米(Schuler & Hashemi,1994)研究了孟加拉国农村的信贷项目对妇女

---

[1] Hossain M., "Credit for Alleviation of Rural Poverty: The Grameen Bank in Bangladesh", International Food Policy Rsearch Institute, Washington, D. C., 1988.

[2] Mustafa S., Ara I., Banu D., Hossain A., Kabir A., Mohsin M., *Beacon of Hope: An Impact Assessment Study of BRAC's Rural Development Program*, Dhaka: BRAC, 1996.

授权和避孕药物使用的影响。① 还有的研究将影响扩展到社会政治领域,如哈希米、舒勒和赖利(Hashemi,Schuler & Riley,1996)②以及梅奥科斯(Mayoux,1997)③评价了小额信贷项目是否能增进妇女赋权。这些扩展又引发一系列的研究和测量,如个人对资源的控制、个人在家庭和社区决策中的参与度、个人参与社区活动的水平和选举参与度、改变性别角色等。舒勒、哈希米和赖利(Schuler,Hashemi & Riley,1997)就对孟加拉国小额信贷项目参与妇女的角色的转变和地位的转变进行了评价。④ 总之,社会指标的扩展使得小额信贷的影响评价变得更为复杂,同时对评价者做出社会关系的判断能力也提出了更高的要求。

第二节　小额信贷影响评价的方法

从大量小额信贷影响评价的文献中,笔者注意到在较早期(20世纪90年代)的小额信贷影响评价的研究中,主要运用了两类研究方法。第一类是自然科学的传统科学方法,如盖尔和福斯特(Gaile & Foster,1996)⑤、莫斯利(Mosley,1997)⑥和卡恩德克(Khandker,1998)⑦的研究;第二类是人类学方法,主要致力于由理论和具体实例支持的逻辑论证,例如雷门依(Remenyi,1991)⑧、博曼和霍斯珀斯(Bouman & Hospes,1994)⑨、阿登勒和伯曼(Ardener & Burman,

---

① Schuler S. R. , Hashemi S. M. , "Credit Programs Women's Empowerment and Contraceptive Use in Rural Bangladesh", *Studies in Family Planning*, No. 2, 1994.

② Hashemi S. M. , Schuler S. R. , Riley A. P. , "Rural Credit Programs and Women's Empowerment in Bangladesh", *World Development*, No. 4, 1996.

③ Mayoux L. , "Impact Assessment and Women's Empowerment in Microfinance Programmes: Issues for a Participatory Action and Learning Approach", *CGAP Mimeo*, 1997.

④ Schuler S. R. , Hashemi S. M. , Riley A. P. , "The Influence of Women's Changing Roles and Status in Bangladesh's Fertility Transition: Evidence from a Study of Credit Programs and Contraceptive Use", *World Development*, No. 4, 1997.

⑤ Gaile G. L. , Foster J. , *Review of Methodological Approaches to the Study of the Impact of Microenterprise Credit Programs*, Washington, D. C. : Management Systems International, 1996.

⑥ Mosley P. , "The Use of Control Groups in Impact Assessment for Microfinance", *CGAP Mimeo*, 1997.

⑦ Khandker S. R. , *Fighting Poverty with Microcredit: Experience in Bangladesh*, London: Oxford University Press, 1998.

⑧ Remenyi J. , *Where Credit is Due*, London: IT Publications, 1991.

⑨ Bouman F. J. A. , Hospes O. , *Financial Landscapes Reconstructed*, Boulder, Co. : Westview, 1994.

1995)[1]、拉瑟福德(Rutherford,1999)[2]的研究。

21世纪以后,许多研究将传统科学方法和人类学研究方法结合起来检验数据的有效性和提供更高可信度的结论,如卡恩德克(Khandker,2003)[3]、莫勒(Maurer,2004)[4]、邓恩(Dunn,2005)[5]、科尔曼(Coleman,2006)[6]、希亚特和伍德沃斯(Hiatt & Woodworth,2006)[7]和马哈加宾(Mahjabeen,2008)[8]的研究等。多种方法综合使用来处理研究的属性已成为目前研究的发展方向。由于多种方法的综合也是基于科学方法和人类学方法这两类方法的基础之上的,因此本节着重介绍这两类用于小额信贷影响评价的研究方法。

一、科学方法

科学方法是通过实验来确认对原因产生的效果。对于任何项目或行动的评价,包括小额信贷,其目标不仅要了解在行动过程中群体发生了什么变化,而且包括这些变化发生的原因。科学家对原因和效果的评价通常是采用实验的方法,即在一个消除了外在影响的受控环境中,观察特殊物质对于特殊刺激的反应。尽管这种实验性方法在处理一些问题上得到了越来越多的应用,但是由于目标物体的性质,实验的方法事实上在社会科学中是很难做到的。因为我们在实验中不可能完全重构想象中的情况,比如说我们不可能完全想象出如果没有孟加拉国乡村银行时的社会情况,没有制定或取消项目的可能性,也就不可

---

① Ardener S. , Burman S. , *Money-go-rounds*: *The Importance of Rotating Savings and Credit Associations for Women*, Oxford: Berg, 1996.

② Rutherford S. , "The Poor and Their Money", *Finance and Development Working Paper*, Institute for Development Policy and Management(IDPM): University of Manchester, No. 3, 1999.

③ Khandker S. R. , "Microfinance and Poverty: Evidence Using Panel Data from Bangladesh", *The World Bank Economic Review*, 2003.

④ Maurer K. , "Bank Rakyat Indonesia: Twenty Years of Large-Scale Microfinance", Scaling Up Poverty Reduction: A Global Learning Process and Conference, Shanghai, 2004, May 25 – 27.

⑤ Dunn, E. , "Impacts of Microcredit on Clients in Bosnia and Herzegovina", Impact Assessment Component, Local Initiatives(Microfinance) Project Ⅱ, 2005.

⑥ Coleman B. E. , "Microfinance in Northeast Thailand: Who Benefits and how much", *World Development*, No. 9, 2006.

⑦ Hiatt S. R. , Woodworth W. P. , "Alleviating Poverty Through Microfinance: Village Banking Outcomes in Central America", *The Social Science Journal*, No. 3, 2006.

⑧ Mahjabeen R. , "Microfinancing in Bangladesh: Impact on Households, Consumption and Welfare", *Journal of Policy Modeling*, No. 6, 2008.

能通过实验的方法来对这种项目的效果进行评价。

最接近实验方法的自然科学方法是准实验方法,即试图模拟假设项目不存在情况下的状态,然后比较有项目干预的产出和没有项目干预的产出的方法。[①] 一种准实验方法是多元回归分析:对因变量变化的评价(比如说贫困)产生于包含其他影响常数(比如说天气、可利用投入、产出价格、政治气氛等)的自变量(比如说小额信贷项目)的变化,这种方法能够较准确地告诉我们项目影响因素与非项目影响因素的数量化比较效果,但是需要大量可能的因果变量的数据及假设。另一种准实验的方法是控制组方法,该方法是把曾经从小额信贷计划中受益的人群与未曾受益的另一组人群进行对比研究。它不太注重数据要求,目前已经得到广泛应用。与回归分析方法相比,一方面,控制组方法的缺陷是它不能告诉我们项目影响因素与非项目影响因素的数量化比较效果,而且该方法需要基准调查和对以前的经济状况进行评估。一个小额信贷项目可能宣称它已经减少了贫困,但实际上可能是其他因素的影响,比如说价格的波动、政府政策的变化、基础设施状况的改善,或良好的天气条件等。相反,一个目标群体收入下降的项目可能仍然是成功的,因为如果没有该项目的话,产出可能将会变得更糟。但另一方面,这种方法有效地简化了使用者可能面临的冗繁问题,特别地,如样本选择偏差,潜在因果关系的解释误差和动机问题也得到了克服。准实验方法的主要特征和运用见表4.3。

表4.3　准实验方法的主要特征及其在实践中的运用

方法		主要特征	实践中的运用
准实验方法	多元回归方法	对因变量变化的评价(如贫困)产生于包含其他影响常数(如天气、可利用投入、产出价格等)的自变量(小额信贷项目)的变化	例如:盖尔、福斯特(Gaile, Foster, 1996);莫斯利(Mosley,1997);卡恩德克(Khandker, 1998, 2003);莫勒(Maurer, 2004);邓恩(Dunn, 2005);科尔曼(Coleman, 2006);希亚特、伍德沃斯(Hiatt, WoodWorth, 2006);马哈加宾(Mahjabee,2008)
	控制组方法	把曾经从小额信贷计划中受益的人群与未曾受益的另一组人群进行对比研究	

注:本表由笔者整理而得。

---

① Casely D. , Lury D. A. , *Monitoring and Evaluation of Agricultural and Rural Development Projects*, Baltimore: Johns Hopkins University Press, 1982.

二、人类学方法

人类学方法最主要的特点是这类方法不是在统计学定义限制可能性的范围内来证明影响，而是想要提供一种对于干预过程和具有高度拟真性影响的解释，因此其往往着眼于主要的资料提供者，及文本或形象的记录。具体又可根据不同情况分为样本调查、快速评估、参与者观察、案例研究、参与性学习与行为等方法。表4.4中笔者归纳出了各种方法的主要特征及其在小额信贷影响评价实践中的运用。

表4.4　人类学方法的主要特征及其在实践中的运用

方法		主要特征	实践中的运用
人类学方法	样本调查	通过问卷调查收集一定数量的数据；通常随机抽样和匹配一个控制组的方法用来测量干预前后已预先确定的指标	例如：博曼、霍斯珀斯（Bouman, Hospes, 1994）；阿登勒、伯曼（Ardener, Burman, 1995）；雷门依（Remenyi, 1991）；拉瑟福德（Rutherford, 1999）；卡恩德克（Khandker, 2003）；莫勒（Maurer, 2004）；邓恩（Dunn, 2005）；科尔曼（Coleman, 2006）；希亚特、伍德沃斯（Hiatt, Wood-Worth, 2006）；马哈加宾（Mahjabee, 2008）
	快速评估	快速农村评价（RRA）发展了一系列的工具和技巧，包括目标组的运用，拥有主要资料提供者的半组织的访问，案例研究、参与者观察和第二手资料	
	参与者观察	田野调查者运用定性的技巧在项目社区内扩展的住户中进行小型样本调查	
	案例研究	对一个特定单位（小组、所在地、组织）进行详细的研究，包括对历史背景的准备和开放式的询问	
	参与性学习与行为	在小组进程中项目的预期受益者在时间表、影响流动图、乡村地图、福利和财富排名、季节性的曲线图、问题排名和机构评估等方面所做的准备	

注：本表由笔者整理而得。

源于人类学的影响评价在考虑因果属性的时候遇到了巨大的困难。这类研究通常不能证明因果联系，因为它们不能产生一个"不参与项目"的控制组（尽管有的时候某些研究者不对读者提及这个问题或者仅仅假设因果关系）。相反，起因通常是从预期的受益者和主要的资料提供者那收集的原因链中推导出来，或者通过与那些来自项目外区域的第二手资料的比较中得来的。但是由于那些无论是在信息选择，还是在数据的收集和分析上都没有达到最低的专业水平要求的研究,最后也被冠以了"快速评估"、"小型调查"以及"案例研究"的名称,许多问题便随之产生了。这类例子包括数据收集仅仅在那些表现良好的项目区域中进行,调查优良客户以及将在一个数据收集区域中收集到的结果推论到所有的客户身上而没有对这一假设作出解释等等。虽然这类研究并不能在其结论中给出一个和其他有充分数据源的科学研究方法相比所能提供的信任程度,但是休姆(Hulme,2000)的观点是在很多情况下它们的结论比那些基于称为科学但事实上并没有按照科学精度搜集数据的研究更有效。表4.5是人类学各种方法在影响评价各标准上的强弱比较。

表4.5　各种人类学方法的强弱比较

方法标准	样本调查	快速评估	参与者观察	案例研究	参与性学习与行为
1. 覆盖面(应用的范围)	高	中	低	低	中
2. 代表性	高	中	低	低	中
3. 数据资料收集、综合及标准化的难易程度(如定量化)	高	中	中到低	低	中到低
4. 分离和测量变化中非项目因素的能力	高	低	低	低	低
5. 处理属性问题的能力	高	中	中	中	中
6. 获取定性信息的能力	低	高	高	高	高
7. 获取因果过程的能力	低	高	高	中	高
8. 理解复杂性过程的能力(如机构建立)	最小	中	高	中	中
9. 获取洞察力变化的能力	低	高	非常高	中	高
10. 抽出女性和不利组的意见的能力	低	中	高	高	中
11. 获取非预期的或负面影响的能力	低	高	非常高	高	高
12. 确认和明晰需要的能力	低	高	高	中	高
13. 方法鼓励参与的程度	低	高	中	中	非常高
14. 促使资金保管者能力建立的潜力	低	高	低	中到低	非常高

续表

方法标准	样本调查	快速评估	参与者观察	案例研究	参与性学习与行为
15. 提升对向下负责人的可能性	低	高	中	中	高
16. 人力资源的要求	专家监督，大量要求不高的本领域工作人员	高技能的实践者，能够记载和分析结果	中等技能的实践者，能进行较好的监督并做好了长期被委任的准备	中等技能的实践者，能进行较好的监督	高技能的实践者
17. 成本范围	非常高到中	高到中	中到低	中到低	高到中
18. 所耗时间	非常高到中	中到低	高	高到中	中到低

资料来源：Montgomery, R., "Disciplingng or Protecting the Poor? Avoiding the Social Costs of Peer Pressure in Microcredit Schemes", *Journal of International Development*, No. 8, 1996。

　　样本调查方法适用于当一个项目影响到大量的受益者，同时政策制定者要求高精度的项目影响评价，并且组别在时间和空间上需要进行统计上的比较时。快速评估方法较多地运用于对社区和机构的影响评估，该方法对动机和专业顾问意见的理解是关键，同时需要理解通过调查得来的其他数据的质量。当其他方法（样本调查和快速评估）不大可能获得少数派或者女性的意见时，多数情况下运用参观者观察和案例研究的方法，该方法同样要关注评估需求的动机和专业顾问意见的理解，但该方法不需要理解通过调查或者快速评估得来的其他数据的质量。

三、小额信贷影响评价的方法论改进

　　在过去的二十几年间，小额信贷影响评价已经从单一方法研究转向多方法或者复合方法研究。虽然样本调查仍然是一种普遍使用的模式，快速评估、参与者观察以及参与性学习和行为方法也逐渐被大量地使用，对影响评价的参与研究法的引入更是丰富了数据收集和知识创造的方法论的菜单。每一种方法都有各自的优缺点（见表4.5），而这些也都帮助在影响评价问题上逐步产生一种共识，即在影响评价中的中心方法论问题不再是"什么是对这一问题的最优方法"，而是"对于这一问题哪些方法的综合是最合适的并且它们应该怎样组合在一起"。

　　目前,基于可用资源的水平,影响评价研究致力于寻求各种方法优点的组合,特别是致力于将样本调查和统计方法的优点(代表性、定量化和属性)与人类学或者参与性方法的优点(揭示过程的能力,获取不同洞察力的能力,获取少数派观点的能力和获取非预期影响的能力等等)相结合。在长期的有丰富资源的研究中,这些方法都得到了综合的运用。在要求高数据置信度的情况下(比如在希望证实主要投资目的或政策的影响时),大型和纵向的样本调查是必要的。相反,如果一个影响评价要求能为一个小型项目提供独立的影响评价并能增强其操作,那么小型调查和快速评估方法则是比较恰当的。

　　一个有效的影响评价,要求在影响评价工作全盘实施之前,对于影响评价中可能会用到的方法都必须认真地进行设计。在评价影响之前研究者们还必须回答以下问题:(1)评价的目标是什么? 研究所要求的置信度水平如何? (2)信息会被怎样使用,由谁来使用? (3)项目有多复杂? 该项目是什么类型的项目? 关于它已知的信息有哪些? (4)有哪些可以利用的资源(钱、人力和时间)?

　　针对这些问题的具体回答有很多种可能,小额信贷机构和捐赠者的意愿,评价的成本和统计学上的置信度要求等等都会对评价研究们的评价设计具有指导性的作用。没有最优的模型,不同的设计——表现为低、温和和复杂的科学方法,人类学方法和参与者方法等——将会适合不同的研究。[1] 小额信贷项目和机构经历了这些变化为未来的操作提供了参考材料。但未来还有许多工作需要开展,因为有人声称小额信贷是解决贫困问题的万全之策(通常通过小额信贷申请以及相关业务),但是相反的意见却对这种乐观的估计表示谨慎态度,它需要更严谨的实证研究以证明它可以达到怎样的程度并且如何达到。

第三节　国际小额信贷影响评价的实践

　　当人们的目光不仅仅关注小额信贷机构的数量扩张、服务的人数、总贷款规模和还款表现,而开始审视小额信贷对贫困居民经济与社会生活的世纪影响

---

[1] Little P. , "Assessing the Impact of Microfinance Programs on Incomes and Assets", *CGAP Mimeo*, 1997.

(特别是长期影响)时,研究结果却存在不少争议,大量的实证研究也支持着不同的观点。

世界银行扶贫协商小组(CGAP)通过分析研究大量的证据考察了小额信贷的影响,证据表明对贫困家庭提供小额信贷和金融服务是一个与实现千年发展目标紧密联系的关键因素,并且作用巨大。小额信贷服务的范围包括提供贷款、储蓄业务、保险、汇款及转移支付。小额信贷及其产生的影响超出商业贷款,贫困者使用金融服务不仅投资于微型企业,而且投资于健康与教育,以及应对家庭的其他紧急需要和其他各种各样的现金需求。世界上数百万小额信贷客户的体验证明,获得金融服务能够使贫困者增加家庭收入、积累资产、减少生存危机的发生,获得金融服务还体现为能够得到更好的营养以及改善健康保健状况,例如获得较高的免疫率,它能使贫困者计划他们的未来,让更多的孩子接受更长的教育,它也使妇女客户更加大胆与自信,以此更加坚强地面对性别的不公正。①

然而,一些关于小额信贷的案例分析也显示出了差异,如莫勒(Maurer,2004)对埃及经验的分析表明,在不同的调研样本中,小额信贷的接受者的经济状况是否得到改善存在着很大的差异,小额信贷在向脆弱性群体提供服务时缺乏效率,而在为具有创业精神的穷人提供服务时具有较高的效率。印度尼西亚 BRI 中的大部分客户属于社会中的低收入群体和中小企业,但是 BRI 不专门针对贫困线以下的绝大贫困人群提供服务,而只向从事经济活动并有支付能力的贫穷劳工提供服务。② 希亚特和伍德沃斯(Hiatt & Woodworth,2006)运用单因素方差分析方法从社会指标和经济指标两方面比较了乡村银行对于新客户、现有客户和老客户在减缓贫困上的差异,结果发现三者在社会指标上差异不明显,但在经济指标上存在明显差异。③

目前,国际上关于小额信贷影响评价研究所得出的结论可以概括为三种观点:第一种观点认为无论是从经济的还是社会的角度,小额信贷都具有非常重

① Littlefield E. , Morduch J. , Hashemi S. , "Is Microfinance an Effective Strategy to Reach the Millennium Development Goals", *CGAP Focus Note*, No. 1, 2003.

② Maurer K. , "Bank Rakyat Indonesia: Twenty Years of Large-Scale Microfinance", Scaling Up Poverty Reduction: A Global Learning Process and Conference, Shanghai, 2004, May 25 – 27.

③ Hiatt S. R. , Woodworth W. P. , "Alleviating Poverty Through Microfinance: Village Banking Outcomes in Central America", *The Social Science Journal*, No. 3, 2006.

大的积极影响;第二种观点对前一种观点的乐观看法表示担忧并指出了小额信贷会带来的一些负面影响;第三种"中间派"在肯定了小额信贷积极作用的同时,指出了小额信贷并不能像其声称的那样帮助最贫困的群体。因此,要对小额信贷的影响作更严格的和具有普遍意义的估计还需要在抽样和数据搜集等方面进行更多的努力。

本节笔者通过进一步分析和归纳国际上关于小额信贷在个人、家庭、企业、社区等方面的影响研究结果,为小额信贷的影响带来更有力的说明。

一、对个人的影响评价

由于大多数小额信贷项目的对象为妇女(如孟加拉国95%以上的小额信贷是对贫困妇女提供的),因此在小额信贷对个人的影响评价方面,目前的研究主要集中于小额信贷对个人收入、妇女健康状况和妇女赋权方面的影响。1997年的小额信贷峰会上,各类文献和大多数小额信贷的捐赠者对数量日益扩大并在财务上能够自给的小额信贷提出了美好的前景,大多数人认为这种针对大量妇女借款人的贷款方案能够缓解全球贫困问题,并且开创妇女经济、社会和政治权力的良性循环。然而,少数的研究者(戈茨和格普特,1996)对小额信贷项目究竟能在多大程度上让妇女受益也提出了质疑。[1] 有的学者(埃伯登,1995)认为小额贷款项目在其他更加行之有效地取得权力的战略上转移了妇女的注意力,[2]还有的学者(罗格利,1996)认为小额信贷项目在更加有效地缓解全球贫困问题的方式上转移了捐赠者的资源。[3]

(一)小额信贷对个人收入、消费和福利的影响

目前,国外在小额信贷对个人收入、消费和福利方面的影响研究中,通常得出的是积极的结果。

霍森(Hossain,1988)早期一项重要的乡村银行研究发现了有关经济福利

---

① Goetz A. M., Gupta R. S., "Who Takes the Credit? Gender, Power and Control Over Loan Use in Rural Credit Programs in Bangladesh", *World Development*, No. 1, 1996.

② Ebdon R., "NGO Expansion and the Fight to Research the Poor: Gender Implications of NGO Scaling-up in Bangladesh", *IDS Bulletin*, No. 3, 1995.

③ Rogaly B., "Microfinance Evangelism, 'Destitute Women', and the Hard Selling of a New Anti-poverty Formula", *Development in Practice*, No. 2, 1996.

的统计证据。① 乡村银行成员的收入比非项目村对比组的收入高43%,比项目
村非成员高28%。乡村银行成员还能够更多地依赖储蓄和他们自己的基金去
对付危机,而不是再从高利贷那里借钱。

扎曼(Zaman,1999)对一项农户数据的分析证明,获得金融服务能够使
BRAC 的客户通过平抑消费、积累资产和在自然灾害时期接受服务等方式减少
生存危机。②

迈克内利和克里斯托弗(MkNelly & Christopher,1998)的研究报告说,玻利
维亚 CRECER 客户的三分之二在加入项目后增加了收入。而且,客户称一年
中他们能"平滑消费"是收入来源多样化和批发购买食品的结果,86% 的客户
说他们的储蓄增加了;78% 的客户在未参加项目之前没有任何储蓄。③ 在另一
项对加纳"免受饥饿"项目的客户研究中,迈克内利和克里斯托弗(MkNelly &
Christopher,2000)发现项目客户收入增加 36 美元而非项目客户只增加 18 美
元,客户显著地拓宽了他们的收入来源。80% 的客户有第二种收入来源,而拥
有第二种收入来源的非客户比例只有 50% 。④

雷门依和昆万斯(Remenyi & Quinones,2000)的研究表明,在印度尼西亚,
借款人的收入增加了 12.9% ,而对比组的收入只增加了 3%。⑤ 巴恩斯
(Barnes,2001)的研究表明,从 1997~1999 年,津巴布韦的食物支出呈下降的
趋势。原因也许是采取了现金管理战略来应付生活费用的上升。可是,对于极
端贫困的客户家庭来说,参加津巴布韦的 Zambuko Trust 项目,对高蛋白质食物
(肉、鱼、鸡和牛奶)的消费产生积极的影响。⑥

---

① Hossain M., "Credit for Alleviation of Rural Poverty: The Grameen Bank in Bangladesh", International Food Policy Rsearch Institute, Washington, D. C., 1988.

② Zaman H., "Assessing the Impact of Microcredit on Poverty and Vulnerability in Bangladesh", *World Bank Policy Research Working Paper*, No. 2145, 1999.

③ MkNelly B., Christopher D., "Impact of Credit with Education on Mothers and Their Young Children's Nutrition: Lower Pra Rural Bank Credit with Education Program in Ghana", *Freedom from Hunger*, 1998.

④ MkNelly B., Christopher D., "Impact of Credit with Education on Mothers and Their Young Children's Nutrition: CRECER Credit with Education Program in Bolivia", *Freedom from Hunger*, 2000.

⑤ Remenyi J., Quinones B., "Microfinance and Poverty Alleviation: Case Studies from Asia and the Pacific", *London & New York*, Pinter, 2000.

⑥ Barnes C., "Microfinance Program Clients and Impact: An Assessment of Zambuko Trust", *Zimbabwe*, *USAID-AIMS Paper*, Washington, D. C., 2001.

西蒙奥维茨(Simanowitz, 2001)的一项对印度 SHARE 客户的研究证明,较长时间参加项目的客户中有四分之三的客户极大地改善了他们的经济福利(收入的来源、对生产性资产的拥有、住房条件以及家庭依存比率),有一半客户摆脱了贫困。客户的就业模式也有了很大的转变——从不规范的、低工资的日劳动变成现在的谋生手段多样化、家庭成员就业增加以及强烈地依靠小商业的状况。有超过一半的 SHARE 客户说,他们依靠微型企业的利润支付了主要的日常所需而不再依赖借债了。[1]

邓恩(Dune,2005)研究了小额信贷对客户收入的影响,该研究在 2001 年通过访问的方式收集了 3000 个客户和 3000 个非客户的信息,并且在 2004 年对这些人中的大部分进行了回访。回访分析表明参与小额信贷项目的客户比在同一个区域内有着相同特点的控制组的客户有更多的收入。研究还表明,小额信贷增加了就业和单身职工的工资,还使参加小额信贷项目客户的家庭收入得到了增长。[2]

(二)小额信贷对妇女健康状况的影响

在小额信贷对妇女健康状况的影响研究中,通常得出的也是积极的结果。

舒勒和哈希米(Schuler & Hashemi,1994)的一项对孟加拉国小额信贷客户的调查显示,乡村银行客户使用避孕药物率(59%)明显高于非客户(43%)。[3] 在后来拉哈曼和达范佐(Rahman & DaVanzo,2000)的研究中,对避孕药物使用增加这一发现有过类似的报告,主要原因是,小组会议提高了成员对避孕计划的意识,并且由于妇女间交流的增加,这也使得她们可以寻求这种服务。[4] 另一项对 BRAC 客户一项广泛的纵向研究发现,相对于对照组而言,成员很少遭遇到严重的营养不良,更重要的是,随着成员年限的增加,营养不良的严重程度在下降。[5]

① Simanowitz A. , *Issues in Designing Effective Microfinance Impact Assessment*, Kumarian Press, 2001.

② Dunn, E. , "Impacts of Microcredit on Clients in Bosnia and Herzegovina", *Impact Assessment Component*, Local Initiatives(Microfinance) Project II, 2005.

③ Schuler S. R. , Hashemi S. M. , "Credit Programs Women's Empowerment and Contraceptive Use in Rural Bangladesh", *Studies in Family Planning*, No. 2, 1994.

④ Rahman M. , Da Vanzo J. , Razaaque A. , "Family Planning Services Limit Abortion: Evidence from Bangaladesh", *Icon Research Brief*, 2000.

⑤ Chowdhury A. M. R. , Bhuiya A. , "Do Poverty Alleviation Programmes Reduce Inequities in Health? The Bangladesh Experience", In *Poverty Inequality and Health: An International Perspective*, Oxford: Oxford University Press, 2001.

玻利维亚的 CRECER 项目除了金融服务外,还提供基础保健教育。一项影响评价研究表明(迈克内利、克里斯托弗,2000),客户有更好的哺乳条件,他们更有可能给得痢疾的孩子进行治疗,而且他们孩子的百日咳免疫率更高。在加纳,相似的研究发现,"免受饥饿"项目客户有更好的哺乳条件,他们一岁的孩子在身高和体重方面比非客户孩子更有优势。在一些保健措施上客户也显示出了显著积极的变化,如产后立即哺乳(因此新生婴儿能够得到初乳),给幼儿喂流质和上等的食物以及给得痢疾的孩子进行治疗。

由 USAID-AIMS 委托的一项研究报告说(巴恩斯,2001),乌干达 FOCCAS 小额信贷项目的客户会得到关于哺乳、预防性保健和计划生育的卫生保健指导,他们比非客户有更好的卫生保健习惯。95%的客户参与了提高孩子健康和营养保健的实践,相比较而言,非客户只有72%。32%的客户至少尝试了一种预防艾滋病的措施,而非客户比例只有18%。

(三)小额信贷对妇女赋权的影响

从 20 世纪 80 年代中期开始,妇女小额信贷在发展机构中成为一种流行的扶贫战略,它也被认为是争取妇女赋权的一种有效手段。然而,伴随着项目失败所带来的风险,向妇女提供小额信贷项目在影响性别关系上也显示了巨大缺陷。目前关于小额信贷项目对妇女权利贡献潜在作用的研究,如梅奥科斯(Mayoux,1997)[1]、梅奥科斯(Mayoux,1998)[2]、梅奥科斯和约翰逊(Mayoux & Johnson,1997)[3]等的研究,主要可以分为以下几种观点(不一定相互排斥):第一种观点强调积极的证据,对可持续的小额信贷项目在全球范围内赋予妇女权力的可能性持乐观态度;第二种观点认识到小额贷款项目在赋予妇女权利上具有局限性,但认为这只是项目设计上的问题,因此不断寻求合适的模式和策略来尽量减少负面影响,提高其积极的贡献;第三种观点认为经济有效的小额贷款项目在缓解贫困方面至关重要,但小额信贷项目在促进赋予妇女权利方面具有局限性,妇女赋权还需要通过其他途径来解决;第四种观点认为小额贷款项

① Mayoux L., "Women's Empowerment and Microfinance Programmes: Strategies for Increasing Impact", *Report of South Asia Workshop*, ActionAid UK, 1997.

② Mayoux L., "Women's Empowerment and Microfinance Programmes: Approaches, Evidence and Ways Forward", *Discussion Paper*, Milton Keynes: The Open University, 1998.

③ Mayoux L., Johnson S., "Women's Empowerment and Microfinance Programmes: Strategies for Increasing Impact", *Report of East Africa Workshop*, ActionAid UK. 1997.

目的局限性是固有的,而目前小额信贷项目的重点是错位的资源转移。

1. 认为有积极影响的研究

梅奥科斯(Mayoux)是小额信贷对妇女赋权会产生积极影响的坚定倡导者,作为女性代表,她坚信小额信贷本身就拥有一个包括经济、社会和政治权利的"良性循环"体系,她认为没有必要再去制定一个明确的战略,来解决贫困的其他层面问题或改善女性居于从属地位的状况,她认为对妇女赋权来说,仅仅是参与这项计划就已经足够了。[①] 证明具有积极影响的研究还有:

一份对孟加拉国 1300 名客户和非客户的调查表明(哈希米和舒勒,1996),项目参加者比非客户在如下方面更有能力:人员的流动性,拥有和控制生产性资产(包括土地),决策以及政治法律意识方面。这种授权随着成员资格期限的延长而增加,效果显著。该研究也表明在一些案例中项目参与带来家庭内暴力的增加。可是,随着时间的推移,男人和家庭逐渐接受了妇女们的参与,这最终会导致暴力的减少。[②]

玻利维亚和加纳"免受饥饿"项目研究的结论是,妇女通过参加项目增加了自信、提高了在社区中的地位。加纳的项目参与者在社区生活和社区礼仪上扮演了更加积极的角色,而玻利维亚的项目参与者在本地政府中作用活跃。

切斯顿和库恩(Cheston & Kuhn,2002)对尼泊尔的"妇女赋权项目"的研究发现,68% 的成员自己决定买卖财产,送她们的女儿上学,协商她们孩子的婚事以及规划她们的家庭。这些决策传统上都是由丈夫决定的。"世界教育"项目(把教育和金融服务联系起来)发现妇女在确保女孩平等地获得食物、教育和医疗保健方面有重要的地位。菲律宾的 TSPI 称作为家庭资金主要管理者的妇女参与项目的比例从 33% 增加到 51%。在对照组中,仅 31% 的妇女是主要的资金管理者。[③]

对小额信贷客户赋予政治权利的影响,如参加政治动员或者是竞选政府职位,还没有进行过充分的论证。可是,这样的例子有很多。在菲律宾,"小额信

① Leach F., Sitaram S., "Microfinance and Women's Empowerment: A Lesson from India", *Development in Practice*, No. 5, 2002.

② Hashemi S. M., Schuler, S. R., Riley A. P., "Rural Credit Programs and Women's Empowerment in Bangladesh", *World Development*, No. 4, 1996.

③ Cheston S., Kuhn L., *Empowering Women Through Microfinance*, Kumarian Press, 2002.

贷机遇银行"项目的妇女客户曾被选入本地的政府部门。此外尼泊尔的 CSD、孟加拉国的乡村银行和 BRAC 以及世界教育项目(World Education),都称他们的客户有参加竞选政府要职的,也有成功的。而印度自我就业银行和劳动妇女论坛(Working Women's Forum)的成员已经组织起来,去为非正式女工争取更高的工资和更多的权利,去解决邻里纠纷,去倡导法律变革。

然而,近年来,对作为妇女赋权手段之一的小额信贷存在着越来越多的疑问,如约翰逊和基德尔(Johnson & Kidder,1999)[1]、梅奥科斯(Mayoux,1999)[2]、卡贝尔(Kabeer,1998)[3]等的研究。由于对作为扶贫战略——小额信贷——的信心被严重夸大,在很大程度上,这导致了日益增多的批评的出现,如休姆和莫斯利(1996)、巴克利(1997)。对孟加拉国相关数据的研究显示,尽管一些妇女可能被赋予了权利,但是有些研究者(如戈茨和格普特、舒勒等)认为有更多其他的女性在经济和政治条件下被边缘化了,在某些情况下,这些项目甚至增加了家庭的暴力。钱特和古特曼(Chant & Gutmann,2000)指出,在过去的十多年中,围绕着男性和男性发展的问题备受关注,这种问题是研究如何在不激怒男性的情况下,赋予女性权利而使她们不被边缘化。[4]

2. 一个失败项目的案例

一个较重要的研究是利奇和西塔拉姆(Leach & Sitaram,2002)对一个非政府组织机构通过提供小额信贷给妇女,以改善其在印度缫丝业既定社会阶层的状况的研究。[5] 来自四个国家的 20 多名妇女参加了该项研究。作为非政府组织支持的小成本企业的一部分,所有这些妇女都接受了业务和技能培训,而且大多数人都在非政府组织的支持下得到了小额贷款。研究者每隔一段时间都会访问一个约 6 至 8 个月前参加陪训的妇女,通过广泛的访谈,认真的观察以及详细的实地考察笔记,来记录这些女性生活的变化,而她们丈夫和家庭的变

---

[1] Johnson S. , Kidder T. , "Globalization and Gender-dilemmas for Microfinance Organizations", *Small Enterprise Development*, No. 3, 1999.

[2] Mayoux L. , "Questioning Virtuous Spirals: Microfinance and Women's Empowerment in Africa", *Journal of International Development*, November-December, 1999.

[3] Kabeer N. , "Money Can't Buy Me Love? Re-evaluating Gender, Credit and Empowerment in Rural Bangladesh", *IDS Discussion Paper No. 363*, Brighton: IDS, 1998.

[4] Chant S. , Gutmann M. , *Mainstreaming Men into Gender and Development*, Oxford: Oxfam, 2000.

[5] Leach F. , Sitaram S. , "Microfinance and Women's Empowerment: A Lesson from India", *Development in Practice*, No. 5, 2002.

化也被记录在内。研究者还建立了四个指标用来衡量培训的效果：收入，对资源的获得和控制，状态和生活质量。特别地，研究者希望知道在增加收入和作为衡量女性社会及经济权力的其他三个指标之间是否存在必然的联系。换句话说，即小额信贷是否真的拥有"良性循环"系统，能够与其他支持形式在这种情况下相兼容，从而大大改善妇女的生活。

该研究重点探讨了开展于印度南部的卡纳塔克邦（Karnataka State）的项目。其目的是通过将女性从微薄收入的劳动阶层转变为成功独立的企业家，来改善其在缫丝业（几乎完全是男性领土）既定的社会阶层地位。鉴于这些妇女属于印度社会底层和最贫穷的阶层，由此受到双重歧视，因此，这可以说是一个非常浩大的项目。

根据调查，在这个项目的初期阶段，女性的生活发生了很多好的变化。最重要的是，她们坚信这样一个事实——由于她们现在可以自己挣钱，这使得她们的经济和社会地位得到了提升。作为独立的企业家而不再是工薪劳动者，这一点显然对她们非常重要。她们认为，她们在更尊重社会的同时，她们自己的自尊也得到了相应的增加。她们的自主性也得到了增加，她们可以在村庄周围自由地走动，甚至与男性交谈，而且她们可以不在丈夫的陪同下到蚕茧市场及丝绸交易中心进行交易。她们变得更加明智和自信。她们形成了一种安全感，并可以独立地抚育孩子。她们更加重视时间和金钱，她们对摆脱贫困怀有期望。

然而，这些成果并非没有缺点。妇女抱怨过多的工作，使她们感到非常疲倦，以至于没有足够的时间做家务或进食。一些丈夫抱怨说，当轮到他们组到丝绸交易中心进行交易时，他们要在半夜里把妻子送上汽车。而在把这些女性送上去往邻村的乡村巴士后，他们不得不回家（一两个小时的往返），然后再在晚上的时候到邻村等待他们的妻子，因为不能确定妻子的返回时间，有时候这种情况会出现好几次。毫无疑问，他们逐渐发现这是一项繁重的家务。其他亲属抱怨说，妇女一直在工作，而且从来没有待在家里。一些丈夫由于妻子的强势而感到不安。然而，与此同时，家庭决策权却没有发生任何变化。当研究人员提出这样的问题时，女性甚至感到很惊讶。对她们来说，作出重要的决定只是一个陌生的概念。

在项目实施了 2 个月后，有两名妇女对自己的企业产生了严重怀疑。尽管由非政府组织主持的每周小组会议仍在继续,妇女们开始感到参与这个项目是在浪费自己的时间,她们对自己仍然需要节省感到非常不满,即使她们不得不借钱才能生存。研究人员记录了对项目的不满之处:这些不满包括了对各非政府组织妇女工作者,其他组的成员,以及参与该项目女性的丈夫(其中有些不满妻子对项目的参与)。妇女们由于在生意上没有产生预期的效果,而开始感到失望和沮丧。她们的热情已经消失殆尽,其中一些已开始撤回并相信宿命论。5 个月后群体内出现了真正的绝望,妇女们只卖出一袋丝绸,亏损 4000 卢比(87 美元)。在此之后,她们没有再进行缫丝生产,因为对蚕茧来说,这是一个歉收的季节而且市场条件极为不利。而非政府组织在现有债务被解决之前也不会再提供任何贷款。同时,男性们现在很愤怒,因为他们不得不以 15000 卢比(320 美元)的价格把自己的房子抵押给非政府组织,来作为偿还升级债务的抵押。如果无力偿还,房子会被收走。有些则不停地唠叨他们的妻子,指责她们在不了解相关业务的情况下就轻信这个项目。同时,他们也批评非政府组织,指责他们所记的账不正确以及剥削妇女。非政府组织以前坚持认为,只有女性可以参与这个项目,但现在它也希望男性可以签署协议,因为房子在男性的名户下。男性还指控这些集团的行为,包括在户外举行会议,他们鼓励妇女互相争斗,并期盼发生女性之间的争执行为。一名妇女说,她被曾试图说服她退出该计划的丈夫殴打,虽然她现在是项目小组的负责人。

在 2001 年项目开展 3 年后,研究人员重新回到村里,他们想知道在此期间这些女性与她家人的生活发生了什么变化。当被问及项目是否真的改善了她们的生活时,这些女性因项目失败而被认为是没有经济能力的。在培训中,她们认识到如果不深入市场,就无法理解在缫丝生产中质量和竞争性招标的重要关联。她们看到了作为女性所要面临的更多障碍,了解了影响女性社会地位的唯一持久因素,并与自己身边的人进行大胆的交谈。她们在子女的教育上似乎也拥有了更大的发言权,希望子女和世界上其他孩子一样接受教育,而不会像自己这样被迫成为文盲。

事后,人们都会说这个项目是注定要失败的。很显然,在这样一个动荡不安、变化无常、由男性占主导地位的企业里,想要把处于极度劣势地位的妇女转变为成功企业家,这种期望显得过于雄心勃勃。虽然,在一开始,由于拥有常规的工作资本金,满足女性需求的培训,以及在真正进入商界前男性工作者的从旁指导,这个项目看起来似乎真的能大大地改变女性的生活。而事实上,正如我们所看到的,对于这些女人来说,她们的收获也的确不小:她们学到了做生意的判断力,意识到丝绸工业是怎么运作的,怎样熟练地处理资金,认识到银行储蓄和登记账目的重要性。即使她们不再使用这些技能,她们也会用其他的方法取而代之。这些技能同样也提高了她们的交流能力,让她们变得更能说会道,更活跃,也更自信了。然而,以经济和社会学的观点看,作为转变工具,这个项目更多地被认为是一个错误。它没有给那些妇女们带来经济上的独立,没有能够将社会权利交给女性,因为它没有带来在家庭中真正的权利重新分配,而是在一个小范围内给予了妇女地位的有限提升。

该研究证实了小额信贷项目在一段时期内对女性的经济和社会地位产生影响,并突出强调了把对家庭起重要作用的男性亲属排除在该项目之外所产生的消极后果。它探讨了该项目在赋予女性权利的同时,使男性变得更具包容性的可行性方法,即旨在赋予女性权利的项目,如何执行才能保证男性的参与是建设性的而非破坏性的。同时,该研究也承认,即使男性对该项目的敌意已消除,由女性经营的小成本企业也不大可能完全实现商业化。这是因为这个项目坚持将妇女作为一个群体放在具有高风险的经济活动领域去运营,然而在没有明确战略的情况下,她们的工作很难继续开展下去。

二、对家庭的影响评价

(一)小额信贷对家庭收入、消费及福利的影响

马斯塔发和巴鲁等人(Mustafa & Banu 等,1996)对孟加拉国农村进步委员会(BRAC)的一项详细的影响评估表明,留在项目中超过 4 年的成员其家庭支出增加28%,资产增加112%。[①]

世界银行在 20 世纪 90 年代早期对孟加拉国三个最大的小额信贷项目:乡村银行(Grameen Bank)、BRAC 和 RD—12 进行了广泛的研究,发现女性客户每借 100 塔卡,其家庭消费就增加 18 塔卡,同时,通过借款和参加小额信贷项目每年有 5% 的客户脱离贫困。更为重要的是,随着时间的推移,家庭能够维持

---

① Mustafa S., Ara I., Banu D., Hossain A., Kabir A., Mohsin M., *Beacon of Hope: An Impact Assessment Study of BRAC's Rural Development Program*, Dhaka: BRAC, 1996.

住这些财富,并在乡村经济中产生溢出效应。在项目村,一般的农户,甚至非项目农户收入都有所增加。其中的一个项目甚至影响到村庄的工资率。自我就业的增加和后来发生的从非正规劳动中退出导致了项目村的工资增加了21%。[①]

卡恩德克(Khandker,2001)利用孟加拉国发展研究所(BIDS)和世界银行分别在1991~1992年和1998~1999年这两次调查的数据,试图估计小额信贷对家庭消费和贫困的影响,这是比较系统的影响调查和研究。Khandker得到的主要结论为:在短期,小额信贷对女性借款者消费的贡献率是18%,对男性是11%;以1991~1992年数据为依据,小额信贷项目的借款者每年有不到5%能够摆脱贫困,即便在这一时期对消费的影响是持续的;在1991~1992年和1998~1999年的两次调查中,小额信贷参与者的人均收入、人均支出和家庭净资产都比非参与者要好些。[②]

科普斯塔克和道森等人(Copestake & Dawson 等,2005)通过分析秘鲁的一个乡村银行的数据证明了小额信贷在减少贫困程度中的作用,研究证实它确实提高了贫困家庭的收入和消费。[③] 科尔曼(Coleman,2006)评价了泰国东北部的两个小额信贷项目,结果显示,富裕一点的村民很明显地比贫困村民更喜欢参与到小额信贷项目中来,而且他们通常成为项目组的成员并会持续地借款;该研究表明小额信贷项目对于项目组成员的家庭福利可以带来明显的改善,但对极贫困人口的影响却不明显。[④]

马哈加宾(Mahjabeen,2008)运用一般均衡分析框架检验了在现有的体制下孟加拉国小额信贷机构对其客户的家庭、消费和福利的影响,调查结果为小额信贷机构:提高了所有家庭的收入,增加了所有客户的全部商品消费,创造了就业机会,减少了收入不平等,提高了社会福利。这些结果表明,小额信贷是帮

① Khandker S. R. , *Fighting Poverty with Microcredit: Experience in Bangladesh*, Oxford University Press, 1998.

② Khandker S. R. , "Does Microfinance really Benefit the Poor? Evidence from Bangladesh", Paper Delivered at Asia and Pacific Forum on Poverty: Reforming Policies and Institutions for Poverty Reduction Held by the Asian Development Bank, Manila, 2001.

③ Copestake J. , Dawson P. , Fanning J. P. , McKay A. , Wright-Revolledo K. , "Monitoring the Diversity of the Poverty Outreach and Impact of Microfinance: A Comparison of Methods Using Data from Peru", *Development Policy Review*, No. 6, 2005.

④ Coleman B. E. , "Microfinance in Northeast Thailand: Who Benefits and how much", *World Development*, No. 9, 2006.

助穷人的关键措施之一。① 研究者进一步认为研究结果具有以下政策含义:一是在一个贫穷的国家很普遍的方法,政府可以利用小额信贷机构作为扶贫的工具;二是小额信贷机构可以促进创造就业的机会,特别是穷人;三是在金融市场薄弱的国家中,小额信贷机构可以到达那些主要由穷人组成的得不到服务的市场;四是政府也可将小额信贷机构运用于对小型和微型企业的授权,发展中国家的政府应该考虑将金融机构特别是小额信贷机构在分配中所发挥的作用作为减少贫富差距的一种方法,小额信贷可以成为现有缩小收入不平等的财政政策和土地改革制度的补充;五是小额贷款是一种真正有效的发展战略,政府可以将它作为一种提高穷人生活水平和实现千年发展目标的方式。

(二)小额信贷对家庭中儿童教育的影响

人力资源的形成在减少贫困方面被寄予了很高的期望,这是本世纪的一项重要挑战。②③ 但是,在发展中国家的农村地区,儿童受教育的机会是有限的,由于缺少基础设施和学校,教师和物资等资源,一些地方还存在着严重的教育供给瓶颈。④ 金融服务(贷款、存款设施、付款和汇款)让家庭更多地可以享有生产性机会,可以平滑家庭的消费,当不利的冲击发生时,为家庭处理危机提供了工具。然而,通常信息、动机和合同的执行方面等问题限制了贫困农村家庭从正规的金融市场获得金融服务。⑤ 小额信贷机构运用贷款技术上的革新,在不需要抵押的情况下为农村不能从正规金融机构获得服务的贫困人口提供了小额信贷。⑥

在孟加拉国一个 BRAC 地区纵向的研究表明,小额信贷的成员家庭,11～14 岁的年龄段中具有读、写、算术基础能力的孩子从 1992 年项目开始之初的

① Mahjabeen R. , "Microfinancing in Bangladesh: Impact on Households, Consumption and Welfare", *Journal of Policy Modeling*, No. 6, 2008.

② Bils M. , Klenow P. J. , "Does Schooling Cause Growth?", *American Economic Review*, No. 5, 2000.

③ Krueger A. , Lindahl M. , "Education for Growth: Why and for Whom?", *National Bureau of Economic Research Working Paper*, No. W7591, 2000.

④ Barro R. J. , Jong-Wha L. , "International Data on Educational Attainment: Updates and Implications", *Center for International Development Working Paper*, No. 42, Cambridge, MA: Harvard University, 2000.

⑤ Conning J. , Udry C. , "Rural Financial Markets", *Agricultural Development*, No. 3, 2007.

⑥ Armendariz B. , de Aghion B. A. , Morduch J. , *The Economics of Microfinance*, MIT Press, Cambridge, MA, 2005.

12%增加到1995年的24%;非成员家庭中,1995年仅有14%的孩子能够通过教育资格能力考试。① 在1996年的一项对乡村银行的研究表明,乡村银行成员的孩子相对于非成员孩子具有更高的教育水平。在乡村银行成员家庭中几乎所有的女孩都受到一些学校教育,而在对比组中这个比例是60%;81%的男孩去上学,而在非乡村银行成员家庭中这个比例为54%。这在1998年世界银行的研究中也得到证实。该研究发现所有信贷项目参与者的孩子受教育水平较高,在统计上乡村银行家庭中女孩的受教育率更高。②

陈和斯诺德格拉斯(Chen & Snodgrass,2001)的研究表明,在印度一地区工人的孩子中,11~17岁的女孩入学率为55%,而男孩为65%。1997~1999年期间,印度自我就业银行(SEWA)贷款对男孩的中等教育入学率产生了积极的影响,一度攀升到70%。可是,印度自我就业银行与女孩中等教育或者男女孩初等教育的入学关系不大。③

巴恩斯和盖尔(Barnes & Gaile,2001)对USAID-AIMS所指导的一项有关小额信贷效果的研究表明,在乌干达,客户家庭比非客户家庭在教育上投资更多。微型企业的收入对于过半数客户家庭孩子的教育投资是非常重要的。客户比非客户更有可能为非家庭成员负担学费。它的含义在于,要让孤儿和感染艾滋病的家庭的孩子受到教育。④ AIMS对津巴布韦Zambuko Trust项目客户的研究发现,该项目从1997年到1999年对6~16岁男孩的入学率有积极的影响。同期,6~16岁女孩的入学率下降,她们很可能由于要照顾病人而退学。重复贷款者的数据表明,连续的贷款增加了让客户6~21岁的孩子留在学校学习的可能性。

马尔多纳多(Maladonado,2008)等人通过比较获得小额信贷的农村家庭的儿童获得教育的时间与未获得信贷的家庭儿童受教育的时间长短,来评估小额

① Chowdhury A. M. R. , Bhuiya A. , "Do Poverty Alleviation Programmes Reduce Inequities in Health? The Bangladesh Experience", *In Poverty Inequality and Healthcare*, Oxford University Press, 2001.

② Littlefield E. , Morduch J. , Hashemi S. , "Is Microfinance an Effective Strategy to Reach the Millennium Development Goals", *CGAP Focus Note*, No. 1, 2003.

③ Chen M. A. , Snodgrass D. , "Managing Resources, Activities, and Risk Urban India: The Impact of SEWA Bank", *AIMS Paper*, 2001.

④ Barnes C. , Gaile G. , Kibombo R. , "The Impact of Three Microfinance Programs in Uganda", *AIMS Paper*, 2001.

信贷对人力资本的形成所产生的影响。他们利用对玻利维亚小额信贷组织客户家庭所做的调查得到的数据,运用回归模型验证了产生教育差距的决定性因素。[1] 他们从收入效应、风险管理效应、性别效应、信息效应和对儿童劳动力的需求效应等五个方面归纳总结了小额信贷对家庭中儿童教育的影响路径:第一,如果小额信贷服务带来了家庭收入的增长,那么它将会对教育的需求产生积极的影响。第二,不利的外部冲击会导致农村家庭不得不让小孩辍学以应对这种危机。收入的流动性很难让学校维持生源,一方面因为学校不能够承担费用,另一方面学生需要去挣取额外的收入(比格等,2006)[2]。在没有贷款、保险这些应对危机的潜在方法时,家庭通常使用存款、变卖财产、让小孩辍学或通过非正规的借贷等方式来平滑消费应对危机。[3] 通过存款或信贷——特别是当紧急贷款可以被提供时(例如从乡村银行获得贷款)——将会减少小孩辍学的可能性(卡萨博恩,2006)[4]。如果获取小额信贷可以改善家庭处理危机的能力,那么它将会对教育需求产生正面的影响。第三,与男性相比,女性对孩子的教育有更强的偏好(贝曼和罗森茨韦格,2002)[5]。如果这种偏好与性别有关,那么小额信贷将会直接改善女性获得贷款的机会,这样能够提高女性在做家庭决策时的影响力,从而会影响人力资本的形成比率。这个结果反映了偏好作用和对家庭决策能力上的性别差异(斯温和沃伦坦,2007)[6]。第四,在对未来的不确定性,对机遇的不完全信息和私人高贴现率的影响下,未受教育的贫困家庭会在教育抉择的问题上显得目光短浅。确实,父母的受教育水平高低影响着他们的教育决策,新知识的获得会改变他们世俗的偏好和对受教育是否值得的

① Maladonado J. H., Gonzalez-Vega C., "Impact of Microfinance on Schooling: Evidence from Poor Rural Households in Bolivia", *World Development*, No. 11, 2008.

② Beegle K., Dehejia R. H., Gatti R., "Child Labor and Agricultural Shocks", *Journal of Development Economics*, No. 1, 2006.

③ Gomez-Soto F., Gonzalez-Vega C., "Precautionary Wealth of Rural Households: Is it Better to Hold it at the Barn or at the Bank", Paper Presented at the International Conference on Rural Finance Research: Moving Results to Practice, Food and Agriculture Organization, Rome, March 19 – 21, 2007.

④ Casabonne U. M., "Child Labor Response to Household Participation in Credit Schemes and Household Income Generating Activities", Unpublished Master's Thesis, Georgetown University, 2006.

⑤ Behrman J. R., Rosenzweig M. R., "Does Increasing Women's Schooling Raise the Schooling of the Next Generation", *American Economic Review*, No. 92, 2002.

⑥ Swain R. B., Wallentin F. Y., "Does Microfinance Empower Women? Evidence from Self-help Groups in India", *Working Paper*, No. 24, Department of Economics, Uppsala University, 2007.

理解力(利拉德和威利斯,1994)[1]。如果能够获得小额贷款,将会改变人们对机会的理解,也将改变他们对收益的认知,继而影响到对教育的选择。第五,近期关于对儿童劳动力的需求对教育产出产生影响的文献越来越多,如雷(Ray, 2003)[2]、罗莎蒂和罗西(Rosati & Rossi, 2003)[3]、冈纳森、奥拉则姆和桑切斯(Gunnarsson, Orazem & Sanchez, 2006)[4]等人的研究。鉴于接受教育和参加劳动是对儿童单一时间分配决定的联合产出,关于劳动力现状和接受教育之间的任何关系的解释都是很困难的。但是有一种可能,就是额外的生产性活动能够让家庭有可能获得小额信贷,这将改变市场对儿童劳动力的需求,从直接方面而言,新成立的微型企业或扩大的农场将增加对儿童劳动力的需求,从间接方面而言,获得信贷的家庭在对儿童的照顾和其他家务的完成方面也会受到影响。

在以上的影响路径中,在收入、风险管理、性别和信息效应的影响下小额信贷会增加对教育的需求。另外,信贷约束的家庭被发现在耕种时对儿童劳动力具有新的需求(或者是在母亲忙于新开展的或扩张的生意时照顾自己的同胞)。由于农场工作机会的增多使家庭对儿童劳动力的需求也增多了,即使让子女受教育会让家庭成员享受到好处,但他们不稳定的情况会迫使他们牺牲未来的潜在收益来弥补现在极低的现金流。农场规模跟教育需求的关系会对政府制定政策造成困境。

三、对企业和社区的影响评价

在国外小额信贷影响研究的实践中,关于小额信贷或小额信贷机构对企业和社区的影响研究相对较少。[5]

近期的研究如哈塔斯卡(Hartarska, 2008)分析了波黑这个国家的小额信

① Lillard L. A., Willis R. J., "Intergenerational Educational Mobility: Effects of Family and State in Malaysia", *The Journal of Human Resources*, No. 4, 1994.

② Ray R., "The Determinants of Child Labor and Child Schooling in Ghana", *Journal of African Economics*, No. 4, 2003.

③ Rosati F., Rossi M., "Children's Working Hours and School Enrollment: Evidence from Pakistan and Nicaragua", *World Bank Economic Review*, No. 2, 2003.

④ Gunnarsson V., Orazem P., Sanchez M., "Child Labor and School Achievement in Latin America", *World Bank Economic Review*, No. 1, 2006.

⑤ Hartarska V., Nadolnyak D., "An Impact Analysis of Microfinance in Bosnia and Herzegovina", *World Development*, No. 12, 2008.

贷机构是否改善了微型企业的融资渠道,①从而丰富了此类文献的内容。

小额信贷在波黑有着重要的地位,因为根据 2001 年的评估显示,在小额信贷资助的企业里工作的人数多达 72000 人。② 战后的波西尼亚人有较好的教育背景但是比较贫穷,他们只有非常有限的贷款渠道,这影响了企业家经营微型企业的能力。小额信贷机构可以给有技能和市场但缺少资金的企业家借钱。③ 之前的研究通常为了满足捐赠者的要求着重于对单个小额信贷机构的作用进行评估,从而使捐赠者们能够确定是否继续为特定的小额信贷机构提供资金支持。④ 哈塔斯卡(Hartarska)认为从产业的角度对小额信贷的影响进行研究非常重要,因为竞争会影响单个小额信贷机构的作用。例如,缺乏影响力也有可能是竞争太激烈的结果,激烈的竞争会导致顾客过多的负债,他们会只单单地从一个机构借钱来还另一个机构的负债。另一方面,单个小额信贷机构的贷款标准可能仅迎合了某一个特定目标人群的需要,但是这些贷款标准不够灵活来满足其他多种微型企业的需要。因此,哈塔斯卡(Hartarska)运用信贷约束(Financing Constraints)方法研究了所有小额信贷机构的运作对一个地区信贷市场的影响。他还根据世界银行对生活水平评估调查,对所在地区有大量的小额信贷机构存在的小型企业和所在地区没有(或只有有限的)此类机构存在的小型企业就它们对国内资金的投资敏感性进行了比较。研究结果表明,小额信贷机构缓解了微型企业的信贷约束。这个方法对其他国家小额信贷的影响评价也是适合的。

关于小额信贷对社区的影响研究,卡恩德克(Khandker,2005)运用孟加拉国的平面数据检验了小额信贷对于项目参与者和整个村镇在减缓贫困方面的影响。结果证明通过获得小额信贷可以有效缓解贫困,尤其是对于那些妇女参与者,对于整个乡村也可以减缓贫困。因此,小额信贷不仅帮助了贫困参与者,

① Hartarska V., Nadolnyak D., "An Impact Analysis of Microfinance in Bosnia and Herzegovina", *World Development*, No. 12, 2008.

② Dunn E., Tvrtkovic J., Microfinance Clients in Bosnia and Herzegovina, Report on Baseline Survey, Impact Assessment Component, Local Initiatives(Microfinance) Project, 2003.

③ Conning J., Outreach, "Sustainability and Leverage in Monitored and Peer-monitored Lending", *Journal of Development Economics*, No. 60, 1999.

④ Zohir S., Matin I., "Wider Impacts of Microfinance Institutions: Issues and Concepts", *Journal of International Development*, No. 16, 2004.

对提高整个社区的经济水平也是有帮助的。[①]

四、简要结论

从以上的分析可以看出,目前国际上关于小额信贷影响评价研究所得出的结论可以概括为三种观点,一种观点认为无论是从经济的还是社会的角度,小额信贷都具有非常重大的积极影响;第二种观点对前一种观点的乐观看法表示担忧并指出了小额信贷会带来的一些负面影响;第三种"中间派"在肯定了小额信贷积极作用的同时,指出了小额信贷并不能像其声称的那样帮助最贫困的群体。

具体而言,一般认为小额信贷对个人和家庭的收入、消费和福利都会带来积极影响;对妇女健康状况和对家庭中儿童的健康状况也会带来积极影响;但是对妇女赋权和对家庭中儿童的教育是否一定具有帮助存在争议,具有积极和消极影响两种不同意见;而小额信贷对企业和社区的影响研究不多,根据目前有限的研究来看,小额信贷机构对于缓解微型企业的信贷约束和促进社区经济发展都有帮助。

理论篇小结

本研究通过理论篇的分析,得出以下结论:

1. 小额信贷这种为穷人和低收入阶层服务的信贷扶贫方式作为金融领域的一项重大制度创新,把那些长期被排斥于传统金融服务和整体经济增长轨道之外的农村低收入人口纳入农村金融服务范围,在发展中国家的反贫困实践中发挥着越来越重要的作用。

2. 当前国际小额信贷的发展出现了三大趋势:一是福利型向商业型转变已成为小额信贷的发展方向;二是逐步放松对小额信贷的利率管制;三是小额信贷与小额保险相结合。世界各国的小额信贷模式千差万别,以各种方式存在。各国在选择自己的小额信贷模式的时候,均充分考虑到本国的具体政治模

---

① Khandker, S. R., "Microfinance and Poverty: Evidence Using Panel Data from Bangladesh", *The World Bank Economic Review*, No. 2, 2005.

式、经济体制、金融发展状况等国情,选择适合自己的小额信贷发展模式。但是无论是哪种模式,国外成功的商业可持续小额信贷机构应同时具备两个条件:一是项目具有可持续性;二是项目有一定的覆盖率。

3. 随着小额信贷项目和机构日益成为减缓贫困和促进微型企业及小型企业发展的重要组成部分,小额信贷的影响评价目前成为研究人员、政策制定者和发展领域的实践者进行探索的重要领域。20世纪90年代后,国外小额信贷的影响评价的方法和体系逐渐完善。国际小额信贷的影响评价的实践虽然支持不同的观点,但大多数小额信贷影响评价得出的结论是小额信贷在减缓贫困、发展儿童教育、改善妇女儿童健康状况和妇女赋权等方面都具有积极影响。

实 证 篇

小母牛组织是一个非官方、非营利性的国际慈善机构,总部设在美国阿肯色州小石城。该组织通过广泛募捐活动,将募捐来的资金和种畜以捐赠传递、培训人员等方式扶持各地的小农,通过发展畜牧业使他们摆脱饥饿和贫困。该组织以"礼品传递"的形式向中国西部贫困地区的贫困但有一定劳动和创收能力的农户进行资助,当符合条件的农户被项目机构确认为帮助对象后,即被赠送一头怀孕6个月的小母牛。作为捐赠的条件是,受援家庭在受援母畜产下第一头小母畜后,必须将这头小母畜无偿转赠给符合条件又急需母畜的另一个贫困农户。如此扩展开来,使受援农户不断增加。接受援助的农户组成小组,由项目管理机构派技术人员进行技术培训。同时,小组在成员之间还起相互担保的作用,以及监督农户的饲养情况,保证按时向新的受援人转赠小母畜。该项目到1997年4月总计投资160多万美元,受援户12000多户。以后捐赠的实物从单一的小母牛扩大到了羊、猪、兔、蜜蜂等品种。

1986年,联合国人口基金先后在甘肃、青海、宁夏、贵州、新疆、内蒙古、湖北、安徽、陕西、山西等省和自治区启动小额信贷的项目,累计投入900万美元。人口基金小额信贷项目的名称为"妇女、人口与发展",它所提供的贷款在使用上分为两个阶段,第一个阶段首先贷给农村企业,为期3年,从第二年开始偿还,按照3:3:4的比例在3年内还清。它规定受援助的企业是那些能够吸收贫困妇女就业或者能够消费其生产品(作为加工原料),或者能够向妇女提供其他利益承诺的企业。贷款为无息贷款,但要提4%的社会发展费用用于为雇员提供医疗服务和其他公益事业。第二阶段是用企业的还款再贷款给组成小组的妇女,妇女小组通常由25或30人自愿组成,由小组向县项目管理委员会申请贷款,再由小组将贷款发放给妇女个人。第二阶段的贷款也是无息的,但要在贷款额中扣下5%的资金用于建立社会发展基金。[①]

进入20世纪90年代,有更多的国际机构和组织以各种形式开展了小额信贷项目。中国香港特别行政区的乐施会是其中之一。该组织是一个慈善机构,它在内地开展小额信贷始于1992年的一项农村综合发展项目,其中的一项内容是为农户提供小额信贷、购买畜种、改良饲养技术、提供防疫兽医服务。项目区开始集中在贵州、广西、云南的若干个贫困县,后来又扩大到陕西、甘肃等省

---

① 　杜晓山、刘文璞:《小额信贷原理及运作》,上海财经大学出版社2001年版,第150～154页。

第五章　小额信贷在中国的实践

第一节　小额信贷在中国的发展历程及其运行特征

一、中国小额信贷发展的开端

联合国是最早将小额信贷介绍到中国来的国际组织。1981 年和 1982 年,联合国妇女发展基金分别通过山东省妇联和北京市妇联提供 40 多万美元用于支持能为妇女提供就业机会的小企业。它提供的贷款周期为 2～3 年,企业取得贷款后 3 年开始还贷,5 年分期还清(每年一次)。在妇女基金提供的贷款中也有一部分直接贷给妇女个人用于养兔,贷款期 2 年,分两次还清,年利率 5%。妇女基金的小额信贷项目是向妇女提供援助,而没有提出扶贫的目标,其项目也是在中国经济比较发达的地区。因此,它采取的一些小额信贷的方法以及经验在中国没有引起很大的影响。

我们通常认为,我国最早的小额信贷可能从 1981 年联合国国际农业发展基金(IFAD)在内蒙古 8 旗(县)开展的北方草原与畜牧发展项目开始。从 1981 年开始,国际农发基金在我国先后实施了 15 个农业开发项目。国际农发基金的这 15 个项目共承诺贷款金额 3.8 亿美元,均属于长期优惠利率的软贷款,其中三分之二用于信贷投放。其投资集中用于排灌系统、林业和基础设施,用以改善农村低收入农户的粮食供给和提高营养水平。国际农业发展基金项目开始有了明确的扶贫目标,按规定,向拥有土地少于 0.5 公顷和人均收入低于全区平均水平的贫困农户提供短、中、长期贷款以加强农业基础设施、机械和其他农业投入。农发基金的小额信贷项目通过农业银行和财政机构实施,多年来它们在推动小额信贷方面积累了丰富的经验。

1984 年,国际小母牛项目组织(HPI)在我国 4 省开展小额信贷项目。国际的一些贫困县。乐施会小额信贷项目在选择借款户上强调必须面向极贫困户，其扶持对象当时确定为人均年收入在人民币250元以下、人均年占有粮食在250公斤以下、每年缺粮在2个月以上的农户。据统计，到1997年4月，乐施会总计贷款6000多户。与乐施会差不多同时在中国开展小额信贷项目的国际机构还有宣明会。宣明会是一个国际性扶贫组织，该组织扶贫的领域是农村综合发展、孤儿助学、救灾和灾后重建。其在中国的扶贫项目开始于1988年，重点的项目区分布于西部贫困地区。宣明会小额信贷项目投入的村多为少数民族聚居区，社会发展水平低，居民的文盲率高，严重缺粮，一般农户1年缺粮在3~6个月，收入水平低，收入来源结构单一。小额信贷的具体方式是由每个村的村民推选10~15人组成发展基金委员会，其中有一定比例的妇女代表，基金会制定具体贷款制度，贷款额度农业250元，畜牧业600元，贷款期限一年，利率不一，在5%左右。宣明会小额信贷项目在识别穷人方面积累了很多经验。

　　在20世纪90年代初期以前，在中国开始的小额信贷项目有以下几个特征：第一，几乎全部是在国际机构的推动下和资金支持下开展起来的；第二，只吸纳了小额信贷中的个别做法，如分期还款、借款人组织小组、小组联保等，而不是完整地、全面地引入和借鉴国外成功项目的经验；第三，出于多重目的（如改善妇女状况、救济、救灾），几乎没有一个项目为自己提出持续发展的目标，其中有相当一部分项目是由慈善机构开展的；第四，受援的目标群体并不局限于贫困人口和低收入人口，也不局限于贫困地区。因此，可以说直到1993年以前，我国的小额信贷项目，基本上都只是国际援华扶贫项目的一个组成部分或者一种特殊的资金使用方式而已。①

二、中国小额信贷发展的四个阶段

　　我国具有完整意义的小额信贷最早出现在1993年底，中国社会科学院农村发展研究所在孟加拉国乡村银行信托投资公司（GT）和福特基金会的资金和技术支持下，在河北易县组建了我国第一个由非政府组织操作的专业化小额信贷机构——易县信贷扶贫合作社（简称"扶贫社"，FPC），这标志着我国小额信贷发展的开端。在此之后的10多年中，我国小额信贷发展已经经历了四个阶段。

---

① 吴国宝：《扶贫模式——中国小额信贷扶贫研究》，中国经济出版社2001年版。

（一）第一阶段

从 1993 年年底到 1996 年 10 月，是我国小额信贷试点的初期阶段。在这一阶段，小额信贷作为一种扶贫理念和独特的信贷技术逐渐传入我国，并主要在国际资金（负有优惠条款和软贷款或者捐赠资金）和技术援助下，由国内的非（半）政府组织操作，以 NGO 形式开始运行。这一阶段的明显特征是：在资金来源方面，主要依靠国际捐助和软贷款，基本上没有政府资金的介入；在技术上，这些 NGO 小额信贷绝大多数借鉴孟加拉国乡村银行传统模式下的"团体联保贷款"形式（Group Lending），后来也有少数项目采用村银行模式（Village Banking）和个人贷款模式（Individual Lending）。

中国社科院农发所在试点中组建"扶贫社"，以探索小额信贷在提高我国扶贫信贷资金使用效率和克服"贫困农户获贷难、贫困农户还款难和信贷投放机构生存难"问题时的有效性为宗旨。其基本的做法，除个别方面外，几乎全部严格按照孟加拉国乡村银行的基本规则。在河北易县信贷扶贫合作社成立之后的两年中，它们又在河南及陕西的虞城、南召和丹凤（以后这个项目点由于未预计到的原因而关闭）先后成立类似的"扶贫社"。扶贫合作社在两三年时间内就取得了明显的效果，保证了扶贫资金到达真正的贫困农户手中，且实现了高还贷率，在实现财务自负盈亏方面也取得了令人瞩目的成效。这项试验说明了穷人有借款的需求，而且能够还贷，小额信贷机构自身也有可能做到财务自立。这项试验在社会上引起了较大的反响，其经验为后来其他小额信贷机构和项目的开展起到了重要的示范作用。

从 1993 年中国社科院"扶贫社"试点开始以后的十多年中，我国 NGO 小额信贷项目还有过许多。在"扶贫社"之外，另一个有代表性的 NGO 小额信贷项目，是由联合国开发计划署（UNDP）援助，并由我国商务部国际经济技术交流中心项目办公室从 1995 年开始运行。联合国开发计划署的扶贫项目都为实现这样的目标服务：建立综合的、低成本的和可推广的扶贫模式。1995 年开始在四川仪陇县试验小额信贷扶贫项目。与联合国其他机构在 20 世纪 80 年代所做的工作不同，现在是把小额信贷作为一种完整的扶贫制度，而不再是借用小额信贷的个别做法，通过提供资金帮助，使农村贫困农户提高生产力扩大就业以及改善生产、生活条件。开发计划署的项目区开始时只局限于四川、云南等省的少数几个县，以后规模不断扩大，最后几乎遍及西部各省区的几十个县，成为在中国由国际机构资助的规模最大的小额信贷项目之一,据统计,该项目已先后在我国 16 个省(区)的 48 个县(市)执行,后来还推广到天津和河南的部分城市地区,开展针对下岗职工的微型融资服务。该项目在技术上仍然借鉴 GB 的团体贷款模式,但组织机构则适应我国政府组织系统,通过与不同的地方政府部门合作成立专门"乡村发展协会"来管理和实施。

20 世纪 90 年代中期,差不多与开发计划署同时在中国资助和推广小额信贷项目的联合国机构还有国际粮食计划署。这个机构在中国的扶贫项目以支持建设道路、通信、灌溉、水土保持、造林、小流域治理为主。通过上述措施实现粮食保障。项目的信贷部分分两种形式进行,一是政府投入扶贫资金向农户发放扶贫贷款,二是由粮食署提供一部分资金,其中一部分用于银行储蓄作为银行向贫困妇女贷款的抵押,另一部分直接向妇女贷款。

除此之外,还有由澳大利亚国际开发署(AusAID)援助的青海海东农业银行小额信贷项目,澳大利亚政府提供小额信贷资本金 167 万美元,信贷投放由海东地区农业银行通过其乡镇营业所人员以及在当地乡村聘请的"协理员"来分别负责贷款的发放和回收。这是在中国由正规金融机构操作小额信贷业务的第一家,其本身就具有非常重要的实践意义。在澳大利亚援助的青海项目启动后不久,在新疆启动的加拿大国际开发署援助的小额信贷项目在试验小额信贷模式多样化方面也做了一些有益尝试。

在 20 世纪 90 年代中期,一些国际机构为环境保护目的而开展的援助项目中,也采用了小额信贷方法,其中由国际鹤类基金会、渐进组织和贵州省政府提供资金,1994 年开始的"草海村寨信用基金",也以其独特的技术管理模式引起了较多关注。以后还有江西省山江湖项目。这些项目都是以恢复生态环境和保护资源为主要目标,考虑到贫困对实现这一目标带来的巨大压力,分配一部分资源帮助贫困农户合理利用资源,或向非农产业转移。村寨信用基金的资金来源为国际机构捐赠款和国内有关部门的配套资金。为运作村寨信用基金,有关地区的村庄成立了村寨基金委员会。关于小额信贷基金的使用,首先是由村民自愿组成 10~15 人的小组,选出组长。经过村寨基金委员会审核、批准后,按每个小组成员 200 元拨款,同时要求参加小组的农户集资,作为小组基金,由小组自己制定资金使用办法。在这种小额信贷模式中,小组是信贷工作的基本环节,承担着一些极为重要的职责,如制定小组基金使用办法,包括信贷方式、贷款额、贷款期、利率以及其他一些管理制度。小组高度的自主权和借款户的广泛参与使这种小额信贷模式明显区别于在中国影响最大的孟加拉国乡村银行模式。它十分接近在国外被称之为"村银行"的小额信贷模式。草海项目的开展表明在中国的小额信贷开始向多元化的形式发展。另外,这段时期还有中国扶贫基金会承办的世界银行小额信贷扶贫项目,于1997年开始在陕西安康和四川阆中开展试点工作。

有必要指出,NGO项目的资金来源以国际捐款和软贷款为主,同时也包括比重较小的财政资金和项目运行中收取的"强制储蓄"。但是,因为我国现行政策禁止这些机构吸收公共存款,人民银行也禁止我国商业银行向登记为"社会团体法人"的小额信贷机构提供融资支持。所以从总体上看,NGO小额信贷受到的政策限制较多,发展的空间较小。1996年以后,随着政府小额信贷和金融机构开展的小额信贷项目陆续开始运行,从数量和额度的比重上看,NGO类型的小额信贷就显得更加微不足道了。不过,由政府部门和正规金融机构开展的小额信贷项目,却很大程度上汲取了NGO项目的经验,这正是NGO小额信贷的历史贡献。

(二)第二阶段

从1996年10月至2000年,是我国小额信贷项目的扩展阶段。在这一阶段,为实现千年扶贫攻坚计划和新世纪扶贫任务,借鉴NGO小额信贷的技术和经验,我国政府从资金、人力和组织等方面积极推动小额信贷的发展。这一阶段的明显特征是:主要采用孟加拉国乡村银行的传统小组联保模式,以国家财政资金和扶贫贴息贷款为资金来源,我国政府机构和农业银行(中国农业发展银行)主导的"政策性小额信贷扶贫项目"开始发展起来。

1996年中央扶贫开发会议提出扶贫资金不仅要到县,而且要到村、到户。这是在总结了多年扶贫效益难以落实到真正贫困农户头上的经验教训以后,对扶贫资金使用上的重点调整。但是到村到户工作量大,并且需要完善的金融网络,这些都是银行无力单独完成的。必须找到一种合适的形式和制度。正是在这种背景下,小额信贷被政府采纳,成为一项扶贫政策。1998年2月,国务院"扶贫办"召开的"全国扶贫到户工作座谈会"指出,"从当年开始,凡是没有进行小额信贷试点的省区,要积极进行试点;已进行试点的,要逐步推广;试点并取得成功的,可以稳步在较大的范围内推广"。当年9月,中共中央、国务院在

《做好当前农业和农村工作的通知》中,对小额信贷扶贫提出工作方针:"积极试点、认真总结规范,逐步发展推广"。还指出,"总结和推广各种行之有效的扶贫到户经验,重点抓好小额信贷试点和推广"。1998年10月14日党的十五届三中全会在《中共中央关于农业和农村工作若干重大问题的决定》中指出,"要总结推广小额信贷等扶贫资金到户的有效做法"。1999年中央扶贫开发工作大会再次强调小额信贷扶贫的作用,本届会议的有关文件指出,"小额信贷是一种有效的扶贫到户形式,要在总结经验、规范运作的基础上,积极稳妥地推行"。

随着国家扶贫政策的演进,"政策性小额信贷扶贫项目"在一些有NGO小额信贷经验的省(区)如山西、四川、云南、河北、广西、贵州等地区迅速发展起来,国务院扶贫办系统、民政部门、社会保障部门、残疾人联合会、妇联和工会等先后参与其中。这些政策性小额信贷项目,大多数分布在农村地区;但随着国有企业改革提速和城镇中下岗再就业任务日益严重,依托政府再就业基金、工会"送温暖基金"和妇联网络,由政府部门自行设计和执行,面向下岗失业人员和城镇低收入人口的一些城市小额信贷项目,也在这一时期开始运行。总之,中国这一阶段的小额信贷扶贫已从由政府组织、社会团体,主要利用国外资金进行小范围试验转向了以政府和指定的国家银行操作、以使用国内扶贫资金为主,在较大范围内推广。政府小额信贷项目在管理制度上均以借鉴孟加拉国乡村银行模式为主,大都实行了将借款人组织起来,5户组成一个小组,若干个小组再组成中心,贷款额小(首次贷款都不超过1000元),贷款期短(大多不超过1年),实行整贷零还,贷款不需财产抵押,实行小组联保、中心会议制度以及严格的规章制度等。

另外,占我国扶贫资金大部分的扶贫信贷资金,于1998年、1999年前后,由中国农业发展银行管理、各地扶贫社代理发放,重新划归农业银行管理并直接发放。扶贫贴息贷款直接发放到户,也是我国政策性小额信贷的重要组成部分。

(三)第三阶段

从2000年至2005年6月,是全面试行推广小额信贷阶段。在这一阶段,在促进"农业、农村、农民"发展的战略背景下,为了解决"农户贷款难"问题,我国农村合作金融机构(农村信用社、农村商业银行和农村合作银行)在人民银行支农再贷款的支持下,开始发放"小额信用贷款"和"农户联保贷款"。

这一阶段的明显特征是:农信社作为农村正规金融机构快速扩展小额信贷

试验并成为小额信贷的主力军。这标志着我国正规农村金融机构开始大规模介入小额信贷领域,而小额信贷的目标,也从"扶贫"领域扩展到"为一般农户以及微小企业服务"的广阔空间。表5.1反映了农村信用合作社从2002年到2007年的存贷款情况,从表中可以看出,农信社的小额信贷金额从2002年的745.7亿元上升到2007年的1890.91亿元。自此,小额信贷的总量规模也大为扩展,这使得先前的NGO和政府的政策性小额信贷项目,从总量上来说,显得有些微不足道了。农信社农户小额信贷覆盖面见表5.2。

表5.1　农村信用合作社2002～2007年存贷款业务

单位:亿元

年份 / 项目	2002	2003	2004	2005	2006	2007
一、各项存款	19875.47	23710.20	27289.10	27605.61	30341.28	35167.03
1. 企业存款		1024.50	1144.08	1050.86	983.06	1399.27
2. 机关团体存款		84.50	116.62	135.96	178.37	300.92
3. 储蓄存款		18004.99	20766.17	21739.33	23977.47	27201.68
4. 农业存款		4298.54	4867.34	4296.85	4737.30	5741.42
5. 其他存款		297.67	394.89	382.61	465.08	523.74
二、各项贷款	13937.01	16978.69	19237.84	18680.86	20681.90	24121.61
1. 短期贷款		15440.44	17391.14	16805.66	17935.39	20399.30
(1)农业贷款	6185.64	7056.38	8455.70	9331.01	10853.03	12321.42
其中:农户贷款		4021.52	4731.21	4989.69	5666.90	6421.72
农户小额信用贷款	745.70	1111.86	1678.35	1578.54	1657.67	1890.91
农户联保贷款	253.33	452.57	1389.36	827.67	924.21	1039.91
农业经济组织贷款		1462.49	652.77	1933.26	1539.04	1792.78
农村工商业贷款					1058.75	1239.38
(2)乡镇企业贷款		5696.12	5989.22	4554.58	3929.57	4485.83
(3)其他短期贷款		2687.52	2946.82	2920.07	3152.79	3592.05
2. 中长期贷款		1097.71	1509.09	1566.66	2069.97	2919.13
3. 贴现		440.54	336.80	317.30	670.96	800.85

资料来源:以上数据根据中国金融年鉴(2002～2007)相关数据整理而成。

表 5.2 农信社农户小额信贷覆盖面

项目	覆盖面
辖内农户总数	22078 万户
有贷款需求农户总数	12244 万户
信用证(卡)发放数	8219 万个
开办小额信用贷款农村信用社	31373 家
小额信用贷款农户数	5954 万户
开办联保贷款农村信用社	19166 家
联保贷款农户数	1180 万户

资料来源:本数据截至 2006 年底,为中国人民银行统计数据。

需要特别说明的是,我国农村合作金融机构发放的小额信贷,尤其是"小额信用贷款",在风险管理技术方面也与前两个阶段的 NGO 和政策性小额信贷广泛采用的 GB 传统模式不同。第一,关于农户小额信用贷款,以农户信誉为保证,使用一户一份的农户贷款证,按照"一次核定,随用随贷,余额控制,周转使用"的管理办法进行,贷款期限一般为 1 年。1999 年以后,基层有出现信用村(镇)建设——在农户小额信贷顺利开展的基础上,由农村信用社县联社统一组织,乡镇农村信用社依靠村党支部、村委会和社员,根据小额信用贷款户占全部农户的比例和农户守信程度,开展评定信用村(镇)活动,对不同信用程度的村镇在发放农户贷款时实行分类管理。第二,关于农户联保贷款,年报贷款模式事实上是对 GB 传统模式的改进。信用社对没有直系亲属关系的农户自愿组成的联保小组发放的贷款,基本原则是"多户联保,按期存款,分期还款"。联保小组由 5~10 户组成,承担连带保证责任。借款人在贷款前须先向农村信用社存入不低于贷款额 5%的活期存款。单次贷款额度原则上不超过当地农户的年平均收入,期限不超过 1 年。但是,令人遗憾的是,对农户小额信用贷款采取的"贷款证—信用村(镇)"管理模式的作用机制,还缺乏严谨的经济学分析和研究文献。①

(四)第四阶段

2005 年 6 月以后,我国小额信贷进入探索"商业性小额信贷"的全新阶段。

---

① 焦瑾璞、杨骏:《小额信贷和农村金融》,中国金融出版社 2006 年版,第 109~110 页。

这一阶段小额信贷发展的突出特点是,由国家金融管理部门(人民银行或者中国银行业监督管理委员会)推动,由商业性资金或者正规商业银行投入和经营,我国小额信贷试图在"政策性目标和商业性资本"之间,走出一条新路,最终能够在业务覆盖面和机构可持续性两个方面同时获得进展。在这一思想的指导下,我国小额信贷的发展非常迅速,表5.3反映了截至2007年末中国农户小额贷款的覆盖面。

表5.3　2007年末中国农户小额贷款覆盖面

农户总数(亿户)	2.26
有贷款需求的农户数(亿户)	1.23
获得小额信用贷款农户数和联保贷款的农户数(万户)	7819
已获得贷款的农户数/农户总数(%)	33
已获得贷款农户数/有贷款需求农户数(%)	63.6

资料来源:中国银行业监督管理委员会合作金融监管部。

近年来,中国政府部门在制定农村金融方案的过程中,逐步认识到小额信贷在解决农户和微型企业、中小企业贷款难的问题上可以发挥重要作用。从2004到2009年的中央一号文件都强调要在有效防范金融风险的前提下支持小额信贷的发展。[①] 在中央一号文件的鼓励下,在农村金融总体改革框架之下,也适应农村金融市场开放的政策取向,中国人民银行、中国银行业监督管理委员会及有关部委在认真研究国内外小额贷款组织实践的基础上,按照先试

---

① 2004年中央一号文件提出:"要从农村实际和农民需要出发,按照有利于增加农户和企业贷款,有利于改善农村金融服务的要求,加快改革和创新农村金融体制。鼓励有条件的地方,在严格监管、有效防范金融风险的前提下,通过吸引社会资本和外资,积极兴办直接为'三农'服务的多种所有制的金融组织。"2005年中央一号文件提出:"有条件的地方,可以探索建立更加贴近农民和农村需要、由自然人或企业发起的小额信贷组织。"2006年中央一号文件提出:"大力培育由自然人、企业法人或社团法人发起的小额信贷组织,有关部门要抓紧制定管理办法。"2007年中央一号文件提出:"大力发展农村小额贷款,在贫困地区先行开展发育农村多种所有制金融组织的试点。"2008年中央一号文件提出:"积极培育小额信贷组织,鼓励发展信用贷款和联保贷款。"2009年中央一号文件提出:"在加强监管、防范风险的前提下,加快发展多种形式新型农村金融组织和以服务农村为主的地区性中小银行。鼓励和支持金融机构创新农村金融产品和金融服务,大力发展小额信贷和微金融服务,农村微小型金融组织可通过多种方式从金融机构融入资金。"

点、摸索经验、制定规则,再视情况,在符合条件的地区逐步推开的操作思路,积极探索建立自负盈亏、商业上可持续发展的小额贷款组织。全国出现了各种类型的商业性小额信贷机构。

1. 邮政储蓄银行挂牌成立,开始开展小额信贷工作试点

2005 年 12 月,中共中央、国务院在《关于推进社会主义新农村建设的若干意见》中提出要"扩大邮政储蓄资金的自主运用范围,引导邮政储蓄资金返还农村",为建立邮政储蓄资金回流农村机制提供了政策支持。2006 年 6 月,银监会批准筹建中国邮政储蓄银行,12 月正式批准由中国邮政集团以全资方式出资成立邮政储蓄银行。2007 年 3 月 20 日,中国邮政储蓄银行(以下简称邮储银行)在北京挂牌成立,成为继工、农、中、建四大国有商业银行后我国第五大商业银行。随后,银监会批准邮政储蓄银行在全国筹建 36 家一级分行(包括31 省级分行和计划单列市分行)及其所属的 20405 家分支机构,全面放宽其业务范围,允许其经营《商业银行法》规定的各项业务。① 之前邮储银行只开展邮政和储蓄业务,2007 年 5 月银监会批准邮储银行可开展无抵押贷款,并在陕西、河南等 7 省市开展试点,单一借款人的最高授信额度不得超过 50 万元。

2. 商业银行开展小额贷款业务

在商业银行开展小额贷款业务方面,近年来国家出台了一系列政策推动其发展。同时,在促进小企业发展和增加就业的背景下,许多商业银行开始通过专门的信贷窗口推进小企业贷款。2005 年 7 月,中国银监会发布了《银行开展小企业贷款业务指导意见》,通过引导银行业金融机构建立利率风险定价机制、有效的激励约束机制和违约信息通报机制等"六项机制"来推进小企业金融服务。在此之后,许多银行先后成立了专门的小企业贷款管理部门。2006年底,农业发展银行改革启动。银监会批准农业发展银行开始农业综合开发业务,涵盖农田水利基本建设和改造、生产基地开发和建设、生态环境建设、技术服务体系和流通体系建设等领域。由此,农发行开启了商业性业务的新领域。

2006 年 12 月,银监会发布了《关于调整放宽农村地区银行业金融机构准入政策,更好支持社会主义新农村建设的若干意见》,以"宽准入、严监管"为原

---

① 2007 年 8 月 5 日,银监会批准中国邮政储蓄银行筹建广东、深圳分行,标志着邮政储蓄银行全国分支机构组建工作开始启动。

则,开放农村金融市场。银监会的该项意见在准入资本范围、注册资本限额、投资人资格、业务准入、高级管理人员准入资格、行政审批、公司治理等方面均有所突破。但最为重要的突破在于两项放开,一是对所有社会资本放开,二是对所有金融机构放开。对资本放开,境内外银行资本、产业资本、民间资本都可以到农村地区投资、收购、新设银行业金融机构。对金融机构放开,在新设3类银行业金融机构提高机构覆盖面的同时,还增强农村信用社、农村银行机构和商业银行3类现有银行业金融机构的服务功能,所有银行业金融机构,特别是大型商业银行有责任、有义务到农村地区设立分支机构,通过各种形式向农村地区提供金融服务。

2007年8月,银监会出台了《中国银监会关于银行业金融机构大力发展农村小额贷款业务的指导意见》(以下简称《意见》),要求银行业金融机构创新业务品种,大力发展农村小额贷款业务,进一步改进和加强金融服务,提高服务充分性。这项新政策在以下方面有了进一步突破:一是扩大了机构范围。农户小额信用贷款和农户联保贷款原来只有农村合作金融机构(含农村信用社、农村合作银行和农村商业银行)开办,农业发展银行、邮储银行进行了试点,这次《意见》将此业务扩大到其他政策性银行、国有商业银行、股份制商业银行,要求它们也要大力发展农村小额贷款业务。二是放宽了贷款对象和贷款用途。传统的小额贷款以支持家庭传统耕作农户和养殖户为主,《意见》则将服务对象扩大到农村多种经营户、个体工商户以及农村各类微小企业。贷款用途则扩大到农业、有利于提高农民收入的各产业、消费、外出创业等方面。三是调整了贷款额度和贷款期限。《意见》大大提高了贷款限额,要求根据当地农村经济发展水平以及借款人生产经营状况、偿债能力、收入水平和信用状况,因地制宜地确定贷款额度。根据当地农业生产的特点、项目周期和综合还款能力等,灵活确定贷款周期,放宽了贷款期限,明确了展期原则。四是扩大了贷款利率自主性。由于我国尚未实行利率市场化,加上银行业金融机构尚无能力建立完善的利率定价机制,因此《意见》明确要求实行贷款利率定价分级授权制度,将利率浮动范围与贷款权限一并授权,给予基层机构一定程度的利率自主权。五是简化了贷款手续和服务方式。《意见》要求按照"先评级—后授权—再用信"的程序,建立农村小额贷款授信管理制度以及操作流程,强化了动态授信管理。《意见》还要求全面推广实践已经证明行之有效的贷款证,逐步把借记卡升级为贷记卡,在授信额度内采取"一次授信、分次使用、循环放贷"的方式。要求增加贷款申请受理渠道,进一步简化手续,改进服务方式。六是强调了风险控制和外部环境建设。《意见》提出要建立激励约束机制,有效控制风险。加快建立农村社会征信体系,培育农村信用文化,创建良好的农村信用环境。《意见》提出尽快规范和完善农户和农村小企业信用档案,其目的是希望通过这种方式,解决借贷双方信息不对称问题,以避免农村金融市场存在不完全信息而导致的贷款回收率低下问题。在要求强化监管、完善纠错机制、鼓励金融创新的同时,《意见》也提出对农村小额贷款业务开展得好、效益持续提高的银行业金融机构,给予允许在农村地区增设机构、开办新业务等积极支持的奖励政策。①

3. 新型农村金融机构迅速发展

2003 年以来,各地区围绕新一轮农村金融改革的要求,积极探索各种类型的金融组织和机构创新。2006 年 12 月,银监会印发了《关于调整放宽农村地区银行业金融机构准入政策,更好支持社会主义新农村建设的若干意见》,采取"宽准入、严监管"的政策,允许各类资本在农村地区设立村镇银行、贷款公司和农村资金互助社三大类新型农村金融机构。2007 年 1 月银监会又颁布了村镇银行、贷款公司和农村资金互助社的管理暂行规定和组建审批工作指引。这些新的农村金融政策为完善农村金融体系迈出了重要的一步,随后,农村金融市场结构发生了积极的变化。

2005 年底,中国人民银行主导的"只贷不存"的小额贷款公司在山西、陕西、四川、贵州、内蒙古 5 个地区开始局部试点。② 2005 年 12 月,山西晋源泰小额贷款公司正式成立,是中国第一家挂牌营业的商业性小额贷款公司。2007

---

① 马忠富:《政策加力推动农村小额贷款》,载《银行家》2007 年第 11 期。

② 2005 年 12 月 27 日,山西省平遥县晋源泰、日升隆两家小额贷款公司正式挂牌成立并发放首批贷款。晋源泰小额贷款有限公司的股东为 4 人,注册资本金 2000 万元;日升隆小额贷款公司股东为 3 人,注册资本金 1700 万元。2006 年 4 月 10 日,四川省广元市中区全力小额贷款有限公司挂牌成立,确立了 3 人投资联合体为小额贷款公司发起人,公司注册资本金 2000 万元。2006 年 8 月 15 日,贵州省贵州江口华地小额贷款有限公司正式开业,公司股东为 2 家企业,注册资本金 3000 万元。2006 年 9 月 18 日,陕西省户县信昌小额贷款有限公司和大洋汇鑫小额贷款有限公司正式开业,注册资本金分别为 2200 万元和 2000 万元。2006 年 5 月,内蒙古自治区金融工作办公室牵头成立了试点协调小组,并组织开展了小额贷款公司招投标工作。2006 年 10 月 12 日,内蒙古融丰小额贷款公司在鄂尔多斯市东胜区正式挂牌成立,公司注册资本金 5000 万元。

年3月,全国首家全部由农民自愿入股组建的农村合作金融机构——吉林省梨树县闫家村百信农村资金互助社正式挂牌营业。同时,第一家村镇银行——四川仪陇惠民村镇银行成立。2007年12月,经银监会批准,国内第一家外资村镇银行——湖北随州曾都汇丰村镇银行有限责任公司正式开业。2004年4月,中国人民银行、中国银监会共同发布了《关于村镇银行、贷款公司、农村资金互助社、小额贷款公司有关政策的通知》,积极鼓励、引导和督促四类机构以面向农村、服务"三农"为目的,依法开展业务经营,在不断完善内控机制和风险控制水平的基础上,立足地方实际,坚持商业化可持续发展,努力为"三农"经济提供低成本、便捷、实惠的金融服务。①

到2009年6月末,全国已有118家新型农村金融机构开业,引入各类资本47.33亿元,吸收存款131亿元,累计发放农户贷款55亿元,中小企业贷款82亿元。根据银监会编制的《新型农村金融机构2009年—2011年总体工作安排》,未来3年计划在全国再设立1300家左右的新型农村金融机构。② 新型农村金融机构的发展,有效缩小了城乡金融差距,改善了农村地区金融服务。当然,新型农村金融机构正处于初始建立阶段,无论在业务开展还是经营管理上还很不成熟,在发展的同时也面临着巨大挑战,但毋庸置疑,其在解决农村金融服务问题上是一个重大突破。

三、中国现有小额信贷机构的运行状况及特征

如果按照小额信贷机构的供给类型来划分,中国目前存在以下九类小额信贷:

(一)非政府组织(NGO)小额信贷

中国非政府组织(NGO)小额信贷始于1993年,是最早作为一种扶贫理念和独特的信贷技术传入我国,由国内的非(半)政府组织操作,以NGO形式开始运行的小额信贷。在资金来源方面,主要依靠国际多边和双边援助机构和NGO捐赠,以及世界银行的软贷款等,几乎无法吸收存款、汇款等其他产品。

---

① 中国农村金融学会:《中国农村金融改革发展三十年》,中国金融出版社2008年版,第14~15页。

② 中国小额信贷发展促进网络:《将政策落实为计划:银监会发布新型农村金融机构工作安排》,2009年7月31日。

贷款的运作方式以小组信贷为主,绝大多数借鉴孟加拉国乡村银行传统模式下的"团体联保贷款"形式,后来也有少数项目采用村银行模式和个人贷款模式,年利率在3%～18%不等。此类小额信贷项目目前尚有100多个,其面临的主要挑战是资金来源不足,无正常融资渠道,缺乏专业的管理人才,项目的管理水平低下。

(二)农行/农发行(国有银行)开展的扶贫贴息小额信贷

农业银行开展的贴息扶贫小额信用贷款始于20世纪90年代后期,比较大规模的开展是从1997年,运作方式多为孟加拉国乡村银行的小组借贷式,还款方式既有分期还贷,也有整还贷款的方式。贷款无须抵押担保,多采用小组联保方式运营,由中央和地方政府补贴,贷款对象以贫困农户为主。由于这类小额信贷项目的资金来源主要为国家央行再贷款、存款和中央地方财政的补贴,而这些资金不具有持续供给性,再加上贷款资产质量不高等方面的因素,从全国范围看,这类小额贷款大体在2000年后基本停止,只有在广西、云南等一些地区,在当地政府的支持配合下仍在继续。不过,近两年来,农行的经营目标已从以城市为重点的方向转向为同时占领和发展城乡两个金融服务市场,而且也将发展农村小额信贷业务作为它在"服务'三农'"和"商业运作"的指导思想下的一项重要开拓领域。农行有可能成为农村小额信贷业务的主力军之一。

(三)农村信用社系统小额信贷

当前,农村信用社系统是开展农村小额信贷业务的主要金融机构,也包括农村合作银行和农村商业银行。目前全国农户贷款约为1.4万亿元,农信社占90%,其中它所开展的农户小额信用贷款和联保贷款的余额约3700亿元。农户信用贷款和联保贷款余额规模已达3000多亿元,无论是从规模还是覆盖面上都占主导地位。这类小额信贷始于2000年,主要有三类产品:小额信用贷款、联保贷款和抵押担保贷款。客户对象采用评定信用等级的方式分类,确定发放对象和数额,贷款额度一般按等级分。这类贷款的贷款利率按央行的规定执行,即在基准利率的0.9～2.3倍间,其他产品可以有存款、汇款等各类银行业务。其资金来源一部分为国家央行再贷款、存款、财政(中央、地方)补贴,主要为农信社自身吸收的存款。由于农信社小额信贷业务成本高、风险大,业务人员负责的农户数多,又由于利率封顶限制(基准利率的0.9～2.3倍间浮动),对于很多农信社而言该业务是亏损性的,再加上很多信用社资产质量差、管理水平低,因此,从全国看,此业务并没有得以预期的良性扩展。实际上在一些地方已在萎缩,尤其是农户信用贷款和联保贷款。如不改变政策和采取有效手段,即使要求开展此业务,也属不可持续的活动。

(四)城市商业银行和担保公司开展的小额信贷项目

2002年起人民银行要求在城市开展下岗工人小额担保贷款。此项目一般由城市商业银行和担保公司协作承担,担保公司或财政担保基金承担全部或80%的风险。担保机构收取1%的管理费,银行以基准利率放贷,由财政补贴,借贷人不支付利息或利率很低。贷款额度平均2万元左右,最高10万～15万元,低的在0.5万～1万元,还贷方式多样化,可整贷整还,也可整贷零还。因为其资金来源主要是银行存款、政府担保资金和地方性的财政资金,而银行一般不愿意开展,政府资金的规模小,该项目需要依赖财政的高度补贴,因此可持续性比较差。

(五)只贷不存的小额贷款公司试点

自2005年起,人民银行发起由民间资本筹集建立的只贷不存的小额贷款公司试点(MCC)。试点在中西部5省的5个县开展,总共建立了7个公司。这类小额信贷多数需要抵押或担保,平均贷款额约为10万元/笔,贷款年利率平均大于20%。MCC资金的主要来源是地方性注册资本金、股金和委托资金。2008年中国人民银行和银监会共同签署的《关于建立小额贷款公司的指导意见》出台后,很多省都表现了极大的热情。从目前所获信息看,约有包括2005年央行试点的5个省在内的十几个省已在进行推动建立民营商业性小额贷款公司的工作,发展的势头好。这类小额贷款公司可能是中国今后两三年发展速度最快的小额信贷组织之一。目前值得注意把握的原则是既要积极推动又要规范和防范风险,尤其是对操作和道德风险的管理。

(六)邮政储蓄银行的小额信贷试点

邮政储蓄银行自2006年组建后,现已在广大农村地区试行质押和信用小额贷款业务,并取得初步成效。邮储行以存款规模计是中国第五大商业银行,有3.7万个全国最大城乡网络,具有覆盖农村金融空白,成为特色零售银行的巨大潜力。据认为到2010年末,按邮储行至少占2%的市场份额估算,其农户小额贷款可达到300亿元,县域小额贷款规模可达1000亿元,而且还要在小额保险等其他金融服务方面逐步取得进展。邮储行的另一个选择可以是为运作良好的零售小额信贷机构提供批发资金。邮储行发展的风险和挑战是缺乏操作金融业务的人才、经验和风险管控能力,试点检查出的问题包括财务核算办法不健全、风险管理构架未完全建立。

(七)村镇银行小额信贷

2006年底,银监会公布了在6省区开展村镇银行、贷款公司和农村资金互助社三类新金融机构试点。村镇银行建于2007年,由发起银行控股,由它独资或与自然人、企业法人合股组建而成的股份制银行。村镇银行只在县域或乡镇范围内经营,其客户目标和操作方式及经营业务范围基本与农信社相似。其资金来源为地方性的注册资本金、各方股金和存款。目前根据村镇银行的运行现状,对它们的评价也参差不齐,其面临的主要挑战和问题是除了国家开发银行为大股东而组建的村镇银行之外,其他村镇银行在吸储方面比较困难,资金量有限,对"三农"的支持力度有限;产品相对陈旧,运营成本高,结算渠道不畅;内控制度需提高;存在大股东和原银行控制;贷款违规放出县域,公信度欠缺等。

(八)农村资金互助社

自20世纪90年代中后期民间就有试点,自2007年起银监会发起在6个省试点,可视为合作或股份合作金融,分村级和乡镇及两类。所有者和服务对象是入股的当地农户、居民和企业,用个体或小组借贷方式操作,可在入股成员内存款和借款。其主要资金来源为成员入股的股金、存款、委托资金(限本村、乡)和外部捐赠款。从2007年银监会关于农村资金互助社试点改革出台后,至今注册登记的只有10家,发展速度不快,发展并不平衡,状态也参差不齐。

(九)股份制商业银行小额信贷

一些股份制商业银行开拓城乡小额信贷业务取得了十分显著的成绩,突出的有国家开发银行与世界银行等在2005年开始试点的十几家城乡商业银行。国开行的12家试点资金累计发放贷款近4万笔,金额27亿多人民币,平均单笔发放额7万元。30天以上逾期率不到1%,具有高营利性和高成长性。从约120家股份制商业银行目前对开展小额信贷业务看,基本上可分为两大类。一类是大多数银行的状况,它们并没有重视小额信贷和小企业贷款。对这些银行,要解决的是开展这项业务的意愿和相关的技能问题。这样才能从更大规模上发展小额信贷。另一类是先行开拓者,它们在不断探索和努力扩展规模时,一定要有清醒的头脑,不断总结经验,提升自身的业务能力和管理水平。

第二节　小额信贷与中国农村金融市场的非均衡

农村金融体系作为我国金融体系的重要组成部分,是支持服务"三农"的重要力量。20世纪70年代末期以来,在政府主导下,围绕农村金融机构更好地服务"三农"问题,我国农村金融改革,无论其实际效应是进是退,已进行过多轮。这些改革和创新主要包括:恢复农业银行(1979年)、恢复农村信用社的"三性"①(20世纪80年代初~90年代中期)、扩大农村信用社自主权(20世纪80年代中期~90年代中期)、创立农业发展银行(1994年)、农村信用社与农业银行脱钩(1996年底)、促使农业银行成为真正的商业性金融企业、取缔农村合作基金会(1998)、恢复农村信用社合作金融组织(1996~2001年)以及2003年下半年启动的以明晰产权和完善管理体制为中心的新一轮农村信用社改革和农业发展银行改革及农业银行改革,等等。经过30年的农村金融体制改革,迄今为止形成了包括商业性、政策性、合作性金融机构在内的,以正规金融机构为主导、以农村信用合作社为核心的农村金融体系,见图5.1。

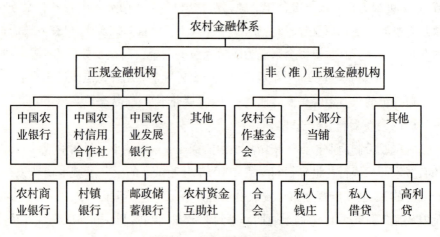

图5.1　中国农村金融体系

---

① 是指组织上的群众性、管理上的民主性、经营上的民主性。

然而,从制度变迁的角度而言,农村金融体制改革的过程,是一个政府主导下的强制性制度变迁过程。强制性制度变迁,是一种非需求导向性的机制演进,其结果的一个重要特点是制度供给错位和不足,并存在较为明显的市场化的收缩效应。[①] 因此,当前在我国农村发展存在着严重的信贷约束,农户"贷款难"的问题虽然被讨论多年,政府也出台了许多政策,但是由于种种原因,信贷约束仍是影响农户生产、扩大再生产的最主要的障碍。农业资金投入短缺、农户和农村中小型企业贷款难问题仍未解决,农村金融信贷市场的供求矛盾仍然突出,农村金融产业已经成为农村经济发展中的瓶颈产业。

一、中国农村金融需求现状

(一)中国农村金融需求特点和发展趋势

从全国农村发展的整体情况来看,现阶段农村地区城乡一体化进程加快,农业呈现出规模化、现代化的发展趋势,传统小农的角色也逐渐分化为农民工、城镇市民以及产业化、组织化农民。与此同时,农村发展的区域差异性明显:在经济发达的沿海地区,经历了农村工业化阶段之后,非农劳动力的比重高,小城镇非常发达,农村经济的市场化、产业化程度高,农民就业和收入已非农化,城乡经济社会已基本实现一体化;经济中等发达地区的农业生产规模不断扩大,经济结构正在向多样化发展,传统的农业生产已经逐步走向规模化、产业化,农民的角色正在分化;经济欠发达地区的农村经济相对封闭,仍以传统农业生产为主,农民外出务工比例较高。

伴随农村不断的新变革,农民的金融需求日益呈现出区域差异化的特点。在经济发达地区的农村,传统的临时性、消费性、小额的资金需求正在萎缩,对农村金融的需求主要表现为在农村城市化和工业化的背景下,农村基础设施建设和工商业及农村服务业发展等方面对资金的需求;经济中等发达地区农业生产性金融需求已经从原来很单纯的种子、化肥、果苗等传统农业生产性资金需求,向商业、服务业、流通业与小手工业等综合性资金需求方面发展;而经济欠发达地区的农村金融需求除传统的农业生产性需求外,还表现为消费性的生活

---

① 何广文、冯兴元:《农村金融体制缺陷及其弥补的路径选择》,载《2004 年中国青年农业经济学者年会论文集——统筹城乡发展　深化农村改革》,2004 年 8 月。

需求,以应对教育、医疗等大项支出和临时性支出。

此外,农村的金融服务需求因需求主体差异也呈现多样化的趋势。随着农村经济的发展和改革的进一步深入,农村地区也出现了乡镇企业、个私中小企业、农业产业化龙头企业和各种类型的农业经济合作组织以及种植、养殖、加工大户和个体工商户、传统小农等多种形式的经济主体。农村资金需求已不再局限于一般农户维持小规模生产经营的资金需求,种养加大户、个体工商户、乡镇企业等开展规模化种养、专业化生产或发展第二、三产业的大额贷款等需求日益成为信贷需求的主体。

在农村金融系统内,不同金融需求主体有着不同层次的信贷需求,如果将现有的农户划分为贫困农户、一般传统种养业农户及市场型农户,则他们的信贷需求存在着差异,其信贷需求的特性与满足的方式见表5.4。

表5.4   中国农户信贷需求主体的层次性、主要信贷需求特性与满足方式

信贷需求主体层次	主要信贷需求特征	主要方式和手段
贫困农户	生存性和简单再生产金融需求,如生活开支、小规模种养业生产贷款需求	民间小额贷款、小额信贷(包括商业性小额信贷)、政府扶贫资金、财政资金、政策金融
一般种养殖业农户	简单再生产与部分扩大再生产金融需求,如小规模种养业生产贷款需求、生活开支	自有资金、民间小额贷款、合作金融机构小额信用贷款、少量商业性信贷
市场型农户	扩大再生产金融需求,如专业化、规模化生产者工商业贷款需求	自有资金、商业性信贷

资料来源:何广文、冯兴元:《农村金融体制缺陷及其弥补的路径选择》,载《2004年中国青年农业经济学者年会论文集——统筹城乡发展 深化农村改革》,2004年8月,并加以整理。

(二)中国农村金融供需体系

我国农村金融体系作为一个独立的系统,是由供给主体和需求主体所构成,连接供需双方的是适应不同金融需求特征的信贷产品。在农村金融系统内部,不同的供给主体根据不同的需求者的金融需求特点提供相应的信贷产品,以实现农村金融系统的有效运作,农村金融系统的功能实现就体现在供需关系之中,如图5.2所示。

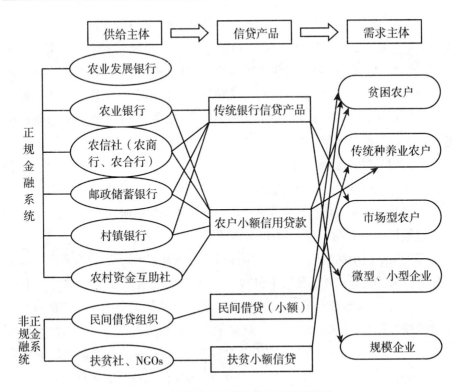

图 5.2 中国农村金融信贷产品供需体系

资料来源:李莉莉:《正规金融机构小额信贷运行机制及其绩效评价》,中国农业大学博士论文,2005 年。笔者根据 2005 年后的发展情况进行了补充整理。

从现有中国农村金融供需体系可以看出,传统的银行信贷产品往往只对市场型农户和规模企业提供商业信贷。虽然民间小额借贷和扶贫小额信贷也会为贫困农户提供一定的资金,但是前者利率很高而且管理很不规范,后者资金量很少而且不具可持续性。因此对于广大的贫困农户、传统种养业农户和微型、小型企业提供信贷的主要是由开展农户小额信用贷款这种信贷产品的农村金融机构承担。

近年来,为满足农村金融市场多元化、多样化的需求,农村金融领域内的改革力度也逐渐加大,改革走向深化。2006 年底,银监会调整和放宽了农村地区银行业金融机构准入政策。随后,邮政储蓄银行、村镇银行和农村资金互助社相继成立,截至 2008 年 8 月末,全国已有 61 家新型农村金融机构开业,61 家新型农村金融机构实收资本 17.03 亿元,存款余额 28.31 亿元,贷款余额 19.17

亿元,累计发放农户贷款 11.32 亿元,提高了农村地区银行业机构的网点覆盖率,增加了农村金融供给,到 2008 年底,新型农村金融机构数量已超过 100家。[1] 在目前正规金融系统的供给主体中,农村信用社系统(包括农村商业银行、农村合作银行)、邮政储蓄银行、村镇银行、农村资金互助社都开展了农户小额信用贷款业务,因此,可以说,小额信贷对于从供给角度缓解农户信贷约束起到了一定的积极作用。

（三）中国农村金融市场存在信贷约束

在我国,农村地区普遍存在的信贷约束主要是农户的信贷约束,调查显示,我国农户面临的正规信贷约束非常严峻。据国务院发展研究中心 2005 年的一项大型抽样调查表明,有超过 60% 的被调查农户有资金融入需要。农户对资金的需求逐渐由小额的应急需求向额度较大的致富需求转变,由农业生产需求向创业需求转变。正规信贷约束包括:一是有现实的信贷需求,但却不能获得正规贷款;二是虽然获得了正规贷款,但正规贷款的规模小于实际资金需求规模。调查表明,在有现实的借贷需求(即发生过借贷行为)的农户中,没有获得过正规贷款的农户占 41.97%;在有借贷需要,且最想从正规金融借款的农户中,没有能够获得正规贷款的农户占到了 40.42%。在获得了正规贷款的农户中,35.63% 的农户指出正规贷款不能满足资金需求。[2]

农户信贷约束包括以下几种类型:价格约束,利率较高但农户申请贷款且完全得到所申请金额;部分数量约束,农户申请贷款但只得到申请金额的一部分;完全数量约束,农户申请贷款但被完全拒绝,或者是因为他们主观上认为贷款申请被拒绝的概率很大而没有申请;价格约束未借款者,农户没有申请贷款是因为贷款利率太高;风险约束,即使存在有利的投资机会,农户因为担心失去抵押而自愿退出信贷市场;交易成本约束,农户没有申请贷款是因为需要支付的额外交易成本太高。因此,影响农户信贷约束的因素既有来自供给方面的,也有来自需求方面的。[3]

1. 供给因素

具体到我国农村金融的现实情况,供给方面是影响信贷约束的主要因素。

---

① 褚保金:《构建新型农村金融 缓解农村信贷约束》,中国合作金融网 2009 年 1 月 13 日。
② 韩俊:《加快构建普惠农村金融体系研究》,中国金融网 2009 年 1 月 7 日。
③ 褚保金:《构建新型农村金融 缓解农村信贷约束》,中国合作金融网 2009 年 1 月 13 日。

(1)农村地区金融服务机构网点覆盖不足。近年来,在市场化改革过程中,4家大型商业银行的网点陆续从县域撤并,从业人员逐渐精简,部分农村金融机构也将信贷业务转向城市,致使部分农村地区出现了金融服务空白。

(2)农村资金外流严重。面对高风险以及低收益的农业,农村金融机构为了维持自身的日常经营和可持续发展,从规避风险和讲求效益出发,把吸收的资金抽离抗风险能力弱和偿还能力有限的农村地区而投向回报高、见效快的城市。

(3)农村金融市场的金融生态环境不完善。农村社会信用体系建设较为滞后,借贷双方之间的信息不对称程度较高,因此,农村金融机构普遍要求抵押担保。而由于农村土地使用权、收益权受到诸多政策约束,抵押融资受到较大限制,同时担保体系也不完善,农村担保机构规模小、数量少,根本不能满足农户的抵押担保需求。

(4)农村金融机构的产品创新不足。农村地区贷款的平均额度较小,金融机构农业贷款的交易成本比较高,加上农业的高风险特点,农村金融机构寻求合适的贷款产品或机制的动力不足,难以满足农户各种类型的金融需求。此外,农户贷款利率上浮政策致使越是落后的地区农户贷款利率越高也抑制了部分农户的贷款需求。

2. 需求因素

农户需求方面的一些因素也是导致信贷约束的重要原因。

(1)农户收入水平远低于城市居民,户均拥有的财富和抵押品严重不足,农户普遍拥有的土地却不具有完全的产权,而其他农户所拥有的主要财产如房屋、牲畜、生产资料等,不仅不能作为抵押物,即便银行接收其作为抵押,这些抵押物是农户赖以生存的要素,失去这些要素将直接使生活难以得到保障,因此农户将尽量避免这部分风险的发生,而宁愿停留在低水平上循环。

(2)农户从正规金融贷款的成本不仅仅是支付的利率,为了获取贷款进行的寻租、整贷零还、由于金融网点覆盖不足导致农户花费更多的时间来获取金融服务等都会增加农户使用贷款过程中的交易成本,最终可能使得农户借贷的实际成本要远高于其名义成本。

二、中国农村金融市场的供需矛盾

伴随农村的信贷需求日益呈现区域差异化和多样化的态势,农村金融市场的信贷约束依然严重,虽然存在着巨大的金融服务需求,但由于中国农村金融市场存在着正规金融机构单一化、垄断化趋势,服务覆盖面低的问题,农村金融系统的功能还难以得到有效的发挥。

当前农村金融体系的主要银行业金融机构包括农业发展银行、农业银行、邮政储蓄银行、农村信用社、农村合作银行、农村商业银行、村镇银行、贷款公司、资金互助社等几大类,其中资金实力雄厚、网点网络众多的当属农业银行、邮政储蓄银行和农村信用社,但从各类机构的业务发展情况来看,"三农"服务特别是农户金融服务的主要提供者还是合作性金融机构,社会各界反映较为强烈的"一农支三农"现象依然十分突出。① 具体情况见表5.5。

表5.5 2007年底六类主要农村金融机构对比

项目	农业银行	邮政储蓄银行	农业发展银行	农村信用社	农村合作银行	农村商业银行
网点数量(个)	27407	36169	2174	70986	5516	2234
贷款余额(亿元)	34531.40	1181.50	10224.40	24062.71	4026.56	3291.36
农业贷款余额(亿元)	1283.84②	13.21	6216.19	12103.59	1658.53	236.29
农业贷款占比(%)	3.72	1.12	60.80	50.30	41.19	7.18
占六类机构农业贷款总余额比重(%)	5.97	0.06	28.90	56.27	7.71	1.10
农户贷款余额(亿元)	1240.36	22.99	6.78	10118.87	1344.62	154.65
农户贷款占比(%)	3.59	1.95	0.07	42.05	33.39	4.70
占六类机构农户贷款总余额比重(%)	9.62	0.18	0.05	78.51	10.43	1.20
获贷农户数(万个)	1158.50	11.37	0.24	7195.81	328.07	14.65
农户平均贷额(万元)	1.07	2.02	28.25	1.41	4.10	10.56

资料来源:中国银行业监督管理委员会2007年年报。

---

① 中国农村金融学会:《中国农村金融改革发展三十年》,中国金融出版社2008年版,第127页。
② 农业银行的农业贷款数据来自银监会的统计数据,与农业银行本身的数据并不一致。农业银行的统计数据显示,截至2008年6月末,全行涉农贷款余额为1.35万亿元,与银监会数据相差较大。

表5.5是2007年底六类主要农村金融机构对比表,从统计数据来看,农村信用社、农村合作银行分别将42.05%和33.39%的贷款投向了农户,占到农户贷款市场的90%左右,而农业发展银行、农业银行、邮政储蓄银行的农户贷款占比仅分别为0.07%、3.59%和1.95%。可见,这些大型金融机构还远远没有发挥其支农的作用。这也是当前农村金融领域内供给与需求间存在严重脱节的原因之一。金融供给尤其是正规金融供给难以满足需求主体的信贷需求,并且它们也缺乏向农户提供适合其需求特点的金融产品的激励机制;广大农户的金融需求长期受到严重的压抑,在难以从正规金融机构获得信贷服务的情况下,只能转而寻求非正规金融渠道(民间借贷)的资金支持。然而,非正规金融的发展又受到中央政府的种种限制。

(一)中国农村正规金融机构的行为

当前中国农村正规金融体系中主要包括以下几个组成部分:政策性银行中的农业发展银行,商业银行中的农业银行,农村合作金融机构中的农村信用社、农村商业银行和农村合作银行以及邮政储蓄银行和村镇银行。然而由于服务于农村的正规金融机构在不同程度上存在着一系列的问题,导致正规金融机构的金融产品和金融总量供给不足。

1. 政策性银行"不够"。中国农业发展银行是在县域农村内有营业网点的唯一的农业政策性银行,农业发展银行主要负责粮棉油收购、储运等环节的资金提供,在粮食购销体制改革基本完成后又面临业务严重萎缩的问题,业务范围太窄,加上亏损严重,资金缺乏,没有真正起到支持农业开发的作用。虽然银监会在2004年批准其可以开展农业产业化龙头企业、粮油加工企业、储备化肥等多项商业化信贷业务,但目前县域农村内的农发行各分支机构开展商业性支农信贷业务处于起步阶段,开展商业性贷款的管理经验还不完善,业务范围和贷款投放量有待于进一步拓展。农业发展银行并没有真正承担起中国农村政策性金融的重任,在我国,一种向农户持续提供政策金融的机制还不存在。

2. 商业银行"不愿"。随着银行商业化改革的加快,出于对成本、收益和防范风险等多方面的考虑,农业银行在机构设置和资产业务方面进行了大规模的转型,不断撤并农村网点和上收信贷管理权限,使基层机构沦为只存不贷或少贷的"吸储机器",从农村吸收的资金更多地投向回报高的产业和地区,对于农村地区的项目投资却很少。

3. 合作金融"不足"。首先,农村信用合作社作为分支机构最多、唯一一个与农户具有直接业务往来的农村正规金融机构,责无旁贷地成为农村正规金融机构中向农村和农业经济提供金融服务的核心力量。但是,由于历史包袱和机制问题,能够有效向农村源源不断输送资金的农村信用社数量十分有限,农村信用社的资金实力严重不足。并且农村信用社在营利动机的驱使下,通过"农转非"把资金更多地投向获利机会较大的非农领域,并以上存资金、网上拆借和购买国债等方式转移资金。其次,农村商业银行是在我国经济发达地区,由资产条件较好的农村信用社改制而来的。但是由于体制、机制、政策等多方面原因,目前我国农村合作金融机构还普遍存在资产质量差、财务包袱重、风险补偿能力低、法人治理不完善、案件高发等问题,制约了农村金融市场的发展和服务"三农"作用的充分发挥。

4. 邮政储蓄"不能"。农村邮政储蓄迅猛发展,已经成为农村金融资金转移的重要渠道。通过邮政储蓄从农村抽取资金的速度不断加快,根据中国邮政总局的一个估测,邮政储蓄的网点62%在农村,17%在县城,它的网点合计是79%,吸储量合计62%,也就是说三分之二的资金来自农村。但是20年来邮政储蓄只能吸收存款,不能发放贷款,它只存不贷加重了农村信贷市场的供求矛盾。2006年3月银监会下发的《关于加强邮政储蓄机构小额质押贷款业务试点管理的意见》允许邮储机构逐步开展仅限于"定期存单质押"的小额质押贷款试点业务。2007年3月20日邮储银行挂牌后,在全国积极拓展贷款业务,目前邮储银行的小额质押贷款已在全国推开,2007年底银监会又批复同意邮储银行全面开办小额信贷业务。但总的来说,目前邮储银行贷款业务的开展还处于探索阶段,信贷规模还十分有限。

5. 村镇银行"不强"。村镇银行是由发起行控股,由它独资或与自然人、企业法人合股组建而成的股份制银行。2006年底,银监会公布了在6省区开展村镇银行、贷款公司和农村资金互助社三类新金融机构试点。到2009年初,全国已建立了100多家村镇银行。村镇银行在信贷客户的对象和经营理念及运营方式上与农信社基本相似,而在贷款利率上却享有4倍于基准利率的政策优势,所以发展比较迅速。但从规模上看,由于村镇银行的注册资本金比较小,单笔贷款金额有限,使其发展也受到一定的制约,其贷款规模占当地农村贷款总量比重较小,村镇银行与农信社还存在较大差距。

（二）中国农村非正规金融机构的行为

非正规金融是指不通过依法设立的金融机构来融通资金的融资活动和用超出现有法律规范的方式来融通资金的融资活动的总和。在我国曾经存在的农村非正规金融主要包括农村合作基金会、典当业信用、私人钱庄、合会、高利贷以及私人借贷等形式。

1. 农村合作基金会。它作为一种重要的形式兴起于 20 世纪 80 年代中期，其经营资本主要依赖于农户的资金注入，经营活动归农业部而不是中国人民银行管辖。该组织对农村经济的融资需求提供了极大的支持，一项全国性的调查表明，农村合作基金会 45% 的贷款提供给了农户，24% 的贷款提供给了乡镇企业。这不仅大大超过了农业银行的相应贷款比例，而且超过了农村信用合作社的贷款中投入农村经济的比例。由于农村合作基金会不受货币当局的利率管制，因此其贷款利率较农村信用合作社更为灵活，贷款的平均收益也更高。但其管理体制差，信用评估制度不完善，呆坏死账时有发生，抗风险的能力比较低。为了消除未来农村合作基金会的竞争对农村信用合作社经营所造成的冲击，1997 年，监管部门作出了清理整顿、关闭合并农村合作基金会的决定，随后的 1998 年至 1999 年，包括村级基金会在内的整个农村合作基金会被彻底解散并进行了清算。

2. 高利贷。这种形式广泛存在于我国农村，且就目前而言，是民间借贷中的主要形式。据粗略统计，在某些地区，高利息的民间借贷发生率达到了85%，超高利贷的发生率甚至达到 25%。[①] 这种借贷方式在一定程度上缓解了部分急需资金的农民的燃眉之急，且一般愿意向农民提供金额较大的贷款。但这种机构大部分是通过非法手段大量吸收存款，再以很高的利息贷给急需用钱的农民，且他们往往与黑社会势力相勾结，有些还成为贪污腐败的官员洗钱的场所，有些筹资者一旦被公安机关发现便携款潜逃，对社会稳定造成极大破坏。

3. 合会和私人钱庄。合会是各种金融会的统称，通常建立在亲情、乡情等血缘、地缘关系基础上，带有互助合作性质。合会有自我保障的机制，资金

---

① 温铁军：《农户信用与民间借贷研究：农户信用与民间借贷课题主报告》，中评网学者社区2001 年 8 月 4 日。

利用都较合理且效率较高,倒会和欺诈的情况很少发生,一般信用较好。私人钱庄的资金来源渠道不是在社会上非法集资所得,而是贷款者自己的多余闲置资金或者几个合伙人的存款,贷款利率虽然高于银行同期贷款利率,但只是在农户可以接受的范围内比银行利率适当高出一些。私人钱庄的信用评估、抵押方式等都比较灵活、简单,形式也较多样,可以一次还贷,也可以分期还贷,贷款手续和程序非常简单。但这两种形式都存在着一定的不规范性,如一些私人钱庄的贷款程序过于简化和不完善,从而大大增加了信用风险发生的可能性。因此,虽然它们的存在具有一定的合理性,但目前还不属于合法的金融组织。①

三、构建新型农村金融体系

在当前农村的信贷约束依然严重的情况下,需要构建新型农村金融体系。党的十七届三中全会提出"创新农村金融体制,放宽农村金融准入政策"及"规范发展多种形式的新型农村金融机构"等,这是构建新型农村金融体系政策导向的重要体现,并将进一步促进农村地区信贷供给的增加,有效解决农户"贷款难"的问题。

(一)加快完善以小额信贷为主体的普惠农村金融体系

党的十七届三中全会提出要建立现代农村金融制度,并指出"加强监管,大力发展小额信贷,鼓励发展适合农村特点和需要的各种微型金融服务。允许农村小型金融组织从金融机构融入资金。允许有条件的农民专业合作社开展信用合作。规范和引导民间借贷健康发展"。中国当今小额信贷经过十几年的发展,已取得长足的进步,但仍处于发展的初级阶段,就目前的情况看,具有可持续发展活力或潜力的涉及小额信贷活动的机构主要有以下机构或项目,它们是农村信用社(也包括农村商业银行和农村合作银行)、农业银行、邮政储蓄银行、村镇银行、小额贷款公司、农村资金互助社、城市商业银行、社会组织(NGO)小额信贷机构,等等。目前,外资机构也已开始进入村镇银行和小额贷款公司领域,也开展了一些小额信贷项目,但是进展并不快。各小额信贷机构都还存在各种问题有待进一步完善。

---

① 中国投资学会:《创新我国农村投融资机制》,载《中国投融资研究报告》2007 年 6 月。

1. 农村信用社系统。由于农信社小额信贷业务成本高、风险大，业务人员负责的农户数多，又由于利率封顶限制（基准利率的 0.9～2.3 倍间浮动），该业务是亏损性的，例如江西一农村信用社是小额信贷业务的排头兵，但是单独核算该业务，一年要亏损几百万元。再加上很多信用社资产质量差、管理水平低，因此，从全国看，此业务并没有得以预期的良性扩展。实际上在一些地方已在萎缩，尤其是农户信用贷款和联保贷款。如不改变政策和采取有效手段，即使要求开展此业务，也属不可持续的活动。

2. 农业银行。农业银行开展的贴息扶贫小额信用贷款由于资产质量不高等方面的因素，从全国范围看，大体在 2000 年后基本停止，但在云南省一些地区，在当地政府的支持配合下仍在继续。不过，近两年来，农行的经营目标已从以城市为重点的方向转向为同时占领和发展城乡两个金融服务市场，而且也将发展农村小额信贷业务作为它在"服务'三农'"和"商业运作"的指导思想下的一项重要开拓领域。农行有可能成为农村小额信贷业务的主力军之一。

3. 邮政储蓄银行。邮政储蓄银行以存款规模计是中国第五大商业银行，具有覆盖农村金融空白，成为特色零售银行的巨大潜力，但是邮政储蓄银行目前对小额信贷业务的开展还相当有限。邮政储蓄银行在开展小额信贷业务中，其发展的风险和挑战是缺乏操作金融业务的人才、经验和风险管控能力，试点检查出的问题包括财务核算办法不健全、风险管理构架未完全建立。

4. 村镇银行。目前根据村镇银行的运行现状，对它们的评价也参差不齐，其面临的主要挑战和问题是除了国家开发银行为大股东而组建的村镇银行之外，其他村镇银行在吸储方面比较困难，资金量有限，对"三农"的支持力度有限；产品相对陈旧，运营成本高，结算渠道不畅；内控制度需提高；存在大股东和原银行控制；贷款违规放出县域，公信度欠缺等。

5. 股份制商业银行。从目前约 120 家股份制商业银行对开展小额信贷业务看，基本上可分为两大类。一类是大多数银行的状况，它们并没有重视小额信贷和小企业贷款。对这些银行，要解决的是开展这项业务的意愿和相关的技能问题。这样才能从更大规模上发展小额信贷。另一类是先行开拓者，它们在不断探索和努力扩展规模时，一定要有清醒的头脑，不断总结经验，提升自身的业务能力和管理水平。

　　6. 小额贷款公司。2008 年中国人民银行和国家银监会共同签署的《关于建立小额贷款公司的指导意见》出台后,很多省份都表现了极大的热情。从所获信息看,约有包括 2005 年央行试点的 5 个省在内的十几个省已在进行推动建立民营商业性小额贷款公司的工作,发展的势头好。这类的小额贷款公司可能是中国今后两三年发展速度最快的小额信贷组织之一。目前值得注意把握的原则是既要积极推动又要规范和防范风险。从了解的情况看,操作和道德风险可能是主要需注意管理的风险。

　　7. 农村资金互助社。2007 年银监会关于农村资金互助社试点改革出台后,截至 2008 年底注册登记的只有 10 家,发展速度不快,发展不平衡,状态也参差不齐。农村资金互助社可持续发展面临的主要挑战是机构规模小,资金来源有限;银行不愿意融资,而政府政策支持不到位。其发展成功的要素一方面要取决于本地区市场经济的发展程度和社区的社区的凝聚力,另一方面还要建立较完善的内部制衡机制和外部监督机制。

　　8. 社会组织或 NGO 型小额信贷机构。这类机构的最大功能是服务于中低收入和贫困群体客户,而其他金融机构则一般不愿意或不能够做到这一点,农村资金互助社有的也是这类机构的一种形式。对于这类只放贷不吸储的机构,政府至今尚无具体的政策法规(虽然中央政府文件中明确表明支持各类小额信贷组织的发展)。可以考虑将对这类机构的管理根据其发展状况分为允许存在、备案、注册这几种方法。对不同方法管理的机构有不同的要求,并予以不同的政策和激励约束及退出机制。①

　　(二)健全农村信贷担保体系

　　近年来,我国各地开展了农村信贷担保体系发展的探索,信用担保模式主要有以下几种形式:一是政府出资、政府运营的政策性信用担保机构。二是政府出资或是参股,或是对担保公司进行风险补偿,市场化运作的信用担保机构。此类担保机构的特征是:政府只对担保主体进行规定,担保公司按市场要求控制风险,通过各种方式防范和化解风险,自主决定担保对象的选择、反担保方式、合作银行和合作方式,实现自身赢利目标。三是以营利为目的的商业性担保机构。四是农户或农村中小企业以入股方式加入的合作互助式信用担保机

---

① 柳立:《30 年:中国农村金融改革获取的基本经验与共识》,载《金融时报》2008 年 12 月 22 日。

构。农村信贷担保的发展,对促进信贷资金向农村融资主体的投放、有效缓解农民贷款难起到了一定的作用。

目前,农村信用担保机构的发展存在诸多制约因素,主要有:信用担保机构规模普遍较小,资本金少,风险化解能力和代偿能力很低;农村信用体系还不完善,担保公司承担较大的主体违约风险;担保机构运作不规范,潜在风险较大;监督管理力量薄弱;信贷担保覆盖率不高,还不能适应现实的需要。建立健全农村信贷担保机制,需要采取的主要措施有:

1. 加大政府对农村信贷担保体系建设的支持力度。鼓励政府出资的各类信用担保机构积极拓展符合农村特点的担保业务。有条件的地区,可以由政府牵头出资、农民和农村企业参股,建立专业化信贷担保机构,采取市场化运作方式,主要服务于农民。鼓励现有商业性担保机构开展农村担保业务,增强担保公司的担保能力。有条件的地方政府可扶持建立农村信贷担保基金。鼓励有条件的专业合作社、涉农企业和协会组织创办针对农户和农村中小企业的担保公司。

2. 建立信用担保机构风险分散机制,加快农村信用体系建设。主管部门加强业务监督指导,明确行业准入条件、从业人员资格、内控规范要求,加强对担保机构日常业务运行的监督指导,提高担保机构资质水平,引导信用担保机构规范运作。信用是市场经济的基石。完善农村信用体系有利于提高农村信用担保机构的风险识别能力、业务运营能力和营利能力。当前,制约农村金融健康发展的一个重要因素是社会诚信度不高。要尽快建立统一的小企业信用评估体系,推进信用村镇建设,规范和完善农户、农村中小企业信用档案,优化信用担保机构业务运行环境,降低业务运行成本。积极开展对信用担保机构的信用评级,规范企业、担保中介、贷款银行之间的信用关系,整合各方面信用信息,预防担保中介失信带来的金融风险。借鉴国际经验,探索建立信用担保保险体系。

(三)健全农村金融多重经济补偿机制

改革开放的30年中,农村金融体制发生了深刻变化,为农村经济社会发展奠定了一定的基础,但农村经济与城市之间的差别明显拉大,农业是一个弱质产业,农民是一个弱势群体。党的十七届三中全会强调实施强农惠农政策,进一步加强国家对农业支持保护体系,是一个重大的战略举措。就农村金融的经济补偿机制而言,可以预期将构成六重经济补偿机制。

1. 社区互助性的经济补偿机制。长期以来,农村融资最大的难点是农业贷款缺少足够的合格的担保品,农业贷款偿还率偏低,农信社亏损严重。从2000 年以来,全国各地推行了农村信用户、信用村、信用乡镇建设,坚持数年以后农村信用环境得到了明显改善。实践证明,依靠社区互助的力量,逐渐化解了农民贷款抵押、担保的难题,方便了农民融资,增强了农民的融资能力,为现代农业和农村金融的发展注入新的活力。实践也证明,依靠社区群体的信用,有效地分散了农业融资中的违约风险,明显地提高了金融机构的贷款流动性和安全性,而且还为活跃城乡金融扩展了新的功能。这种社区互助性的经济补偿机制,在正常的经济运行条件和农业生产条件下,可以为农村金融机构提供有效的保障,完全有可能实现互利双赢。

2. 金融体系内部的经济补偿机制。在金融改革中,全面推进金融企业治理结构的改革、多次增资扩股、化解历史包袱、强化风险管理和规范化经营、提高服务质量,金融机构的风险控制能力和营利能力显著提高。农信社普遍实行县级联社的一级法人制度,有条件的地方还组建了农商行。这些改革措施,提高了农村金融机构的抗风险能力,也构建了应对经营性和局部性经济波动的经济补偿机制。同改革以前相比较,农村金融机构,特别是农信社,不再是单门独户面对可能发生的种种风险,具备了一定的整体性的经济补偿实力,可能承受一般性经营风险的压力。但是需要指出,金融机构的这种经济补偿能力相对于大范围的风险来说,仍然是非常有限的,当遇到大的自然灾害或市场波动时,金融机构的资本积累,就难以应对重大冲击。如汶川地震中的金融资产损失,有可能形成巨大的呆坏账积累,降低了金融机构的活力,甚至威胁到某些金融机构的生存能力。

3. 外部担保的经济补偿机制。近几年来,不少县(市)一级建立了政府主导、多方参与、市场运作的信贷担保机制,全国有担保公司上万家,由财政出资、社会投入而形成的中小企业信贷担保基金近千亿元。这些担保机构的建立,在金融机构与客户之间构成了交流与配合的桥梁,在一定程度上缓解了城乡中小企业融资难的困局,为城乡经济的发展拓宽了融资渠道。但是,这种机制的建立,仍处于初创时期,还存在着体制不规范、管理不完善、基金规模过小、信息平台不宽、风险评估能力不强等诸多问题,在总体上,还不适应城乡建设发展的融资要求,特别是遇到区域性的灾难和经济波动时,其补偿能力就会立现危机。

4. 农业保险的经济补偿机制。对于农业保险,从党的十六届三中全会以来连续多年都提出了明确的改革指导思想的政策措施,许多省市已经积极推进试点,发展多种形式、多渠道的农业保险,要求发挥中央、地方、保险公司、龙头企业、农户等各方面的积极性,扩大农业保险覆盖面,探索农业保险的补贴形式,逐步建立农业保险的长效机制。我国农业保险虽然有了大幅度的增长,各地也先后开办了多种重大灾害险、自然灾害险和意外险,但投保量占保险承保总量的比重不高;农业保险面还仅限于少数试点地区,参与的农户还不多。作为保险业主体的商业性保险从地域上说主要集中在城市,从保险品种来说主要集中在财险、车险、人身险,在农村中的保险业务还处于萌芽期。指望农业保险机制成为经济补偿的重要渠道还有待时日。

5. 巨灾保险的经济补偿机制。我国是一个幅员辽阔、气候多变、地质结构复杂的国家,是世界上自然灾害最严重的少数几个国家之一。我国巨灾风险的特点是风险的种类多、发生风险的频率高、灾害的强度大、成灾的范围广、地域差异明显。据统计,全世界死亡 5 万人以上的 17 次地震中,中国发生了 13 次;死亡 20 万人以上的 4 次地震全部发生在中国。按 1990 年不变价格计算,我国自然灾害造成的年均直接经济损失为:20 世纪 50 年代 480 亿元,60 年代 670 亿元,70 年代 590 亿元,80 年代 690 亿元,90 年代以后年均已超过 1000 亿元。但我国至今未建立巨灾保险制度,无论出现水、旱、地震、冻害等自然灾害,都是靠政府临时大规模动员救济。如 2008 年汶川大地震,举全国之力进行救济和恢复重建,但给当地金融机构所造成的巨大金融损失只好挂账,还没有建立制度性的经济补偿保障机制。党的十七届三中全会把发展农村保险事业,健全政策性农业保险制度,加快建立农业再保险和巨灾风险分散机制纳入决议之中,将是中国经济补偿制度建设中的关键性的突破,也必将为农村金融的良性发展扫清几十年来的心头之痛。

6. 政府对农村金融的政策性经济补偿。目前农村金融机构全部按商业银行模式照章纳税,对部分农信社在改制过程中减征或免征营业税和所得税,但数额有限、对象有限。为"三农"服务的金融机构,能不能享受"多予、少取、放活"政策的优惠,是盼望多年的话题。党的十七届三中全会决议中强调加大对农村金融政策支持力度,定向实行税收减免和费用补贴,这是一个重大的突破,其目的一方面是要引导更多的信贷资金和社会资金投向农村,另一方面也为真正为农村提供金融服务的金融机构在惠农政策的保护之下,增强可持续发展的活力。①

第三节　小额信贷在中国的影响研究

小额信贷走入中国已有十几个年头,小额信贷的发展,解决了部分中低收入群体发展的金融需求,以创新的要素介入金融市场,促进了金融市场竞争,其影响是巨大的。2009 年 2 月中国小额信贷发展促进网络所发行的《中国小额信贷行业评估报告》中从宏观、中观和微观的角度对小额信贷发展的影响进行了归纳:就宏观层面的影响而言,主要表现在小额信贷支持了农业产业结构调整、小额信贷是扶贫的有效工具、小额信贷的实施促进了信用环境的优化;从中观层面看,小额信贷的介入打击了民间高利贷行为、促进了金融机构的多元化、在一定程度上强化了金融市场竞争,并进一步完善了金融体系、促进了评估事业的发展;在微观层面,小额信贷的影响主要表现在女性家庭决策参与度的提高、履行家庭地位的变化和素质的提高,并促进了农户收入的增长、增强了农民的信用意识。②

在小额信贷在中国发展的十多年期间,也有不同学者对不同类型的小额信贷项目进行过影响评价方面的研究。

一、不同类型小额信贷的影响研究

中国最早从 1993 年底由中国社会科学院农村发展研究所组建了我国第一个由非政府组织操作的专业化小额信贷机构——河北易县信贷扶贫合作社之后,截至 2009 年小额信贷在我国已发展了 16 个年头。时至今日,中国主要有六类小额信贷项目:一是以短期项目形式运作,由国际机构资助的小

①　秦池江:《着力创新农村金融经济补偿机制》,载《中国农村信用合作》2008 年第 12 期。

②　何广文、杜晓山、白澄宇、李占武:《中国小额信贷行业评估报告》,中国小额信贷发展促进网络 2009 年 2 月,第 2 页。

额信贷;二是政府主导型(政府＋银行),由政府财政和农行扶贫贴息贷款投入资金的小额信贷;三是农村信用社自身储蓄和央行再贷款开展的农户小额信用贷款;四是2002年底开始,国家主管部门要求开展"下岗失业人员小额担保贷款",建立担保基金,由城市商业银行运作的相关费用;五是从2004年起,有关部门在200个贫困县试行财政贴息,由正规金融机构竞标开展的扶贫小额信贷项目,从目前情况看,农信社、政府扶贫办和财政部门在合作开展此项活动;六是从2005年底开始,在全国5个省区开展的、由民营资本投资组建的商业性小额贷款公司的试验。

由于我国从20世纪90年代初才逐步引入小额信贷,因此相对而言国内关于小额信贷影响评价的研究起步较晚,而且研究总量不多。与国外研究不同,在国内现有的研究中,关于小额信贷影响评价理论上的探讨不多;在实证研究方面,由于实证数据的缺乏,早期的研究主要是基于采取问卷调查的方式,并对问卷中的问题进行简单的归纳分析,近几年的研究才逐渐深入。本节根据当前小额信贷的主要类型来考察其影响评价的研究。

(一)国际机构资助的小额信贷项目的影响研究

汪三贵等(1998)采取问卷调查的方法对贵州省草海自然保护区小额信贷项目的调查结论是:小组成员户的人均纯收入,是非成员户的1.7倍;成员户的人均家庭财产,比非成员户高出43%。其中任何一类财产(包括耐用消费品、固定资产、房产和牲畜),成员户都高于非成员户。利用收集的项目开始前有关农户的家庭财产情况,得到的比较分析数据是:村寨基金小组成员户,比非成员户的家庭财产总值高53%。其中,耐用消费品高84%,固定资产高69.7%,房产多51.4%。这一情况说明,村寨基金项目的成员户经济状况好于非成员户,并不是由于参加项目造成的,而是原来他们的经济状况就比较好,表明村寨基金项目瞄准的并不是农村中最贫困的家庭。汪三贵等对6个国家贫困县、46个村庄、446个农户的抽样调查的1997年的数据,对"增加信贷资源的可获得性对穷人的生产和消费会不会产生影响"这个问题得到的结论是:(1)贫困地区的农户并不像人们通常想象的那样不能获得信贷资源。农户的信贷需求很大一部分能从现存的信贷市场中得到满足。这就决定了信贷扶贫策略的作用在中国是有限的。(2)改善信贷服务和提供信贷支持仍然能帮助部分农户,特别是一半左右的最贫困的农户。信贷服务的改善将有助于这部分农户通过农业生产来增加收入,同时提高农户的消费支出。国际专家运用控制组方法对联合国儿童基金会在中国执行的贫困地区社会发展项目(SPPA)①进行了评价,显示出以下三个方面的影响:第一,在物质福利方面,20%~30%的SPPA成员在中上收入组,而对照组是6%~12%;40%的项目户有5件以上的耐用消费品或固定资产,而对照组是15%;20%~30%的SPPA成员在参加项目后翻修过房屋,而对照组在过去3年中的比例是14%~18%;穷人对物质福利的感受在参与后比参与前有改进,其中33%的成员感到有改进,14%的非成员有改进;30%~40%的成员、60%~70%的非成员感到收入季节性的波动;参与后比参与前有改进;成员比非成员吃的蛋白质多。第二,在社会福利方面,成员与非成员得到的安全饮水相同;成员在母乳喂养、使用碘盐、艾滋病知识、健康状况的感觉和妇女地位方面高于非成员。第三,项目瞄准存在两方面问题:首先,覆盖问题。小额信贷项目不能有效到达计划的受益群体。其次,漏出问题。很多非穷人或非目标群体家庭进入。有些贫困妇女担心她们的偿还能力,担心陷入到更深重的债务中;有些妇女面对必须遵守的纪律犹豫不决,包括储蓄和定期开会。

(二)政府主导性小额信贷项目的影响研究

徐鲜梅(2005)对云南省小额信贷反贫困的事实进行了调研。② 云南省20世纪90年代中期就开始了由政府为主导机构的政府部门和中国农业银行共同运作的政策性小额信贷扶贫项目。20世纪90年代中期,小额信贷作为一项重要的反贫困政策和措施,首先在云南省范围内的25个特困乡镇进行试验,1998年逐步地,有计划、有组织地在全省推广。到2002年底,共组

---

① 联合国儿童基金会在中国执行的贫困地区社会发展项目(SPPA),是一个建立在社会发展项目基础上的小额贷款,主旨是使妇女和儿童受益。通过能力建设和赋予权利、瞄准贫困妇女、小额信贷作为妇女能力建设及其他妇女赋权的努力相结合,达到社会发展目标,而不是绝大多数小额信贷中的信贷目标。在1996~2000年期间,在全国12个省的24个项目县开展,到1999年项目培训了42141位妇女,小组7627个,大组1478个,到1999年底,有26846个(71%)是借款者。SPPA贷款只给妇女,因为经验表明:当贷款给妇女时,对儿童的作用更大且还款率更好。确定的标准:贫困妇女(生活在低于当地贫困线下的家庭中),自愿参与项目。在此条件下,对以下妇女优先考虑:①在18~45岁之间;②为0~5岁孩子的母亲;③有一个或几个女儿在11岁以下的母亲;④有孩子(特别是女孩)辍学的母亲;⑤母亲和孩子营养不良;⑥有残疾孩子的母亲;⑦有需要抚养孩子的单亲户家庭(如寡妇、离异或分居)。

② 徐鲜梅:《云南小额信贷反贫困事实调研》,载《云南民族大学学报》(哲学社会科学版)2005年第3期。

建了 23 万多个贷款成员互助小组、4 万多个中心,覆盖 16 个州、市的 115 个县(市、区)、890 个乡(镇)及 7000 多个村民委员会的 103 万贫困农户;累计发放贷款资金 16.3 亿元,其中,用于种植业 5.3 亿元(占 33%),养殖业 6.9 亿元(占 42%),加工业 0.6 亿元(占 3%),其他 3.5 亿元(占 22%);累计回收贷款资金 13.5 亿元,其中,资本金 13.1 亿元,利息 0.4 亿元;累计拖欠贷款资金 1.3 亿元,其中,资本金 1.24 亿元,利息 0.06 亿元,周期累计还款率 86%。研究表明,云南小额信贷反贫困政策、措施与机制促使成千上万的农村中的农民,也包括为数不少的妇女农民获得生产、经营及生活的资本和资金,并且从中受益。

(三)国内非政府组织小额信贷项目的影响研究

刘文璞(2000 年)通过问卷调查的方式对陕西省丹凤县(政府主导项目)、四川省仪陇县(国际机构资助项目)、云南省师宗县(政府主导项目)与河南省南召县(国内非政府组织项目)三个不同模式且有一定小额信贷项目县的 616 个农户(包括 421 个成员户和 195 个非成员户)进行了调查,调查结果中对"你认为这个项目对你们家的收入水平是有影响的"这个问题的回答是:认为"没有影响"的样本占 13%;认为"有影响"的样本占 87%。在认为"有影响"的农户中,对"大大提高"、"有所提高"和"降低"的回答分别是 29%、70% 和 1%。但是,这个调查的重点是不同模式的比较,所以没有收集家庭收入和支出的信息。

吴国宝、李兴平(2003)利用项目户和非项目户比较的方法,对 10 个处于不同发展期的不同类型的代表性小额信贷项目(主要是非政府组织小额信贷项目)及 425 个样本贷款用户进行了调查。[①] 青海小额信贷项目显示项目村新建和装修住房、增加耐用消费品和役畜农户的比例都高于对照村,充分显示出项目实施对改善贷款用户福利的积极影响;同时,项目贷款用户在出现严重的自然灾害时具有比非项目户更强的能力,消费水平所受的负面影响也要小;但仪陇小额信贷项目的分析却发现:参加小额信贷项目的用户尽管在参加项目以后家庭财产价值有比较显著的增加,但如果控制其他因素的影响,则参加项目对增加用户的家庭财产价值影响并不显著。

---

① 吴国宝、李兴平:《小额信贷对中国扶贫与发展的贡献》,载《金融与经济》2003 年第 3 期。

　　孙若梅(2006)通过对河北省易县和河南省南召县①的农户进行问卷调查,考察了小额信贷在农村信贷市场中的地位及其对农民收入的影响。② 该调查的时间为 2003 年 3 月和 2003 年 10 月,具体方法为采用分层随机抽样的方法在易县和南召县各选择 2 个乡镇,在每个乡镇选择 4 个村庄、120 个样本户,其中,贷款户和非贷款户各 60 户。

　　对于小额信贷在农村信贷市场中的地位,通过对样本调查数据的分析,得出的判断为:小额信贷是农户生产性贷款的重要来源,对于改善农户信贷分配有正面作用。Probit 模型结果显示出劳动力多、家庭净资产少和主妇文化程度高的家庭选择扶贫社贷款的可能性大。具体结论为:(1)决定农户选择扶贫社贷款的显著性因素是劳动力数量、家庭净资产和主妇文化这三个解释变量,在统计上具有显著性;按重要程度排列为:主妇文化、劳动力人数、家庭净资产。主妇文化和劳动力数量呈现正向关系,家庭净资产呈现负向关系。其他变量都没有通过统计显著性检验。(2)影响私人无息借款显著性的因素,按重要性排列为:主妇健康、劳动力人数、家庭净资产、户主年龄、县变量。其他变量没有通过显著性检验。

　　对于扶贫社小额信贷对农民收入的影响,得到的结论为:(1)小额贷款对家庭收入的影响与使用贷款次数有关,重复使用贷款比一次性使用贷款的作用大;(2)小额贷款对家庭收入的影响与收入来源有关,主要是通过对家庭非农经营投入而对家庭收入作出贡献;(3)小额贷款对增加家庭收入有正面作用,贡献程度与决定收入的其他要素相互依赖。

　　(四)正规金融机构小额信贷项目的影响研究

　　中国人民银行西宁中心支行课题组(2006)对青藏地区小额信贷的实施效果进行了实证分析。③ 该课题组通过对青藏地区农户小额信用贷款、下岗失业人员小额担保贷款和国家助学贷款的实证研究,证实了小额信贷已覆盖到欠发达地区的农户、下岗失业人员和贫困生,在全面实现小康社会的进程中发挥着

---

　　①　为"扶贫经济合作社"[简称"扶贫社"(FPC)]小额信贷项目的两个县,该项目开始于 1994 年,由中国社会科学院农村发展研究所设计,主要由福特基金会、孟加拉国"乡村银行"和私人企业家提供资金和技术支持,为效仿孟加拉国"乡村银行"模式的小额信贷扶贫项目。

　　②　孙若梅:《小额信贷与农民收入——理论与来自扶贫合作社的经验数据》,中国经济出版社 2006 年版,第 150、221 页。

　　③　胡安舜、王海平:《青藏地区小额信贷实证研究》,载《金融研究》2006 年第 2 期。

积极的促进作用。截至 2005 年 9 月底,已累计获得小额信用贷款的农牧民、学生、下岗失业人员分别达 145 万人、1.3 万人、0.19 万人,贷款金额分别达 26.3 亿元、0.61 亿元、0.23 亿元,有效地解决了农牧民、下岗失业人员和贫困生的资金需求。两省区农户小额信贷的实施效果为:农户小额信贷在两省区呈逐年上涨趋势,有效地促进了农牧业发展和农牧民增收;两省区小额信贷满足了农牧民种植业、养殖业等多种经营需求,促进了农牧区经济结构调整和农牧民多渠道增收。

金媛媛、雷海章(2007)采用调查问卷和访谈相结合的方式对河南省太康县 3 个村庄(轩庄、小菜园村和东贾村)农村信用社农户小额信贷的开展情况进行了实地调查,分析小额信贷在信贷条件改善、收入水平提高等方面对农户的影响。[①] 调查选取的时间段为 2004 年至 2006 年 6 月,调查共完成调查问卷 85 份,其中有效问卷 82 份。根据调查,得到结论如下:第一,农户小额信贷对农户贷款可获得性的贡献越来越大,有效缓解了农村信贷市场中生产性贷款的约束,小额信贷生产性贷款占总样本农户生产性贷款的 55.9%,占小额信贷贷款的 90% 以上。在关于“小额信贷是否使您的借款更方便”的回答中,有 68.29% 的农户选择“是”,有 17.07% 的农户选择“不是”,另外还有 14.64% 的农户对此持保留意见。第二,小额信贷改善农户收入状况,力显社会保障功能。多达 66.34% 的被调查农户认为,小额信贷的真正意义在于它所具有的类似保险的功能,可以备不时之需。调查中发现,在两个信用证发放率高达 90% 以上的信用村,有 46.5% 的农户在农村信用社推进小额信贷前后借贷意愿发生了变化,从之前选择私人无息借贷转变选择农村信用社农户小额信贷;有 18.3% 的农户无法作出判断,理由是没有借贷经历或对农户小额信贷仍持观望态度;另外,有 23.9% 的农户则是根据所需贷款的金额大小、期限长短作出选择。一般来讲,借贷期限短、金额小的借款仍会选择亲戚朋友间的友情借贷,反之,则倾向于农户小额信贷;其余的农户则没有发生变化。

冯涓、邹帆(2008)选取 2002～2006 年我国大陆 27 个省份(不包括北京、天津、上海和西藏)的截面数据,运用定量分析方法对小额信贷增加农户收入的

---

① 金媛媛、雷海章:《欠发达地区农户小额信贷绩效的实证分析与思考——以河南太康县农户小额信贷为例》,载《农村经济》2007 年第 3 期。

绩效进行了实证分析。结果表明,小额信贷对农民人均纯收入具有显著的正向影响,显著地增加了农民人均纯收入,其对增加农民人均纯收入的直接正效应最大。[①] 该研究中以 2002～2006 年农信社各地农业贷款累计发放量的 80% 统一作为农户小额信贷贷款的数据,虽然各地区情况不同,各地区农信社农户小额信贷的开展情况有所区别,但是该研究运用定量方法进行了线性回归分析,是定量分析中的一个初步探讨。

二、对国内研究现状的评述

纵观国内外关于小额信贷的影响研究,笔者认为主要存在以下差异:第一,国外的研究比较系统,其研究既涉及影响评价的理论,如影响链模型、影响评价的单位和指标、影响评价的研究方法及其比较等,也涉及影响评价的实证分析;而国内的研究由于起步较晚,整体而言对于小额信贷的影响研究较少,而且在现有的研究中,很少有对影响链模型、影响研究方法、指标等理论上的探讨,多为基于情况介绍基础上的实证研究分析。第二,在小额信贷影响的实证研究方面,国外的研究在评价的单位上比较注重多方位的研究,既包括对个人、企业、家庭的影响评价,也包括小额信贷的机构、社区甚至是家庭经济投资组合的评价;而国内的研究在评价单位上比较单一,多为农户个人,对贷款家庭的影响评价相对较少,而对社区、机构的影响评价几乎没有涉足。第三,在研究方法上,国外的研究一方面非常注重通过数据的收集和分析来较准确地寻求小额信贷项目的影响因素与非项目影响因素的数量化比较效果,另一方面注重将准实验的科学方法和人类学方法等多种研究方法相结合;而国内的研究在研究方法上相对比较单一,多采用抽样调查、专家访谈和案例分析等人类学方法,很少采用准实验中的多元回归方法,对各方数据的收集和挖掘分析方面显得尤为薄弱,这直接影响到国内影响研究的深入性和针对性。

分析产生这些差异的原因,主要有三个。

第一个原因是相对于 20 世纪 70 年代初小额信贷在国外产生并开始迅速发展,我国是在 20 世纪 90 年代初才由中国社会科学院农发所通过组建"扶贫

---

① 冯涓、邹帆:《农户小额信贷对农民增收绩效的实证研究——基于 2002—2006 年地区面版数据的实证分析》,载《全国商情》2008 年第 22 期。

社"的形式在全国少数地方开展小额信贷的试点工作,而且在初期发展非常缓慢。因此,从发展的时间上,中国的小额信贷相对国际成功的小额信贷至少落后20年的时间。到目前为止,中国的小额信贷虽然经历了四个阶段的发展,但相对国际小额信贷的发展和研究,仍然处于初级阶段。国外关于小额信贷影响评价的研究是从20世纪80年代开始的,20世纪90年代后影响评价得到了学者、小额信贷机构和政策研究者的大量关注,世界银行CGAP和许多国家都关于此问题展开过大量的研究。而我国在20世纪90年代才开始引入小额信贷,真正到21世纪后才开始全面推广小额信贷工作,而对于小额信贷的影响研究也仅仅是在最近5年才逐渐展开。因此,无论是在小额信贷影响研究的理论探讨上还是实证研究方面,国内的研究都相对落后。

第二个原因是由于国外小额信贷的发展时间相对较长,成功的小额信贷模式的运作相对规范,关于小额信贷的相关数据和指标相对完整,这就为国外研究中采用准实验的科学研究方法进行分析创造了条件;而国内由于小额信贷的发展时间短,运作上还有很多不规范之处,数据不完整、不连续,因此在小额信贷的影响研究中很大程度上不具备采用准实验方法必须具备的条件,而是更多地采用样本调查、参与者观察和案例研究等人类学方法。这也是国内外在研究方法上产生差异的主要原因。

第三个原因在于从2005年后,我国小额信贷的发展进入探索"商业性小额信贷"的全新阶段。在此阶段,邮政储蓄银行挂牌成立并开始开展小额信贷业务,许多商业银行也开始通过专门的信贷窗口推进小额企业贷款,尤其是在2007年后,全国各地出现了一大批村镇银行、小额贷款公司、农村资金互助社等新型的农村金融机构。可以说,在最近3年,中国的农村金融市场和结构发生了非常大的变化,在这些变化过程中,小额信贷发展的模式和未来前景都具有很多不确定性的因素,在很多方面都还处于探讨阶段。因此,国内关于商业性小额信贷机构和项目的影响评价的研究比较薄弱。

针对以上国内外小额信贷影响研究差异和原因上的分析,本书在接下来的章节中主要针对农业银行、农信社和新型农村金融机构的典型代表村镇银行这三类机构,分别对农户小额信贷的影响评价进行了实证研究。在研究方法上,本书在尊重中国小额信贷发展现状的基础上力求创新,在农业银行和村镇银行农户小额信贷影响评价的实证研究中主要运用样本调查、参观者观察、专家访谈、案例研究等人类学方法；在农信社农户小额信贷影响评价的实证研究中，本书充分利用农信社在开展农户小额信贷业务中主力军的优势及在开展该类业务上相对规范、数据资料相对完整的优势，运用了多元回归的准实验方法和多种人类学方法相结合的综合分析方法，对农信社农户小额信贷的影响进行了实证研究，在研究中注重对多个评价单位，运用多种评价指标进行多方位评价，既对农户个人和家庭的影响进行了评价，也对开展农户小额信贷的机构——农信社的影响进行了评价。

第六章 农业银行农户小额信贷影响评价的实证研究

第一节 中国农业银行农户小额信贷扶贫的发展历程和现状

一、中国农业银行的发展历程

中国农业银行的发展历程经历了"四起三落"。第一次起落是从 1951 年 8 月正式成立中国农业合作银行到 1952 年由于精简机构而撤销。为了贯彻国家关于增加对农业合作化信贷支援的要求,1955 年 3 月,国务院正式批准成立中国农业银行,1957 年 4 月,国务院决定撤销中国农业银行,并入中国人民银行。在国民经济贯彻"调整、巩固、充实、提高"方针的背景下,1963 年 11 月,农业银行再次成立,其国务院直属机构地位得到恢复。1965 年 12 月,中国农业银行再次因为机构精简而被撤销,并入中国人民银行。中国农业银行的第四次兴起是在 1979 年 2 月,中国农业银行正式恢复。1994 年 4 月农业发展银行成立后,粮棉油收购资金供应与管理政策性业务从农业银行分离出去,农业银行开始进入了真正向商业银行转化的新的历史时期。①

1996 年 8 月,国务院颁布《关于农村金融体制改革的决定》,农村信用社与农业银行脱离了行政关系。然而,面对 1997 年爆发的亚洲金融危机和中国通货紧缩的冲击,国家在强调继续深化金融体制改革的同时,也开始高度重视金融风险控制问题。1997 年,中央金融工作会议明确了"国有商业银行收缩县(及以下)机构,发展中小金融机构,支持地方经济发展"的基本策略,包括农业

---

① 中国农村金融学会:《中国农村金融改革发展三十年》,中国金融出版社 2008 年版,第 2 页。

银行在内的国有商业银行开始逐步收缩县及县以下机构,业务重点向大城市、大企业、大项目集中。从 1998 年至 2002 年初,四大国有商业银行共撤并了 3.1 万个县及县以下机构。国有商业银行逐步撤出县以下区域后,原先包括农业银行在内的 4 家国有商业银行的分支机构已延伸至农村开展金融业务的局面被终止,农村金融资源日益向农村信用社和邮政储蓄集中。

随着 2003 年中国农村金融改革的进一步深化,2004 年,农业银行将全行涉农贷款归口农业信贷部门管理,理顺了涉农贷款管理体制。2005 年,根据农业产业化、工业化、城镇化和城乡一体化发展趋势,农业银行成立小企业业务部,加强对县域内小企业的支持力度。2007 年全国金融工作会议上明确了农业银行"面向'三农'、整体改制,商业运作、择机上市"的股份制改革原则,要求农业银行进一步强化为"三农"服务的市场定位和责任,充分利用在县域的资金、网络和专业等方面的优势,更好地为"三农"和县域经济服务。2007 年中,农业银行提出了旨在以县域为营销重点的"蓝海"战略,制定了《农业银行服务"三农"总体实施方案》,并从 2007 年 10 月开始在福建、安徽、湖南、吉林、四川、广西、甘肃和重庆等 8 家省(自治区、直辖市)分行开展"三农"金融服务试点,标志着服务"三农"迈出了实质性的步伐。为强化服务"三农"的体制机制保障,2008 年 3 月,农业银行又选择了甘肃、四川、广西、福建、浙江、山东 6 家分行进行"三农"金融事业部改革试点。面向"三农"市场定位的进一步明晰,有力地促进了"三农"服务工作的进展,初步扭转了多年来涉农贷款徘徊不前的局面。

二、农业银行农户小额信贷扶贫的发展历程

随着中国农业银行的发展,以其作为运作机构的农户小额信贷业务也随着国家政策的改变由政策性小额贷款扶贫项目转变为商业性农户小额贷款业务。农业银行农户小额信贷业务的资金来源最初为国家扶贫信贷资金,扶贫信贷资金最早设立于 1986 年,目的是"支持全国重点贫困县开发经济,发展生产,解决群众的温饱问题"。在此后 20 多年中,其管理体制的发展经历了三个阶段,并经历了几次大的变化:由几家银行分头管理到一家集中管理;由不同利率到统一优惠利率;由政策性资金的定位转变到政策性较强的商业性贷款;由中央银行提供基础货币或再贷款到经营行自筹资金;由指令性计划到指导性计划;由

中央财政核销亏损到经营行自担亏损。总的趋势是随着社会主义市场经济体制的确立和扶贫开发工作的不断发展而逐步规范化、市场化。①

（一）1994 年以前的多机构、多样化管理阶段

1986 年，全国范围有组织、有计划、大规模的扶贫开发启动以后，国务院明确提出以贴息贷款政策作为扶贫开发的重要手段，贴息贷款所需信贷资金由中国人民银行每年专项安排，由农业银行发放。贷款期限由农业银行按项目收益长短确定，贷款利率为月息 6 厘，贴息贷款的投放对象是国家重点扶持的贫困县，由领导小组分配到省、自治区，由省、自治区统筹安排，根据扶持县的大小、困难程度、资源开发条件和管理水平等，确定贷款发放数额并分配到县。

从 20 世纪 80 年代中期到 1994 年，随着扶贫开发工作的进展，为了满足贫困地区发展和贫困人口解决温饱、增加收入的不同方面的需要，国家还先后安排了贫困县县办企业贷款（人民银行）、牧区扶贫贴息贷款（农业银行）、新增联合开发贫困地区的县办企业专项贷款（工商银行）、基本农田建设扶贫专项贴息贷款（农业银行），恢复水毁扶贫项目专项贴息贷款（农业银行）、边境贫困农场扶贫贴息贷款（农业银行）、残疾人康复扶贫信贷资金（农业银行）、老少边穷地区（人民银行）。到 1994 年，总额达到 45.5 亿元。

（二）1994 年到 1998 年政策性银行统一管理阶段

1994 年，根据国务院《关于金融体制改革的决定》，成立了直属国务院领导、服务于农村发展的政策性金融机构——中国农业发展银行。国务院明确规定，扶贫开发等农村政策性贷款全部划归农业发展银行管理。扶贫信贷资金由分散管理改为一家银行专门管理，有了很大进步。但是，扶贫信贷资金的性质、来源、用途和财政补贴方式等都没有发生太大变化。

由于农发行的机构设置只到县级，因此在扶贫信贷资金的发放过程中选择四种方式解决进村人口的问题：一是依靠自己的力量直接发放；二是委托农村信用社或基层农行组织发放；三是与各地扶贫办合作，按照孟加拉国乡村银行的小额信贷模式（GB 模式），通过县级扶贫社发放；四是通过扶贫实体带动，效益到户。为了如期完成"八七"计划的任务，扶贫社转贷成了一种非常普遍的

---

① 杜晓山、张保民、刘文璞、孙若梅：《中国小额信贷十年》，社会科学文献出版社 2005 年版，第 19～23 页。

方式。根据扶贫开发领导小组办公室的统计,截至1998年8月,政府小额信贷扶贫项目已经在全国22个省的605个县开展,发放贷款6亿元。这极大地促进了扶贫信贷资金进村入户,加快了扶贫攻坚的进程,但是由于非金融组织的介入,个别地方出现了管理不规范的问题,带来了金融隐患。

(三)1998年后的国有商业银行管理阶段

1998年5月,根据国务院的规定,配合全国粮食流通体制改革,农业发展银行封闭运行,所有政策性贷款划转农业银行办理。1998年5月15日,中国人民银行下发的《关于加强扶贫、综合开发等专项贷款管理的通知》中明确规定,原由中国农业发展银行办理的扶贫、综合开发等专项贷款和原由中国人民银行办理的专项贷款一道划归中国农业银行办理。

中国农业银行的性质是国有商业银行,在扶贫攻坚阶段,为了完成政治任务,扶贫信贷资金的管理基本上保持了较强的政策性。但是,扶贫开发工作进入新阶段以后,国务院和人民银行要求农业银行按商业化运作模式管理扶贫信贷资金,即"独立核算,自主经营,自负盈亏,自担风险"。2001年,中国人民银行、财政部、国务院扶贫开发领导小组办公室和中国农业银行联合下发了《扶贫贴息贷款管理实施办法》,对新阶段扶贫信贷资金的管理作出新的规定。

此阶段扶贫信贷资金的性质是国家在特定时期内,为重点扶持贫困地区经济发展和农村贫困人口摆脱贫困而设立,国家财政给予一定贴息补贴,由国家指定金融机构承办的、政策性较强的商业性贷款。扶贫信贷资金的来源主要由中国农业银行通过组织存款解决,不足部分可向中国人民银行申请正常利率的再贷款。关于贷款的发放,中国人民银行规定:"由有关商业银行按照信贷原则自主选择项目、自主发放贷款。"扶贫信贷资金的规模也由指令性计划改为指导性计划。在这个阶段,可以认为,扶贫信贷资金的政策性淡化,商业性突出。据农业银行统计,到2001年底,累计扶贫到户贷款250亿元,余额240亿元,累计扶持1715万贫困农户。小额信贷扶贫项目规模较大的省区为陕西省、云南省、四川省、广西壮族自治区、贵州省等。

三、农业银行农户小额信贷扶贫的发展现状

可以说,前期由农业银行运作的小额信贷扶贫项目主要是借助小额信贷服务这一金融工具,以实现2000年扶贫攻坚和新世纪扶贫任务为宗旨,以国家财政资金和扶贫贴息贷款为资金来源,以政府机构和农业银行为运作机构的政策性小额贷款扶贫项目。由于这类项目的基本目标是为实现政府扶贫任务服务,企图解决扶贫到户和贷款难问题,因此它较少考虑确立项目和机构长期持续发展的目标和措施。基于过去中国经济工作中存在的"一放就乱、一统就死"和农村合作基金会发展中问题丛生的教训,中央政府已明确这类项目的借贷关系应发生在农行和农户间,而政府主导的"扶贫社"应为中介服务机构。但在实际操作中,由于农行营业网点和人员的限制,政府小额信贷扶贫项目由政府部门和农行联合发挥作用已是一种必然和无可奈何的选择。因此,两者能否以大局为重、协调配合是项目能否成功的关键因素之一。但是这种农行和政府共管小额信贷项目的体制最要害的弊端是,两者的责、权、利关系模糊不清或不对称,且难以监控,所以政府部门和农行金融业务部门之间存在"两张皮"的现象严重,相互指责的情况并不少见。随着该项目的开展,大部分地区的实践表明小额扶贫贷款的到户率较低,贷款的回收率不高,造成了国家资财的大量浪费和流失,扶贫信贷资金的使用效果不太能够令人满意。

2000年以后,为了与其他商业银行竞争,中国农业银行重新调整了市场定位,确定基本的经营战略是"积极巩固、调整和提高农村业务,大力拓展大城市业务,重点发展中小城镇业务"。尤其是随着四大国有商业银行逐步收缩县及县以下机构,农业银行业务重点向大城市、大企业、大项目集中,同时加大了对规模大、辐射强、效率高、效益好的农村电网、交通、通讯、小城镇建设、农业产业化龙头企业、农业高新技术企业以及民营企业的支持力度,而逐步从农户个人等小额、分散的贷款领域中退出。因此,全国除了少数贫困省份(自治区),如广西壮族自治区、云南省、贵州省等还在小规模地继续开展农业银行小额信贷扶贫项目之外,其他省份农业银行的小额贷款业务几乎停滞。

直到2007年,中国金融工作会议上重新确立了中国农业银行面向"三农"的市场定位,并在全国大范围地开展"三农"金融服务试点后,全国绝大部分省份的农业银行才通过推行金穗惠农卡逐步重新开展农户小额贷款业务。

四、农业银行小额信贷扶贫与农村信用社农户小额信贷的比较和异同

中国农业银行和中国农村信用社小额信贷都属于中国正规金融机构的小额信贷模式,但两者在内容、模式设计上各不相同,在经营和开展小额信贷业务中也各具利弊。

（一）农业银行小额信贷扶贫与农村信用社小额信贷的比较

1. 农业银行经营模式

现行扶贫资金由农业银行经营,在农行业务内增设小额信贷专项扶贫业务,直接承担向低收入贫困人口提供金融业务的任务,满足广大贫困者的金融需求。

该模式借鉴印尼(BRI)村信贷系统管理模式,从上到下在农行内设小额信贷专营机构,在贫困乡村设置金融扶贫服务网点和专职业务信贷员,利率可以上下浮动。

该模式的优势为农行是活动在中国农村地区最大的金融组织,担负着支持农业发展和农村扶贫的责任,扶贫资金供给有保障。

该模式的弊端为:一是在乡镇中农行设有机构的占比低,地处偏僻乡镇营业所撤并或降格为分理处;二是"有头无腿",最需要扶贫的地方没有机构和人员;三是对农村的信贷投入份额逐年减少,其发展战略呈现出向城市移位的倾向;四是以营利为目的,扶贫贷款"贷富不贷贫、贷大(额)不贷小(额)、贷近(集镇)不贷远(僻远山区农户)"的状况难以改变。

2. 农村信用社经营模式

信用社是目前离农民最近的合法金融机构,在中国农村乡镇大多设立有农村信用社机构,把小额、微型信贷作为农村信贷营销的一个重要内容。

该模式通过联保贷款、自报公议等方式,强化农户信用意识,把民间信用规范化、制度化,为实现金融安全构筑最前沿的第一道防线,对有信誉的联保成员在1年内可凭联保协议随时到信用社办理贷款,不需每次都找担保人;可实行年初定额度,手续一次办,贷款分批放;通过建立农户个人、联保小组资信信息库。

该模式的优势是:它是中国人民银行承认的农村合法金融机构;可吸收农民手中的游资;乡镇信用社自身系统健全,有独立的操作系统;机制灵活,信息对称性强,对市场反应灵敏。

该模式的弊端为:一是"有尾无头",缺乏一个完整的组织体系;二是农户资金"非农化",信用社农户贷存比例逐年下降,信用社向农户发放贷款还不到农户吸收存款的五分之一;三是自身包袱重,亏损严重,自身存在扶贫问题;四是多级法人体制,信贷责、权、利不清甚至脱节。

(二)农业银行小额信贷扶贫与农村信用社农户小额信贷的差别

农业银行小额信贷扶贫与农村信用社农户小额信贷存在一些共同点,即都是对农户发放贷款;以信用贷款为主,贷款额度在 2000 ~ 5000 元左右;贷款期限一般为 1 ~ 3 年;部分农户实行联保措施。但同时两者在服务的对象,资金的来源,贷款的利率、方式,政府的干预力度和管理的力度以及培训的要求等方面也存在一些差异。

一是贷款对象上的差异。扶贫小额贷款的工作对象是农村中的贫困人口。如按我国政府的扶贫线算,仅为农村中 3% 的绝对贫困人口,即使是按最宽泛的国际标准扶贫线来算也不会高于农村中 20% 的最贫困的人群,因此农行小额扶贫贷款对象大都为贫困地区农村中最穷的农户,他们普遍缺乏生产经营能力和条件。而农信社农户小额信贷,工作目标则是农村中有生产能力的一般农户。他们不一定是贫困户,甚至一般都不是贫困户。

二是资金来源上的差异。农村信用社开展的农户小额贷款资金来源主要为信用社自己吸收的存款以及中央银行给予的再贷款,并且再贷款的利率优惠;这种形式的资金来源比较充裕,不受扶贫资金规模的限制,因此能较大规模地开展。而农业银行经营行开展小额信贷扶贫的资金来源主要靠存款和上借资金,在借款利率上没有优惠。

三是贷款利率上的差异。农村信用社的小额信贷利率可在人民银行规定的基准利率基础上向上浮动 30% ~ 50%;农业银行发放小额扶贫贷款必须执行优惠利率。

四是贷款的方式不同。农行扶贫小额贷款一般需要几户联保,多次还款。而农信社农户小额贷款则不需几户联保,通过两年一定的信用评级,给信用户发信用证的方式给予贷款。而且还款方式比较灵活,一般都采取一次还清的方式。这样就大大减少了贷款的组织工作与操作的难度,使贷款成本大大下降。

五是受政府部门干预力度不同。信用社承受较大的行政干预,但因贷款对象不是贫困户,压力相对于农行来讲要少些;农行发放扶贫贷款受地方政府干预很大,基本没有选择扶贫到户贷款对象的可能。

六是管理力度不同。信用社机构人员多,对农户的管理力度较大,但在边远地区和山区管理力度也较弱;农行撤并机构人员力度大,单靠自身力量难以管理量大、面广、分散、成本高的到户扶贫贷款。

七是培训的要求不同。因扶贫小额贷款的工作对象能力一般较低,因此在贷款前后,都需要进行大量的培训,有些是最基本的一些技能与知识的培训。而农信社农户小额贷款的对象为一般的农户,他们更需要的是科学种田、市场能力等方面的培训。

第二节　农业银行小额信贷扶贫影响评价的实证分析
——以广西壮族自治区为例

虽然农业银行开展小额贷款扶贫工作存在许多问题,导致其在 2000 年之后很少开展这种业务,但在广西壮族自治区,小额信贷扶贫却被证明是一种较有效的扶贫资金到户的形式。广西从 1997 年开始试点至今,始终坚持小组联保、中心会议和整贷零还三个基本原则。广西小额信贷扶贫在探索中不断规范和完善,持续健康发展。借款农户利用贷款发展投资少、见效快的种、养、加、运、销等微型项目,经济效益和社会效益显著。小额信贷由农业银行办手续,扶贫社协助放款的回收,还贷率 90% 以上。这说明,只要协调得好,农业银行的小额信贷扶贫办法还是可行的。本节通过对广西壮族自治区农业银行农户小额信贷扶贫的影响进行实证和案例分析,拟从中得出一些经验借鉴,从而为进一步提升该模式下的小额信贷影响提供实证依据。

一、广西壮族自治区小额信贷扶贫的发展阶段

小额信贷扶贫在广西经历了试点、有计划地全面推广、规范发展三个阶段。[①]

(一)试点阶段

1997 年 6 月 ~ 1998 年 2 月为广西小额信贷扶贫的试点阶段。1997 年 6 月 5 日,在扶贫开发领导小组的统一部署下,自治区妇联经过半年多的准备,在隆

---

① 杜晓山、张保民、刘文璞、孙若梅:《中国小额信贷十年》,社会科学文献出版社 2005 年版,第 122 ~ 124 页。

安县的杨湾乡爱华村启动了广西第一个小额信贷扶贫试点项目,给首批加入扶贫社的 60 名贫困妇女发放了 6 万元贷款。放贷后,县扶贫社又到该村举办文化技术培训班,指导获贷农户科学种养。这次在贫困群众中又给第二批 90 名贫困妇女发放了 9 万元贷款。7 月下旬,又给第三批 10 名贫困妇女发放了 1 万元贷款。两个多月后,160 名贫困妇女中的大多数都在自选的微型项目中获得收益,收入最多的达 600 多元,试点初见成效。7 月 8~9 日,自治区扶贫开发领导小组在隆安县召开全区农村贫困妇女小额信贷扶贫试点现场会。会议在充分肯定小额信贷扶贫试点的基础上,决定再安排 300 万元扶贫贷款在 15 个国定贫困县开展农村妇女小额信贷扶贫试点。11 月,自治区扶贫办、妇联在河池金城江联合举办农村妇女小额信贷扶贫培训班,对试点县的分管领导和有关地、县扶贫办以及妇联分管领导进行小额信贷操作业务培训,并部署小额信贷扶贫试点工作。随后,15 个国定贫困县小额信贷扶贫试点工作全面展开。

(二)有计划、有步骤地全面推广阶段

1998 年 2 月~1999 年 1 月为广西小额信贷扶贫有计划、有步骤地全面推广阶段。在试点取得成功经验的基础上,自治区党委、自治区人民政府决定从 1998 年始在 28 个国定贫困县有计划、有步骤地全面推广小额信贷扶贫方式。为确保小额信贷扶贫方式全面有效地推行,1998 年 3 月自治区人民政府办公厅印发了《广西壮族自治区小额信贷扶贫实施管理办法(试行)》,对小额信贷扶贫的组织机构、资金运作程序、借还款等作出了具体规定。根据上述文件规定,自治区及有关地(市)、28 个国定贫困县三级分别成立了小额信贷协调办公室,负责小额信贷扶贫计划、组织、管理、指导、协调、监督及管理人员的培训等工作。实施小额信贷扶贫的乡(镇)或部门成立了扶贫社,具体负责小额信贷扶贫贷款的发放、回收及对借款农户提供社会服务等。这个阶段最基本的特征是小额信贷扶贫贷款由扶贫社承贷承还,贷款在扶贫社内部循环、滚动使用。经各级各部门的共同努力,截至 1998 年底,由扶贫社向农行承贷承还,然后向贫困农户发放贷款近 8000 万元,扶持贫困农户约 8 万户。这种资金运作方式的优点是责任明确、环节少、办理贷款效率高,能及时向贫困农户提供信贷服务。但经过近一年的实践也暴露出一些问题:一是与国家金融政策规定不符;二是无法处理呆、坏账造成的资金损失;三是上级管理部门及金融机构对注入扶贫社的扶贫贷款的使用监督难度较大。由于一些基层干部信贷扶贫的政策意识不够强,加上缺乏金融业务知识和经验,投放使用扶贫贷款的随意性大,在一些地方出现了用扶贫贷款"垒大户"(富裕户)甚至改变贷款用途的问题,加大了金融机构贷款的风险。

(三)规范发展阶段

1999 年 1 月至今为广西小额信贷扶贫规范发展的阶段。针对第二阶段存在的问题,自治区按照国家金融政策及小额信贷扶贫的原则要求,对小额信贷扶贫进行规范和完善。1999 年 1 月 13~14 日,自治区扶贫开发领导小组在忻城县召开全区小额信贷扶贫到户现场工作会议,会议要求各地要加大工作力度,规范管理,确保小额信贷扶贫贷款的安全有效运行。会后,自治区人民政府办公室根据会议精神,于 1999 年初印发了《自治区人民政府办公厅关于认真做好 1999 年小额信贷扶贫工作的通知》,对规范全区小额信贷扶贫的运作提出了具体要求。农行自治区分行根据上述文件规定和农业银行总行关于开办小额信贷要因地制宜,认真把握三个基本条件,即"一是必须同有效的承贷管理方式相适应,使其合法合规;二是必须同管理人员的数量和素质相适应,避免一哄而起,一哄而散;三是必须同技术培训能力相适应",制定了《中国农业银行广西壮族自治区分行小额信贷扶贫管理实施细则(试行)》,对小额信贷的规范管理作出具体规定。各地按自治区的部署,围绕小额信贷扶贫贷款的"转轨",即贷款由扶贫社承贷承还改由农行直接向农户贷款,扶贫社由承贷主体转换为介于农行和贫困农户之间的中介服务组织,落实小额信贷扶贫三项基本制度以及工作队伍建设狠抓小额信贷扶贫规范化管理工作。2000 年 8 月,自治区扶贫办、农行自治区分行在总结规范管理经验的基础上联合印发了《广西壮族自治区小额信贷扶贫社建设标准及验收办法(试行)》,对扶贫社的机构、设施、制度、档案、运作等方面制定了量化的建设标准并对验收、奖惩作出了具体规定。2000 年 9 月 15~16 日,自治区扶贫开发领导小组在南丹县召开了以小额信贷扶贫工作为主要内容的扶贫开发工作现场会,会上交流了小额信贷扶贫经验特别是规范管理方面的经验,会议对规范广西的小额信贷扶贫运作起了巨大的推动作用。在各级各方面的共同努力下,2000 年以来广西小额信贷扶贫规范管理明显加强,贷款质量显著提高,新发放的小额信贷扶贫贷款除少数地方因自然灾害造成农户经营项目失败、贷款回收率偏低外,到期贷款回收率均达 90%以上,其中相当部分的县保持在 95% 以上,实现了小额信贷扶贫贷款"放得出、收得回、有效益"的目标。

回顾广西小额信贷扶贫的发展历程,我们体会到小额信贷扶贫既是政治行为也是经济行为。要确保小额信贷扶贫持续健康发展,应做到各级加强领导,强化责任;健全操作机构,建设高素质的工作队伍;坚持基本制度,规范运作;部门配合,相互支持;坚持群众自愿。按市场规律要求开展此项工作,是实现小额信贷扶贫持续发展的关键。

二、广西东兰县小额信贷扶贫的案例分析

(一)东兰县小额信贷扶贫工作的基本情况

1. 东兰县的地理环境和耕作状况

东兰县地处桂西北,云贵高原南缘,红水河中游;东傍金城江区,西界凤山县,南傍大化、巴马县,北邻南丹、天峨县,离自治区首府南宁市 308 公里,距河池市金城江镇 130 公里。东兰县地处亚热带,气候温和,雨量充沛,土地、森林、生物、矿产等自然资源十分丰富。农业盛产水稻、玉米、黄豆、板栗、油茶、八角、油桐、三乌鸡、黑山羊、黑香猪等,尤其是板栗、三乌鸡、墨米、香粳、红七柚以其独特的风味,在全国乃至海内外久负盛名。全县总面积 2415 平方公里,现辖 9 个乡 5 个镇,总人口 27.8 万人,其中壮族占 85%。东兰县人均耕地仅 0.61 亩,2004 年,全县实现国内生产总值 68749 万元,农民人均纯收入 1458 元,是一个集"老、少、边、山、穷、库(区)"于一身的国定贫困县。

2. 东兰县小额信贷项目产生的社会背景

小额信贷扶贫方式源于孟加拉国"乡村银行",1993 年 9 月引入中国。1997 年,广西壮族自治区人民政府为了加快贫困村群众解决温饱的步伐,由广西壮族自治区扶贫办和区农业银行首先在 17 个国定贫困县(现在称国家扶贫开发工作重点县)试行小额信贷扶贫,深受群众欢迎,1998 年扩大到 28 个国定贫困县,2000 年又在 21 个自治区扶贫开发工作重点县试行推广。

3. 东兰县小额信贷组织机构及操作步骤

东兰县小额信贷组织管理的基本框架是:从县"扶贫办"抽调几名工作人员组成"县扶贫总社",实行小额信贷扶贫的乡(镇)或有条件承担小额信贷扶贫工作的部门可成立扶贫社。乡(镇)扶贫社由乡(镇)政府牵头组建,扶贫社主任由乡(镇)的副乡长(副镇长)担任。乡镇扶贫分社根据总社的要求,入村

入户调查,确定贷款对象。对象确定后,由农户自愿组成联保小组,3～5个小组为一个中心,小组选组长,中心选主任。中心主任多数由村干部兼任。

扶贫社的建立以及乡(镇)、部门扶贫社主任的人选须报县扶贫开发领导小组审批。成立扶贫社必须具备以下条件:一是坚持以扶贫为宗旨,以解决贫困农户温饱问题为己任,真扶贫,扶真贫;二是熟悉农村工作,有一支热心扶贫、乐于奉献、苦干实干的干部队伍;三是在有关方面的支持和配合下,能按小额信贷的原则、要求独立开展小额信贷工作;四是在符合小额信贷扶贫条件的区域实施小额信贷扶贫。扶贫社的主要职能有:一是根据当地群众的贫困状况和解决群众温饱目标,做好小额信贷扶贫规划;二是建立健全各项规章制度;三是发动贫困农户入社,审查社员资格,办理农户入、退社手续和负责执行处罚;四是帮助贫困村建立中心、小组,培训中心主任和小组长,指导中心、小组对社员的培训;五是帮助社员选好生产经营项目,为其提供信息、技术、物资等服务;六是协助农业银行办理农户的贷、收业务;七是检查、监督社员借款的使用。

对申请入社的贫困农户,需经扶贫社审查合格后方可接收为社员。扶贫社社员原则上以妇女为主,每5至10人自愿组成一个小组,有直系亲属关系的社员不能同组。小组是一个互助、互督、互保集体,小组成员间有偿还债务的连带责任,即1人出现还款困难,其他组员要帮助或替其还款。小组成员要按规定签订互保协议。每个小组设组长1人,由小组成员选举产生。小组长的主要职责是:负责小组与扶贫社的联系,召集组员参加中心会议;组织组员讨论、选择生产经营项目,确定合理的借款数额,监督组员按项目使用借款;督促组员按时还款和交纳风险互助金;收齐组员的还款交中心主任,并代办有关手续;收集项目实施情况并向中心主任汇报;团结组员,互帮互助;监督执行规章制度,并协助中心主任收取罚款。

每个中心一般由3至5个小组组成,中心主任从各小组组长中选举产生。中心主任的主要职责是:安排、主持中心会议,检查各小组的项目实施情况和资金使用情况;检查规章制度执行情况,对违反规章制度者按规定予以处罚;督促各小组按时还款和交纳风险互助金,统一向扶贫社办理还款及交纳风险互助金手续;组织本中心各小组交流经验、互帮互助;协助扶贫社开展技术培训和精神文明建设;参与社区发展规划的制定。

扶贫贴息贷款重新由农业银行管理后,管理体制逐步进行了改革,改革的内容是贷款主体的改变,即贴息贷款不再由扶贫社贷给农户,而由农行直接贷给农户,由农户和农行的基层营业所签订借贷合同,扶贫社协助农行办理贷收业务。但农业银行的营业所,并不是一乡一所,尤其是贫困县,由于业务量少,农业银行营业所呈收缩状态,一个营业所要管3~8个乡镇,贷款农户到营业所的距离,有的几十里远,甚至上百里。而农行的一个营业所只有3~5个人。小额信贷面对千家万户,没有扶贫社的合作,是很难完成资金到户任务的。

4. 东兰县小额信贷扶贫工作基本情况

东兰县1997年开始实施小额信贷扶贫工作,至2004年底,全县小额信贷扶贫资金累计投放1971.7万元,应收1842.1万元,实收1600.7万元,还款率为86.9%,全县共成立528个中心2165个小组,获贷农户达9841户,配备工作人员61人,各分社累计还款率的情况见表6.1。

表 6.1　东兰县小额信贷扶贫分社累计还款率

小额信贷扶贫分社	小额信贷扶贫资金累计还款率
大同	100%
妇联	98.4%
长乐	93.3%
隘洞	92.6%
切学	90.1%
三石	90%
泗孟	87.3%
武篆	87%
三弄	86%
巴畴	80.9%
花香	80.7%
长江	79.7%
金谷	78%
东兰	72.9%
兰木	72.2%

资料来源:根据东兰县小额信贷扶贫社提供的资料整理而成。

　　从表6.1可以看出,全县累计回收率达90%以上的分社有6个,占扶贫分社总数的40%。小额信贷扶贫资金各年度的运行情况,可见表6.2。

表6.2　东兰县历年小额信贷扶贫资金投放和回收情况

年份	投放本金额(万元)	回收贷款额(万元)	贷款回收率(%)
1997	20	20	100
1998	300	171.82	57.3
1999	545.87	467.48	85.6
2000	216.11	194.66	90.1
2001	296.65	275.67	92.9
2002	196.13	172.34	87.9
2003	195.47	55.03(应收55.41)	99.3

资料来源:根据东兰县小额信贷扶贫社提供的资料整理而成。

　　东兰县大同乡是集大石山区、库区于一体的乡。全乡辖4个村民委100个村民小组,总人口8723人,耕地总面积3555亩,其中,水田1680亩、旱地1875亩。1999年全乡农民人均纯收入1598元,人均有粮217.5公斤。大同乡从1999年开始实施小额信贷扶贫工作,当年投入30万元,重点扶持4个村尚未解决温饱的贫困人口。

　　自1999年开展农户小额信贷工作以来,大同乡农户小额信贷还款率就一直高达100%,大同乡如此高的还款率背后的原因是什么?大同乡在开展农户小额信贷中具有哪些成功经验?目前通过查阅相关文献尚未见报道,"大同模式"及"大同经验"值得进行细致研究,本书通过案例分析和对比分析,试图揭示大同小额信贷扶贫的成功经验,从而可供同类地区在开展农户小额信贷工作中借鉴,提高小额信贷的经营绩效,推动小额信贷工作的可持续发展。

　　(二)东兰县大同乡小额信贷扶贫的案例分析

　　1. 大同乡小额信贷扶贫社纳雅中心案例

　　纳雅中心位于大同乡和龙村纳雅屯,属岩滩电站库区。该中心于1999年9月成立,有4个小组18名社员,贷款3.5万元,其中用于种植业1.04万元,养殖业1.49万元,经商0.6万元,加工业0.37万元,已收回2.45万元,贷款社员还款率达100%。在不到一年的时间里,该中心社员有12户增收1500元以上,6户增收1000元以上,收益率达100%。18个农户均建起了以木材加工、养殖、甘蔗、西瓜、桑蚕等家庭骨干经济增收项目,开始走上了脱贫致富之路。

　　该中心严格按扶贫社的各项管理制度运作,小组长和中心主任由社员自下而上选举产生并无报酬工作,小组成员定时定员参加中心会议。至2005年6月底止,召开中心会议及培训会等10次,检查4个小组的项目实施情况和资金使用情况,提醒还贷日期,组织各小组交流经验,互相帮助,发现问题及时解决,以保项目实施成功。

　　纳雅中心501小组位于大同乡和龙村纳雅屯内,于1999年9月自愿组合而成,有7名社员,贷款1.4万元,其中用于养猪0.89万元,加工0.37万元,种桑养蚕1.09万元,种植甘蔗0.05万元。已收回0.98万元,还贷率达100%。在不到一年的时间里,该小组有6户增收1000元以上,收益率达100%。每个成员均建起了养猪、加工、种桑养蚕等短、平、快致富项目,开始走上了脱贫致富之路。

　　小组严格按照扶贫社的各项管理制度运作,积极参加中心会议,牢记扶贫社的宗旨、社员守则、贷款和还款制度及其他规章制度,严格按项目使用贷款,不用贷款还账或作生活开支。组长覃文军积极与扶贫社联系,召集组员参加中心会议,督促组员按期归还借款,团结组员,互帮互助。社员覃健文2004年12月因瘟疫造成饲养的9头种猪死亡而还款困难,其他小组成员立即伸出热情之手,根据各自的经济条件,自觉帮助垫资还款。其中,社员覃寒瑶帮还100元,其他成员10元、30元不等,并帮助其上种桑养蚕和农副产品购销项目,挽回了经济损失。这一事情在大同乡各村、屯反响很大,周边村、屯非扶贫社社员都以此为例,自觉处理好邻里关系,农户间有了更多的关心和帮助,促进了农村社会主义精神文明建设。

　　2. 大同乡小额信贷扶贫社新圩中心案例

　　新圩中心位于大同乡和龙村新圩屯,属岩滩电站库区。该中心于1999年8月成立,有6个小组,社员24个,贷前人均纯收入1456元,人均有粮215.4公斤。该中心共获得贷款4.8万元,其中,投入经商项目1.2万元,种植项目0.6万元,养殖项目3万元。共实施项目38个,产生经济效益的有38个,项目成功率达 100%。

该中心有 24 位成员,他们得到贷款后,分别投放在经商、种菜、养猪、养鸡、养鸭等项目上,成效显著。如韦寿恩户获得贷款 2000 元后,立即用 520 元购买种猪 6 头,用 150 元购买野鸭 50 只,用 100 元购买种鸡 50 只,剩余的资金全部用于购买饲料,经过 10 个月的努力,该户仅养殖项目产值达 4800 元,获利 1050元。新圩中心经过实施多种项目,现户户都有新的收入,还款积极性高,很好地落实整贷零还制度,而且还款率均保持 100%。

该中心在韦庆祥主任的组织下,正常组织召开中心会议,利用中心会议督促农户对项目的管理,进行市场信息和技术交流,解决农户遇到的难题,纠正和处理存在的问题,起到很好的效果。

新圩中心 302 小组位于大同乡和龙村新圩屯,于 1999 年 8 月成立,成立之初,全组由 4 个农户自愿组合,1998 年全组人均收入 1270 元,刚刚跨过温饱线。

该小组于 1999 年获得贷款 0.8 万元,其中,覃翠柏户、韦华勇户、韦克飞户,各贷款 2000 元,投资经商项目;覃春花户,贷款 2000 元,投资养殖项目。通过贷款,解决了项目资金不足的困难。

该小组在组长覃翠柏的带领下,严格按照小额信贷管理要求运行,把扶贫资金全部投入到项目上,并坚持参加每月举办一次的中心会议,本组成员之间经常互相交流经验,坚持互助、互督、互保协议,加强合作,确保扶贫资金的有效运行,取得了较高的经济效益,项目成功率达 100%,项目收益率达 100%,到期资金回收率达 100%。发展至今,该小组已发展为社员 8 人,到目前为止,已实现每年人均增收 300 元。

(三)东兰县隘洞镇和大同乡小额信贷扶贫的比较

为了进一步揭示大同乡小额信贷扶贫高还款率的原因,在案例分析之外,本书还选取了该县隘洞镇作为对比研究。本次调查以大同乡申请了农户小额信贷的农民作为研究对象,同时将该县的隘洞镇申请了农户小额信贷的农民作为对照组,比较贷款对象基本情况及基本素质的差异,寻求它们和还贷率之间的关系。

隘洞镇位于东兰县城东部 8 公里处,东与花香乡、长乐镇和金城江区的长老乡、三旺乡接壤,南与长乐镇东兰镇相接,西与长江乡、巴畴乡隔河相邻,北与切学乡、南丹县吾隘镇相接。全镇面积为 314.8 平方公里,耕地面积 29650 亩,其中,水田 15403 亩,旱地 14247 亩。下辖 21 个村民委,378 个村民小组,8346 户,3.86 万人。城区人口 6000 人。居住着壮、汉、瑶、侗、仫佬、毛南、满族等 7 个民族。镇政府驻地拉料屯。隘洞镇经济以农业为主,主要粮食作物有水稻、玉米、红薯、黄豆、旱谷等。畜牧业以养猪、牛、羊、马为主。隘洞镇从 1998 年开始实施小额信贷扶贫工作,至 2003 年底累计投放资金 66.6 万元,覆盖 18 个村 224 个小组 1118 户,到期应收回资金 161.47 万元,实际回收 149.44 万元,累计回收率 92.5%。

本次调查以随机抽样的方法,在大同乡和隘洞镇各抽取了 140 户和 155 户获得小额信贷扶贫的申请农户进行调查。申请人的性别、教育程度、婚姻状况及申请人所在农户生产资料及家庭财产情况的调查结果分别见表 6.3 和表 6.4。

表6.3 申请人性别、教育程度及婚姻状况的调查结果

		大同乡(N=140)		隘洞镇(N=155)	
		n	%	n	%
性别*					
	男	98	70.0	87	56.1
	女	42	30.0	68	43.9
文化程度					
	文盲	1	0.7	9	5.8
	小学	36	25.7	28	18.1
	初中	76	54.3	71	45.8
	高中及中专	25	17.9	41	26.5
	大专及以上	2	1.4	6	3.9
婚姻状况					
	未婚	20	14.3	15	9.7
	已婚	120	85.7	140	90.3

注:*:$P<0.05$;统计学检验方法为 χ^2 检验。

表 6.4　申请人所在农户拥有的生产资料及家庭财产情况的调查结果

	大同乡(N=140)		隘洞镇(N=155)	
	$\bar{x}$	s	$\bar{x}$	s
耕地(亩)*	2.3	1.7	4.8	2.4
果林(亩)*	0.1	0.5	5.3	12.1
耕牛(头)*	0.6	1.0	1.1	1.1
肉猪(头)*	2.0	2.3	3.8	2.6
鸡(只)*	9.6	15.8	22.1	45.5
鸭(只)*	1.7	5.1	7.1	10.6
年收入(元)*	6560.4	2176.1	8300.1	6980.4
粮食总产量(公斤)*	1260.7	914.2	1792.5	850.4
住房面积(平方米)*	89.7	42.6	104.9	50.2
房屋价值(万元)	1.4	1.6	1.7	2.2
彩电(台)	0.5	0.5	0.5	0.5

注:$\bar{x}$:均数;s:标准差;*:$P<0.05$;统计学检验方法为 u 检验。

　　组间比较显示,隘洞镇贷款申请人中女性比例高于大同乡,未见显著性差异。

　　小额信贷始于孟加拉国乡村银行,该模式向女性贷款申请人倾斜。本书对大同模式的调查结果显示,贷款申请人中女性比例低对贷款回收率没有不良影响,孟加拉国乡村银行模式中女性贷款者的比例高,主要是基于提高女性在家庭经济结构中的地位,而与还款率高低没有直接关系。同时,本调查结果表明贷款申请人的文化程度与贷款回收率之间也没有直接关系,即未观察到文化程度高还款率就高的现象。此外,婚姻状况与贷款回收率之间也没有直接关系。

　　调查结果显示,大同乡贷款申请人所拥有的生产资料和家庭财产少于隘洞镇的申请人:在生产资料方面,大同乡贷款申请人所在农户拥有的耕地、果林、耕牛数量均少于隘洞镇;在家庭财产方面,大同乡贷款申请人所在农户拥有的肉猪、鸡、鸭、年收入、粮食总产量及住房面积也少于隘洞镇,即隘洞镇的申请人经济状况更好。另外,大同乡的贷款回收率更高。该结果表明,穷人并不意味着信誉差,而信誉保证正是农户小额信贷的基本理论前提,相对于其他贷款项目而言,农户小额信贷的一个特点就是信用贷款,即没有财产抵押。为了帮助贫困人群脱贫致富,农户小额信贷根据特定贷款人群的特点取消了财产抵押,而采用信用担保并辅以小组联保的方式,作为一种特殊的资本运营方式,没有财产抵押的风险是很大的,一旦项目投资失败,意味着呆账、坏账,导致资本运营机构的经营绩效下降,最终导致农户小额信贷的不可持续性,毕竟农户小额信贷不是财政扶贫,放出的贷款是要收回并获得一定收益的。

而本书的结果显示,经济贫困与信誉低下无因果逻辑关系,对贫困人群免除财产抵押,而采用信用担保及小组联保等辅助管理手段进行贷款回收的方式,在本调查地区中经实证研究证实是可行的,从而为农户小额信贷的可持续发展提供了理论及现实依据。

(四)结论

通过以上的调查分析,我们可以得出以下结论:从贷款申请人的角度来看,研究未找到性别、教育程度、婚姻、所在农户拥有的生产资料及家庭财产等因素与小额信贷高还款率的关系,甚至大同乡贷款申请农户的经济条件要比隘洞镇的差一些,而前者却比后者的还款率更高。因此,大同模式的高还款率的原因还要从其他方面考虑。

本课题组通过深入农户及小额信贷基层组织进行开放式访谈,收集到第一线的资料,并结合东兰县小额信贷的有关历史文件资料,通过比较大同乡与东兰县其他乡镇在农户小额信贷管理过程中存在的差异,认为大同模式成功的关键在于其贷款的管理和贷款项目的特点。

1. 注重贷款管理

(1)通过奖惩机制激发信贷员的责任意识,促其认真负责地做好知己知彼的基础工作。发放贷款前,贷款发放机构对贷款申请人的基本情况进行深入细致的了解工作,承担该项工作的主要是大量的基层信贷员。农户小额信贷在东兰县的发放金额一般控制在2000元左右,金额不大,但广大的基层信贷员们不辞劳苦,走村串巷,挨家挨户地调查、摸底,认真填写贷款申请人基本情况信息表,并通过基层行政组织,如村委会对申请人的道德品质、威望地位、信用观念、技术专长进行严格的专项评估,确保将款贷给值得信赖的人。广大基层信贷员勤奋工作的背后,不仅仅是个人的敬业态度,更重要的是合理的奖惩激励制度。如果贷款贷给了不守信用的人,那么收不回的贷款将从信贷员的工资中分期扣除,这项措施激发了工作人员的责任意识,将小额信贷的钱如同自己的钱一样认真对待,从而将不良贷款的风险控制在源头上,有效保证了高还款率。

(2)坚持小组联保制度,并精选"领头雁"。农业生产在产业结构中属于风险较大的产业,面对自然灾害,个人的力量毕竟是有限的,如此一来,部分不良贷款的产生是天经地义,无可避免的。因此,在一般贷款项目的制度设计中,进行了贷款财产抵押的安排。然而,农户小额信贷因为贷款对象经济贫困的特殊原因,选择了用信用担保来代替财产抵押,这种变化方便了农户,却将信贷风险转移给贷款机构,处理不慎,将导致大量呆账、坏账的产生,最终导致小额信贷的不可持续性。因此,农户小额信贷采取了小组联保、风险共担的管理制度,当个人因为自然灾害等原因无法及时还贷时,同组的成员要履行承诺,及时替实在有困难的农户还款。这样个人的风险也分散成联保小组的风险,大家形成一个团队,共享致富信息,相互监督,从而提高了还款率。

尤其值得一提的是,大同乡在小组联保中充分发挥主导者的作用,在尊重农户自愿组合的同时,物色威信高同时致富能力强的人担任联保小组的组长,这样做的好处是显而易见的,组长可以利用自己的威信,发挥联保小组风险共担的责任,与此同时,组长可以充分发挥自己头脑活、技术好的优势,带动小组成员分享致富信息、交流生产技术,以点带面,提高经营绩效,为高还款率提供物质保证。

(3)坚持中心会议制度,进行跟踪服务。大同乡信贷机构督促联保小组认真贯彻落实中心会议制度,通过中心会议,可以及时检查贷款项目的进展情况,通过会议上的交流,便于组员们了解其他成员项目的情况,有利于集思广益,早期发现问题,将项目风险控制在萌芽阶段。中心会议的另一个好处就是基层信贷员通过参加该会议,将自己了解到的致富信息、生产技术资料传递给联保小组,信贷机构不仅给广大农户提供脱贫致富的资金,还提供了信息与技术,引导农户多上市场行情好、需求旺盛、附加值高的项目,使农户及时规避市场风险,摆脱过去只管种养、不管市场的盲目经营模式。

(4)坚持整贷零还制度,保持适度的心理张力。整贷零还不是什么新鲜事物,大同乡的成功经验在哪呢?就是该制度坚持得好。通过整贷零还,使农户保持适度的心理张力,零还,每月金额不大,但可以收到良好的效果:农户心里惦记着,总琢磨着如何按时把这笔不大的款项还上,在实践中收到了良好的效果。用农民的话说,就是:要想及时还上钱,全家忙着齐挣钱。这项制度充分激发了农民致富的积极性、主动性。实践证明,贫困的一个根本原因就是心理惰性,心理惰性导致贫困惯性,"可以坐着,为何跑着",贫困不可怕,可怕的是贫困思维模式、行为模式。整贷零还制度就是打破贫困惯性的重要措施,从推着农民脱贫致富到农民自己想方设法致富。大同乡的可贵之处就是对这一制度的坚持。

(5)重视宣传工作,激发农户申请小额信贷的积极性,同时使农民正确认识小额信贷的性质,树立按时还款的观念。一方面,通过广泛的宣传工作,使农户知道小额信贷的目的、申请方式、对农户脱贫致富的积极作用,使农户打消顾虑,激发农户申请小额信贷,通过自身辛勤劳动致富的积极性。另一方面,澄清部分人"公家的钱是不用还的"的错误观念,使其认识到小额信贷不是救济款,端正认识,将及时还款的观念深入每个贷款申请人的心里。

2. 贷款项目的特色

(1)坚持科学的发展观,倡导生态农业。大同乡的信贷管理部门在审核贷款项目的同时,利用信息技术优势,并结合利率等经济杠杆,引导农户建立"养殖＋沼气＋种植"三位一体的生产经营模式,养殖的家畜的排泄物作为沼气池的原料,发酵后产生农户生活所需的燃气,与此同时也大量减少了林木的砍伐,保护了环境;沼气池定期需要更换原料,清理出来的发酵产物又作为农作物种植的农家肥,减少了化肥的使用,降低了农业生产的成本,又避免了沼气池的发酵废料对环境的污染,体现了循环经济的原则。"养殖＋沼气＋种植"三位一体的生产模式也不是现在才提出来的,但是对于广西东兰县这样的国家级贫困县而言,在县级主管部门的支持下,大同乡的信贷管理部门将该模式引入到当地农民的具体生产实践之中,落到实处,具有重要的现实意义。

(2)因地制宜,依托当地资源优势,发展特色农业。大同乡的信贷管理部门在进行一定市场调研的基础上,结合当地的地理、气候特点,积极配合当地行政部门的工作,引导农户大力发展桑蚕养殖,桑园面积有了大幅度的增加,农民增收显著,在全乡的财政收入中,蚕茧税收占当地农林税收的三分之二,在取得良好经济效益的同时,也有力促进了贷款项目的经营绩效。

(3)小步快跑,多上短平快的项目。大同乡的信贷管理部门正视农户小额信贷的实际,不好高骛远,而是鼓励农户多上投资少、周期短、见效快的项目,例如养殖项目,所需要的资金量不大,但容易上手,启动门槛低,农户也掌握了相关技术,市场需求比较稳定,价格波动不大,周期不长,见效较快,在保证农户及时还款的同时,也有力地提高了农户的经济收入。

（4）鼓励农户投入第三产业,提高项目的经营绩效。作为一个经济欠发达地区,大同乡的农副产品购销不畅,影响了经营项目的绩效。大同乡的信贷管理部门在积极鼓励农户发展生产的同时,也大力扶持懂经营流通的农户投入到农副产品的购销活动中,在搞活当地经济的同时,也提高了贷款项目的绩效。对于有技术专长的农户,信贷管理部门鼓励他们利用贷款资金,结合自身技术,发展农林产品加工业,提高经济收入。

三、广西东兰县小额信贷扶贫的影响和启示

（一）东兰县小额信贷扶贫的经济和社会影响

经过多年小额信贷扶贫工作的开展,东兰县小额信贷扶贫活动对减少贫困起到了积极的作用,带来了积极的经济和社会影响。

1. 提高了当地贫困农户的经济收入,改善了农民的生活条件

根据农户经营活动的调查,95%以上的农户贷款之后都不同程度地获得了一定的利润。每轮利润率大多在20%～30%之间,少数从事小商业买卖的客户每轮利润可达50%以上（假定劳动力的机会成本为零）。农户经济收入增加后,相当一部分农户除了相应地增加肉禽类食品消费,大部分积累用在了扩大经营活动规模上,如对牲口圈舍进行改造,增加牲口的数量,增加对经营活动的科技投入。有些农户用获得的利润将家庭的房屋进行修缮,增加对自律教育等方面的投入。妇女由于有了自己可以支配的钱,能比以前多买一些自用的衣物和日用品。

2. 加强了农村的机构建设,推动了农村贫困社区农民的产业化经营

小额信贷扶贫要求在村里建立扶贫社之类的农民的贷款管理组织,这为加强农村的机构建设,培育农村社区自我管理和民主决策机制提供了机会,为增强其发展能力提供了条件。随着农户生产技能的不断提高和生意规模的扩大,有些农户开始进行联户经营,有的甚至整个村的贷款农户自愿组成各种农民协会,形成经济联合体,如养鸡的农户组成养鸡协会、养猪的农户组成养猪协会。这为今后村级组织的持续发展奠定了坚实的基础,有利于推动农村贫困社区农

户的产业化经营,培养贫困农村的支柱产业和经济增长点。

3. 促进了贫困地区的信息交流,增强了贫困农民的自信心

从信息的内容方面看,以前农户聚在一起,交流的东西大多是家庭琐事,而小额信贷活动的开展促使其不断去交流和获取与自己经营活动有关的生产和市场信息。从交流和获取信息的方式和渠道上看,以前交流的形式大多是邻里之间拉家常,现在农户会接受各种技术培训,并按时参加例会,这样一来,农户个体的想法和行为逐渐转变成了一种有组织的集体行为,农户以集体形式有组织地走入市场,不但增强了他们在市场中的竞争能力,还能降低生产成本。

4. 推动了贫困农村的文化建设,培育了积极向上的社区文化

在小额信贷扶贫工作中,除了为农户提供必要的技术培训,还根据当地的传统文化和风土人情,积极支持他们开展各种文化活动,使传统的文化风俗得到保留和发扬,减少了农村社区一些颓废落后的恶习,如赌博、酗酒等。另外,小额信贷活动的开展,小组成员之间互帮互助的现象增加,社区的邻里关系比以前融洽,吵架的现象减少了。

5. 促进了妇女在家庭和社区内的角色转变

由于小额信贷扶贫的对象有相当部分是贫困妇女,这使得妇女在提高家庭经济收入和推动社区经济发展方面的贡献不断增加。妇女在家庭和社区内的角色也产生了根本性的变化,大部分由以前灶台前后转、听从丈夫或公婆使唤的普通家庭妇女,变成了家里不可忽视的家庭收入的创造者;由不起眼的普通妇女变成了为社区带来商机、创造财富的重要力量,一些妇女也因此当上了某些社区农民组织的领导。这为推动农村妇女发展起了重要的作用。

(二)东兰县小额信贷扶贫的启示

1. 坚持量力而行、尽力而为的工作方针,是搞好小额信贷扶贫工作的前提

小额信贷作为舶来品,我国从 1994 年初开始在陕西商洛地区搞试点,广西壮族自治区 1997 年开始在小范围搞试点,东兰县在 1998 年开始在东兰、武篆、兰木、三石、隘洞 5 个乡镇开展试点工作,通过试点,虽然积累了一些经验,但还没有形成一套完全适应中国国情和我国贫困地区特点的运作模式。在这样的情况下,要使小额信贷扶贫工作得到持续、健康的发展,使之真正成为解决温饱、巩固温饱,实现农民增收和财政增收的目标,必须坚持量力而行、尽力而为的工作方针。

从实践上看,也要求必须这样做。如1998年东兰县试点投放的300万元,由于承贷管理方式不合法,步子过快,战线过长,对象摸不清,对政策的理解也不到位,结果造成管理、服务跟不上,由此带来了许多问题。1999年,东兰县虽然纠正了承贷管理方式,使之合法化,但没有认真分析试点工作中存在的问题,在很短时间内,一哄而起,又新增投放600万元,其结果也不尽如人意。2000年,东兰县在认真总结前两年工作成功与失败的基础上,提出了严格把握三个基本条件和坚持两个不贷。三个基本条件是:①必须同有效的承贷管理方式相适应,使其合法合规;②必须同管理人员的数量和素质相适应,还款率达不到90%的扶贫分社不贷;③人员不落实、机构不健全、各项制度不完善的扶贫分社不贷。实践证明,凡是坚持好量力而行、尽力而为的扶贫分社,其小额信贷扶贫贷款运行一般都较良好,如大同、泗孟、长乐、妇联等分社就说明了这一问题。

2. 领导重视,责任到位,是确保小额信贷扶贫成功的关键

小额信贷扶贫是一项艰苦、细致、复杂、长期的工作,是一项社会系统工程,需要各级党委、政府高度重视,加强领导,才能确保其正常运转。几年来,东兰县一直把提高认识、加强领导、强化责任作为小额信贷扶贫的一项重要工作来抓,通过会议、发文件、宣传培训等形式反复强调各级领导一定要从实践"三个代表"重要思想和"讲政治"的高度,充分认识小额信贷扶贫的重要性,切实加强领导,要将小额信贷扶贫列入政府重要议事日程,主要领导要亲自抓,分管领导要具体抓。现实证明,各级领导认识到位、领导到位、责任到位,是确保小额信贷扶贫成功的关键。哪个分社做到了,哪个地方的小额信贷扶贫工作一般都搞得较好,反之则较差,如隘洞镇就是一个较好的例子。该镇在1999年前,小额信贷扶贫工作十分被动,累积回收率一直排在全县的倒数位置,到2000年初,镇党委政府觉察到压力很大,群众上访频频,于是高度重视,并采取了有力措施,经过半年的努力工作,很快就扭转局面,从被动变为主动,又回到了全县的前列。同样的工作,同样的班子,同样的工作人员,抓与不抓,重视与不重视,效果是截然不同的,相反,有些乡镇到目前为止,仍把小额信贷当做一般性的工作,工作停留在发通知及会议布置上,缺乏真抓实干,有的连续几年没有新增投放,但收回的逾期资金也是微乎其微,工作局面打不开,甚至使小额信贷扶贫工作陷入非常被动的境地。

3. 建立一支高素质的工作队伍,是实现小额信贷扶贫持续、健康发展的根本

小额信贷不同于一般的农户小额贷款。一是组织化程度不同,小额信贷要求贷款农户组成联保小组、中心;二是小额信贷有一整套约束和激励机制,贷款农户有还款压力,小额贷款农户则缺乏还款压力;三是小额信贷具有深层次的人力资源开发功能,小额贷款则缺乏这种功能;四是从制度建设要求看,小额信贷要求提供各种配套服务,小额贷款一般只强调"三查"。以上特点决定了小额信贷是一项时间性强、工作量大的工作,必须建立专业的操作机构,配备高素质的专职人员,才能按照其内在要求开展工作。几年来,东兰县一直把机构和队伍建设当做小额信贷扶贫的基础工程来抓,始终强调配强配齐人员,多次明确分管扶贫的领导必须是扶贫分社的主任,扶贫助理和扶贫世行站的工作人员必须直接抓这项工作,妇联、经管要协助管理好这项工作,并对参加这项工作的人员有计划地安排参加培训,但有些乡镇一直没有按照要求落实到位,特别是在这次机构改革中,对扶贫机构的设置不合理,人员安排不到位,导致小额信贷扶贫工作无人抓或断层现象,没能连续性地开展工作。实践证明,搞好机构和队伍建设,做到有人做事,人能做事,是搞好小额信贷扶贫工作的重要保证。在实际工作中,扶贫分社建设搞得好、人员落实到位、工作时间有保证,小额信贷扶贫都能保持良好的发展态势。反之,机构不健全、工作人员经常调换或分配到"中心工作"的分社,小额信贷往往运转不畅。

4. 坚持基本制度,规范运作,是小额信贷扶贫资金安全运行的基础

支撑小额信贷扶贫的主心骨是"整贷零还、小组联保、中心会议"三大机制。只有坚持整贷零还,才能对贷款农户保持适度的还款压力,增强他们的科技、市场、商品、还贷意识。只有坚持小组联保,才能促进小组成员之间的互帮、互学、互督,提高还款率。只有坚持中心会议活动,才能把扶贫政策、先进实用技术和生产经验、市场信息传递到户,才能提高项目成功率和按时收回到期贷款。因此,坚持三大机制,规范运作,是小额信贷扶贫贷款安全运作的基础。东兰县在推行小额信贷扶贫工作中,始终坚定不移地坚持以中心会议为核心的三大机制。一是对一些分社出现放弃三大机制的苗头及时纠正,对不规范还款和管理的分社不予再投放;二是组织召开现场会,东兰县多次组织了各乡镇党委书记、分管领导、扶贫分社工作人员、驻社信贷员到各乡镇召开现场会,听取了小额信贷扶贫的经验介绍和现场参观,提高了大家对三大机制的认

识;三是以坚持三大机制为核心,狠抓规范管理,强调做到"五个规范",即队伍规范、操作规范、制度规范、硬件规范、档案规范。档案和经费管理是重中之重。

5. 部门密切配合,相互支持和理解,是实施好小额信贷扶贫的重要条件

几年来,东兰县协调好部门关系,使部门间密切配合,形成小额信贷扶贫的合力作为重要工作来抓。自治区发文明确了各部门的职责,各部门按职责要求,各司其职。县扶贫办、农行县支行配合默契,珠联璧合,做到情况互通,责任共担,问题共商,工作部署、政策、原则、制度共同贯彻执行,共同检查督促。1999 年在改变贷款运行方式上,实现规范转轨,达成共识,步调一致。2000 年,在坚持贷款条件下,保证了小额信贷扶贫的进一步规范和稳步发展,各乡镇与农行也能做到相互理解、相互支持、通力合作,其他各部门围绕扶贫开发大局,积极为小额信贷扶贫社、贷款农户提供服务,形成齐抓共管的格局。实践证明,各部门对贫困群众动真情,把帮助群众解决温饱进而摆脱贫困作为共同的政治任务和目标,是协调好部门关系的基础,而部门间在工作中齐心协力,是小额信贷扶贫工作顺利开展的重要条件。

6. 坚持群众自愿和积极引导相结合,是开展小额信贷扶贫工作的好方法

小额信贷扶贫既是政治行为,又是经济行为,既是政府行为,又是金融行为,这就是小额信贷扶贫的优势所在,但要充分发挥这一优势,除了实行"三线运行"(即政府、农行、扶贫社三管齐下)外,必须处理好群众自愿与政府积极引导的关系,根据过来的经验,处理好这一关系,主要是坚持"三个结合"。一是坚持深入细致地宣传发动与群众入社自由相结合。因为小额信贷扶贫是一个新生事物,必须深入细致的宣传,才能被群众所认识和接受;同时,小额信贷又是市场经济行为,群众加入扶贫社既获得申请使用小额信贷扶贫贷款的权利,但又必须承担参加扶贫社的活动,按时归还到期贷款本息的义务。因此,群众是否入社,是否借款,必须按经济规律办事,坚持自愿互利,不搞行政强迫命令。二是坚持群众自愿组合与积极引导相结合,即在组建联保小组时,由群众各自找信得过、合得来的人组合成小组,不搞人为撮合。这样,才能发挥联保小组互动、互保、互督作用。但为提高小组的互保能力和项目成功率,在坚持群众自愿的前提下,应积极引导一些经济状况相对较好,生产经营能力较强,有一定感召力的人加入联保小组,让这类人在小组中发挥带头致富和守信誉的作用,推动

其他贫困户共同发展。从实践看,哪个小组有这些人加入,并发挥其核心带头作用,哪个小组就能运转正常,还贷较好,项目效益也较显著。三是坚持农户自主决定生产经营项目和引导农户参与当地产业结构调整,发展特色经济相结合。由于小额信贷微型项目的经营风险完全由贷款户承担,根据权责利相一致的原则,贷款户上什么项目由他们自己决定,但在农户缺乏市场信息、农产品相对过剩及市场经济呼唤规模经营、批量生产的情况下,引导贷款户参与当地产业结构调整,发展当地优势资源为依托的特色经济,便成为小额信贷扶贫的必然要求。如大同乡纳雅屯,为建立"沼气 + 养殖 + 种养"三位一体工程,县政府在积极引导的前提下,充分利用小额信贷扶贫资金予以扶持,收到良好的效果,既增加了群众收入,又确保了贷款的安全运行,贷款回收率保持在 100% 。

7. 坚持"三查"制度,是实现小额信贷扶贫资金"贷得出、收得回、有效益"目标的重要保证

所谓的"三查",就是贷前调查、贷中审查、贷后检查,这三个环节在任何贷款中都缺少不了,小额信贷也不例外,这也是它与其他贷款的共同之处,要真正实现小额信贷扶贫资金"贷得出、收得回、有效益"的目标,必须坚持好"三查"制度。贷前调查就是对于申请入社贷款的农户,必须深入细致地调查了解,重点是调查他的信誉程度、还款能力和项目的可行性。贷中审查就是审查贷款人的贷款资格和必备的手续是否齐全。贷后检查就是对贷款户进行跟踪服务,帮助群众解决技术问题,检查资金的使用情况,若发现问题,及时给予纠正。几年来,凡是小额信贷扶贫工作做得好的分社,与坚持做好"三查"制度是分不开的。

四、农业银行小额信贷扶贫存在的问题和政策建议

深入农村,帮助农民,解决困难,发展生产是中国农村金融工作的基本方针。在信贷资金回归中国农业银行管理以后,有些地方继续发挥扶贫社的作用,与农业银行合作开展小额信贷扶贫到户的工作。1998 ~ 1999 年,中国政府扶贫到村入户,号召务必打赢扶贫攻坚战,实现在 20 世纪解决绝对贫困人口温饱的政治任务,陕西、云南、广西、贵州、河北等省区农业银行利用扶贫贷款开展小额信贷扶贫工作。

　　但在小额信贷操作的实践中,金融部门切身感觉到小额信贷扶贫工作量大且异常辛苦,点多面广,需要的人员多,工资费用大。如贵州省县级农行经费的40%、营业所80%的力量用在了小额信贷扶贫工作上;小额信贷操作的费用高,不仅需要印制各类凭证,缴纳高额的水电差旅费,还要向扶贫社支付相当于收回本金5‰和回收利率5%的代办费。为了节省成本,农行对小额信贷农户组织还进行了改造:几乎没有中心会议和技术支持服务内容,整贷整还,贷款规模和还款期限也比较灵活。由于成本高,银行效益下降,贷款的还付率达不到理想的目标,因此1999年以后,相当多的农业银行不愿意承担小额信贷扶贫资金的运作。

　　2000年以后,为了在市场竞争中站住脚,中国农业银行重新调整了市场定位,确定基本的经营战略是"积极巩固、调整和提高农村业务,大力拓展大城市业务,重点发展中小城镇业务"。按照中央的指示,为支持农村信用社改革,农业银行逐步从农户个人等小额、分散的贷款领域中推出,让出一块市场给农村信用社。农业银行则发挥国有商业银行的系统功能、网络优势,加大了对规模大、辐射强、效率高、效益好的农村电网、交通、通讯、小城镇建设、农业产业化龙头企业、农业高新技术企业以及民营企业的支持力度。因此在2000年以后,只有少数地区如广西、云南等地的农业银行还在继续开展小额信贷扶贫的工作,而在其他地区已基本停止此业务。

　　(一)农业银行小额信贷扶贫中存在的问题

　　衡量扶贫资金或扶贫项目的使用效果主要有四个指标:一是目标瞄准,即投入的扶贫资金是否像希望的那样到达了预定的区域或人群,也就是资金是不是用在贫困地区,给了贫困人口。二是有效性,即投入的资金是否达到了预期目标,如农户收入增加了多少,粮食产量提高了多少,解决了多少人的饮水问题等。三是资金使用的效率,即为实现一个目标付出了多大的代价,资金的投入/产出比。四是扶贫效果的可持续性,即资金产生的效果能否持续,管理资金的机构在财务上能否自负盈亏。根据这样的标准,农业银行小额信贷扶贫资金的使用效果确实不能令人满意。

　　1. 小额信贷扶贫贷款供需矛盾比较突出

　　由于小额信贷的推广普及,贷款贫困户尝到了甜头,感受到了小额信贷的诸多好处,已由过去的被动贷款变为主动争取贷款,现有的贷款计划难以满足贫困户的企盼和愿望。由于扶贫贷款由人民银行政策调拨改为农业银行自营存款或拆借资金投放,特别是基层行自营存款不足以完成扶贫贷款,投放时必须向外拆借,而向行外拆借利率又高于扶贫贴息贷款利率,即便是从人民银行拆借支农贷款,利差空间也很小,连用于小额扶贫贷款的发放费用和成本都不够。拆借利率高,扶贫贷款利息低,势必形成投放越多亏损越多。另外,省行对基层行又规定有年赢利、减亏和费用指标,扶贫贷款业务与常规贷款一样列入考核内容,完不成指标奖金、福利都会受影响。因此,基层农行从单位效益和个人利益考虑,不得不把主要精力放在经营常规贷款上。很显然,在这样的政策体制下,很难调动基层行对投放扶贫贷款的积极性,已造成了扶贫贷款的净投放数量同比呈逐年下降趋势。

2. 小额信贷扶贫资金到户难,扶贫资金的资产质量比较差

一方面,从扶贫工作的角度看,小额信贷扶贫资金到户难。根据国务院扶贫办对中西部 22 个省区的统计,2001 年,农业银行全年实际发放扶贫信贷资金 176 亿元,其中到户贷款 37.84 亿元,占当年实际发放扶贫信贷资金的 21.45%。在到户贷款中,没有贫困农户使用资金的比例。从各地的情况看,2001 年,湖南省的 23 个国定贫困县直接发放到户的小额信贷扶贫资金 2400 万元,仅占全年实际发放扶贫信贷资金总额的 3.5%。内蒙古赤峰市 2001 年累计发放扶贫信贷资金 8800 万元,其中 8300 万元贷给龙头企业,到户贷款仅为 500 万元,占总额的 5.7%。

另一方面,从经营行(农业银行)的角度看,扶贫资金的资产质量比较差。截至 2002 年底,农业银行全行扶贫信贷资金中不良贷款余额 344 亿元,占比高达 38%,较其他贷款高出 10 个百分点;其中到户的不良贷款比例为 60%。1998~2000 年,江西省到期扶贫信贷资金总额为 13 亿元,按期回收的仅 1.2 亿元,按期还贷率只有 9%。

3. 扶贫社经费困难,承担小额信贷业务的农业银行面临严峻挑战

小额贷款扶贫面对的是贫困地区的贫困农户,山大沟深,居住分散,管理成本相对较高。前些年,很多省份的每个贫困乡镇都成立了扶贫经济合作分社,省扶贫办每年会给分社安排一定的工作经费,协助基层营业所代办站(点)管理小额信贷业务,贷款回收率比较高。但国家审计署指出,给扶贫社在此项业务上安排经费是违规行为,因此,近些年,经费没有了,扶贫社名存实亡,人员也

不固定,管理小额信贷的责任和任务基本上落在了农业银行头上。可银行近几年基层营业网点撤并,人员压缩,很难承担繁重的小额信贷扶贫工作。小额信贷的低利率、高成本,又不允许向贷款户收取任何费用。长此以往,既影响了银行的企业信誉和效益,也影响到扶贫贷款的滚动使用和小额信贷的可持续发展。

4. 从贫困农户的角度看,申请小额信贷扶贫资金难度日趋增大

一是农行考虑安全系数,在考察贷款人抵御风险能力方面比较谨慎;二是审批手续繁琐,交易成本高,农户有畏难情绪;三是无抵押物,找不到担保。如一农户想申请5000元小额贷款种植柑橘,钱还没贷到手,到国土、房产等部门办理抵押担保手续就会花去500元左右。因此,小额信贷扶贫资金涉及的各个方面对该项资金的使用效果都不甚满意。因此,扶贫部门、财政部门、金融部门、农村基层干部和农户都在呼吁改革。

(二)农业银行小额信贷扶贫问题的原因分析

大量不良到户贷款,除给农行带来沉重负担外,也使大部分贫困户背上沉重的债务,同时也淡化了贫困地区农村信用观念。中国农业银行扶贫到户不良贷款所占比例高,主要有以下原因:[①]

1. 贫困户自身能力差,不符合贷款条件

一方面,贫困户绝大多数处于经济落后、信息闭塞的偏远山区,他们自身条件差、素质低,大多缺乏抵御天灾人祸的能力。相当一部分贫困农户缺乏商品生产意识,不懂生产经营技术,不了解市场信息,生产的农副产品卖不出去,更有一些农户将贷款用于保证基本生活,使扶贫贷款成为救济款。另一方面,贫困地区自然条件和经济基础差,水电、交通、通信等基础设施落后,资金、劳动力素质、信息、技术和市场等主要生产要素发育不全,商品流通不畅,严重制约着贫困农户的生产经营活动。

2. 产业结构单一,产业化程度低,贷款效益差

近年来,中国农副产品市场价格低迷,而贫困农户所从事的大多是一般种养业,既没有深加工技术,也缺乏集中的技术指导和及时的信息,一家一户更形

---

① 杜晓山、张保民、刘文璞、孙若梅:《中国小额信贷十年》,社会科学文献出版社2005年版,第105页。

不成系列化和规模生产。即使生产出产品,销售也没有保证,只能自己消费。当年的"温饱"解决了,但却背上沉重的债务负担,一遇灾祸极易返贫,贷款本息回收难。

3. 银行内部存在的问题

一是扶贫贷款投向贫困地区的千家万户,户均贷款额小,贷款农户多,农户居住分散,管理难度大、成本高;二是随着农业银行机构改革力度进一步加大,许多贫困乡镇的营业网点撤并、人员精简,信贷力量严重不足;三是激励机制不健全,基层信贷员不愿对过去的扶贫到户贷款进行艰苦细致的管理和清收;四是 2002 年以来,各级行为了保住经营成果,严控扶贫到户贷款。

4. 社会信用差,不合理的行政干预大

贫困户大多无有效财产,农村也没有财产抵押登记部门。因此,只能采用互保或联保方式,这种方式实质上只是一种道德上的约束。在农村社会信用体系较差,政府帮扶、管理措施不落实的地区,信贷风险难以防范。一些党政干部信用观念淡薄,在中国农业银行发放扶贫贷款时,对农户进行误导,使农户误认为扶贫贷款是救济款,是无偿救助资金,没有还款意识,一些地区的乡村干部甚至带头赖账,影响极坏。一些地方的党政部门把扶贫到户简单理解为"贷款到户",他们采取多种方式施加压力,迫使中国农业银行发放大量扶贫到户贷款,却不注重其他帮扶措施的落实,不提高当地的诚信意识,在市场信息、技术培训、生产过程中的管理和销售等环节不能为农民提供必需的服务,致使扶贫到户贷款效益差。

(三)扶贫小额信贷发展的政策建议

扶贫小额信贷与正规金融机构所开展的小额信贷服务有着很大的区别,扶贫小额信贷有其固有的使命,即扶助穷人、减少贫困,其具有非营利性。政府应该从加快国家脱贫进程,消除贫困、推动社会进步的角度考虑,对扶贫小额信贷给予法律和政策上的支持。可以成立专门的机构开展小额信贷扶贫业务,同时积极鼓励和支持非营利民间团体参与扶贫小额信贷工作,并对从事小额信贷扶贫工作的机构给予一定的补贴。这不仅能更好地帮助贫困人群脱贫致富,也有利于提高政府的扶贫效率,降低扶贫成本。

作为正规金融机构,农业银行开展小额信贷业务,必须符合市场的原则。现行的农业银行,如果要进一步更好地更具持续性地开展小额信贷业务,需要走商业化的发展道路。在目前还没有其他机构专门从事小额信贷扶贫工作开展的情况下,农业银行在开展小额信贷业务时还少不了各级政府的支持。

1. 调整小额信贷扶贫贷款的利息补贴政策

现行的小额信贷扶贫政策未反映市场规律的要求,未能达成脱贫与信贷机构自负盈亏、持续发展的"双赢"。为此,建议用于企业流动资金和较大扶贫项目贷款的贴息按现行的政策执行,以利息覆盖成本和信贷机构可持续发展为着眼点,适当调整小额信贷扶贫贷款的利息补贴,即到户贷款继续按现行的利率向农户收取利息。同时,参照人民银行规定的基准利率浮动的标准提高财政贴息比例,以补偿信贷机构操作小额信贷的高成本,使其从"做得越多,费用越大,赢利越难"的怪圈中摆脱出来。

2. 进一步加强扶贫社建设

扶贫社是农业银行和贫困农户之间的中介服务组织,其主要职责是代贫困农户统一向农业银行办理小额信贷扶贫贷款,同时向农户提供各项社会服务,受农业银行的委托负责向借款农户收回到期贷款本息。农业银行关闭贫困乡(镇)低效的营业网点后,扶贫社的中介服务地位更显重要。充分发挥其职能作用,可以缓解农业银行操作小额信贷需投入较多人力的矛盾,同时还有利于降低农业银行操作小额信贷的成本。从广西的实际看,发挥妇联组织网络健全、人员相对稳定的优势,加大力度支持其开展小额信贷扶贫工作,是解决机构和人员问题的可行方法。至于操作机构的经费,应列入各级财政预算,确保其有稳定的来源。

3. 用创新的精神推进扶贫开发新阶段的小额信贷扶贫工作

贫困农户发展家庭经济面临的主要问题是"三缺",即缺资金、缺技术、缺市场。采取切实有效的措施引导、鼓励有经济实力及市场开拓能力的农业产业化龙头企业到贫困地区兴办原料生产基地,实行小额信贷与农业产业化龙头企业兴办的原料生产基地相结合,是解决"三缺"问题的切入点。龙头企业解决技术和市场问题,小额信贷扶贫贷款则能较好地解决缺资金问题。有条件的地方应积极探索小额信贷扶贫与农业产业化龙头企业在贫困地区兴办原料生产基地有效结合的方式,这样有利于降低到户贷款的风险,从而有利于调动金融机构的积极性。至于具体的结合方式则需要在实践中探讨,应积极开展试点,探索经验。

4. 各级政府认真落实帮扶措施,建立良好的社会信用体系

政府应拿出资金,用于为贫困户提供相应的市场信息、技术培训、售后服务和项目的前期论证及准备等服务工作,提高贫困户从事项目的成功率。县、乡两级政府应把小额到户贷款的收回作为自己的一项重要工作,纳入各级年度考核指标之中,加大对农户组织服务管理力度,协助小额信贷机构搞好贷户调查、贷款发放和贷后管理等工作。要定额核贷,每个联保组每次先对部分农户发放贷款,视获贷农户效益和还款情况,再决定如何向其他农户发放小额贷款,以便在联保组内形成监督机制,也可减少小额信贷机构的经营风险。同时,还可考虑建立到户贷款担保基金,为贫困户申请到户扶贫贷款提供担保。基金的来源主要为:一是每年从财政扶贫资金中提出一定比例的资金;二是贫困户可以适当交一部分。

第三节 农业银行惠农卡农户小额信贷影响评价的实证分析

2007 年 1 月,全国金融工作会议召开,确定农业银行"面向'三农'、整体改制、商业运作、择机上市"的改革原则后,农业银行扎实做好股份制改革的各项准备工作,努力探索面向"三农"与商业运作的有效实现途径,深化公司治理机制改革,为顺利推进股份制改革打基础。为了提高"三农"金融服务水平,支持社会主义新农村建设,2007 年 9 月中国农业银行针对农户经营和消费特点,开发了专门服务农户的"金穗惠农卡"(以下简称惠农卡),并以此为载体开展农户小额贷款业务。

惠农卡是中国农业银行按照"以诚惠农,以信立农"的服务理念,面向广大农户发行的综合性银行卡新产品。其核心功能是以惠农卡为载体,通过农行网点或自助渠道为持卡人提供农户小额贷款放款、使用、还款等服务。通过惠农卡向符合条件的授信农户持卡人(可由 1 名有固定收入的行政事业单位的人员提供担保,或由 3~5 户农户互相提供担保,个别地区要求 5 户以上农户互相提供担保)提供 3000~30000 元小额贷款,实现农户小额贷款一次授信、随借随还(每笔贷款合同期限 1 年,授信期 3 年)。惠农卡除具有金穗借记卡存取现金、

转账、结算、消费、理财等各项金融功能外,还可作为财政补贴发放的通道、新型农村合作医疗服务和代理农村公用事业收付等工具。惠农卡作为惠农产品,对惠农卡持卡人提供免收小额账户服务费、免收工本费、减半收取卡年费,在农村信用社、邮政储蓄银行网点办理异地取款时享受人民银行农民工银行卡特色服务收费标准等金融服务收费优惠。本节通过农业银行惠农卡业务的开展情况的现状分析,来考察和改进惠农卡农户小额信贷的影响。

一、农业银行惠农卡业务开展情况

(一)农行在服务"三农"和县域经济发展中的优势

1. 信贷支撑的优势

县域经济加速发展,需要大量资金投入,对金融依赖程度更高,而目前绝大多数县市以下地区,尤其是农村,资金供求矛盾更加突出。

其一,为防范、化解金融风险,增加银行效益,农、工、建、中四家国有商业银行大量撤并县以下网点,且严格实行授权授信管理,信贷投入总量减少,信贷资金向大企业、大项目倾斜,对县域经济很少放贷,工、建、中的县支行几乎根本没有信贷审批权。

其二,各商业银行普遍把市场定位放在吸收存款上。通过资金上存作为提高效益的根本途径,这就使县域内国有商业银行存差不断扩大,造成县域资金大量外流。

其三,只存不贷的邮政储蓄,由于其具有网点多、方式灵活、转存划汇方便的特点,业务发展很快。但邮政储蓄只存不贷,造成了县域资金大量外流。

其四,县域经济发展的融资渠道比较单一。几乎没有资本市场,山区地(州)、县(市)目前都很少有股份制的地方性银行,外资银行及国内其他股份制商业银行,目前且短期内也不会涉足县域经济。

其五,农村信用社实力弱。受思想观念、管理模式及地方政府干预等因素限制,加之历史包袱沉重,短期内很难做大做强,心有余而力不足。

在严重的资金供求矛盾中,农业银行则可以发挥自身独特优势,在信贷业务方面寻求效益增长点。尤其是在农村信用社有心无力,国有商业银行有力无心的局面中,农业银行可以有心有力地占领县域信贷市场。一是目前农行县一级支行的贷款审批权虽然在额度和范围上受限,但毕竟还是有信贷审批权,这比另外三家国有商业银行要好。二是一些县域经济内的中小企业,主要是农副产品加工企业已经发展壮大,获得了高等级信用资格,成了省级以上农行直接授信授贷对象。三是农业银行原来发放的贷款中,在县域经济中的贷款额度较大,部分可以清收,用于支持县域经济。还有一部分不良贷款,只有靠继续"输血"才能盘活。这迫使农业银行无法完全放弃,更不可能彻底退出农村市场。四是欠发达地区的农业银行,还保留了少数政策性银行功能。

2. 结算渠道上的优势

资金结算网络健全的工、建、中等国有商业银行已经全部撤销在县域以下的网点,有的县甚至连县支行都撤销或降格为分理处,此为有"网"不可用。而连接城乡的农村信用社又未在全国全省实现资金存取的通存通兑,只有农业银行,不仅有健全的结算网络,而且仍然在县域保留了大量网点,目前虽然也撤并了一些机构,但至少目前县级支行都存在,在一些大的乡镇还有分理处。

3. 服务功能上的优势

长期支持县域经济发展,使农业银行在县域对相关企业情况熟悉,关系融洽,而作为国有商业银行,在改制中完善了现代化服务设施,提高了人员素质,又不断完善了功能,增加了大量新的金融产品,使农业银行的服务功能远远优于其他金融机构。如在银行卡业务、个人理财、结算业务上,信用社无法与之相比;在代理保险、代收账款、代发工资等方面,其他商业银行因网点偏少,也无法与之竞争。在县域经济发展中,能提供全面的金融服务的目前只有农行独此一家。

4. 实力上的优势

农业银行是我国最大的商业银行之一,资金实力本身雄厚。目前,不良贷款占比高,资产质量低,这是所有金融机构共同存在的。但在县域经济中,农行的金融债权维护比其他商业银行境况要好。众所周知,企业改制已造成了大量金融债务逃废,但在县级,农行受损比工行、建行相比要小,其主要原因在于过去县属国有工业企业的信贷发放量本身比工行少,而商业企业中供销社资金负债比例相对较小,逃废的金融债务不太多,粮油企业又由农发行接管,减轻了一定包袱。加之实行资产剥离,对农村信用社分家脱管。目前农业银行依然有足够实力,在县域经济发展中大有作为。

5. 政策上的优势

如前所述,县域经济中农村经济依然是主流,国家对"三农"问题的关注,实施的西部大开发战略,对于以"农业"冠名的商业银行,无疑在政策上能得到一定倾斜照顾。如在扶贫贷款国家财政贴息,以解决农村交通和人畜饮水、城镇"菜篮子"工程为重点的以工代赈项目、生态林保护工程项目、农村小水电建设项目等,农业银行捷足先登当属享有政策优势。

(二)惠农卡的发放和小额农贷的授信情况

2009 年 3 月,中国农业银行在京召开惠农卡和农户小额贷款工作视频会议,安排部署 2009 年惠农卡和农户小额贷款整体推进工作。据悉,农业银行已确定 1 家省分行、11 家二级分行、153 家县支行作为 2009 年整体推进单位,计划年内新发惠农卡 2300 万张,确保激活率达到 95% 以上,惠农卡授信率不低于当地农户有效信贷需求的 30%,惠农卡贷款授信户数达到 350 万户以上,当年新增惠农卡贷款 500 亿元。农行相关负责人表示,2009 年,农行惠农卡和农户小额贷款将采取点面结合、重点突破的推广方式,从省、地(市)、县三个层面实施整体推进,推广范围将从 18 家分行扩大到全行。这意味着农行可为约 1 亿农民提供金融服务,并通过惠农卡贷款满足近 400 万农户的信贷需求。

推进惠农卡和农户小额贷款工作,是农行落实面向"三农"市场定位、拓展县域蓝海市场的重大战略举措。2008 年 4 月,农行在四川、吉林等 8 家分行启动惠农卡和农户小额贷款试点工作以来,至年末,试点分行共计发卡 810 万张,完成全年发卡任务的 162%;农户小额贷款授信 30 万户,授信总额度 66 亿元;贷款 19 万户,贷款余额 47 亿元。为确保 2009 年推进工作目标的实现,农行明确提出,将按照"突出重点、加大投入"的原则,进一步加大资源配置倾斜力度。对纳入总行整体推进名录的省、市、县试点单位,由总行对惠农卡推广所需信贷计划、人力资源、绩效工资、固定资产、营运费用等资源给予支持和倾斜。在此基础上,不断完善网点服务功能,充分挖掘现有网点服务潜能。在风险可控的前提下,下沉经营重心,将农户小额贷款的权限适当下放到乡镇网点,提高办贷效率。在县域经济比较活跃、农业生产专业化程度较高、农户信用意识较强、发展前景较好的中心集镇,通过优化布局,酌情调整增设网点。加快推进电子渠道建设,在乡镇政府、派出所、基层供销社销售网点(包括农家店)、优质连锁店等,根据各类自助机具的特点,相应布放支付通、ATM、POS 等机具。加快研发适合农村推广的"三农"自助服务终端、手机银行和网上银行等产品,大力提高"三农"金融服务的信息化水平,充分发挥电子银行和自助设备对机构网点的替代效应。[①]

截至 2009 年 8 月 10 日,中国农业银行全行共发放惠农卡 2551.19 万张,激活率达到 96.28%;惠农卡存款余额 123.45 亿元;农户小额贷款授信总额度 576.78 亿元,授信户数 228.08 万户;农户小额贷款余额 462.43 亿元,贷款户数 179.48 万户;授信率 8.99%,其中黑龙江、江西、山东授信率位居前三位,分别为 31.26%、27.15% 和 25.46%。[②]

(三)惠农卡开展以来产生的积极效应

从 2008 年惠农卡业务开展以来,已经从三个方面产生了一些积极效应。

一是有效破解了农民贷款难问题,改善了农村金融服务水平。长期以来,由于抵押担保落实难、贷款难问题一直困扰着广大农户生产经营和发展。惠农卡小额农户贷款的准入门槛低,农户只要经营可持续、还贷有保证,都会被纳入服务对象。以湖北省为例,湖北是农业大省,农行肩负着重要使命,金穗惠农卡是湖北省农业银行专门为农民量身定做、最高贷款额度可达 3 万元并具有贷款循环发放等多种功能的银行卡,具有利率低、优惠多、手续简便等优点,一经推出便受到广大农户的欢迎和喜爱。2008 年以来,湖北省农业银行充分发挥其在服务“三农”和县域经济发展中的优势,将惠农卡作为重中之重,强力推广,通过惠农卡积极支持广大农户,不断满足农户金融需求。到 2009 年 3 月末,已发惠农卡 123.3 万张,居全国农行首位,向全省 2.43 万农户发放小额贷款 6.2 亿元。农户小额贷款的发放既满足了其生产生活的需要,又为“三农”发展输入了新鲜血液。

二是资金成本较低,大大减轻了农民的融资负担,得到了地方政府的肯定和农户的“热捧”。金穗惠农卡既有借记卡功能,又是向农户发放小额贷款的载体,具有“广覆盖、普惠制”特点,对金融服务长期得不到满足的广大农村具有很强的吸引力,因此各级地方政府对此热情高涨。惠农卡试点以来,许多地方政府都在第一时间内以政府办的名义发文,就协助农行做好惠农卡及农户小额贷款发放工作提出了明确意见,各乡镇政府也召集书记、村长进行了宣传动员,为农行推进这项业务营造了良好的外部环境。按照惠农贷款的相关优惠规

---

　①　《农行全力推进惠农卡和农户小额贷款工作计划》,载《金融时报》2009 年 3 月 3 日。

　②　中国农业银行三农个人金融部信用卡中心:《金穗惠农卡及农户小额贷款工作简报》2009 年第 7 期。

定,农户小额贷款利率上浮幅度不低于同期基准利率的20%,年利率多为6.372%,与其他金融机构相比,融资成本相对较低,如农信社贷款年利率为10.08%,邮政储蓄银行为15%,民间借贷的利率则更高。以一万元一年期的农户小额贷款为例,惠农卡农户所减少的贷款利息支出分别比农信社、邮储银行少支付370.8元和862.8元。较低的资金使用成本大大减轻了农民的融资成本。同时,惠农卡作为惠农产品,对惠农卡持卡人提供免收小额账户服务费、免收工本费、减半收取卡年费,那么一个农户用惠农卡取代一般的借记卡,则一年可节约成本17元左右。

三是惠农卡的开展提升了农业银行的社会形象,拓宽了生存空间。农户小额贷款的发放,使农业银行重新拾回离开多年的农村阵地,与"三农"再续前缘,田间地头再现了久违的"挎包"银行,这无疑提升了农业银行在各地的影响力、美誉度,增加了农业银行在农村金融市场中的话语权、主导权,同时也为农业银行的生存拓宽了发展空间和赢利渠道。

农业银行惠农卡和农户小额信贷业务开展以来虽然产生了一些积极效应,但是由于农行支行受人员少等因素限制,当前主要将精力投入到惠农卡发放工作中,对授信业务开展略显不足。据笔者调查了解,各地区的农业银行系统在推广惠农卡过程中,不同程度地存在着这样或那样的问题,亟待加以解决。

二、惠农卡小额农贷授信过程中存在的问题

(一)深度宣传的力度不够,农户对惠农卡及小额农贷认识模糊

目前,农行开展惠农贷款业务还处于初级阶段,为了在广大农村快速普及惠农卡,农行系统层层下达惠农卡营销任务,各级行将营销任务分解到人,并按发卡量给予相应的报酬。为了完成营销任务,片面追求个人利益,个别经办人员不惜采用各种手段将惠农卡发放出去,着重对农户宣传其贷款功能和利率低的特点,而对其需收取年费、授信、如何使用、跨行使用需支付手续费等规定宣传甚少,一味迎合农户的利己心理,使老百姓热衷于办理惠农卡业务,致使部分农户将惠农卡理解为"扶贫卡",一些农户错误地认为是国家要给农民发钱,是财政向农民发补贴,思想上没有"贷款"的意识。加之,农业银行办理惠农卡的政策宣传不到位,致使部分农民对惠农卡的相关政策规定理解和掌握得不全面、不透彻,部分农户认为持卡就可以直接到银行柜面贷款,不了解还要调查、

授信、联保等程序。更有甚者,少数不符合发卡条件和找不到联保人的农户采取过激行为,如辱骂、闹事、上访等。有的农民不愿意办理惠农卡,认为自己用不着,怕别人借自己的卡使用,自己就会承担风险;有的农民愿意办理惠农卡,原因是3~5户联保,就可以办理大额度贷款,满足自己的贷款需求;有的农民随大流,如孤寡老人,即使用处不大,既然农业银行给办,就办,不使用,自己也不承担任何损失;有的农民不了解惠农卡除借贷款外,还具有其他诸多便利功能。

（二）机构少、人员不足、网点覆盖面窄严重制约了业务的健康发展

农行撤点减员带来的负面影响就是一些乡镇存在服务真空。农户小额贷款工作量大,需要进村入户调查,填写授信资料,实施放款和贷后管理,惠农卡及农户小额贷款只是分理处二十多项考核项目中的一项,分理处主任不可能把所有精力都放在这上面。目前,各行受网点覆盖面窄、外勤人员不足等因素制约,支行的客户经理无暇到边远地方去发展业务,通常都在县城周边20~30公里范围内进行惠农卡的发放和整村推进,导致一些偏远乡镇出现金融服务盲区。

农户一旦获得授信额度,就可使用惠农卡在网点或通过自助机具（在具备条件的地区,还可通过网上银行）办理农户小额贷款放款、使用、还款等业务,无须农户反复到网点办理各种手续,从而实现农户小额贷款一次授信、循环使用、随借随还,显著提高贷款使用效率,将惠农政策落到实处。但从目前情况来看,农业银行的网点基本上还是分布在城市,以湖北省恩施州为例,恩施分行辖9个一级支行,23个营业网点,但只有2个营业网点设置在乡镇。网点覆盖面狭窄,在一些无农行网点的乡镇,不便于惠农卡持卡人用卡,对于交通不便、偏远地区的农民更是不方便。网点少,加之人力不足,使农行无法及时对广大农民开展小额贷款授信业务,并且贷后管理工作难度极大,办理惠农卡业务显得力不从心,加之农村信用社遍布全县所有乡镇,开办的"一卡通"业务与之形成了强有力的竞争,使惠农卡前景不容乐观。

（三）准入把关和科学授信压力大

由于机构少、人员不足、网点覆盖面窄,客户经理即使能深入到每一家一户去调查,也很难保证调查的质量,因为从目前实际来看确实存在获取农户全面、真实生产经营的信息比较难。如农户的私人欠债、在金融机构的不良贷款处置

信息,2004 年以前在信用社的借款情况(未入人行征信系统)等。

除此之外,还容易产生道德风险。由于人少,一般都是单人调查,无人监督和制约,则会造成闭门造车式的调查、走马观花式的调查、倾斜特殊群体式(亲戚和关系人)的调查等。同时,后台审查人员每天要审查为数众多的农户授信资料,工作效率和质量也难免大打折扣,导致准入环节把关不严。过大的工作量使后台审查人员仅查询征信系统和签署意见就耗费了大量精力,真正能"发现和消除风险"的职能作用则难以体现。

(四)贷款额度上限和贷款期限限制了部分农户的有效贷款需求

按《惠农卡及农户小额贷款实施细则》规定,单个农户的授信额度上限为3 万元。这一额度局限性就在于真正需要贷款支持的优良农户嫌钱太少,所以并不热衷于该产品,如一些种养加大户、从事个体工商业的农户。而需要这一额度以下的客户贷款大多不是优质客户。再从期限上来看,目前各行贷款期限不管是农户从事什么产业,一般都设置为一年,这与经营周期不相匹配,如少数做商品流通生意的也许只要几个月,粮油种植业的一般为一年,而养牛一般要几年,所以这种无差异化的贷款期限会造成一些人嫌贷款时间长,而一些人嫌贷款时间短。

(五)惠农卡后续管理令人担忧

为更好地实现服务"三农"的工作目标,切实减轻农户办卡、用卡的成本,农业银行对惠农卡金融服务收费实施了诸多优惠政策,如免收惠农卡账户小额账户服务费;免收惠农卡主卡和交易明细折的工本费;减半收取惠农卡主卡年费;在农村信用社办理取款业务时,按照人民银行农民工银行卡特色服务的收费标准实施交易手续费优惠。农民办卡的主要目的是为了获取贷款,如果农行因为自身原因使授信业务、基础设施、营业网点的建设跟不上步伐,农民得不到贷款,就会失去使用惠农卡的兴趣,使其成为"死卡"或"休眠卡",也不会支付年费,从而造成大量人力、物力、财力的浪费,使此项惠农政策大打折扣,违背政策制定者的初衷。

(六)联保贷款风险犹存

惠农卡具有 3~5 户农户互相提供担保办理贷款的特点,可以说在广大农村,还是存在一定风险的。在目前,中国的农民阶级还保留着小生产者两重性的历史痕迹,在农村,有还款能力或资金实力雄厚的农民,根本不愿意参与联保贷款;相反,那些愿意参与联保贷款的农民多数都是收入水平低、还款能力弱的农户,这样的贷款户,形成的联保贷款,风险极大,没有还款能力的人为借款人提供担保,出现风险,难以规避。另外,以多户联保人名义为其中一户借款人顶名借款的贷款"垒大户"现象不可避免,贷款集中风险问题突出。例如,5户联保,最多可以贷款15万元。

正是由于存在以上问题,惠农卡的发放数量虽多,但对农户小额信贷的授信工作开展才刚刚起步,对服务"三农"的作用发挥还存在巨大潜力和空间。

三、惠农卡农户小额信贷发展的政策建议

(一)把握股改形势,重新调整市场,增强农行区域竞争力

1. 明确定位思路策略

根据农村市场实际,农业银行应突出培植和拓展城市与农村市场并举的核心定位,走"巩固城市、拓展农村、城乡联动"之路。即在巩固城市区域业务市场的同时,大力拓展农村乡镇市场,实现农村包围城市、从城市冲向农村、城乡联动的市场格局,发挥农业银行在支持"三农"中的金融主渠道作用。同时,农业银行要针对区县区域经济,细分市场,加大金融创新力度,开发一批有效的富有农行自身特色的业务品牌和产品。

2. 立足实际确立增强农行区域性竞争力的应对策略

一是以县域市场为经营中心,形成多种组织结构与业务流程模式,以适应县域经济差异化和多样化特点。二是增强县域市场运营资金,按新增存款一定比例、股票发行筹资一定比例、中央注资一定比例等方法确保农行县域支行的运营资金。三是建立面向"三农"业务的认定、监测和区别于城市业务的考核体系,明确细化"三农"业务的范围。四是单设经营县域业务的子公司。子公司采取二级经营管理体制,信贷等业务管理挂靠在二级分行,业务经营在县级支行。这样,有助于考核和管理农行股改"两结合"落实,专注于县域业务和"三农"金融产品,防止资金过度向大城市集中。五是选择有助于面向"三农"业务发展的战略投资者,包括以业务流程再造为导向战略联盟,提升农行服务"三农"的核心竞争力。

(二)按有进有退原则,根据市场需要恢复或增设农村网点

农行网点布局必须随资源而动,不能"一刀切"。过去的撤并网点和精简

人员主要是单从网点原来的规模和效益上去考虑,但忽略了一个市场也在不断发展变化的客观现实。农行多而分散的网点机构,过去一直被看做包袱,现在看来也是一笔潜在的财富。从农业银行现实的经营情况来看,效益最好、竞争力最强的分行往往也恰恰是这一地区保留乡镇网点相对而言较多的农行。在一些经济相对发达、人口较多、业务发展潜力大的乡镇,尤其是在主要交通线上的中心集镇保留或重新设立分理处等网点机构,不仅可以体现农行特点,作为面向"三农"的主要支点,缓解山区农村金融服务体系薄弱和供给不足问题,而且有利于重新开发、拓展并牢固占领农村金融市场,增强综合竞争实力。

同时,农行在农村恢复和增设网点也不能一哄而起,要因时、因地制宜,必须严格按市场经济规律办事,同样要注重规模、讲求效益。一方面要做好人力资源配置,充实队伍,抓好员工素质培训;另一方面要突出农行特点,不断拓宽服务手段,包括增加对具有资源优势和产业优势的农产品带、农产品专业市场建设的信贷投入,提高对龙头企业的综合服务水平,支持新兴领域的农村商业企业,扩大对农村私营、民营企业的贷款支持,大力增加农村金融产品,探索全新的服务方式等,开发适合农民和农村经济发展特点的产品,逐步将代理、担保、个人理财、信息咨询等新产品尽快推广到广大农村地区。

(三)提高惠农卡业务的服务水平,加强惠农卡业务的宣传工作

1. 提高惠农卡农户小额信贷的服务水平

农业银行要按照"面向'三农'、商业运作"的市场定位和"服务到位、风险可控、发展可持续"的要求做好农村金融服务工作,加大金融新产品创新力度,积极为农户提供优质高效的服务,要准确把握惠农卡"广覆盖、普惠制"的市场定位和农户小额贷款的核心功能,以惠农卡为载体,以农户小额贷款为抓手,把惠农卡与农户小额贷款有效结合起来。惠农卡对农民来说是新生事物,由于受文化水平、年龄等因素的制约,在使用中会遇到许多问题,这就需要经办人员及时给予指导和帮助,主动提供各方面的优质服务,消除农户的畏难心理,使新型的银行产品为农户带来无尽的方便和实惠。同时,农业银行要加大银行自助设备的布放密度,改善用卡环境,简化农户小额贷款手续,建立惠农卡业务办理的"绿色通道",尽最大努力满足农户多元化的金融需求。

2. 加强惠农卡业务宣传工作

惠农卡的发行,是中国农业银行面向"三农"、服务"三农"改革的一项重大

举措,对缓解农民贷款难,促进农村经济发展具有积极的意义。农业银行应做好相应的政策宣传工作。充分利用广播、电视、报刊、网站、宣传单等新闻媒介,广泛宣传惠农卡发行对象、发行方式、需办理的相关手续,把惠农卡的功能、好处向农户讲清楚,让农户知道怎么办、明白怎么用,提高农民对惠农卡的认识,确保惠农卡功能目标的实现,使更多的农户得到农业银行的资金支持。同时,各部门应形成合力做好惠农卡推广应用工作,仅靠农业银行难免势单力薄,各有关方面要加强沟通与协作,形成工作合力,积极支持惠农卡发行工作,在人力、物力、财力上给予农业银行支持,各相关部门要认真做好有贷款需求农户的推荐筛选工作,从中选取有信用、有项目、有能力、有前景的农户,择优向农业银行推荐,从源头上保证惠农卡的健康运行。各级财政、涉农部门和相关经济组织要积极探索建立涉农贷款风险担保和风险补偿机制,确保涉农贷款放得出、收得回、有效益,实现涉农贷款的良性循环。

(四)创新惠农卡农户小额信贷担保方式,强化小额农贷风险控制

1. 创新担保方式,建立多元化的担保体系

一是要规范现有的联保模式。指定一个相对有实力、德高望重的户主作为牵头人或主保证人;对在城区经商户的联保至少要选择有一户用动产和不动产抵押;收回联保小组的房屋和产权证书;推行"大户联小户、中户联优质户"的方式,通过惠农卡发放农户小额担保贷款,对于多户联保的贷款,信贷人员一定要做好贷前调查工作,防止贷款"垒大户"带来的信贷风险隐患,提高联保小组的整体实力,防止"弱弱组合"风险。

二是要创新一些新的担保方式,如公务员担保、行政事业单位人员担保、农行内部员工担保、城区住房抵押、船舶抵押、专业合作组织担保、担保公司担保等方式,丰富担保内容,减少联保这一方式所占比例,提高第二还款来源保障程度。

三是要进一步完善林权和农房抵押担保方式。2009 年年初以来,一些地方农村金融机构为解决农户贷款抵押难问题,在当地政府的引导、鼓励或参与下,推出了林权和农房抵押贷款方式。但林权价值极易受到自然灾害等不可抗力因素,偷盗砍伐等人为因素,供求变化、人工成本等市场因素的影响,这就使得评估机构和保险机构对林权的价值评估、保险难。同时,受地理人文因素的制约影响,农民住房利用价值不高,升值潜力缺乏,加上农民受传统观念、习俗

的影响,农房转让、拍卖很少有人接手,处置变现十分困难。因此,金融机构取得上述抵押权后,当出现借款人未按要求履行借款合同时,如何处置抵押权客观上存在较大困难。

因此,国家要积极培育和完善林业产权转让市场和农房交易市场,加快推进与林权抵押贷款融资业务相关的配套改革,尽快成立林权登记管理机构、森林资源资产评估机构、林权流转平台和林业信用协会,为林权抵押贷款融资提供基础保障。同时,加快农房交易市场建设进程,逐步建立起以市场机制调节和政府行政调控相结合,公开、公平、公正的流转市场,搭建一个切实可行的交易平台。①

2. 推行权力制衡,提高风险管理水平

在惠农卡和小额农贷的开展过程中,要充实基层客户经理,改变目前单人调查的现状,全面落实双人调查制度;逐步推行分理处办理业务过程中的岗位分离制度,形成权利制衡。在内部落实严格的责任制度,包括营销、奖惩、责任追究等。前几年,基层分理处的资产业务都收缩到支行,分理处的客户经理(主任)长期从事负债业务、中间业务,现在重新要做资产业务,相对来讲,对信贷制度、办法、流程掌握不透,对如何调查、搜集客户资料、贷后有效管理、控制风险等方面难以做到得心应手,实际工作中管理漏洞大。当然最怕的还是出现道德风险,如少数员工故意为亲戚和关系人放松准入条件、默许客户伪造资料骗取银行信用,私贷公用、冒名贷款、多人承贷一人使用的现象,或截留、挪用农户贷款资金等道德风险的产生。所以,农行必须把提高分理处信贷管理的水平当做开展这一业务的一项基础性工作来抓,并起用一大批政治思想水平高、责任心强、德行好的客户经理,确保这项业务健康发展。②

(五)努力改善和优化外部环境

1. 改善农村金融生态,推进信用体系建设

农业银行要积极促进建立农村信贷担保公司。农村信贷担保公司主要依靠农户集资、农村个体私营企业投资金和建立农村信贷担保基金解决资金来源。对区域内新农村建设项目开发、农田水利建设、基础设施建设和大型农村

---

① 程明太:《对完善林权与农房抵押贷款管理的思考》,载《中国金融》2009 年第 10 期。

② 邓楚雄、黄正国等:《惠农卡:农行服务"三农"的成功尝试》,载《湖北农村金融研究》2009 年第 5 期。

建设项目等担保服务要争取由国家出资担保。农行自身要因地制宜,采取灵活多样的担保方式。开展互保、土地经营权抵押、动产质押、粮油销售还款委托书等方式,提高农民获贷能力。

2. 制定规范性地方法规,营造金融创新的良好法律环境

建议由地方政府牵头,协调林业、土地管理、法院、金融机构等相关部门,尽快制定出台诸如林权抵押贷款实施意见、农房抵押贷款管理办法之类的地方性法规文件,对林权抵押、农房抵押贷款的条件、方式和程序,抵押物登记和他项权证发放,抵押物日常管理、评估,抵押物拍卖处置、产权转让、交易过户等一系列法律问题加以明确,为金融创新营造一个良好的法律环境。

3. 通过有效宣传培育农民的金融意识

加大金融产品的宣传和营销力度,提高农村居民的金融意识。大力发展农村银行业机构电子化建设,提高电子网络的应用效率,加大银行卡业务的推广和深度开发,推动住房、汽车、助学等消费贷款业务在农村开展,启动农村消费市场,逐步改变农村居民传统习惯,提高农村居民使用现代金融工具和产品的能力。

第七章 农村信用社农户小额信贷影响评价的实证研究

第一节 中国农村信用社开展农户小额信贷业务的现状

一、中国农村信用社是为农户提供金融服务的主力军

农村信用社是主要为农业、农民和农村经济发展服务的社区性金融机构。农户小额信贷是指以农户自然人为贷款对象,基于农户的信誉,在核定的额度和期限内向农户发放的不需抵押、担保的贷款。这种贷款形式极大地满足了农村地区广泛存在的低收入农民的需要:一是低收入农户广泛存在,而且分布比较分散;二是对这类群体不能完全依靠政府无偿救助,需要通过信贷扶持帮助其培养和建立自我发展的意识和能力;三是这类群体获取贷款的条件和能力不足,一般不具备抵押担保实力。因此,在农村地区大力推广以农村信用社为主体、以农户小额信贷为手段的扶贫资金的投入对于帮助农民提高收入并获得自我发展的能力意义尤为重大。

从1999年开始,国有银行大规模撤县及县以下基层机构,目前仍在农村开展业务的国有银行分支机构寥寥无几。随着国有商业银行逐步从县域经济以下的撤退,中国农村信用合作社成为分支机构最多的农村正规金融机构,农信社日益成为农村金融市场最主要的金融机构,也是农村正规金融机构中唯一一个与农业农户具有直接业务往来的金融机构。根据中国人民银行2008年信贷分析统计报表,目前国内的县域支农贷款的98%由农村信用社承担。

从图7.1中我们可以看到,从2000年开始中国农村信用社的农业贷款占整个农业贷款的比例不断提高,2004年达到了近50%,超过农业发展银行成为

主要的农业资金来源,之后比例不断上升。而农业发展银行对"三农"的贷款主要集中在农村和农业基础设施的贷款方面,几乎很少有针对农户的贷款。因此可以说,目前,农村信用社仍然是农村金融的主力军,是为广大农户特别是中低收入农户提供金融服务的绝对力量。

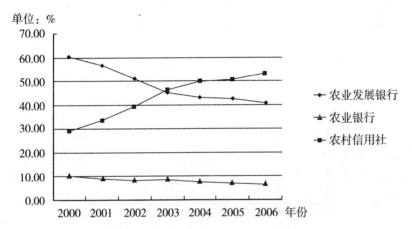

图7.1　2000~2006年农业银行、农村信用社和农业发展银行的农业贷款比例

资料来源:根据《中国金融年鉴》(2000~2006年)相关数据整理而成。

二、农信社的农户小额信贷比例不断下降

在围绕如何解决农村的信贷问题,农村信用社借鉴国际通行的农户小额信贷的做法于1999年、2000年相继制定了《农信社农户小额信贷暂行办法》,全面落实农户小额信贷。经过近10年的实践,此种小额信贷无论从数量、影响程度还是机构的合法性来看,已成为我国小额信贷的主流,代表和反映了我国小额信贷制度的总体特征。从制度绩效来看,该信贷制度在一定程度上填补了农村金融的空白,改写和丰富了农村信贷制度的内容,对农村金融资源的合理、有效配置起到了十分重要的作用。但是,随着小额信贷在广大农村地区的广泛开展,其风险也日渐暴露出来,绝大部分信用社贷款的回收率较低,小额信贷制度的科学性和小额信贷机构的可持续发展受到了理论界和实践界的怀疑。有些农信社因畏惧风险而不愿向农户提供此类贷款,即便提供,也附加许多额外条件,严重背离了小额信贷的原则和宗旨,使小额信贷在实践中变形走样,还有的农信社绕过规定,以小额信贷的名义发放大额

贷款,导致农信社的风险进一步加大。

从目前情况看,农村信用社的小额信贷占信用社农业贷款份额仍比较小,发放贷款的覆盖面较小,农村信用社的农业贷款的增长与农户小额信贷的增长还不成比例,农户小额信贷在有些年份甚至出现下降。从图7.2中可以看出,2004年之后,农信社的小额信贷在农业贷款中的比例逐渐下降,这与国际社会上其他成功国家的小额信贷业务的发展趋势背道而驰。

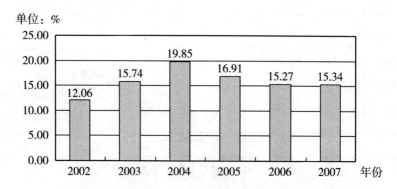

图7.2　2002~2007年农村信用合作社的小额信贷占农业贷款的比例

资料来源:根据《中国金融年鉴》(2000~2007年)相关数据整理而成。

究其原因,笔者认为:随着小额信贷在广大农村地区的广泛开展,其风险也日渐暴露出来,绝大部分信用社贷款的回收率较低,因此有些农信社因畏惧风险而不愿向农户提供此类贷款。即便提供,也附加许多额外条件,大大降低了农户申请小额信贷的积极性。还有的农信社干脆对小额信贷采取消极应付的态度,农民贷款难的问题仍然未得到改善,农信社与农民之间的信任与合作关系再次受到了严峻的考验。

第二节　农信社农户小额信贷影响评价的实证分析
——以湖北省恩施土家族苗族自治州为例

我国民族地区由于特殊的自然地理环境制约及技术资源、人力资源的缺乏等原因使其极易陷入"贫困恶性循环"而难以自拔,这使得民族地区的贫困问题尤为严重。在当前统筹城乡经济发展,建设社会主义新农村的宏观经济大背景下,我国少数民族地区农民对脱贫致富、发展生产的资金需求日益强烈,而农户分布广、户数多且单个规模小的特点,决定了必须有相应的零星分散、额度小、总量大的金融服务与之相适应。笔者认为,我国民族地区在反贫困战略中要早日跳出"贫困恶性循环"并早日解决"三农"问题,迫切需要农村金融改革。而近几年在我国发展迅速,基于农村信用社基础之上的农户小额信用贷款扶贫就是我们正在寻找的较理想的一种扶贫资金的投入和使用方式。

本节以湖北省恩施土家族苗族自治州为例,通过实地调研考察,从实证的角度对该州农信社开展农户小额信贷进行了影响评价,并进一步分析了提高影响的改进方法和政策建议。[①]

一、恩施州农村金融发展现状

恩施土家族苗族自治州位于湖北西南部,东接宜昌,西邻万州、黔江,南连湘西,北靠神农架,总面积 2.34 万平方公里,总人口 391 万,有 28 个民族,其中土家族、苗族等少数民族人口占 52.6%。恩施州下辖恩施、利川两市和建始、巴东、宣恩、咸丰、来凤、鹤峰 6 县,是一个以传统农业为主的少数民族贫困山区,全州 8 个县市都是国家"八七"扶贫攻坚计划内的贫困县。2008 年,全州GDP 249.18 亿元,财政收入 40.5 亿元,农民人均纯收入 2134 元。

恩施境内目前拥有工、农、中、建、邮政储蓄银行、农发行、农信社、村镇银行、小额贷款公司等多家金融机构。2008 年,恩施州银行业除人民银行恩施州支行共有 8 家机构,其中政策性银行 1 家,国有商业银行 4 家,农村信用社、邮政储蓄和村镇银行各 1 家,目前还没有股份制银行和外资银行在此登陆。2008 年末,全州金融机构各项存款总额 268 亿元,各项贷款总额 157 亿元。各家机构共有大小网点 162 个,在册人员 5335 人,其中,在岗人员 4067人,与前几年相比,机构网点继续呈减少趋势(见表 7.1)。从表 7.1 中我们可以看出,无论是从机构还是人员方面来看,农信社在恩施州农村金融机构中都占绝对力量。

---

① 朱乾宇、董学军:《少数民族贫困地区农户小额信贷扶贫绩效的实证研究——以湖北省恩施土家族苗族自治州为例》,载《中南民族大学学报》(社科版)2007 年第 1 期。

表 7.1　2008 年恩施州银行业机构、人员情况统计表

单位:家、台、人

行别	合计	二级分行	支行	分支机构	撤销机构	ATM	人员情况			
							在册	增减	在岗	增减
农业发展银行	9	1	8				160	1	147	4
工商银行	16	1	9	6		16	532	-32	522	-31
农业银行	26	1	9	16			1649	40	785	-64
中国银行	9	1	4	4		5	154		149	31
建设银行	14	1	8	5	1	18	400	-6	323	-4
农村信用社	140	1	8	131	7	11	1781	40	1482	55
邮政储蓄	99	0	0	99	0	28	650	0	650	0
村镇银行	1		1				9	9	9	0
合计	314	6	47	162	8	78	5335	-28	4067	0

资料来源:恩施州银监分局。

二、恩施土家族苗族自治州农信社推行农户小额信贷的基本做法与成效

恩施土家族苗族自治州农村信用社从 2002 年开始大规模地推行农户小额信贷业务,是解决当地农民"贷款难"和农信社"难贷款"的有效途径。目前农村信用社小额信贷扶贫规模远远超过政府主导型项目和外援及其他项目规模,较好地发挥了农村信用社支农主力军的作用,恩施州各县市 2002~2008 年农户小额信贷发展情况见图 7.3。

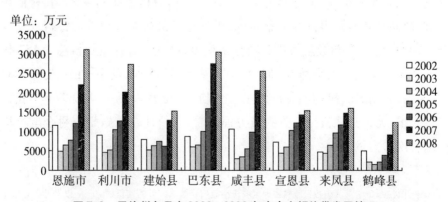

图 7.3　恩施州各县市 2002~2008 年农户小额信贷发展情况

（一）作为支持农村经济的有效载体，农户小额信用贷款增长迅速

恩施州全州农村信用社近年来积极开展农村信用工程建设，并大力推广小额农贷，逐步将小额信贷培育成农村信用社支持农村经济的有效载体，并根据当地实际情况从三个方面不断调整以满足农户贷款的需求。一是扩大农户范围，根据农户小额信用贷款管理办法，把不具有农信社服务辖区内的农业户口，又在本地长期从事农业生产经营并有固定住所的自然人，经当地政府和村委会证实，纳入小额信用贷款范围，让更多种养大户能贷到款；二是合理贷款期限，充分考虑农户生产经营项目的实际周期，按贷款用途、生产周期、借款人意愿确定期限，对生产周期长、见效慢的项目和传统耕作户中的模范信用户以及对守信誉、效益好、能带动农户发展增收的农村产业大户，适当放宽期限，有效满足农户发展不同产业对贷款期限的要求，让农户放心用款；三是完善信用证贷款授信程序、发放程序和年审标准，根据守信程度逐步提高授信额，按照"确定上限、灵活掌控"的原则，将单个农户最高授信额提高到5万元，保证农户信用证贷款在授信额度内能随用随贷，依托信用证贷款开展信用证担保、联保贷款，提高信用证使用率，对因欠有旧贷没能授信的农户，他人用信用证担保可以向其发放新贷款，逐步让其走上致富道路。大力推广农户联保贷款，不断扩大授信范围，提高授信总额，满足不同层次农户的资金需要。

自2002年全面推行农户小额信贷业务以来，全州农信社农业贷款和农户小额信用贷款增长迅速，全州2002～2008年农村信用社农业贷款和农户小额信用贷款增长情况见图7.4。

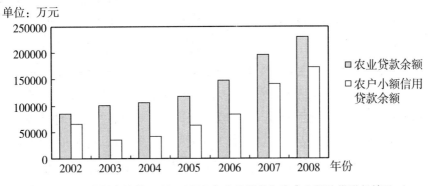

图7.4　恩施州农信社2002～2008年农业贷款和农户小额信贷增长情况

截至2009年6月,全州农村信用社农户贷款余额已达230975万元,其中农户小额信用贷款173170万元。恩施州2009年6月各县市农户贷款及其他支农贷款情况见表7.2。

表7.2　恩施州2009年6月各县市农信社农户贷款及其他支农贷款统计

单位:万元

	一、农户贷款余额合计	(1)农户小额信用贷款余额	(2)农户联保贷款余额	(3)其他贷款余额	二、农业经济组织贷款余额	三、农村工商业贷款	四、其他贷款
恩施市	59735	49409	0	10326	59735	5873	4558
利川市	49360	40893	0	8467	50804	6396	3953
建始县	27448	21497	0	5951	27989	1624	4766
巴东县	46822	41990	0	4832	47291	1364	7411
咸丰县	33674	32067	0	1607	33765	1447	7210
宣恩县	27013	19078	0	7935	27013	1293	5798
来凤县	32520	20599	0	11916	34735	838	2213
鹤峰县	23087	18732	0	4355	24378	764	4264

注:表中数据截至2009年6月30日,农户贷款余额合计为(1)、(2)、(3)之和,农业经济组织贷款余额包括农户及农业经济组织贷款。

资料来源:湖北省农村信用社联合社恩施州办事处。

(二)着眼农业产业结构调整和农业产业化经营,创新小额农贷产品

恩施州农信社的农户小额信贷主要围绕高山蔬菜、魔芋、干鲜果、烟叶、茶叶和中药材这六大支柱产业进行,在确保传统农业生产贷款需求的基础上,不断创新产品,在支农深度和广度上进一步下工夫,突出支持优势农产品基地建设,大力支持农村产业结构调整,促进农业产业化经营。如利川市从2009年初开始开办绿色订单贷款,对烟叶、茶叶、药材、蔬菜、林果五大支柱产业,实行"收购加工企业＋基地农户＋信用社"的模式,以企业收购订单担保向基地农户发放订单担保贷款。2009年上半年利川市农信社向8家茶叶收购加工企业基地农户发放茶叶订单贷款5万亩、890万元,向烟草公司基地农户发放烟叶订单贷款11万亩、1200万元,向3家药材收购企业基地农户发放药材订单贷

款 1.5 万亩、680 万元,向 3 家超市蔬菜基地农户发放蔬菜订单贷款 210 亩、260 万元。

在推动农村产业结构调整过程中,各级信用社在推行农户小额信贷时注重优势农产品基地建设的扶植,建设了具有地域特色、规模经营的一批专业乡村,如利川汪营、建南、谋道的黄连;恩施芭蕉、利川毛坝、鹤峰走马的茶园,巴东库区网箱鱼以及烟叶、魔芋、长毛兔、清蒿、莼菜、豆制品、板党、紫油厚朴、返季节蔬菜、柑橘等,形成了各户连片小群体、百乡百业大融合的新农村建设格局,为农民增收、农业增效和促进农村经济的快速发展发挥了重要的作用。

(三)以小额农贷为依托,农信社的资产质量有了较好改善

实践证明,在恩施州,经过近几年的发展,小额农贷业务已成为当地农信社经营的主要业务,至 2005 年底,农户小额信贷已占农信社农业贷款的一半以上,占总的贷款金额的 25.15% 。恩施州各县市农信社通过开展小额信贷业务,不仅增加了农民的收入,促进了农业和农村经济的发展,而且以小额农贷为依托,使自身的存贷款规模快速扩展,资产质量也明显提高。恩施州 2002~2005 年农信社呆滞和呆账贷款率如图 7.5 和图 7.6 所示(由恩施州农村信用合作社 2002~2005 年业务状况表和资产负债表数据整理而成)。由图可见,恩施州农信社从 2002~2005 年总贷款及农户小额信用贷款的不良贷款率总体呈下降趋势,并且 2004~2005 年,有大量呆账贷款转变为呆滞贷款,因此图形中表现为呆账贷款率的急剧下降和呆滞贷款率的急剧上升,但总的资产质量是明显改善的。

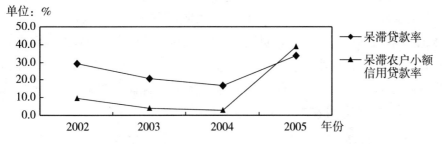

图 7.5　恩施州 2002~2005 年农信社呆滞贷款率及呆滞农户小额信用贷款率

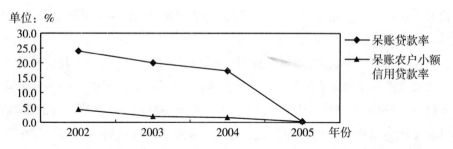

图7.6　恩施州2002~2005年农信社呆账贷款率及呆账农户小额信用贷款率

　　2005年以后,恩施州除了巴东县农信社确实因为受到一些不利因素的影响而在不良贷款的清收过程中受到阻碍之外,[①]其他县市农信社的不良贷款清收工作取得了较大进展。如宣恩县截至2009年6月末,清收2005年至2008年发放到期未收回贷款591万元,清收不良贷款705万元,清收2008年末已置换不良贷款47万元;利川市至2009年6月末考虑免责因素后小额农贷收回率为100%,2007年1月1日后发放于2008年到期贷款收回率为100%,一般贷款收回率为93.67%。

三、小额信贷及贷款投向对农民收入的影响评价

　　(一)研究目的

　　以武陵山区恩施土家族苗族自治州为例,考察该地区农户小额信贷及其具体贷款投向的扶贫绩效。

　　(二)研究内容

　　实证研究主要围绕以下三个问题展开:第一,农户小额信贷对农民增收是否具有积极作用;第二,小额信贷的两大投向,即农业生产(具体投向有经济林、生猪养殖、粮食生产、烟叶种植、茶叶种植、魔芋种植、牛羊养殖、其他养殖)和非农业生产(包括外出务工、经商、乡办企业)各自的绩效如何;第三,小额信贷农户的家庭人数、户主年龄、户主教育程度、户主配偶教育程度、信贷农户资信权重等控制变量对农户人均年收入有何影响。

---

　　① 主要是巴东两江(长江、清江)移民外迁户贷款清收难,移民外迁80多户涉及信用社贷款300多万元,这些贷款一部分因外迁后清收人难找,还有一部分受"先保移民安置"移民政策的影响不可能短期清收到位。

（三）研究方法

为了更好地评估农户小额信贷的扶贫绩效,本书选取恩施州经济发展水平中等的利川市为代表,运用随机抽样的方法,抽取了 10 个村 46 户信贷农户为样本,从计量上考察小额农贷的绩效。随机抽样的村包括李子村、盘龙村、庄屋村、凉务村、水源村、池谷村、花梨村、草场村、诸天村、双井村,研究样本时间跨度为 2003 年 1 月至 2005 年 12 月,由于跟踪调查 3 个年度的数据,样本总例数为 138 例。

本研究应用普通最小二乘法(OLS),使用 SPSS10.0 统计软件,对研究对象的农户小额信用贷款及贷款投向绩效分别进行了一元线性回归分析和多元逐步回归分析。传统意义上,一般用收入来定义贫困,因此,本研究中将抽样农户的人均年收入作为衡量信贷农户贫困状况的指标,也是本研究中的因变量;同时,将农户小额信贷金额、小额信贷中农业投向的金额与非农业投向的金额及小额信贷农业投向中具体投向的金额(投向包括经济林、生猪、粮食、烟草、魔芋、茶叶、牛羊、其他养殖)作为自变量;另外,本研究中还将信贷农户家庭人数、户主年龄、户主教育程度、户主配偶教育程度、信贷农户资信权重等作为可能影响信贷农户人均年收入的控制变量。

（四）研究结果

具体的回归分析结果如下:

1. 农户小额信用贷款及贷款投向绩效的一元回归分析

经过一元线性回归分析,得到以下回归估计结果(见表 7.3)。

表 7.3　农户小额信用贷款及贷款投向绩效的一元回归分析结果(N=138)

	X	a	b	F	P	R^2	$Adj-R^2$
小额信贷对农民增收的绩效							
	小额信贷金额**	2879.33	0.54	6.38	0.01	0.23	0.23
小额信贷的农业投向和非农业投向的绩效							
	贷款投向农业生产**	1589.63	0.46	8.46	0.01	0.35	0.34
	贷款投向非农业行业**	2593.50	0.33	13.10	0.01	0.56	0.56

续表

	X	a	b	F	P	R^2	$Adj-R^2$
小额信贷农业投向中各投向的绩效							
	投向经济林 **	4390.96	0.49	6.78	0.01	0.25	0.25
	投向生猪养殖 **	3436.89	1.07	6.36	0.01	0.23	0.22
	投向粮食种植	5063.11	0.24	1.50	0.14	0.02	0.01
	投向烟叶种植	5701.08	−0.03	−0.21	0.83	0.00	−0.01
	投向茶叶种植	5677.62	−0.34	−0.22	0.82	0.00	−0.01
	投向魔芋种植	5700.77	−0.55	−0.75	0.46	0.00	0.00
	投向牛羊养殖	5703.37	−0.17	−0.54	0.59	0.00	−0.01
	投向其他养殖	5710.60	−0.12	−0.67	0.50	0.00	0.00
农民增收的其他影响因素							
	家庭人数 **	9330.34	−1085.49	−4.34	0.01	0.12	0.12
	资信权重 **	−3206.14	98.02	5.93	0.01	0.21	0.20
	户主年龄 *	8053.40	−52.68	−2.46	0.02	0.04	0.04
	户主教育程度	5010.37	429.12	1.60	0.11	0.02	0.01
	户主配偶文化程度	5536.95	164.34	0.64	0.52	0.00	0.00

注:回归方程为:$\hat{Y} = a + bX$。其中,$\hat{Y}$ 是因变量 Y 的估计值,Y 是农民人均年收入,X 是各可能影响因素,a 是截距,b 是回归系数,F 是回归系数检验的统计量,P 是 F 值对应的概率,R^2 是决定系数,$Adj-R^2$ 是校正决定系数,* $P<0.05$,** $P<0.01$。

由表 7.3 可见,对农户人均年收入具有显著影响的因素($P<0.05$)包括小额信贷金额、小额信贷投向经济林的金额、小额信贷投向生猪养殖的金额、家庭人数、资信权重、户主年龄等。

小额信贷金额与农民人均年收入的回归方程为:

$$\hat{Y} = 2879.33 + 0.54X \qquad (7.1)$$

其中,X 为小额信贷金额,$\hat{Y}$ 为农民人均年收入估计值。

结果显示,农户小额信贷可增加农民人均年收入:小额信贷金额每增加 1 元,则农民人均年收入将增加 0.54 元。

2. 农户小额信用贷款及贷款投向绩效的多元逐步回归分析

经过多元逐步回归分析,得到以下回归估计结果(见表7.4)。

表7.4　农户小额信用贷款及贷款投向绩效的多元逐步回归分析结果(N=138)

	X	a	b	b'	F	P	R^2	$Adj-R^2$
小额信贷对农民增收的绩效		3467.07			2.06	0.04	0.43	0.42
	小额信贷金额 **		0.35	0.31	4.21	0.01		
	家庭人数 **		-987.13	-0.32	-4.83	0.01		
	资信权重 **		64.13	0.30	3.99	0.01		
	户主年龄 **		-46.44	-0.18	-2.78	0.01		
小额信贷农业投向和非农业投向的绩效		1233.57			3.04	0.01	0.62	0.61
	农业生产 **		0.22	0.28	4.52	0.01		
	非农业生产(经商、务工、办企业进行农产品深加工)**		0.27	0.61	9.77	0.01		
小额信贷农业投向中不同投向的绩效		1377.95			2.58	0.01	0.44	0.43
	投向经济林 **		0.50	0.52	6.93	0.01		
	投向生猪养殖 **		0.70	0.32	4.40	0.01		
	投向粮食种植 **		0.50	0.27	3.69	0.01		
	投向烟叶种植 *		0.22	0.15	2.29	0.02		

注:b' 为标准偏回归系数,消除了各自变量之间量纲的影响,可用于比较各自变量对因变量作用的大小。

由表7.4可见,根据各影响因素标准偏回归系数的大小,各因素对农民增收绩效影响大小的排序为:小额信贷非农业投向的绩效 > 小额信贷农业投向的绩效;小额信贷农业生产投向中,各具体投向的绩效大小排序为:经济林 > 生猪养殖 > 粮食种植 > 烟叶种植。

(1)小额信贷对农民增收的影响

$$\hat{Y} = 3467.07 + 0.35\,X_1 - 987.13X_2 + 64.13X_3 - 46.44X_4 \qquad (7.2)$$

其中，X_1 为农户小额信贷金额，X_2 为家庭人数，X_3 为资信权重，X_4 为户主年龄，$\hat{Y}$ 为农民人均年收入估计值。

通过比较各影响因素的标准偏回归系数，结果显示，在多个影响农民人均年收入的因素中，小额信贷对农民增收为正效应，且具有较大的影响，充分说明了农户小额信贷对增加农民收入的积极作用。

(2)小额信贷的农业投向与非农业投向的绩效比较

$$\hat{Y} = 1233.57 + 0.22\,X_1 + 0.27X_2 \qquad (7.3)$$

其中，X_1 为小额信贷中农业生产投向的金额，X_2 为小额信贷中非农业投向的金额，$\hat{Y}$ 为农民人均年收入估计值。

通过比较各影响因素的标准偏回归系数，结果显示，农户小额信贷的非农业投向与农业投向相比，具有更好的绩效。

(3)小额信贷的农业生产投向中，各具体投向的绩效比较

$$\hat{Y} = 1377.95 + 0.50\,X_1 + 0.70X_2 + 0.50X_3 + 0.22X_4 \qquad (7.4)$$

其中，X_1 为经济林，X_2 为生猪养殖，X_3 为粮食生产，X_4 为烟叶种植，$\hat{Y}$ 为农民人均年收入估计值。

通过比较各影响因素的标准偏回归系数，结果显示，农户小额信贷的农业生产投向中，经济林的绩效最好，其次为生猪养殖。

(五)研究结论

本调研采用了随机抽样的方法共获得 138 例样本数据，数据具有一定代表性。在实证研究的基础上，可以得出以下结论：

1. 农信社开展农户小额信贷对农民增收具有肯定的积极作用

以上无论是单因素分析还是多因素比较，均充分证明了农信社发放农户小额信贷对农民增收具有积极作用。这充分证实了由中国人民银行和农村信用合作社根据我国国情逐步探讨形成的农户小额信贷方式是中国扶贫工作中对国家金融体制改革和金融产品开发作出的重要贡献。因此，民族贫困地区农信社开展小额农贷应得到各级政府的充分重视，并加强政策上的倾斜与扶持，从而更好地发挥农户小额信贷在农业增产和农民增收中的作用。

2. 民族贫困地区农户小额信贷要为非农产业提供更多的信贷支持

农户小额信用贷款投向绩效的多元逐步回归分析的结果之一为非农业投向（外出务工、经商、乡办企业）与农业投向相比具有更好的绩效，因此民族贫困地区农户小额信贷要为非农产业提供更多的信贷支持，从而为农民外出务工、经商、创办企业进行农产品深加工积极创造条件。

民族贫困地区多位于"老、少、边、穷、库"地区，相对而言人均可耕种面积小，存在大量农业剩余劳动力。农信社在开展农户小额信贷时要注重将它与当地农业剩余劳动力转移和土地流转机制改革相结合。农信社要有意识地支持大部分农民从传统的农业耕作中转移出来，转变为乡镇企业、个私企业的工人及个体工商户。这就要求小额农贷要积极支持农村工业和第三产业的发展，大力支持发展个私企业、乡镇企业和个体工商户，大力支持农村小城镇建设，从而大量吸收农村过剩的劳动力，变农民为工人，变农民为商人，变农民为市民，使第二、第三产业成为他们的经营对象和收入来源，让他们离开土地，同时也为土地流转机制的形成创造客观的前提条件。① 实际上，在本研究调研的对象中，恩施州农民申请小额信贷后创办小酒厂，购置烤烟设备进行当地农产品的深加工等特色个案并不鲜见，而且一般都取得了较好的经营效益。鉴于务工收入已成为农民增收的重要渠道，小额农贷还可灵活处理，根据情况对外出务工的农民提供部分路费支持。

3. 民族贫困地区农户小额信贷要依托当地资源优势，加大对区域性主导产业、特色农业的扶持力度

本研究中农户小额信用贷款投向绩效的多元逐步回归分析的另一结果证明农户小额信贷的农业生产投向中，各投向产生的绩效也不尽相同，其中以果树和药材为主的经济林是所调研地区小额信贷绩效较好的贷款投向。这说明少数民族山区农民因地制宜地结合当地气候、地理条件发展具有区域特色的主导产业和特色农业生产对农民增收具有较好的绩效。因此，民族地区农信社开展小额农贷还要大力支持特色农业、农业龙头企业和农业种养大户的发展壮大，充分发挥其开拓市场、引导生产、深化加工、树立品牌、提高品质、配套服务的综合功能，使之成为组织农户发展优质高效农业和外向型农业的载体，将本

---

① 王君：《农村信用社改革创新与经营管理操作实务》，人民日报出版社2003年版，第480页。

地的特色名优产品优势转化为农业特色产业优势。

民族地区发展特色经济,当地农民最易接受,利用现有资源最方便,跨度最小,难度最小。目前也有许多民族地区经济已初显特色,只是我们挖掘不够,发现不够,有意培育支撑不够。鉴于目前少数民族贫困地区农信社发放小额农贷的贷款金额一般不超过2万元,且还款周期短,已不能满足日益成长起来的种、养殖大户和家庭经营性农户的贷款需要,在今后的发展过程中可以考虑加大农信社小额农贷的贷款额度,并相应地延长贷款期限,满足已成长的农户的贷款需要。

4. 民族贫困地区开展小额农贷过程中,信贷农户和当地政府要做好科技脱贫扶贫的配套工作

在研究小额信贷对农民增收绩效的同时,本课题也对信贷农户家庭人数、年龄、户主及其配偶的教育程度、资信权重(与资信评级对应的指标)等对农民收入可能产生影响的因素进行了统计控制。结果显示,农户家庭人数过多、户主年龄大会对农民收入的增加产生负效应;而农户的资信评级越高,农民增收能力越强。究其原因,笔者认为前者与在我国人均耕地有限的情况下,家庭人数过多体现不了农业生产的规模效益不无相关;而后者主要是因为资信评级高的农户可以获得更多的小额信贷,从而通过小额信贷对农民增收起拉动和推动作用。

值得一提的是,研究中另一结果显示户主及其配偶的教育程度在本课题调研的人群中对农民增收作用不显著。一般而言,户主教育程度越高,掌握的致富知识就越多,获取致富信息的能力就越强,把握致富机会的能力也越强。在本研究中,户主教育程度尚未明显体现出对农民增收的作用,可见目前在民族贫困地区,农民增收的手段中知识的作用尚未体现出来,其背景是农民增收的各项途径中科技含量不高。

由此引申开来,今后民族贫困地区农信社在开展小额农贷的同时,一方面,要鼓励信贷农户主动地学习科技致富的知识,树立科技脱贫的思想,努力地提高自己的信贷资信等级;另一方面,农信社和当地政府还要加强科技下乡、信息到户的科技扶贫工作。地方政府要帮助农民增收致富过程中的科技含量,开展农业深加工,提高农产品的科技附加值,从而实现传统积累式致富模式向跨越式致富模式转变,为更好地解决民族贫困地区"三农"问题,统筹城乡经济发展

和建设社会主义新农村提供强有力的支持。

四、小额信贷对信贷机构的影响评价

（一）研究目的

本节在实地调研的基础上，以湖北省恩施土家族苗族自治州这一少数民族贫困地区为例，将发放小额信贷的机构农信社作为评价单位，以此来探讨小额信贷对信贷机构的影响。

（二）研究内容

对恩施州 8 县市开展小额信贷业务的农信社的绩效进行评价，着重从农信社的营利能力和信用风险这两个方面来考察其绩效。①

（三）研究方法

在考虑了农信社资料、数据可获得性的基础上，着重从农信社的营利能力和信用风险这两个方面来评价小额信贷的影响。根据中国银监会颁布并由各商业银行 2007 年正式施行，同时由农村合作银行、城市信用社、农村信用社、外资独资银行和中外合资银行参照执行的《商业银行风险监管核心指标》，衡量营利能力所采用的指标为成本收入比、资产利润率和资本利润率。其中，成本收入比为营业费用加折旧与营业收入之比，资产利润率为税后净利润与平均资产总额之比，资本利润率为税后净利润与平均净资产之比。衡量信用风险所采用的指标为不良资产率，它是不良资产（包括逾期、呆滞、呆账资产）与资产总额之比。这部分所有数据由笔者分别根据恩施州 8 县市农村信用合作社分季度业务状况表、资产负债表汇编（2002 年至 2005 年）整理而得。

（四）研究结果

为了评价小额信贷对农信社的影响，笔者对样本数据中各县市农信社 2002 年至 2005 年农户小额信用贷款与反映农信社营利能力的成本收入比、资产利润率和资本利润率等指标和反映农信社信用风险指标的不良贷款率分别进行了回归分析，其结果见表 7.5。

---

① 朱乾宇、吴遵新：《农户小额信贷对农信社盈利能力的影响分析》，载《开发研究》2007 年第 5 期。

表7.5　农户小额信用贷款对农信社绩效的影响

X	Y	a	b	F	P	R^2	$Adj - R^2$
农户小额信用贷款							
	成本收入比	1.27	-4.53×10^{-9} *	6.78	0.01	0.18	0.16
	资产利润率	-1.12	1.94×10^{-8} *	6.46	0.02	0.18	0.15
	资本利润率	-22.85	3.97×10^{-7} *	6.08	0.02	0.17	0.14
	不良贷款率	F53.98	-2.33×10^{-7}	2.24	0.15	0.07	0.04

注:回归方程为:$\hat{Y} = a + bX$。其中,$\hat{Y}$是因变量Y的估计值,X是农户小额信用贷款,Y是农信社绩效的各项指标,a是截距,b是回归系数,F是回归系数检验的统计量,P是F值对应的概率,R^2是决定系数,$Adj - R^2$是校正决定系数,$*P < 0.05$。

该回归分析的结果表明,农户小额信用贷款对农信社的营利能力具有正效应,即随着农户小额信用贷款的增加,农信社成本收入比下降,资产利润率和资本利润率均上升;且农户小额信用贷款每增加1亿元,农信社成本收入比下降0.45%,农信社资产利润率增加1.94%,资本利润率增加39.7%。同时,在目前的样本量情况下,未见农户小额信用贷款对不良贷款率的显著性影响。

（五）研究结论和讨论

从以上的实证分析可以得出以下结论:农户小额信贷对于提高农村信用社的营利能力具有积极的影响;而同时,农信社开展农户小额信贷业务并不会增加其信用风险。

那么究竟有哪些因素制约了农信社小额信贷业务的发展呢？笔者认为,可以从农户和农信社这两个方面来探讨小额信贷业务的影响因素。从农户角度来看,随着农民收入的增加和生活水平的提高,小额信贷的信用额度偏小及其主要用于农业生产的用途限制已经越来越不能满足农民的生产和其他用途的贷款需求;而传统的贷款期限一般为一年和不能跨年度使用也极大地限制了生产经营周期较长的特种种、养殖农户的贷款积极性。从农信社的角度来看,支农资金来源不够充足,小额信贷展业成本高而同时其利率定价机制却不够灵活,小额信贷风险监管机制不够完善等都制约了农信社开展小额信贷业务的积极性。

因此,为了更好地促进小额信贷业务的开展,应该放宽小额信贷对象,拓展小额贷款用途,提高小额贷款额度,合理确定小额贷款期限。同时,应该进一步放宽农信社小额贷款的利率定价机制,使之可以在覆盖成本的基础上科学地厘定小额贷款利率,并且改进服务方式,吸收更多的支农资金用于小额信贷,加强贷款的激励约束机制和风险控制。

第三节　农信社农户小额信贷面临的问题分析

一、恩施州农信社开展农户小额信贷面临的问题

恩施州农信社推行农户小额贷款虽然对当地农村经济起到了"助推器"的作用,但仍然存在以下主要问题,阻碍了农户小额信贷及农信社的发展。

（一）农户小额信贷资金供需矛盾问题

目前,农村信用社农户小额信用贷款的资金来源主要是央行的支农再贷款和信用社自有存款。支农再贷款从开始发放以来,一直受到当地农村信用社的欢迎,支农再贷款的限额也逐年增大。但从 2005 年 1 月 1 日起,人民银行取消了支农再贷款利率下浮政策,改为执行人民银行再贷款基准利率,一年期再贷款利率由 2.25% 调整到 3.24%;从 2006 年 1 月 1 日起,一年期支农再贷款利率又提高到了 3.555%。支农再贷款利率逐年上调,使农村信用社申请使用支农再贷款的积极性开始下降。通过一项对人民银行恩施支行支农再贷款投放情况的调查显示,2005 年末,全州支农再贷款比上年减少 8486 万元,下降22.2%;2006 年 5 月末,全州支农再贷款比上年末再减少 10200 万元,下降34.3%,全州 8 个县市中有 5 个县市再贷款余额为零。[1] 出现这种现象的原因并不是"三农"对信贷资金需求减少,很大程度上是受现行支农再贷款制度约束所致。

另外,恩施州农信社近年来存贷款规模虽然都有扩大,但存贷增长速度不协调,主要表现为存款增速缓慢。2006 年 6 月末,全州存款增长 2%,最高的宣恩联社增长 15%。而贷款全州增长了 36%,鹤峰、宣恩联社超过了 60%,最低的咸丰联社也增长了 18%。增长比例不协调,导致少数联社存贷比高位运行,鹤峰联社达到了 100%,宣恩联社达到了 93%,超过 75% 的县市有恩施、巴东、咸丰、来凤联社。存款增速缓慢的主观原因是农信社经营品种相对单一,与县

---

①　席革:《制度安排:提高再贷款支农功效》,载《金融时报》2006 年 8 月 10 日。

域经济对信贷资金的多元需求不相适应,而且网络建设滞后,服务没有跟上。客观原因是农信社与邮政储蓄、保险公司竞争处于劣势地位,一方面,邮政储蓄利用众多的网点、便捷的网络分流了大量的农村资金,资金农转非,减少了农村地区资金的供给;另一方面,各商业保险开办存款性的保险业务,也抽走了部分农村资金。

因此,无论是从中央银行支农再贷款还是农信社自有存款方面,农信社小额农贷资金的供给都不能满足日益增长的农户对小额信贷的内在资金需求。农户小额信贷资金供需矛盾如不能迅速而有效地得到解决,势必削弱农村信用社支农的资金实力。

(二)农户小额信贷的放款额度和期限问题

现在恩施州农民积极调整产业结构,发展区域特色农业,扩大农产品的转化和深加工,生产要素的投入逐渐由传统的以劳动力投入为主转向偏重资金和技术投入。而由于小额信贷的涉及面广,对每一农户进行摸底调查难以达到,信贷机构常采取贷款额度"一刀切"的做法,多数都规定第一次不超过1000元,第二次增加到1500~2000元,单笔贷款一般不超过2万元。这只能满足传统种植领域的资金需求,难以支持高效农业、畜牧养殖、农产品加工和流通等方面的需求。

可贷期限与农业生产周期不符。中央银行为了充分发挥支农再贷款的作用,先后多次修订了支农再贷款管理办法,使支农再贷款的使用期限从最初的最长不超过6个月,逐步延长到9个月、12个月。同时,农信社为了加速资金周转,控制信贷风险,小额贷款期限常限制在一年以内。这对春播秋收的传统农业生产资金需求可以匹配,但恩施州中药材、果树、花木等特色种植业的生产周期多在18个月以上,且多是容易产生经济效应、农户愿意选择的项目。目前小额农贷的期限对养殖业、林果业、消费类等贷款难以匹配。贷款期限小于农业周期,导致农户按期还款受限,即使能还贷,也会对实现扩大再生产哪怕是维持简单再生产造成阻碍。

(三)农信社经营小额农贷业务的可持续性问题

农业是弱质产业,存在较大的自然风险。由于小额贷款大多数用于种植业、养殖业以及其他与自然条件密切相关的小规模生产经营,这些类型的项目都容易受到自然灾害的影响。目前中国农业生产缺少自然灾害保险,一旦这些类型的小额贷款项目遇到自然灾害,就会致使一些到期贷款不能偿还。而恩施州又位于自然条件差、自然灾害频发的武陵山区,更加大了农户小额信贷的操作和管理成本,导致这一地区小额农贷的坏账损失大大高于正常商业贷款。

但是,由于国家支农扶贫的需要,农信社小额农贷的利率受到严格的管制,在政府和社会公众的期望下,小额农贷的利率实行低于正常商业贷款的利率。作为正规金融机构,农信社必须具备自我生存和自我发展的能力,即经营收入能抵补经营成本并有所盈余。而这种低利率与小额农贷相对较高的运作费用和呆账比例不相对应,在实际操作中阻碍了农信社开展农户小额信贷业务的可持续性。

（四）农信社发放小额农贷过程中的"惜贷"问题

近年来,农信社发放小额农贷过程中的"惜贷"现象较严重。自1999年以来,县及县以下的国有商业银行机构大量撤并,支农的重任几乎全部由农信社承担。作为以支持"三农"为己任的农信社因为历史包袱沉重,人民银行正以"花钱买机制"推进农信社的改革。恩施州近年来农村信用社体制改革的重点是撤销分级法人信用社,将县乡两级法人信用社统一为县（市）联社一级法人体制,湖北省信用联社恩施办事处也于2006年3月28日挂牌设立。伴随着体制的改革,农信社还进行了撤点减员,仅2006年上半年,全州各信用社就实行在岗员工减员304人,压缩机关管理人员81人;2008年在恩施境内撤除网点最多的金融机构也是农信社,共撤并网点7家。随着撤点减员,农信社基层网点工作负荷大,内勤力量被牵制,外勤力量不足。

但小额农贷额小面广,农信社面对严重的人手不足问题,又没有专业的农户资信评估机构的协助,在信用评估阶段,政府参与程度低,导致信用社对农户的资信评估不得不依靠信贷人员实地调查。特别是在恩施州这样的贫困山区,乡村公路路况较差,有的农户居住偏僻边远,交通不便,加大了外勤人员的工作难度。同时,省联社在贷款的风险控制上采取严厉的追责措施,而在强化信贷风险约束的同时,多数基层农信社没有建立起相应的激励机制。面对双重的压力,小额农贷人员往往对没有十足把握能保证到期收回的贷款,担心受到停岗、下岗、罚款及其他处分,宁肯少得绩效工资,而不敢冒险丢"饭碗",由此造成对小额农贷的"惜贷"现象。这种现象在一定时期将给信用社的业务发展造成不良后果。

二、农村金融市场存在的深层问题对农信社发展的影响

近几年来,人们更多地关注中小企业贷款难问题,并进行了多方呼吁,为中小企业争取更多的金融支持和更好的发展空间,但却没有足够地重视"三农"对金融的需求和对其进行的金融支持。虽然农村信用社作为农村金融主力军对"三农"予以了大力的支持,但是农村金融市场上存在的一些深层问题对农信社的支农作用的发挥也造成了一定的阻碍。

(一)农村金融市场随着国有商业银行的逐步退出,出现农村信用社独自支撑的局面

目前,恩施州从事农村金融活动的金融机构有5家,即农业银行、农业发展银行、农村信用社、邮政储蓄和村镇银行,但实际上在县城以下对农村提供金融服务的仅剩农村信用社一家。由于历史原因,农村信用社大多有历年亏损挂账,虽然近来在国家优惠政策的扶持下,业务发展迅速,但在资金组织方面,处于与国有商业银行、邮政储蓄机构争夺有限存款的不利地位,在资金应用方面则是独力承担支农重任,资金实力不足的问题明显,尽管支农贷款有了很大的增长,但是与广大农村实际的信贷资金需求量相比仍有较大的差距。

(二)农村大量资金外流使农村信用社放贷有心无力

农村金融市场反映出部分农民贷款难,其实也侧面反映出农村信用社资金实力不足的问题。农村信用社近几年来取得了较好的经营效益,发展也较快,资金实力也有了很大的增强,但是受经济发展等客观条件的制约,其存款增长速度很缓慢,且存款总量也很有限,如恩施市一般信用社的存款只有2000万~5000万元之间,除去以前累积的大量沉淀,可用资金仅有1000万~3000万元之间,这与大量的信贷需求量是有很大差距的。此外,近些年来,邮政储蓄利用其网络等优势,将大量的农村资金吸收而上存。2009年4月底,恩施市农信社存款余额11.08亿元,贷款余额7.9亿元,截至4月发放贷款4.26亿元,净投放2.6亿元,其中"三农"类贷款占比90%以上,恩施市邮政储蓄余额13.44亿元,贷款余额2233万元,截至5月贷款净投放610万元。由于恩施市作为州城的特殊地位,使原本有限的资金更加紧缺,形成"贷款八家抢,信贷一家扛"的局面,也严重挫伤了农村信用社将资金大量投入农村的信心,客观上造成农民贷款难的事实。2009年4月底恩施市各金融机构存款总余额高达95.99亿

元,而投入农村金融市场的不足 3 亿元,有相当一部分是农村资金的分流造成的。目前面对农村资金外流现象的日益加剧,从制度和措施上还没有建立和形成有效的遏制或补偿的机制,因而使农业融资困难的局面越来越严重。

(三)农村民间融资活跃,导致大量资金游离于农业生产之外

通过对恩施市民间融资情况的调查,发现当前民间融资规模日益庞大,其中企业民间融资约为 10 亿元,城乡居民家庭融资约为 15 亿元,全市民间融资总额应为 25 亿元左右,其中约有三分之一的民间借贷来自于农村,这部分游离于银行系统以外的资金,虽然有很大一部分来自于农村的闲散资金,但绝大部分被投入到第二、三产业等非农产业中,对于缺乏资金的农业来说无疑是釜底抽薪。

(四)农业保险制度和农业贷款担保体系的缺失或不完善,限制了金融对农业产业化发展的投入

随着产业结构调整范围的扩大和深化,需要资金支持的农户和资金额度不断增加,金融机构和农户间因信贷风险和农业风险保障机制缺失的矛盾就凸显出来。一方面,农户生产能力提高,规模扩大,投入成本增加,而农业又属于高风险行业,一旦农户遭遇天灾人祸,由于没有有效的农业保险体系进行保障,农户无力承担经济损失;另一方面,农户生产规模的扩大和提高,意味着投入生产资金的增加,但农户缺乏有效的抵押和担保物,很难从金融机构获得大额贷款,传统的小额农户信用贷款又无法满足生产中的资金需求,由于没有有效的农业贷款担保体系和农业保险,农信社在发放农业贷款时就处于两难境地。

(五)农户自身的局限性也影响了农村金融服务水平的进一步提高

一是农户在市场经济中处于弱势地位,加之农民文化水准不高,难以掌握和应对市场变化、自然风险和市场风险,部分生产经营活动带有一定的盲目性、风险性,往往达不到金融服务所需的最低标准。二是农户在申请贷款时,缺乏有效的抵押担保,直接影响农民的获贷能力。相关法规规定,农村房子不能抵押、担保,这就无形之中剥夺了农民的房屋资产信用权利,使农民的抵押、担保能力大大降低。三是农村信用环境不够理想,金融生态环境建设任重道远。主要是部分农民受社会不良风气的影响,将银行贷款混同于政府的救济补助,存在着恶意逃避银行债务的行为,影响了农信社提供金融服务的积极性,客观上增强了金融机构对农村提供服务的门槛设置。同时由于农村信用评价体系的

欠缺,造成农民信用观念和意识淡薄,农村整体信用环境不容乐观。

(六)涉农优惠政策与服务"三农"责任不对等

通过调查,2009年以来恩施州农信社信贷资金需求量大幅增加,主要表现在三个方面:一是中小企业资金流动性紧张。由于受2008年全球金融危机的影响,生产和销售的资金应收款或库存增加,占用资金大,企业资金周转困难;二是2008年下半年农产品价格有所下降,农民收入下降,扩大再生产资金不足;三是返乡农民工增加,申请贷款量、额大幅增加。

由于信贷资金需求量大,组织资金后劲乏力。主要原因在于资金不足,由于存贷比等管理指标的限制,造成农信社贷款资金相对匮乏,支农力度有限。以2008年末计算,全市信用社各项存款88000万元,各项贷款52000万元,存款总额剔除缴存人民银行法定准备金10%,备付金3%,历年亏损占用后,几乎全部投放了贷款,资金超负荷运转。同时,责任与政府的优惠政策不对等,农村信用社担负着"三农"信贷服务,甚至在产业结构调整中信贷资产受到损失,但是在涉农资金上,而担负着服务"三农"责任的信用社又不能利用这块资金服务"三农"。

第四节　农信社小额信贷影响改进的政策建议

结合以上分析,本书认为农村信用合作社要改进农户小额信贷的影响应该采取以下政策:[①]

一、促进支农再贷款制度创新,提高支农再贷款功效

支农再贷款是国家为解决"三农"问题的一项金融制度设计,也是农信社农户小额信贷的重要资金来源。但是,随着近些年农村经济和农村信用社的发展,农村经济结构、农民对信贷资金的需求结构及农村信用社的经营状况的变化,这一制度已与当前农村经济金融的实际不完全适应。为了继续发挥支农再贷款的功效,要对支农再贷款制度进行必要的创新。

(一)拓宽支农再贷款投放渠道,扩大支农再贷款支持对象和范围

现行支农再贷款政策只能向农村信用社一家发放,农村信用社没有申请使

---

① 朱乾宇:《民族贫困地区农信社推行农户小额信贷的实证分析》,载《社会科学》2007年第4期。

用的积极性,使支农再贷款限额闲置。建议把支农再贷款发放对象扩大到所有支持农业发展的金融机构,同时,还应扩大支农再贷款的支持对象和范围,解决农业生产发展的多层次需求。目前支农再贷款对象仅限于自然人,用于农户生产与消费,而农业产业化的发展形成的以法人为单位、从事养殖业、农产品加工等农业产业化企业被排除在支农再贷款之外。支农再贷款支持对象不应局限于自然人,应包括自然人和法人;既要支持传统农业,也要支持现代农业。凡是能促进农村经济结构调整和农业产业化发展的,有利于增加农民收入的项目和法人企业都应在支持范围之内。

(二)支农再贷款应继续实行利率优惠,支持农村信贷创新

虽然目前支农再贷款利率与农信社发放的再贷款利率相比仍有一定优惠,但两年来利率的连续提高已影响了支农再贷款政策作用的有效发挥。在当前全国正在建设社会主义新农村的新形势下,中央银行支农再贷款应发挥更大作用,利率在现行基础上应适当下浮,以充分发挥利率的调控和引导作用。建议给基层农信社确定一定比例的支农再贷款限额,专项用于涉农金融机构新业务新产品的开发推广,重点解决贫困地区农民难贷款、金融机构贷款难问题,体现央行货币政策对金融创新的激励和引导,在更大范围和更深层次上支持农村经济发展,满足新农村建设对资金的需求。[①]

二、扩展农信社支农资金融资渠道,正确引导其他资本进入农村金融领域

(一)农信社开展服务创新,多渠道筹集资金

农信社吸收的存款是农户小额信贷的另一资金来源。在当前储蓄存款利率持续走低,商业银行、邮政储蓄、保险部门导致农村金融领域资金分流等不利因素制约下,金融创新是确保农信社增强竞争力的重要保证。农信社要保持可持续发展,不能过度依赖中央银行的支农资金,而是要努力扩展自身融资渠道,做到发放小额贷款的资金可以自求平衡,具体可以从以下几方面入手:一是加大研发力度,在资金组织、贷款发放和中间业务的拓展上,不断推出农村经济发展需要和农民所喜闻乐见的服务新品牌,充分借助现代网络技术,进一步优化服务环境,改进服务方式,提升服务水平,积极争取各种涉农资金存放农村信用

---

① 雷和平、林之诠:《调查:支农再贷款为什么放不出去?》,载《金融时报》2006年6月19日。

社,用于支持农村经济发展;二是运用激励机制,充分发挥信合员工揽存的积极性,变被动等待服务为主动上门服务。如抓住打工人员返乡、学校开学收费的特殊时机,主动深入打工人员家中,深入学校现场吸储;通过有效投放资金,带动农民增收,促进农业增效,拉动农村经济发展,培植新的储蓄源等等。

（二）促进大型商业银行进入农村金融市场

农户小额信贷信用风险小、利润高,是优良的零售贷款业务,良好的信用风险控制使其成为一块有利可图的"蛋糕"。对大型金融机构而言,选择合适的经营模式进入农村金融市场就成为一个重要问题。对中国农业银行、邮政储蓄银行这类在农村县域有大量营业网点的金融机构而言,充分利用现有网点优势、业务关系资源采用直接经营模式完全是一种可行的方式。对于一些缺乏业务基础的外国银行而言,借助信用社原有的人缘、地缘带来的难以比拟的信息优势,采取向农村信用社提供批发贷款的方式进入,可以有效实现优势互补。

针对农村资金外流,应出台切实可行的政策,使有限的资金资源得到更充分的利用。虽然邮政储蓄2007年开始办理质押贷款业务,结束了邮政储蓄"只存不贷"的历史,只是起到杯水车薪的作用,从根本上解决不了农民贷款难的问题。地方政府应加强对农村信用社的扶持力度,从银行账户的开立、财政资金的流动上向农村信用社倾斜,出台相关政策加大对农信社资金的扶持力度,增强农信社支农资金实力,从而保证资金不外流,以更好地支持"三农"发展。

（三）规范和引导农村民间金融的发展

农村民间金融作为一种内生的制度安排,在农村以其独特的形式长期存在,它在弥补农村资金供求缺口、促进个私经济发展等方面起到了积极的作用,这是融资方式多元化发展的趋势。但如不能对其正确地规范和引导,也会在一定程度上扰乱农村金融秩序。因此,应在明确民间金融的地位,改善农村金融领域中二元结构的紧张与对立的同时,将其纳入金融监管的范围,对其进行正确的引导,规范其发展。此外,2006年的中央一号文件已明确提出"大力培育由自然人、企业法人或社团法人发起的小额贷款组织"①。因此有关部门要抓紧制定管理办法,继续支持农村非政府组织小额信贷机构的发展。

---

① 《中共中央国务院关于推进社会主义新农村建设的若干意见》(2006年中央1号文件)。

三、坚持小额农贷的市场运作,增强农信社开展小额农贷业务的可持续性

小额农贷既要考虑到农民脱贫致富,全面实现小康社会,又要考虑到信用社自身的经营效益。只有农信社生存发展了,小额农贷业务的开展才具有可持续性,而要做到这一点,就必须坚持小额农贷的市场运作,运用市场机制引导在小额贷款的运作中实现既定的扶贫目标。市场运作可以从以下几方面入手:

(一)明晰商业性业务和政策性业务界限

在公共财政未发挥应有作用的情况下,将金融机构作为支农的工具,效率低下、道德风险严重。支持"三农"很重要,但金融不能也不应该代替财政职能。金融承担过多的财政职能,扭曲了经营者的激励机制,不但无法完成支持"三农"的任务,而且造成资源的大量浪费和损失。政策性业务与商业性业务混合,难以分清农村信用社和农行的历史包袱哪些是政策性因素造成的,哪些是自身经营不当形成的,道德风险严重。信贷支农是道德风险的避风港。将农村金融机构作为金融支农工具会产生三重道德风险:一是农信社没有破产风险,在"支农"名义下经营亏损;二是利用解决"历史包袱"的借口,地方政府和农村金融机构向中央政府漫天要价,又不能解决根本性的体制问题;三是农村金融机构利用政策性业务和商业性业务的交叉,以"支农"的名义要中央银行资金。混淆金融机构的商业性职能和政策性职能,会造成农村金融机构严重的道德风险。

因此,对农村信用社而言,由于公司治理结构尚不完善,商业性业务和政策性业务要界限清晰,以避免道德风险。对商业性业务一定要坚持收费原则,必要的收费可以避免资源浪费。

(二)根据农户信贷资金需求的多层次结构确定农信社小额农贷的对象

民族贫困地区的农户资金需求可以分为以下四个层次:一是缺乏劳动力的极端贫困户;二是中等收入水平以下的贫困农户;三是有一定经济基础的普通农户;四是有相当规模的资产和较强经济基础的富裕户、专业户。第一层次的农户不应该是小额贷款扶贫的对象,而应该通过民政救助和社会捐助解决其基本生活需要,并在此基础上依靠这种无偿资助进行力所能及的生产经营活动。第四层次的富裕户和专业户也不应该是小额贷款扶贫的对象,这部分农户发展生产经营需要的信贷资金可以通过农村信用社发放数额较大的担保抵押贷款

解决其资金需求。第二层次的这部分农户有一定的劳动力和生产经营能力,但是缺乏有效资产抵押或者难以取得一般贷款需要的担保。这部分农户通过小额贷款解决启动资金,通过发展生产经营增加农户收入,达到摆脱贫困的目标,他们应该是小额贷款发放的主要对象。第三层次的这部分农户有一定的资产或者信用度,其发展生产经营的信贷资金可以视情况通过农信社发放普通农户贷款解决,对于小金额的贷款,也可以由农信社发放小额农贷来解决。通过不同方式的贷款投放,不仅可以合理满足不同层次的农户贷款需求,而且可以将农信社有限的小额农贷资金用在刀刃上,促进信贷资金使用效益的提高,同时也保证小额贷款能够按期收回。

（三）允许农信社根据成本制定合理的小额贷款利率水平

对小额信贷利率的不同观点体现了国际上"福利型"小额信贷和"制度型"小额信贷两种流派的差别和争论。但农信社作为正规金融机构,其推行农户小额信贷具有不同于传统补贴型政策性金融的特征,不能等同于补贴性信贷。我们要真正分清财政扶贫和信贷扶贫的不同功能,不能"缺位"也不能"越位",不能扭曲正常金融秩序和行为。小额信贷有额度小、成本高的特点,利率水平的高低是其能否可持续发展的关键。不能用一般银行利率而需要较高的存贷差来弥补操作成本,只有采用覆盖所有成本的利率并提高发放信贷的效率,才能保证农信社向农户提供长期持续的服务。但是,如果利率太高,农户会承受不起,这样会导致贷款农户流失,也会使小额农贷失去服务"三农"的根本意义。因此,农信社必须具备较高的定价能力,制定出合适的利率水平,才能实现可持续发展。

四、加强农村信用工程建设,完善农信社小额农贷的管理和监管体系

目前农信社已交给省级政府管理,但农信社要正确处理依靠与依赖的关系。一方面,农信社要依靠政府的重视和支持,努力做好农村经济发展的服务工作;另一方面,政府作为"金融游戏规则制定者",应将其工作重点放在协调部门关系和开创信用社外部金融环境方面,其本身不宜操作小额信贷。政府的支农目标要从以政治目标为主导转变为兼顾经济、政治和社会目标,将政府行为转变为市场行为。国办发[2004]48号文件已进一步明确了银监会、人民银行、省级政府和省级联社在农村信用社监督管理和风险防范中的权力和责任。① 具体监管工作可依据银监会已下发的《农村信用社省（自治区、直辖市）联合社监管工作意见》和《县（市）农村信用合作社联社监管工作意见》等。②

（一）进一步加强农村信用工程建设

农村信用工程在中国农村社会初步构建了普遍主义制度信任安排，为缺乏抵押品的农户创建了信用资本，它大大降低了信贷交易成本，扩大了信贷交易规模，增进了农户福利。中国经济的高速发展使农村人口流动性大大增强，推动着农村社会人口结构的变迁，迫切需要能与之契合的制度信任安排来满足农村金融交易的需要。农信社在开展小额信贷工作中，要继续大力加强农村信用工程建设，不断完善创建方式。要严格把握信用评级条件，不搞摊派，不片面和盲目扩大信用户、信用村、信用乡的数量，坚持成熟一个确定一个，推动信用工程创建工作的全面扎实开展。要建立完善信用户、信用村镇退出机制，对不符合条件的要及时提出警示意见或取消称号，取消相应的优惠措施，充分发挥创建工作的示范效应。对基层金融机构信贷管理的考核内容不能局限于清收不良贷款和控制不良贷款率，还要考核新增贷款的发放是否达到规定比例等要求，对遇到重大自然灾害所造成的高违约率应该灵活看待，采取灵活措施帮助农户恢复生产能力，扎扎实实推进小额信贷信用风险管理工作。在工作中要注意紧密依靠地方政府，加大宣传和失信惩戒力度，提高失信成本，营造守信光荣、个人受益、失信可耻、个人受损的社会风气。

（二）完善信贷员的激励与约束机制

信贷员从事的是一项智力高度密集活动，对其监督十分困难。因此，建立和完善合理的激励和约束政策与制度十分必要。在激励方面，设置以效益为目标的人力资源配置优化机制，建立员工能进能出的员工分流机制和选拔制度，使信贷业务与个人职位、薪酬以及晋升紧密联系，产生积极的效应。在约束方面，对贷款的投放坚持"岗位制约、部门分离"的原则，由信贷员负责贷前调查、评估与贷后经营管理，而信贷管理部负责贷时审查，联社贷款审查委员会和有

---

① 《国务院办公厅转发银监会人民银行关于明确对农村信用社监督管理职责分工指导意见的通知》，中国信合网 2004 年 6 月 22 日。

② 中国银监会农村信用社贷款五级分类领导小组办公室编：《农村合作金融机构贷款五级分类培训手册（四）》，中国金融合作网 2006 年 5 月 15 日。

权审批人决定贷与不贷,把好贷款责任关。明确贷前调查、贷中审查、贷后检查、到期回收每个环节的责任人,确保资金安全。对失控环节的相关责任人坚决给予责任追究和经济处理。

五、将小额农贷与"公司＋基地＋农户"产业化经营模式相结合

"公司＋基地＋农户"产业化经营模式对于加快农业产业化进程,培育扶持龙头企业,实施产业化扶贫能发挥重要作用。农信社开展小额农贷工作中若能将小额农贷与"公司＋基地＋农户"模式相结合,则不失为一种既能降低农信社贷款风险,又能扶持本地特色龙头企业,提高农民收入的贷款方式。

在这种贷款模式中,政府起着重要的衔接作用,一方面,由政府牵头,鼓励当地农业产业化经营龙头企业和种养大户与种植户签订最低保护收购价合同,并与公司达成由"企业寻找市场,政府找信用社"的协议;另一方面,政府又积极地与农村信用合作社联系,鼓励农信社给种植户提供小额信贷。在以上工作的基础上,政府动员当地广大农户积极参与生产,由农户与公司签订产销合同,公司提供技术支持,农户负责种植,部分项目年底由公司以最低保护价收购。这种模式对于广大农户而言,由于公司提供了技术和产品的销路,农信社又提供了资金支持,因而放心大胆地生产,解决了传统农村经济中由于信息渠道不全,农民盲目生产而导致的"多了砍、少了赶"恶性循环问题;对于公司而言,在享受当地政府给予的一系列优惠政策的同时,由于广大农户参与了生产,形成了生产基地,有利于公司拉长产业链条,增加农业附加值;对于农信社而言,由于政府和公司给予了担保,而且关键是农户生产的销路有了保障,就不愁农户增加收入,进而也不愁农户归还贷款,因而农信社的贷款风险也会降低。

六、大力发展农业保险和农户小额保险

对农户小额信贷而言,影响农户还款能力的风险主要有自然灾害风险、农产品市场价格风险、大病及意外风险、信用风险。由于农牧业生产的天然特性,自然灾害风险对农户的还款能力影响极大,一场严重的自然灾害可以让一个信用村里90%的贷款农户无法到期还款。

农户小额信贷个人信用风险分散,行业风险(自然灾害风险)在局部区域内集中度高。自然风险主要集中于天气、地质、病虫害、瘟疫等自然灾害,因此

对种植、养殖、林果业等而言,农业保险是稳定农业生产、熨平农户收入波动的有效手段。从国际上看,西方发达国家都将农业保险界定为"政策性保险"给予政府补贴。在 WTO 的农业贸易谈判中,各国在同意削减政府对农业投入和贸易补贴的同时,却将农业保险的政府投入规定为"合法"。WTO《农业协定》专门设立的保护成员国农业利益的"绿箱"政策便成为各国尤其是发达国家合法保护农业的手段。我们应该充分利用"绿箱"政策,完善农业保险支持体系,稳定农户的农业生产能力。

　　针对农户大病及意外风险,目前行之有效的应对措施是发展农户小额保险。农产品价格的大幅波动,对农户收入也有着重要影响,"丰产不丰收"对农户而言并不陌生。龙头农业企业同农户签订的"订单"农业方式,既保证了企业的生产原料来源,又减少了农户农产品的销售价格风险,同时还使得农产品交易成本大幅下降。

第八章 村镇银行农户小额信贷影响评价的实证研究

村镇银行是银监会"适度调整和放宽农村地区银行业金融机构准入政策,降低准入门槛"政策框架下建立的新型农村金融机构之一。由于目前村镇银行是新型农村金融机构的最主要形式,因此本章以村镇银行作为新型农村金融机构的典型代表来考察农户小额信贷的影响。本章以时间为顺序,分别选取了成立最早的中国首家村镇银行四川仪陇惠民村镇银行和发起行较为全面的湖北省村镇银行为代表进行实证研究,分别评价了村镇银行开展小额信贷业务的影响,然后分析了村镇银行开展农户小额信贷的制约因素,并在此基础之上折射出中国村镇银行发展的关键问题。最后,针对当前村镇银行如何扩大发展空间,怎样确保村镇银行的可持续发展、风险如何管控等方面,为还处于摸索阶段的中国村镇银行提出了相应的启示和建议。

第一节 新型农村金融机构的设立及影响

一、新型农村金融机构的设立

2006 年 12 月 20 日,中国银行业监督管理委员会发布了《关于调整放宽农村地区银行业金融机构准入政策,更好支持社会主义新农村建设的若干意见》,稳步推进农村金融机构试点工作。随后,村镇银行、贷款公司和农村资金互助社等一大批新型农村金融机构相继成立。

根据农村金融新政,村镇银行是指经中国银行业监督管理委员会依据有关法律、法规批准,由境内外金融机构、境内非金融机构企业法人、境内自然人出资,在农村地区设立的主要为当地农民、农业和农村经济发展提供金融服务的银行业金融机构；贷款公司是指经中国银行业监督管理委员会依据有关法律、法规批准，由境内商业银行或农村合作银行在农村地区设立的专门为县域农民、农业和农村经济发展提供贷款服务的非银行业金融机构；农村资金互助社是指经银行业监督管理机构批准，由乡（镇）、行政村农民和农村小企业自愿入股组成，为社员提供存款、贷款、结算等业务的社区互助性银行业金融机构。三种新型农村金融机构在出资主体、资金性质、法律地位和监管等方面的比较如表8.1所示。

表8.1　三种新型农村金融机构的比较

机构	出资主体	资金性质	法律地位	首要目标	所有者地位	监管
村镇银行	境内非金融机构企业法人、境内自然人	商业性投资	商业银行，企业法人	营利	所有者清晰	审慎
贷款公司	境内商业银行、境内农村合作银行、外资金融机构	商业性投资	非银行金融机构，企业法人	营利	所有者清晰	审慎
农村资金互助社	乡（镇）、行政村农民、农村小企业	互助、互益	社区互助性银行业金融机构，企业法人	互助，解决资金困难	所有者清晰	审慎

资料来源：孙同全：《农村金融新政中非政府小额信贷的发展方向探析》，载《农业经济问题（月刊）》2007年第5期。

农村新型金融机构的建立是解决我国现有农村地区银行业金融机构覆盖率低、金融供给不足、竞争不充分、金融服务缺位等"金融抑制"问题的创新之举，其建立对于促进我国农村金融市场的资金供给主体多元化、农村金融机构的产权结构和治理结构规范化及促进农村金融改革的整体进程具有十分重要的意义。

二、村镇银行的相对优势

随着2007年3月1日中国首家村镇银行——四川仪陇惠民村镇银行的成立，拉开了深化中国农村金融机构改革的序幕。2007年10月银监会在总结试点经验的基础上，又将试点范围扩大到全国31个省份。自银监会2007年1月22日发布并正式施行《村镇银行管理暂行规定》以来，截至2008年底，全国共有新型农村金融机构107家，其中村镇银行几乎占到90%，至2009年4月末，银监会已经在全国范围内累计批准开业 97 家村镇银行。目前这些村镇银行总体运行良好,已实现有效贷款 40 多亿元,其中支持农户和农民的贷款占到 60% 以上,两年多的时间,一半以上的村镇银行已经超过了盈亏平衡点,正逐渐成为服务社会主义新农村建设、支持地方经济发展的新兴力量。村镇银行之所以相对其他新型农村金融机构发展更快是由于其具有以下相对优势。

(一)政策优惠

1. 存款准备金率较低。村镇银行和一般商业银行相比实行差别化的存款准备金率,按农信社标准 15% 缴纳存款准备金,比一般商业银行执行的 17.5% 低 2.5%。

2. 监管当局通常在政策上把握,发起银行在农村地区设立金融服务机构,可考虑优先批准在发达地区设立支行。

3. 政府通常会对村镇银行的存款资金给予支持;政府通常会给予村镇银行 3~5 年免税期,减轻其开办初期的经营成本,促进其发展;政府通常会对村镇银行的营业场地租金给予一定补贴。

4. 村镇银行存款利率按照人民银行下达的基准利率执行,贷款利率既可以按照人民银行规定的基准利率上浮 2~3 倍,也可以按照民间借贷利率的标准执行,也可以根据市场供求状况和风险程度确定利率水平(不超过人民银行下达的基准贷款利率的 4 倍);人民银行根据村镇银行发放农业贷款特别是对贫困人口的小额贷款情况,对发放农业贷款达到一定比例的,在再贷款和利息方面给予优惠。

(二)机构设置十分便利

相对商业银行的县级支行而言,村镇银行的分支机构的筹建,目前采用备案制,比较方便,在经济发达县域地区,较容易建立完善的业务网络,促进业务的发展,而县级支行的设置,目前仍采用指标制管理,需占用营运资金,不仅一家银行设置县级支行的数量有控制,且目前尚没有在一个县批准两家县支行的先例。

(三)营利能力有保障

1. 贷款收益较高。村镇银行通过差异化的目标市场定位,发放小额信贷来分散风险,以适度规模和高收益来弥补风险,贷款目标锁定为小型或微型企业及个人,贷款利率则在基准利率基础上适当上浮,但不会高于民间借贷利率。

2. 资本耗用更低。村镇银行在组建过程,发起银行只需投入20%左右的资本金,通过财务杠杆作用可以达到控制60多倍的金融资源,可以更低的风险获取更多的金融资源和母银行品牌的延伸。

3. 代理业务。村镇银行立足区域,可以依靠代理各家金融机构的理财产品、保险产品等方式来提供更加全面和个性化的金融服务,从而获得快速发展,较支行空间更大。

(四)运行成本相对较低,竞争压力较小

村镇银行在固定资产投资、职工工资、费用等方面低于城区支行。农村金融机构大量裁撤之后,金融服务有待提高,在农村地区设立村镇银行的竞争压力比城市小得多,这也给村镇银行提供了宽阔的发展空间,村镇银行更能找到新的资金出路,增强资金的流动性,来获得投资收益。另外,村镇银行灵活的股权结构安排,能够建立更加完善的公司法人治理结构,能够充分调动社会各方面的信息和资源。当地企业法人的加入能够加强村镇银行对当地文化和经济的融入和认同感。

三、村镇银行设立的意义和影响

我国农村正规金融体系发展至今,已经形成了以中国农业银行、中国农业发展银行以及中国农村信用合作社为主要代表的包含商业性、政策性和合作性的金融机构组织框架。但这些传统的农村正规金融机构各自存在着不同的问题:随着中国国有商业银行商业化改革的深入,中国农业银行这一历史上传统的农村金融服务核心提供商,已经大量缩减乡镇以下市场的分支机构,造成农村地区的商业金融安排空位;而中国农业发展银行政策支农功能弱化,中心业务过分集中于粮棉收购方面,较少涉足亟待资金支持的农业科技进步、新型农业开发以及农村地区的基础设施建设等领域;只剩下中国农村信用社独力支撑,但农信社发展至今产权问题越发模糊,不良贷款比重高,资产质量较差,并没有真正开展优质、高效的为农服务。

正是由于农村正规金融体系存在着这样的缺陷,现有的金融体系已经远远不能够满足农村地区的建设和当地经济发展的需求。为了解决农民贷款难和农村金融服务空白的问题,期待更多的新型金融机构进入农村,农村金融机构改革就显得非常必要。正是在这种背景下,中国银监会提出在我国农村地区进行新型农村银行业金融机构改革试点,其中村镇银行是最主要的机构。所谓的村镇银行,是指经中国银行业监督管理委员会依据有关法律、法规批准,由境内外金融机构、境内非金融机构企业法人、境内自然人出资,在农村地区设立的主要为当地农民、农业和农村经济发展提供金融服务的银行业金融机构。[①]

(一)缓解金融供需矛盾,提供有效资金供给

目前,中国农村地区经济发展迅猛,农村产业结构的调整,农业产业化的推行,各地特色农业道路的发展,城乡一体化建设等等对资金的需求不断增强。但由于农村原有金融机构的撤并和支农功能的弱化,农村地区资金外流情况十分严重。《村镇银行管理暂行规定》对村镇银行金融资源的应用范围做出了明确限制,村镇银行不得发放异地贷款,这就意味着农村金融资源外流的可能性在一定范围内得到了控制。村镇银行的设立,构筑了城市资金流向农村的渠道,在一定程度上缓解了农村金融供需的矛盾,为农村金融市场提供了部分有效供给。

(二)营造积极健康的竞争环境,填补农村金融服务空白

由于我国农村表现出的脆弱性,各大金融主体或不愿参与或缩减规模,长期以来,我国农村金融始终是围绕农村信用合作社展开的。然而农村地区的传统金融机构网点覆盖率低,竞争不充分,服务质量低,经营品种单一,严重制约着农村经济的发展。村镇银行的建立实现了农村金融机构产权主体的多元化,而这种股权结构的变化最终使得村镇银行的内部治理结构和激励约束机制与原来的农村信用社截然不同,在这种变革之中村镇银行显得更加具有竞争意识。[②] 村镇银行的进入对我国传统的农村金融机构无疑发挥着积极的推进作用,由此将形成一个多层次的农村金融体系,在市场竞争过程中,各金融机构都会想方设法提高服务质量,创新产品工具,进而拓展更多的农村贷款市场资源,解决农村金融市场竞争活力不强的问题。

(三)规范农村非正规金融市场,拓宽传统金融机构投资渠道

从农村非金融机构角度讲,因为农村地区金融机构的稀缺,大量非正规金融的存在和发展对促进当地经济发展,弥补正规金融机构信贷不足起到了积极

---

① 《村镇银行管理暂行规定》第一章(银监发[2007]5号)。
② 刘寅喆、银河:《村镇银行对农村金融的意义及其发展策略》,载《商业时代》2008年第9期。

的作用。但由于监管缺失,大量的民间资本也对经济产生了负面的影响,扰乱了国家正常的金融秩序。而村镇银行的准入门槛较低,可以吸引这部分民间资本进入正规的金融市场,为其发展提供一条更加规范安全的道路,降低民间资本的投资风险,稳定市场秩序。从传统的金融机构角度讲,村镇银行的建立还使得我国现有政策性金融机构、商业性金融机构和合作性金融机构有了更加多元化的投资选择,使它们可以借助新型的金融平台,把资金有效地投入到新农村建设中来。

(四)增强地方金融产业意识,带动实体产业发展

村镇银行的发展理念是立足县域,服务"三农",为县域经济发展建立新的资金供给机制,从现实情况来看,传统的农村金融体系还很难适应地方金融、中小企业及农村经济发展的要求。作为股份制合作企业,村镇银行拥有经营灵活、手续简便、门槛较低的特点,尤其符合中小企业的融资需求。金融产业作为现代服务业的高端产业,其强大的辐射带动作用,在实现自身发展的同时,更能够引领带动其他产业尤其是实体产业的发展。为此,全国各个村镇银行所属的试点县(市)以及地方政府均将村镇银行试点工作看做是一次培育发展县域金融机构,建立县域金融产业的重大机遇,纷纷成立专门的工作小组协助开展村镇银行试点工作,着力发挥金融及金融产业对地方经济的引领作用,并将村镇银行试点写入《政府工作报告》。[1]

但我们在为村镇银行欢欣鼓舞之时,也必须清醒地意识到村镇银行的成立仅仅是改善农村金融服务的开始,在其后的运行过程中,必将有诸多问题需要我们逐一解决。为了更好地调动一切积极因素为农村经济注入资金,填补农村金融服务的空白,支持社会主义新农村建设,构建社会主义和谐社会,有必要对村镇银行农户小额信贷的影响进行评价并进一步对其将来的发展提供合理的建议。

第二节　四川仪陇惠民村镇银行农户小额信贷影响评价的实证分析

作为全国首家村镇银行,四川仪陇惠民村镇银行于 2007 年 3 月正式开业,

---

① 朱乾宇、张忠永:《村镇银行的"支农"效应与制约因素》,载《农村金融研究》2009 年第 4 期。

在一年多的运行中,该行积极探索与出资银行、扶贫合作社、专业合作组织、基层党政的多层次合作模式,大胆创新实践,为填补农村金融服务空白、提升农村金融服务竞争力、提高金融服务有效性发挥了一定的示范作用。

一、仪陇惠民村镇银行的基本做法和运行情况

(一)仪陇村镇银行成立的背景

仪陇县位于川东北嘉陵江畔,幅员面积 1767 平方公里,辖 58 个乡镇、875 个行政村、106 万人,属于国家级贫困县,也是全国扶贫开发构建和谐社会的试点县。该县具有较丰富的旅游资源和特色农业资源,但由于受客观条件限制,这些资源得不到有效发挥。经济增长速度慢,人民生活水平较低。2007 年,全县实现 GDP 总额 53.88 亿元,其中规模工业增加值 12.2 亿元,固定资产投资 23.5 亿元,社会商品零售总额 12.7 亿元;实现地方一般预算收入 5798 万元,农民人均纯收入 2814 元。

在村镇银行成立前,仪陇县仅存农行、农村信用社、邮政储蓄等三家金融机构,工行、中行、建行等国有商业银行和城市商业银行均未设相应分支机构,各行政村也无金融机构营业网点。到 2007 年末,该县各项存款 50 亿元,各项贷款仅 30 亿元。金融机构覆盖面小,服务手段单一,服务水平低下,难以满足 106 万人的金融服务需求和当地经济发展需要。

(二)基本做法

1. 选定发起人

按照银监会关于村镇银行发起人的规定,南充市银监分局对于有意组建村镇银行的参股金融机构、法人机构、自然人等进行了认真的筛选,最后南充市商业银行以其特有的资金实力和条件被选定为参股金融机构,并被确定为牵头发起人,出资 100 万元,占 50% 的股份。同时,吸收四川明宇集团有限公司、西藏珠峰伟业有限公司、南充康达汽车零部件集团公司、南充联银实业公司、四川海山国际贸易公司等 5 家企业各出资 20 万元入股,分别占 10% 的股份。

2. 选定组建地点

除特殊的政治背景外,仪陇县幅员广阔,人口众多,旅游资源和特色农业资源丰富。近年来,在国家农业政策重大调整的背景下,县域经济进入了快速发展期,对金融服务需求大。但该县金融机构网点少,金融服务水平低,难以满足

当地居民金融服务需求和经济发展需要。

3. 筹建和开业

按照银监会对村镇银行筹建和开业的程序,牵头发起人组建了村镇银行筹备领导小组,拟订了筹建方案,选聘了董事和高管人员,制定了公司章程、内部管理制度,确定了机构设置和从业人员招聘,于 2007 年 3 月 1 日开业。

(三)创新实践

1. 创新信贷模式,支持县域产业化发展

村镇银行建立了"企业 + 协会 + 农户"、"企业 + 农户"信贷模式,根据产业发展要求,为农头企业、专业户、种养大户提供配套金融服务。建立龙头企业、专业协会为专业户、种养大户提供担保或损失分担机制,信贷资金实行封闭运行,该模式增强了龙头企业与社员的合作,兼顾了三方利益,提高了信贷资金安全性。一年多来,村镇银行已与仪陇县绿园兔业、银明黄酒、金乐福面业、苏隆茧业、食用菌协会、城镇商会等合作,为农户及微小企业提供小额信贷累计 430 万元,推动了农业产业化发展。

2. 建立联络员制度,探索风险分摊机制

村镇银行为解决小额信贷服务半径长、信息不对称和服务覆盖面窄等问题,外聘村社有威信、有一定担保能力的村干部或农户担任业务联络员。为保证信息真实性,联络员需为推荐的贷款提供保证担保,银行根据联络员和贷款农户的实际情况,核定最高担保额度。为防止借款人、联络员的道德风险,银行要求联络员与社区农户组成联保小组,为社区内所有贷款开展联保,形成相互制衡的风险控制机制。通过此种模式,为分散农户提供小额信贷资金累计达170 余万元。

3. 引入农业保险,降低信贷资金风险

在地方政府和保险公司的支持下,仪陇县种兔保险、生猪保险逐步推开。村镇银行还与人寿保险公司合作,开发了"贷款人无忧"保险产品,降低因人身意外伤害而丧失还款能力所带来的贷款损失。该保险以贷款数量为最高赔付额度,且保费较低,目前已有 79 万元涉农贷款参保,占涉农贷款总额的 22.8%。

(四)运行现状

仪陇惠民村镇银行设在仪陇县老县城所在地金城镇镇上,自 2007 年 3 月 1

日开业以来,目前已开办的业务有银监会核准的储蓄存款、贷款业务、代收电话费业务,同时借助南充市商业银行开办银行卡、电子汇兑等业务。到 2008 年 6 月末,各项存款余额为 514 万元,各项贷款余额 438 万元,贷款客户 102 户,存贷比 85.21%,最大单笔贷款金额为 20 万元,最小单笔贷款为 200 元。贷款利率一般采取在人民银行规定的基准利率基础上上浮 20% ~ 50%,其中"三农"贷款上浮 20% ~ 30%,个体工商户贷款上浮 50%。

二、仪陇惠民村镇银行的积极效应和主要经验

（一）积极效应

仪陇惠民村镇银行作为农村金融市场的有益补充,带来了以下积极效应。

1. 县域银行业机构良性互动

村镇银行存贷款规模占比不高,分别占全县总额的 0.37%、0.71%,但"鲶鱼"效应作用明显。面对新型农村金融机构的到来,仪陇县各银行业机构主动适应新形势,增强发展紧迫感,全面改善金融服务,以创新求发展,取得了良好效果。截至 2008 年 6 月末,仪陇县银行业机构各项存款余额 59.59 亿元,比 2007 年 3 月增长 26.73%,各项贷款余额 26.7 亿元,比 2007 年 3 月增长 27.32%。仪陇县农村信用社将村镇银行作为主要竞争对手,创新经营理念,提高市场竞争力,创新服务举措,提高市场覆盖面,创新有效投入,提高客户满意度,2008 年上半年投放贷款 6.55 亿元,同比多增 2.16 亿元,实现收入 7503 万元,同比多增 569 万元。村镇银行在竞争中也逐渐成长,6 月末存贷款分别比成立之初净增 2223 万元、1908 万元,累计实现各项收入 68.4 万元,赢利 1.38 万元,提前完成 2008 年底赢利的预定目标。

2. 银行业机构与政府良性互动

根据仪陇县政府新农村建设的整体部署,县域银行机构要全方位参与新农村建设,实现多角度、深层次的"银政合作"。村镇银行利用人才、信息资源优势,充分尊重农民意愿,根据各村社产业发展、人居环境改造规划,帮助农民算账、理财,提供优质高效金融服务;争取政府对农户贷款贴息发挥财政资金杠杆作用,银行发放贴息贷款,降低农户融资成本;结合农民创业工程,整合扶贫资金、农业产业发展资金与信贷资金共同参与新农村建设,重点支持适度规模的种、养殖大户,推动农村产业向专业化、规模化、标准化方向发展。目前,村镇银

行已投入 100 余万元信贷资金与扶贫资金、农业产业发展资金结合,撬动 400 多万元社会资金参与仪陇县农村产业发展。

3. 银行业机构与金融消费者良性互动

村镇银行借助扶贫资金互助社平台,为基层、边远农户服好务。一方面参股资金互助社,扩大规模,引导规范运作,建立技术输送渠道,增加农户贷款受益面;另一方面对资金互助社办理批量经营业务,通过互助社开展农户零售业务。截至目前,村镇银行与仪陇县 13 个资金互助社合作,累计发放小额农户贷款 100 余万元,200 余农户从中受益。

(二)主要经验

1. 选定了有雄厚实力的合格参股金融机构作为发起人

作为仪陇惠民村镇银行的牵头发起人——南充市商业银行,有着雄厚的资金实力和科学的管理经验。该行成立于 2001 年,至 2007 年末,资产总额达 58 亿元,各项存款余额 43 亿元,各项贷款余额 20 亿元,不良贷款率仅 3.7%。2007 年实现利润 1.02 亿元,累计利润 1.77 亿元,资本充足率 21.04%,平均资本利润率 27.16%,平均资产利润率 2.3%,不良资产拨备覆盖率 101.01%。2005 年该行成功引进外资,成为中国二级城市暨西南地区第一家中外合资银行,经营管理模式和经营理念科学、先进。2004~2006 年连续三年被银监会评为全国城市商业银行经营一类行,其开展的小额信贷业务被银监会作为先进经验在全国推广,2006 年被《银行家》评为中国十佳城市商业银行。

2. 各部门积极支持和配合

为尽快组建起全国第一家村镇银行,减少阻力和麻烦,四川省人民政府、省银监局与南充市人民政府、银监分局以及相关部门都给予了大力支持。其中省政府多次协调部署;银监分局亲临现场指导,参与方案起草、章程制定,确定议事规则、内部管理制度,具体组织开业;工商部门在注册登记方面也给予了重大支持和配合。

3. 引进了城市商业银行成熟先进的经营管理模式和经营理念

仪陇惠民村镇银行在成立之初就确定了自身的经营宗旨——既着力于解决仪陇县金融服务不足的现状,促进农民增收、农业增产和农村经济大发展,又要按照"安全性、流动性、效益性"的经营原则,保持村镇银行的可持续发展,增强生存和竞争能力。明确自身的市场定位,即为小企业、个体工商户和农户提供全面金融服务。开发了微小贷款、联合保证贷款、"惠民"贷款。明确了2007～2009年资产负债规模、赢利指标、机构设置、客户发展、不良贷款控制、资本充足率等发展指标。提出了未来三年完善法人治理结构、业务与产品开发、人员培训、技术开发与创新等发展规划。同时,为了确保依法合规经营,制定了一系列内控和管理制度,主要包括《贷款管理办法》、《人事管理办法》、《薪酬管理办法》等等。

4. 由城市商业银行配备了现代的高级管理人才和业务人员

由于村镇银行组建之初,在业务、技术、管理方面缺乏,因此,发起人南充市商业银行直接派送和配备该村镇银行的高级管理人员和业务人员。董事长由南充市商业银行董事长兼任;设行长1名;副行长(风险执行官)1名,均是商行优秀的管理人才,从业人员10人,也均为业务骨干和能手。村镇银行暂不设职能部门,以后视业务发展情况,在确有必要时设立相关部门。

5. 借用了商业银行成熟的结算方式和结算平台

村镇银行的同城清算和异地结算均借助了城市商业的结算方式和结算渠道,即村镇银行在商业银行开户,然后借助商业银行的结算平台,办理现金存取、转账、汇兑、银行卡等业务,同时借用南充市商业银行的结算渠道办理与他行的业务清算。

三、仪陇惠民村镇银行目前存在的主要问题

(一)优惠政策落实不够

虽然当地政府在面上给予了大力支持,但在具体政策、税收优惠方面仍然停留在口头上,没有落实到位。如"三农"相关的政策性存贷款业务无法落户村镇银行,税务优惠政策一直尚未出台。加上未获得人民银行认可,到目前尚未享受到人民银行相关的金融扶持政策,如支农再贷款等。

(二)结算渠道有待完善,风险救助机制不全

由于人民银行尚未给村镇银行联发行号,也没有被同意在人民银行开户,现结算平台只有借助发起人城市商业银行的结算平台,调运头寸和上缴回笼现金也只有借助其他金融机构,工作十分不便。同时,由于村镇银行未通过人民银行的认可,当地人民银行没有要求其按照规定上缴法定准备金,风险救助机制不健全。

（三）人员配备存在缺陷

由于村镇银行的工作人员都是从南充市商业银行选派来的,其他参股发起人均未派人参与经营管理,人、财、物权和经营行为完全由南充市商业银行代为行使,变相成为了南充市商业银行的分支机构,排斥了其他股东的管理。另外,业务人员因一直以来在城市工作,缺乏农村工作经验,不太熟悉当地情况,适应工作尚需一些时日。

（四）资本太小限制业务发展

按照银监会的规定,对统一借款人的贷款余额不得超过本行资本净额的5%;对单一集团企业客户的授信余额不得超过本行资本净额的10%。因村镇银行注册资本太少(200万元),按此比例计算,其同一借款人贷款余额不得超过10万元,单一集团客户授信余额最高不得超过20万元,无法满足中小企业的融资需求,使银行在业务拓展方面受到了很大的限制。

第三节　湖北省村镇银行农户小额信贷影响评价的实证分析

根据银监会颁发的《村镇银行管理暂行规定》,村镇银行是经中国银行业监督管理委员会依据有关法律、法规批准,由境内外金融机构、境内非金融机构企业法人、境内自然人出资,在农村地区设立的主要为当地农民、农业和农村经济发展提供金融服务的银行业金融机构。从目前村镇银行的设立来看,发起银行主要为城市/农村商业银行、国家开发银行、农业银行、外资银行四种类型。为此,本节以发起银行较为全面的湖北省村镇银行为例,分析了其运行的基本情况,进而分析了其支农效应及其发展过程中的制约因素。

一、湖北省村镇银行运行的基本情况

（一）模式多元化

湖北省目前建立了8家村镇银行,从发起银行的性质来看,既有政策性银行,也有商业银行;既有中资银行,也有外资银行。从股权结构看,既有独资控股的有限责任公司,也有合资控股的股份有限公司,具体模式见表8.2。

表8.2　湖北省村镇银行模式一览表

村镇银行名称	开业时间	发起银行性质	股权结构
仙桃北农商村镇银行有限责任公司	2007年4月	农村商业银行	独资控股
咸丰常农商村镇银行有限责任公司	2007年8月	农村商业银行	合资控股
咸宁嘉鱼吴江村镇银行股份有限公司	2007年11月	农村商业银行	合资控股
随州曾都汇丰村镇银行有限责任公司	2007年12月	外资银行	独资控股
黄石大冶国开村镇银行	2007年12月	政策性银行	合资控股
襄樊市宜城国开村镇银行	2007年12月	政策性银行	合资控股
恩施常农商村镇银行有限责任公司	2008年7月	农村商业银行	合资控股
湖北汉川农银村镇银行有限责任公司	2008年8月	农业银行	合资控股

（二）发展快速化

从2007年4月仙桃北农商村镇银行在湖北省建立,目前湖北省已有8个县市建立了村镇银行,成为全国拥有村镇银行最多的省份。村镇银行在湖北省的相对快速发展,主要取决于以下因素:一是信贷决策相对高效。据调查,村镇银行对符合条件、手续齐全的贷款申请,从调查、审批到发放一般为5个工作日,与其他金融机构相比,信贷审批具有管理链条短、决策高效的明显优势。村镇银行贷款快捷的主要原因是重在审查客户的现金流、还款能力和信用状况,而不是抵押担保。对湖北省村镇银行120份问卷调查表明,90%的客户认为村镇银行服务方便和比其他银行服务更方便快捷,61%的客户认为村镇银行的服务效率高。二是定价机制相对灵活。村镇银行在贷款定价上相当灵活,如随州曾都汇丰村镇银行凭借信贷管理方面的经验和对风险准确定价的能力,更灵活地设置利率。咸丰常农商村镇银行比其他金融机构月利率平均低1.5‰,仙桃北农商、咸宁嘉鱼吴江村镇银行利率的浮动水平也低于当地其他农村金融机构的水平。据调查,57%的客户选择村镇银行贷款的原因是利率低。三是控险机制相对新颖。辖内8家村镇银行普遍建立了有效的风险控制机制,设立了专门的风险主管。如随州曾都汇丰村镇银行设立了首席信贷风险主管,直接向董事会汇报。同时,还采用汇丰集团通用的风险评估方法,着重分析借款人的行业风险、现金流量、还款能力、环保风险等。四是市场定位相对明确。村镇银行始终围绕"立足县域、服务'三农'、服务中小企业"这一市场定位开展工作。在行业方面,以支持"三农"为宗旨,以社区为依托,面向农村、农户和农业经济组织,大力支持中小企业、个体工商户发展;在客户方面,遵循以市场为导向,以客户为中心,以效益为核心,细分市场,筛选目标客户,逐步培育稳定、优质的客户群体。

(三)规模小型化

虽然村镇银行的发展速度较快,但从资本金来看,目前湖北省的 8 家村镇银行中,4 家的注册资本金为 1000 万元,1 家 1600 万元,1 家 2000 万元,2 家 3000 万元,整体规模偏小。截至 2008 年上半年,对于 2007 年成立的 6 家村镇银行,从存款规模看,6 家银行存款合计 15169.93 万元,存款规模占当地农村存款总量最高仅为 7.83%;从贷款规模看,6 家村镇银行贷款合计 7748 万元,贷款规模占当地农村贷款总量比重最高仅为 7.05%。具体情况见表 8.3。

表8.3　湖北省各家村镇银行存贷款及占比情况一览表

单位:万元

村镇银行名称	注册资本金	各项存款	各项贷款	存款占当地农村存款比重(%)	贷款占当地农村贷款比重(%)
仙桃北农商村镇银行有限责任公司	1000.00	2266.00	1590.00	0.78	1.40
咸丰常农商村镇银行有限责任公司	1000.00	3633.00	2538.00	7.83	7.05
咸宁嘉鱼吴江村镇银行股份有限公司	1000.00	1032.00	1311.00	1.81	3.22
随州曾都汇丰村镇银行有限责任公司	1000.00	4478.93	495.00	1.12	0.33
黄石大冶国开村镇银行	1600.00	2409.00	260.00	2.48	0.55
襄樊市宜城国开村镇银行	3000.00	1351.00	1554.00	0.88	1.87

注:另外两家村镇银行于 2008 年下半年成立,暂时没有进行数据统计。

资料来源:中国人民银行武汉分行。

二、湖北省村镇银行的"支农"效应

从实践看,村镇银行这种制度安排受到了社会各界的广泛关注并产生了积极的效应。地方政府、监管部门、银行同业和客户对这一新型农村金融机构的发展前景看好,对放宽农村金融准入政策的预期效应给予充分肯定。

（一）增加了农村金融供给主体

目前国有商业银行逐渐退离农村市场,村镇银行的组建和开立,弥补了农村金融供给不足、破解金融服务缺位的困境。试点县(市)难贷款和贷款难的问题普遍,村镇银行成立后,创新了农村金融贷款运行模式,以其信贷决策链条短、发放贷款快、经营机制灵活的独有优势争取客户,充盈了农村金融市场,增加了农村资金供给。如湖北仙桃北农商村镇银行为郭河镇养鸡协会量身定做的"协会＋农户"规模性授信产品,一期授信就达到300万元,涉及农户30多家。

（二）推动了农村金融市场的行业竞争

村镇银行的成立打破了目前农村金融市场农信社"一枝独秀"的发展格局,冲破了农村信用社金融市场垄断,形成竞争良性的农村金融市场。村镇银行先进的经营理念、高效率的运作机制和简便快捷的服务,使当地原有金融机构感到了竞争压力,求变革新的内在动力明显加大,推进了农村金融创新。如湖北仙桃北农商村镇银行开业后,当地农村信用社迅速调整经营战略,将原来已忽略的60个村的农户重新纳入重点服务对象,信贷投入力度明显加大。

（三）促进了地方金融产业意识的增强

村镇银行等新型农村金融机构的发展理念是立足县域,服务"三农"、服务社区,为县域经济发展建立新的资金供给机制。村镇银行作为股份制合作企业,经营灵活、手续简便、门槛较低,符合中小企业的融资需求,有利于解决中小企业融资难问题,促进地方经济发展。为此宜城、大冶、随州等村镇银行试点县(市)以及积极争取试点的谷城、保康等地方政府均将村镇银行试点工作看做是一次培育发展县域金融机构,建立县域金融产业的重大机遇,纷纷成立专班配合开展村镇银行试点工作,并将村镇银行试点写入政府工作报告。

（四）发挥了金融产业对实体产业的带动作用

从试点情况来看,咸丰常农商村镇银行和嘉鱼吴江村镇银行在促进江苏企业向湖北转移较好地发挥了产业带动作用。如常熟企业目前拟在咸丰投资5000万元的碳酸粉生产项目已进入生产筹建阶段。吴江农村商业银行多次组织江苏部分企业负责人到湖北嘉鱼参观考察,洽谈投资意向,不少吴江企业打算在该地安家落户。

三、影响村镇银行发展的制约因素

村镇银行虽然已经初步显现出其积极效应,但其发展还受到以下因素的制约。

（一）市场认知度较低,资金来源受限,贷款业务扩展受到影响

村镇银行属新设金融机构,公众对其认识不够,主动上门办理的客户较少,部分居民甚至认为村镇银行是"私人银行",其可靠性不如以往有主管部门的农村基金会,不愿到村镇银行办理存贷款业务。村镇银行的资金来源主要靠注册资本金、各方股金和吸收的存款等。在目前的情况下,村镇银行的注册资本金规模普遍偏小,而当地的财政、公积金、社保资金,甚至连农业综合开发基金等存款都不能存放在村镇银行,因此,村镇银行的资金来源非常有限。资本金的偏少进而又直接影响到村镇银行贷款业务的扩展。根据《村镇银行管理暂行规定》规定"村镇银行对同一借款人的贷款余额不得超过资本净额的5%,对单一集团企业客户的授信余额不得超过资本净额的10%"。因此,按1000万元资本金计算,单笔贷款最高不能超过50万元,限制了村镇银行的发展。如嘉鱼县是武汉市的"菜篮子"基地,蔬菜种植和水产养殖大户对资金需求的额度普遍较高,最高50万元的贷款难以满足大户的需求。

（二）营业网点覆盖率低,相关人才缺乏,目标定位与现实情况存在差距

村镇银行旨在解决农村地区银行业金融机构"网点覆盖率低、金融供给不足、竞争不充分"等问题,但目前湖北省8家村镇银行作为典型的微型金融机构,均只有一个网点,从业人员少,营业网点覆盖率低和合适人才的缺乏制约了村镇银行业务的发展。村镇银行对人才的要求比一般的金融机构更高,村镇银行急需的人才不仅需要懂金融业务,还需要十分熟悉当地农村农民情况。但村镇银行的从业人员少,大都在10人左右,人数最多的汇丰村镇银行也只有20多人;资本规模小,注册资本起点低,最高的也仅为3000万元。由于村镇银行从业人员少和资本规模小的特点决定了其在相当长一段时间内,资产规模不可能太大,机构网点不可能太多,如此一来,村镇银行的发展就与试点制度设计的覆盖广大的农村和更多的农户的目标存在较大差距。据调查,湖北省8家村镇银行制订的3年业务发展规划是将存、贷款规模做到2亿至3亿元,赢利数百万元,按照现在的发展速度很难完成,即使完成发展规划其支农效果也十分有限。

（三）关键政策配套存在缺失，村镇银行服务环境有待改善

村镇银行地处经济基础薄弱县域，加之本身实力所限，如果政府和相关部门没有特殊政策扶持，生存和发展空间将极为有限。目前，关于村镇银行发展的关键政策配套还存在缺失，主要表现为：

一是缺乏货币政策支持。虽然人民银行和银监会联合发布了《关于村镇银行、贷款公司、农村资金互助社、小额贷款公司有关政策的通知》，解决了村镇银行开户、支付清算、存款准备金和征信、统计管理等方面的问题，但亟须解决的央行再贷款问题、银联入网等方面的问题却仍未明确。特别是银行卡发放难，使其业务经营受到一定影响。中国银联认为村镇银行是独立的法人机构，只能以村镇银行独立法人的身份交纳 300 万元的注册资金后方可办理银行卡业务，而村镇银行实际中难以承受银联卡业务准入收费，其银行卡业务发展受到了限制。许多村镇银行的储户因无法办理银行卡，而中断在村镇银行办理业务，使村镇银行的业务经营受到一定影响。

二是缺乏税收优惠政策支持。村镇银行成立以来，虽然得到了各级地方政府的支持，但村镇银行作为服务"三农"的地方性金融机构，却没有享受到与农信社一样的待遇。国家对农信社有较多的优惠政策，如支农再贷款政策、坏账置换政策、营业税按 3% 征收政策、所得税减半征收政策等等，但上述税收优惠政策尚未惠及村镇银行，村镇银行的税收优惠仅局限于地方政府的留存部分。大部分试点地区村镇银行虽然几经汇报，但税务部门始终以没有减免依据不予考虑。如湖北省政府 2007 年曾以会议纪要方式明确村镇银行可享受相关政策，但之后新的所得税法出台后，国税总局认为所得税为中央税，地方政府无权予以减免。

三是村镇银行的服务环境还有待改善。目前村镇银行无法查询贷款征信情况，如宜城国开村镇银行成立后由于村镇银行与人民银行征信系统接口问题尚未解决，造成其开展的授信业务未进入人民银行征信管理系统的管理。又如随州曾都汇丰村镇银行由于经营管理体制尚未理顺，贷款审批仍由汇丰中国代理，每笔贷款至少需要 3 周以上，难以及时满足客户的需求。

（四）风险补偿机制缺乏，监管资源严重不足

村镇银行信贷投放对象主要是农业产业，但农业受天灾影响较大，风险高，易遭受损失。因而，村镇银行亟待风险分散机制与之配合，但目前仍然缺乏。

其具体表现为:一是在担保机制上,一方面,缺乏合法的抵押品,由于绝大多数农户缺乏有效抵押品,而宅基上建造的房屋和承包的耕地等,按照《物权法》和其他相关法律的规定不能进行抵押;另一方面,担保方式创新的难度也较大,一些农业产业化的龙头企业虽然有意成立担保公司为其上游农户提供担保,但担保公司最低注册资本金1000万元的"高门槛"却使其望而却步。另外,在农业保险方面,大部分商业性保险机构不愿到农村开办农业保险业务,即便开办了农业保险业务也因为保险费率过高而有行无市,村镇银行不能通过保险分散经营风险。

村镇银行的监管保障也亟待加强。由于对农村庞杂的金融体系进行监管面临信息不充分、监管力量不足等问题,目前监管部门难以对村镇银行实现有效的监管。根据《村镇银行监管指导意见》规定,银监分局负责村镇银行属地监管工作,必要时可授权监管办事处履行,但目前基层监管力量薄弱,县监管办事处也就3~5人,一些地方还将撤销县级银监办事处,监管资源的严重不足无疑将在一定程度上弱化对村镇银行的监督机制和监管力度。

第四节　促进村镇银行发展的政策建议

村镇银行是顺应农村经济发展和农村金融改革的潮流而出现的新的金融机构。与其他新型金融机构相比,村镇银行的发展速度是最快的,其发展前景也相当广阔。2009年5月,国家财政部正式发布《中央财政新型农村金融机构定向费用补贴资金管理暂行办法》,将对符合规定条件的新型农村金融机构,按上年贷款平均余额给予一定比例的财政补贴,此举旨在激励县域内各类金融机构加大涉农贷款投放,增加农村金融服务供给,促进农村金融市场竞争,使赢利困难的村镇银行能够迅速实现赢利。目前有相当多的村镇银行正在筹备之中。然而,在村镇银行全国遍地开花的背后,农村金融服务尤其是农民的金融服务状况改善的程度却仍然有限。

一、村镇银行的非农化倾向

根据《村镇银行管理暂行规定》,村镇银行是以服务"三农"为根本宗旨,且具有"自主经营,自担风险,自负盈亏,自我约束"的独立企业法人资格的一种追求利润最大化的本地化经营的小型银行。根据村镇银行的服务"三农"的宗旨及其规模特点,它主要是以农户、农村工商业等为服务对象,吸收他们的存款并向他们发放贷款。

但是从目前全国现有的村镇银行的设置来看,它们基本上都设置在县城,这些村镇银行限于服务半径,没有真正"下乡",在服务县域经济上有一定成绩,但服务"三农"的作用还没有真正发挥。从走"高端路线"的代表汇丰曾都村镇银行和相对落后的代表咸丰(国家级特困县)村镇银行目前的业务来看,它们的业务定位都是以农村工商业为主。比如从咸丰村镇银行得到的数据看,中小型工商企业贷款占到76.7%,农业贷款只占到不足四分之一。仪陇惠民村镇银行农户贷款只占到20%。汇丰曾都村镇银行虽没有公布数据,但从其选址随州市区并面向"企业+农户"为主的方针看,结果应和咸丰差不多。而且从大多村镇银行的选址原则来看,一般选择在具有特色产业的地区,曾都村镇银行是和曾都的出口贸易密切相连的,咸丰村镇银行是和当地的养殖业息息相关的。这类业务具有数量多、规模小、风险大、分布散的特点,同时各个地区的产业具有相对单一性,产业风险较大。偏离服务"三农"的宗旨和银监会要求的信贷"小额、分散"原则,重中小企业贷款,轻农户贷款,重服务城镇,轻服务农村,业务拓展面较窄,没有深入广大的农村和社区,已经成为现有的村镇银行普遍存在的问题。

村镇银行是为服务"三农"而存在的,但村镇银行要生存下去必须要赢利,而农户贷款的风险高、成本高、利润低,村镇银行由于其自身成立时间较短、注册资本较少、网点少、员工人数有限等特点,单靠农户贷款基本无法实现赢利,而同时县域中小企业的贷款需求有很多,利润也比较高,所以专门为服务"三农"制度而设计的村镇银行,农户贷款反倒成了其次。这些因素,是使得村镇银行出现非农化倾向的主要原因。

同时,从村镇银行生存的金融生态环境来看,村镇银行的潜在客户都是一些缺乏信用信息的农村中小企业和那些没有抵押物的农户,很多个体企业主及个人的信用及法制观念淡薄,信用状况复杂。同时,农村金融市场不发达,担保、保险及其他金融中介不多,金融业务开展有一定困难。村镇银行也受到农村信用合作社及邮政储蓄银行在网点、网络、品牌等方面的竞争,特别表现在吸收存款方面。从政策层面看,各种配套政策还没有成熟,各种税收等优惠待遇不能落实,支农存款、央行清算、大小支付系统结算等方面还存在歧视性。总之,村镇银行所生存的金融生态环境尚有很大缺陷。

二、促进村镇银行发展的政策建议

村镇银行作为一种农村新型金融机构,应充分发挥其制度优势,并不断改进其金融生态环境,使之为支持"三农"发挥更大的作用。村镇银行的发起行、村镇银行自身、中央及地方政府、监管部门等各个方面,都需要从自己的角度出发,通力协作,共同确保村镇银行试点高起点、高质量、安全地发展,为服务"三农"和农村金融改革切实作出贡献。①

(一)找准市场定位,加大宣传力度,创造村镇银行发展的大空间

1. 新型农村金融机构需要准确定位,确保服务有效。村镇银行制度设计的目的就是在于服务基层农村经济和农民金融服务需求,既为金融机构,追逐赢利无可厚非,但村镇银行在开展县域工商业贷款的同时,在商业可持续性得到保障之后,必须在乡镇设立分行,而且必须直接规定其对农户的贷款必须达到一定比例,从而使其成为真正的"村镇"银行。同时,村镇银行限于自身资金实力,应坚持"小额、分散"原则,填补农村金融服务空白,激活县域金融服务;在网点有限、覆盖能力不足的情况下,对农村适度规模化、专业化生产的重点养殖户、专业户、中小型企业提供支持,通过其作为有效载体将信贷服务扩展到农户。

2. 加大宣传力度。地方政府要为村镇银行搭建宣传平台,帮助村镇银行提高社会知名度,村镇银行也要采取有效措施加大业务营销宣传力度,进一步用优质、高效、诚信的实际行动来提高社会公众对村镇银行的信任度。引导村镇银行科学分析当地经济发展情况,结合实际细分市场,在成本、风险可控的前提下,找准市场地位,推出与自身管理相适应,与"三农"和微小企业融资需求相匹配的金融产品和服务。

3. 加强农村金融人才队伍建设。加强对现有员工的岗位专业培训,建立良好的培养机制,加大吸引外来专业人才的力度,可优先考虑从当地农信社、邮政储蓄或国有商业银行精简的富余人员中招收富有经验的管理和信贷人员,或

---

① 张忠永、朱乾宇:《村镇银行的风险控制问题》,载《银行家》2008 年第 11 期。

者熟悉当地农村情况、愿意为农民办事的兼职人员,满足农村多元化金融服务的需求,弥补农村地区金融服务空白,提高村镇银行自身的竞争力。

4. 建议国务院针对农村新型金融机构准入政策的大调整,主持由各相关部委和各省、市政府参加的大协调,一次性解决财政、货币、税收、监管政策和当地政府相应政策不配套问题,让村镇银行以全新的制度设计、全新的竞争机制、全新的经营理念和全新的风险管理技术在支持"三农"和县域经济发展中发挥生力军作用并带动整个农村金融市场的活跃和发展。

(二)加强金融合作和准入政策供给,彰显村镇银行的制度优势

解决新农村建设中的资金需求可探索多方合作模式,村镇银行在发展中应加强与其他金融机构的合作,促进银政保企多方联动,形成多样化的金融供给。信贷资金、扶贫资金、产业资金、保险资金、各类支农资金相互结合,加强各方多角度、深层次合作,产生资金聚合效应。一是可与发起银行、县域其他银行开展银团贷款、委托代理等合作,为城市金融反哺农村金融提供更多渠道;二是可与发起银行为同一产业链上的不同主体提供业务支持,增强同一产业链上城乡经济主体的整体竞争能力;三是加强与农民专业合作社、扶贫合作社、供销社及行业组织的合作,共建联合担保机制,丰富信贷支农模式。

针对村镇银行发起人问题、机构设置、法人治理和可持续发展等方面的问题,应进一步加强和完善制度供给,促进村镇银行试点工作稳步推进。

1. 在业务监管政策方面,在坚持和恪守资本充足率、拨备覆盖率、不良资产率等基本监管指标不变的情况下,建议适度放活一些监管政策,扶持其在履行好服务"三农"的社会责任的同时,力求实现自身效益最大化。比如适度放宽对村镇银行存贷比例指标的监管限制,对单户贷款比例在风险可控的前提下不作硬性规定,或考虑将"最大单户贷款比例不超过资本净额的5%"的规定修改为"最大单户比例不超过资本总额的5%",提高最大大户贷款比例,促进村镇银行扩大经营规模和效益;存贷比例在其母行承诺支持的情况下可以适当放开,允许其从发起行拆借资金或借入资金发放贷款,不纳入存贷比考核,允许其富余资金经监管部门批准投向有效益的项目,实现以丰补歉等。

2. 在发起人方面,应审慎稳妥地进行发起人资格的制度安排。建议原则上由银行发起,允许村镇银行依托发起行的网络系统或适当降低村镇银行加入银联的注册收费门槛,支持其开办代理发卡业务。同时可以试点将发起人扩大

到非银行类金融机构及证券、保险机构发起,其他经济组织经银监会特批也可以作为发起人。

3. 在机构设置方面,针对当前村镇银行营业网点覆盖率低,支农效应发挥缓慢,建议允许村镇银行在达到一定条件后适度兼并重组农村地区存量金融机构;允许村镇银行及其母公司在一定条件下收购或入股县(市)农村信用联社或接管其部分分支机构业务;允许村镇银行跨县域设立分支机构,跨区域开展业务。

4. 在可持续发展方面,出台税收减免和利率补贴等相关优惠政策,以及有关村镇银行享受农村信用社同等优惠政策的文件,支持村镇银行搞活业务经营,促进村镇银行发展。

(三)建立金融监管部门的协调监管机制,加强村镇银行的风险防范

各监管部门应从推动村镇银行健康发展的高度出发,及时掌握村镇银行的营运状况,特别是在构建村镇银行支农服务质量的考核体系和考核办法,形成一个系统的、科学的量化标准。银监部门应引导和督促村镇银行建立健全法人治理机构,按照审慎经营原则,建立激励效用、约束严格、权责明确、奖惩分明的内部管理制度,打造有章可循、有章必循、违章必究的内控环境,有效防控经营风险和降低经营管理成本。与此同时,村镇银行的发起、村镇银行自身、中央及地方政府、监管部门等各个方面,都需要从自己的角度出发,通力协作,加强村镇银行的信用风险、流动性风险、操作风险、行业政策风险的防范,具体来说可以从以下几个方面入手。

1. 加强信用风险管理

一方面,从村镇银行内部来讲,必须研究并建立一种科学高效的、简单的农村信用评估方法,使得相关人员易于掌握并高效决策。目前各个村镇银行一般都是采用两人调查决策体制,如果两人意见不一,行长亲自进行授信调查的机制。过程简单,主观性高。所以,没有简单、科学的方法是不行的。这方面目前大多采用雇佣对当地农民熟悉的员工,甚至和村干部合作的方法解决。具有参考意义的孟加拉国格莱珉银行的做法是增强农户之间的互相合作与联保,减少信用风险。[①]

---

① 陈坚、李天柱、曹海涛:《格莱珉模式与中国村镇银行的发展之路》,载《西安石油大学学报》(社会科学版)2008 年第 1 期。

　　另一方面,需要当地政府通过政策激励当地的信用环境建设,并引进或建立农村信用评级机制。这是改善农村信用环境的根本,也是一项长远而艰巨的任务。这方面可以借鉴咸丰县的做法。该县先后出台了《咸丰县金融生态环境建设五年规划》《咸丰县信用社区创建工作方案》等地方信用建设方案,并持续开展信用企业和信用乡镇、信用社区等信用创建活动。为鼓励和支持金融机构培植 A 级以上信用企业,县委、县政府出台了奖励政策,金融机构每新培植一户 A 级企业奖励 1000 元,一户 AAA 级信用企业奖励 3000 元。把信用乡镇、信用村、信用农户创建目标纳入全县各乡镇和县直部门工作考评范围,并设立"信用杯",实行专项工作考评。又如辽宁为 391 万户农户建立了信用档案,对 288 万农户进行了信用评价,这些经验都值得推广。

　　2. 加强流动性风险管理

　　首先,要加强存款吸收能力。从民间资金来说,村镇银行在网点数量、结算便捷程度、品牌等方面都存在弱势,所以,提高吸收存款能力有一定难度。但是村镇银行可以充分发挥自己立足本地、服务"三农",又有大银行股东背景的特点,将农户、农村企业吸引到自己的旗下。由于目前农村小额贷款的额度一般在 3 万元以内,已经不能满足农村经济发展的需要,很多地方的支农再贷款额度都被农信社完全闲置。而村镇银行正好以农村相对较大资金需求的村镇企业为主要客户,正好符合市场的需要,可以抓住这一市场。而农户和农村企业具有千丝万缕的联系,村镇银行应抓住这一点挖掘农户资源。比如农村企业的原料可能来自农户,农户的养殖或种植产品可能通过固定渠道出售,农村企业的产品可能和股东银行的大客户之间具有重要关系等,充分开发这些特殊联系,必然能有很大收获。这方面的一个典范就是曾都汇丰村镇银行,充分利用汇丰跨国优势,将和汇丰海外客户相关的曾都的香菇等出口企业拉到自己旗下,取得了很好的效益。

　　在增加存款方面还有一个方面可以争取,那就是一些专项支农资金,目前都存放于农信社等。随着村镇银行的经营进入正轨,信用等级提高后,应积极争取这部分资金。并争取对公存款及其他负债业务。除此之外,深入农户,提高服务等方面也很重要。

　　其次,加强对村镇银行的监管并科学化激励机制。目前监管部门对村镇银行的监管相对不强,这也是造成流动性风险的原因之一,所以,加强监管可以降低该风险。根据已有的村镇银行的调研来看,一般需要2～3年可以获利。但是激励方面对行长一般采取的是利润分成的方法,这就容易造成行长在开业之初的两年急于放贷获取利润。在资金不足的情况下易于产生流动性风险。可以适当调整头几年的绩效考核办法,给他们一个缓冲时间,有利于减小风险。

3. 加强操作风险管理

首先,加强对员工的培训。不仅要培训其风险意识和责任意识,使所有员工了解操作风险,提高对风险的敏感性,使其在业务拓展的同时重视风险识别与控制,将"操作风险管理"融入日常业务操作和管理过程中。而且要加大对业务的培训力度,提高员工业务技能,使其尽快熟悉岗位各项要求、相关规章制度和业务操作规程,把各项规章制度要求落到实处,从而真正起到相互监督、相互制约的作用,有效控制操作风险。

其次,梳理关键风险点。最好聘请大股东银行的风险控制技术人员,根据村镇银行业务操作流程,梳理排查易导致风险损失,或对造成损失有显著影响的关键业务环节中的重要风险点,并依据有关规章制度,制订相应的风险控制措施。帮助他们识别风险控制的重点,减轻风险管理工作的压力,为管理和操作人员提供有力的工作遵循依据。

最后,提高检查质量,落实整改工作,加强问责制。大股东银行应该发挥自己的技术优势,加强对村镇银行的检查和督促,抓住重点,对容易造成资产损失的薄弱环节和岗位进行重点核查。同时,监管部门包括人行、银监会和地方政府也应加强对村镇银行的监管,不仅出台相应的政策,还要加强现场和非现场检查,避免出现操作风险,从而影响农村金融改革试点的成功及推广,使村镇银行一开始就安全运行。

4. 加强行业、政策风险防范

首先,从根本来讲,应完善农村金融市场,特别是加强农业相关的保险业的发展。这不仅是对村镇银行,而且对农民都非常有益的事情。但也是一项需要政府、企业共同努力的艰巨任务。如2007年,国家财政开始对农业保险予以补贴,中国人保、中华联合财保、安华农业保险等公司与中国再保险集团签订了政策性农业再保险框架协议。所以,农村保险已经开始不断完善,但仍需继续加强。

其次,从眼前来讲,最可行的就是村镇银行要加强农村产业发展的研究,既包括研究某一行业的发展前景,比如曾都的香菇的市场发展状况、近几年的市场前景如何等,也包括某些行业对于国家发展政策和方向的合规性研究,比如地方小企业如小炼油厂等,和国家政策的关系、可能的存活空间和时间等,这种风险特别突出,因为一旦国家政策严格实施,它们可能瞬间倒闭,风险难以把握。村镇银行必须保持高度的政策敏感性,严格把关,远离这类风险产业。

再次,集团化经营,使业务多元化。农村的工商业、种植养殖业一般表现出单一性,所以单个村镇银行实现多元化经营的难度较大。但是不同地区的农村的特色产业往往是不同的,风险也就不同。根据目前村镇银行的管理体制,村镇银行不能进行跨地区业务,所以无法把不同地区的风险进行对冲。因此,组建大的农村银行集团,或者成立专门的控股公司,同时控股几十甚至上百家村镇银行是可行的方案之一。但是目前要求村镇银行的第一大股东必须是商业银行,所以,由某一银行牵头,在全国成立大量村镇银行,这样必要时各个村镇银行间可以根据风险状况调整资金,从而确保整体的安全性。这种模式已经有如常熟商业银行等银行采用,也是民生银行拟采用的模式。著名的格莱珉银行就是采用类似集团结构模式。另外,日本的农业协同组合、信用农业协同组合及农林中央金库三级组织也具有类似的总分制结构。它们对于我国的村镇银行的组织结构都有一定的指导意义。① 除此之外,积极地和证券、基金及保险公司合作,开展相关的中间业务,也可以化解部分风险。

实证篇小结

本书通过实证篇的分析,得出以下结论:

1. 小额信贷从20世纪90年代初进入中国,至今已经历了四个阶段的发展。小额信贷的发展,解决了部分中低收入群体发展的金融需求和中低收入农户"贷款难"的问题、缓解了农村金融市场的供需矛盾,带来了巨大的影响。国内对于小额信贷的影响研究在最近十年才逐渐展开。因此,无论是在小额信贷影响研究的理论探讨上还是实证研究方面,国内的研究都相对落后。

---

① 任敏、陈金龙:《日本农村金融运行状况对我国村镇银行的启示》,载《中国集体经济》2008年第2期。

2. 农业银行开展的农户小额信贷可以分为两大阶段,一是实现 2000 年扶贫攻坚和新世纪扶贫任务为宗旨,以国家财政资金和扶贫贴息贷款为资金来源,由政府机构和农业银行共同运作的政策性小额贷款扶贫项目。二是 2007 年随着农业银行重新确定面向"三农"的改革原则后,以农行惠农卡为载体开展的农户小额贷款业务。前一阶段大部分地区的实践表明小额扶贫贷款的到户率较低,贷款的回收率不高,造成了国家资财的大量浪费和流失,扶贫信贷资金的使用效果不太能够令人满意。因此,2000 年以后全国除了少数贫困省份(自治区),如广西壮族自治区、云南省、贵州省等还在小规模地继续开展农业银行小额信贷扶贫项目之外,其他省份农业银行的小额贷款业务几乎停滞。后一阶段惠农卡的积极效应已经开始显现,但由于该业务全面开展时间较短,其具体的影响效果还有待进一步关注。但随着农行的经营目标已从城市为重点转向同时占领和发展城乡两个金融服务市场,农业银行有可能成为农村小额信贷业务的主力军之一。

3. 农信社是当前农村金融市场上为农户提供金融服务的主力军。本书充分利用农信社在开展农户小额信贷业务中主力军的优势及在开展该类业务上相对规范、数据资料相对完整的优势,运用了多元回归的准实验方法和多种人类学方法相结合的综合分析方法,运用多种评价指标对农信社农户小额信贷的影响进行了实证研究。一是对接受小额信贷的农户个人和家庭的影响进行了评价,结果显示,农信社开展农户小额信贷对增加农民收入具有肯定的积极作用;同时非农业贷款投向相对农业贷款投向而言具有更好的绩效;农户小额信贷的农业生产投向中,各投向产生的绩效也不尽相同,其中以果树和药材为主的经济林是所调研地区小额信贷绩效较好的贷款投向。在研究小额信贷对农民增收绩效的同时,本书也对信贷农户家庭人数、年龄、户主及其配偶的教育程度、资信权重(与资信评级对应的指标)等对农民收入可能产生影响的因素进行了统计控制。结果显示,农户家庭人数过多、户主年龄大会对农民收入的增加产生负效应;而农户的资信评级越高,农民增收能力越强;但户主教育程度尚未明显体现出对农民增收的作用。二是本书采用成本收入比、资产利润率、资本利润率、不良贷款率等系列指标对开展农户小额信贷的机构——农信社的影响进行了评价。结果显示,农户小额信贷对于提高农村信用社的营利能力具有积极的影响;而同时,农信社开展农户小额信贷业务并不会增加其信用风险。

4. 村镇银行是当前新型农村金融机构的最主要形式。四川仪陇惠民村镇银行和湖北省村镇银行的实证分析都证明村镇银行的建立是解决我国现有农村地区银行业金融机构覆盖率低、金融供给不足、竞争不充分、金融服务缺位等"金融抑制"问题的创新之举。但村镇银行在运行的过程中仍存在资金来源有限、银行规模偏小、营业网点覆盖率低、资金运用有偏离"三农"异化倾向等主要问题,目前在支持"三农"中仍然作用有限。今后应该充分发挥其制度优势,不断改进其金融生态环境,使之为支持"三农"发挥更大的作用。

政 策 篇

第九章　其他商业性小额信贷机构的
发展前景和政策建议

第一节　邮政储蓄银行小额信贷的发展前景与政策建议

一、邮政储蓄银行小额信贷业务的发展现状

（一）邮政储蓄银行的市场定位

2007 年 3 月 20 日,中国邮政储蓄银行正式挂牌成立。中国邮政储蓄银行成立后的市场定位是充分依托和发挥邮政储蓄的网络优势,完善城乡金融服务功能,以零售业务和中间业务为主,办理零售类信贷业务和公司业务,为国民经济和社会发展提供金融服务,为广大居民群众提供金融服务与国内其他商业银行形成良好的互补关系,有力地支持社会主义新农村建设。

邮政储蓄银行的成立,打破了我国邮政储蓄多年来"只存不贷"的格局,引导了邮政储蓄资金返还农村,为服务"三农"提供资金支持。邮政储蓄银行开办小额信贷业务,拓宽了邮政储蓄资金运用的渠道,改变了农村主要由农村信用社一家金融机构提供贷款的局面,引入了竞争机制,活跃了农村金融市场,完善了农村金融服务体系,有助于提高农村金融的整体服务水平。

（二）邮政储蓄银行开展小额信贷业务的方式和现状

邮政储蓄小额信贷业务是中国邮政储蓄银行面向广大个体工商户、经营者及农户,为满足其生产经营和农业生产资金需求而推出的短期贷款产品,具有不需抵、质,手续办理方便快捷等特点。小额信贷业务是县域邮政储蓄银行资金运用的主要形式,既是邮政储蓄银行利润的重要增长点,也是邮政储蓄银行支农惠农的主要载体。

　　目前,邮政储蓄小额信贷品种主要有农户联保贷款、农户保证贷款、商户联保贷款和商户保证贷款等4种。农户贷款是指向农户发放用于满足其农业种养殖或生产经营的短期贷款,由满足条件(有固定职业或稳定收入)的自然人提供保证,即农户保证贷款;也可以由3至5户同等条件的农户组成联保小组,小组成员相互承担连带保证责任,即农户联保贷款。商户贷款是指向微小企业主发放的用于满足其生产经营或临时资金周转需要的短期贷款,由满足条件的自然人提供保证,即商户保证贷款;也可以由3户同等条件的微小企业主组成联保小组,小组成员相互承担连带保证责任,即商户联保贷款。农户保证贷款和农户联保贷款单户的最高贷款额度为5万元,商户保证或联保贷款最高金额为10万元。期限以月为单位,最短为1个月,最长为12月。还款方式有一次性还本付息法(到期一次性偿还贷款本息)、等额本息还款法(贷款期限内每月以相等的额度偿还贷款本息)、阶段性等额本息还款法(贷款宽限期内只偿还贷款利息,超过宽限期后按等额本息还款法偿还贷款)等多种方式可供选择。

　　邮政储蓄小额信贷业务自试点开展到试点全面推广,发展迅速,在邮储机构的开办、贷款的发放等方面都呈现出蓬勃发展的迹象。2007年5月,中国银监会正式批准邮政储蓄在河南、山东、陕西、北京等省(市)开展小额贷款业务试点工作。2008年邮政储蓄小额信贷在我国全面推广,其日均放款量由1月的177万元快速增长到12月的500万元。截至2009年1月31日,邮储银行小额贷款在全国31个省(自治区、直辖市)、312个地市分行、1900多个县市、2300多个分支机构开办,其中县和县以下1459个,累计发放小额贷款58万笔,计377亿元,笔均贷款金额为6.52万元,较好地贯彻了"小额、分散、流动"的贷款原则,同时保持了较为优良的资产质量,为"三农"的健康发展提供了有力支持。[①] 据估计,到2010年末,按邮政储蓄银行至少占2%的市场份额估算,其农户小额贷款可达到300亿元,县域小额贷款规模可达1000亿元,而且还要在小额保险等其他金融服务方面逐步取得进展。

二、邮政储蓄银行开展小额信贷业务存在的问题

　　小额信贷为邮储银行带来机遇的同时,当然也带来了挑战和风险。由于此

---

① 王敏:《中国邮政储蓄银行今年将发500亿元小额贷款》,载《经济参考报》2009年3月9日。

项业务刚刚起步,受到各种因素的影响,严重阻碍了邮政储蓄银行的快速发展。在该业务运作实践中,部分分支行出现"重发展、轻管理,重规模、轻质量"的认识误区,某些信贷人员也由放贷之初的惜贷、惧贷转为盲目乐观,因此部分地区邮政储蓄银行的小额贷款业务出现了不同程度的拖欠,即贷款逾期现象。权威管理咨询及研究机构中国东方国际保理中心曾经对2000多个拖欠款案例进行分析,将应收账款分为三类:政策性拖欠、客观性拖欠以及纯粹由于企业内部管理不到位所导致的拖欠。在各类拖欠中,政策性拖欠只占10%,客观性拖欠约占20%,而管理型拖欠超过70%。[①] 由此可见,邮政储蓄银行在其自身和对小额信贷业务的管理等方面还存在许多亟待解决的问题。

(一)邮政储蓄银行在小额信贷业务管理方面的问题

1. 贷款额度受到限制

目前,按照上级有关规定,每笔小额质押贷款的额度为1000元至10万元,最高额度不能超过10万元,且贷款期限最长为一年。但单笔要求贷款额度超过10万元、期限超过一年的客户较多,现行制度难以满足客户的大额度资金需求。

2. 还款方式没有选择

邮储贷款还款方式不灵活,按照还款方式的要求,到期一次性还本付息,未能提供分期还款方式,对于贷款数额较大的用户,不能满足其分期还款的需求,一定程度会把上门的客户推向其他金融银行机构。

3. 质押存单种类受限

贷款质押存单必须是辖内邮政储蓄银行机构开立的、尚未到期的定期整存整取存单,而其他金融银行机构的储蓄存单不能作为质押物。这种限制严重束缚邮政储蓄小额贷款业务的发展空间,支持农村经济发展的能力也将受到很大阻碍。

4. 贷款期限规定太死

现行邮政储蓄小额贷款业务,按照上级有关部门的规定,贷款期限只有半年期和一年期。目前农村的贷款需要周期一般都在一年以上,单一的短期信贷

---

① 袁闽川、商婷婷:《构建邮政储蓄银行小额贷款拖欠管理体系的思考》,载《邮政研究》2009年第5期。

管理方式不适应农业生产的需要。

5. 审批程序过于复杂

目前邮政小额存单质押贷款业务的审批主要采取"基层网点上报,县、市两级审核,省邮政储汇局发放"的三级管理方式,审批权限高度集中于省邮政储汇局,如果是上级部门审批,最短时间也需 3 至 5 天,不能及时满足农民贷款需求,也不能适应储户方便快捷的信贷服务要求。

(二)邮政储蓄银行自身存在的问题

邮政储蓄银行除了在小额信贷业务管理方面存在问题之外,其自身存在的一些问题也影响了小额信贷业务的顺利开展。主要表现在:

1. 管理体制不顺,机构设置复杂

目前,邮政储蓄银行实行的是"双线管理体制",即中国邮政集团总公司及其各省市分公司管费用、管新进人员、管经营目标。县级邮储银行目前的营业网点设置模式有两种,即自营网点和代理网点。自营网点人员由储蓄银行管理,代理网点是原储蓄网点。其中部分网点人员由邮政企业管理,部分网点人员由银行和邮政企业双重管理。同时,县级邮储银行的计算机网络系统开发和维护、金库及经警人员由企业管理,代理营业网点的人员管理权也交叉复杂,责任不明晰,同级邮政企业又没有专门管理机构,未配备专职管理人员。因此,县级邮储银行仍保留原邮政储汇部门的职能,统一管理本地区邮政金融业务,行使资金管理、业务稽查和风险防控的职能。但在实际操作中,对涉及风险管理责任、业务发展与业绩考核等问题,县级邮储银行很难直接将相关制度要求及责任追究完全落实到位,存在风险隐患。

2. 员工的自身素质参差不齐

目前,许多基层邮储银行员工来源于原来的邮政岗位,学历水平普遍偏低,邮政储蓄银行职工队伍中大、中专毕业生少,高、中级职称的更少,既懂金融知识又熟谙法规知识、风险意识的合规风险管理人才严重缺乏,因此形成了金融业务水平不高、管理能力较低的现状,在一定程度上制约了邮政储蓄银行的发展。同时,由于基层领导对邮储重要性的认识不足,经常把经过训练的、操作熟练的人员调至其他岗位,造成邮政储蓄职工队伍人心不稳。此外,在职职工也缺乏对业务的钻研和科技攻关意识,业务素质不能迅速提高。从邮政储蓄的现有人员构成、知识结构以及运作方式来看,邮政储蓄部门基本不具备对贷款风险的识别和控制能力,一旦大规模开展资产经营业务,必将带来极大的经营风险。

3. 内控机制不完善,风险控制能力较弱

由于原来的邮政储汇局没有完善的内部控制体系,没有相对独立的运行管理系统,使得邮政储蓄系统缺乏统一的操作风险管理战略和政策,部门协调、系统运行困难,削弱了管理力度,导致邮政储汇机构无法像其他金融机构那样形成一套比较系统、科学、权责分明、运作有序的内部控制机制。同时,中国邮政储蓄银行现有的客户构成大多以中小客户为主,而这么多的中小客户还有大部分集中在农村市场,而且其小额贷款的贷款区域分散、额度小、项目集中度高、客户同质性突出,因此在一定程度上,中国邮政储蓄银行面临的道德风险和逆向选择比其他的商业银行都要严重。再加上中国邮政储蓄银行的前身——邮政储蓄的经营模式是"只存不贷",而如今要经营贷款业务,风险控制的经验相对其他商业银行也显得不足,这都在一定程度上增加了出现呆、坏账的可能性,大大提高了中国邮政储蓄银行的经营风险。

三、邮政储蓄银行小额信贷业务的发展前景

在其他全国性金融机构收缩农村地区、经济落后地区的机构、网点后,邮政储蓄银行已成为全国覆盖农村市场最大的金融机构。与其他金融机构相比,邮政储蓄银行具有以下两大优势:

一是网点优势。1986 年中国邮政恢复开办储蓄业务,经过 20 多年的发展,邮政储蓄银行现已建成覆盖全国城乡网点面最广、交易额最多的个人金融服务网络。目前,邮储银行拥有储蓄营业网点 3.7 万个,汇兑营业网点 4.5 万个,而且三分之二的网点分布在农村地区。

二是资金优势。邮储银行在资金来源的数量上具有优势,而且在充分利用广泛的农村网点的前提下,资金来源仍存在巨大的增长空间;同时,邮储银行在资金运用质量上具有优势。由于邮政储蓄长期以来"只存不贷"储蓄存款全额转存央行,其资金周转灵活,变现能力强,几乎不存在资产风险或支付风险。

邮政储蓄存单质押贷款业务的试点与推广,在人员机构配备、业务培训、内部管理等方面为小额贷款业务打下了良好的基础。同时服务农村的小额贷款

工作也得到银行高层领导和各级机构的充分重视。目前邮政储蓄银行已从上到下建立起了国家、省、地市和县四级的信贷业务部门,初步形成了组织管理体系,已配备的管理人员超过了 2000 名;同时,邮政储蓄机构通过集中培训与远程培训相结合的手段,在较短的时间内培养了一支较合格的人员队伍。但总的说来,邮政储蓄银行办理小额信贷工作,要探索出一条具有商业可持续发展的、成功的经营模式,还有较长的路要走。办理小额信贷工作,在信用体系和客户数据库没有积累起来之前,必须在风险可控的前提下,不断摸索经验,循序渐进做大规模。

四、邮政储蓄银行小额信贷业务发展的政策建议

邮政储蓄银行在开展小额信贷业务的过程中应立足现实,在产品服务、人员建设、风险管理等方面不断加以改进和完善,以促使邮储银行小额信贷业务的健康发展。

(一)大力拓展资产业务

邮政储蓄近 40% 的存款余额来源于农村地区,60% 以上的网点分布在农村,这就决定了农村在未来邮政储蓄的经营战略中无疑占据举足轻重的地位。而资产业务将是邮政储蓄农村战略中首先要突破的堡垒。现阶段在农村地区拓展资产业务主要应把握好以下两个方面:

一是要加大宣传力度,扩大社会影响。在"规范起步、审慎经营、积极营销、稳健发展"的十六字工作方针的指导下,通过与政府合作开展惠农贷款打好政策牌,同时充分利用"三农"服务站等渠道广泛宣传,转变广大农民邮政储蓄只存不贷的传统意识,着眼农民需求,做好小额贷款的拓展及信用贷款的推广工作,同时做好售后服务,及时跟踪借款人对邮政贷款的意见建议,不断提高服务水平。二是加强市场研究,加大产品创新力度。邮政储蓄小额贷款业务应立足于服务新农村建设的这个主题,同时要体现效益原则,找准社会、农户、邮政储蓄三方需求的切入点,研究农民生产生活的多样性,通过产品创新充分发挥自身品牌和信誉优势,主要满足农村、农民的生产性小额资金需求。[1] 具体

---

① 马英杰、赵贵峰:《我国邮政储蓄银行开展农村小额信贷的 SWOT 分析》,载《海南金融》2008 年第 10 期。

而言,邮储银行可以在上级监管部门批准的情况下,适当放宽贷款的限制条件。各级邮政储蓄机构可以根据当地实际情况,结合农户的贷款需求和资信状况,将贷款期限适当放宽;对于一些经济发达的地区,贷款额度应适度提高,贷款发放的时候必须充分考虑借款人的现金流,保证借款人有足够的现金流入,以便在贷款到期时偿还贷款。①

（二）加强专业人才队伍建设

面对日益激烈的竞争,邮政储蓄银行应该建立符合银行发展需要的管理模式,形成良好的学习氛围,提供良好的教育环境,大力开发人力资源,把员工培训纳入企业的经营管理之中,作为人力资源开发的核心部分。具体而言,可着重从以下两方面入手:一是加速人才引进。人才是企业的第一资源,是企业创新能力的源泉所存,是最重要的核心竞争力。根据有关统计,邮政储蓄从业人员的学历结构中,高中级以下占79.85%,大专占16.57%,大学及以上仅占3.58%,②针对人才极端缺乏的现状,邮政储蓄银行要开阔视野,加大人才引进力度。特别要增加有关制度设计、产品开发等核心人才的引进力度,创造有利于高端人才发展的氛围和环境。持续和大力引进大量具有金融知识和操作技能的人才,来充实到各级管理和重要的操作岗位,尤其是风险管理岗位,以积蓄发展后劲。二是强化员工的教育培训,不断提高从业人员整体素质。邮政银行急需一批有知识、有文化的新员工充实队伍,对于每一个新员工在上岗之前都要进行岗前培训,这关系到员工进入工作状态的快慢和对自己工作的真正理解以及自我目标的设定。对员工的培训可以通过各种方式,如外出考察学习交流培训、集中授课培训、网上远程培训等,培训后经过各种考核验收,优秀的员工总会凸显出来,对于个别员工学习好、表现好的,人事部门可以在物质上和精神上给予一定的补偿,这不仅可以起到模范的带动作用,更主要的还是提高员工的成就感和提升员工的创业激情。

（三）强化风险管理,完善邮政储蓄内控制度

邮政储蓄小额信贷业务面临的最大风险仍是信用风险,即借款人不履行还款义务,导致不良贷款的发生;再就是操作风险,包括内部人员的舞弊、欺诈,不

---

① 薛桂清:《邮政储蓄银行产品创新路径初探》,载《现代邮政》2008 年第 5 期。

② 盛永志、张建明、唐秋玲:《关于邮政储蓄银行风险管理策略的研究》,载《哈尔滨金融高等专科学校学报》2007 年第 4 期。

执行操作流程违规贷款等。邮储银行要在拓展新业务、提高自身营利能力的同时,着力加强风险控制,建立健全内部控制制度,建立风险识别监测体系和各项业务风险管理体系。

对于信用风险的控制,因目前邮政储蓄试点地区是以邮政储蓄定期存单作为质押,贷款金额与贷款期限方面也都有限制,所以还不存在这方面的风险。但随着邮政储蓄小额信贷业务的发展,信用风险便凸显出来,对于农、副业生产项目可采取 3~5 户农民联保的办法,对个别的违约行为,小组承担连带责任;对于农户其他生产和经营,特别是市场前景难以把握的较大规模生产和经营的大额资金需求,必须坚持贷款三查、审贷分离,并逐笔核贷,以确保信贷资金安全。同时,邮政储蓄应对服务区域内的农户建立信贷档案,并根据农户的个人信誉、生产经营能力、存款规模及变动状况、还款记录等,对农户进行信用等级评定,确定最高授信额度。农户需要贷款时,只要在核定额度内,就可以到邮政储蓄营业网点直接办理贷款。

对于操作风险的控制,可采取储蓄、贷款资金的两条线管理,实现授权管理与授责管理的并重。加大对员工的培训,提高业务经营与管理人员的责任意识、风险意识及对贷款流程的掌握程度,同时强化稽核部门在业务发展和管理中的责任,必须进行定期检查和不定期抽查,对检查中发现的问题一定要逐项限时整改,从而保障制度严格落实,以最大限度地防范和控制贷款风险。

另外,邮储银行还需强化内部控制制度建设。内部控制制度是一种在业务运作过程中环环相扣、监督制约的动态机制。邮储银行应当形成风险控制的"三条防线",贷款业务部门为风险控制的第一道防线,风险部门为风险控制的第二道防线,审计部门为风险控制的第三道防线。对贷款业务人员要加强金融、法律、信用风险管理、信贷监管等知识的培训,完善贷款业务流程,使各流程能够相对独立又有效衔接,消除程序漏洞。同时强化稽核检查机构的独立性和权威性,建立风险防范及责任追究制度。对那些违法违规人员,依法追究责任,防止内部人员欺诈和金融犯罪,严格控制内部人员借贷,建立相应的约束机制,以最大限度地防范和控制贷款风险。

第二节　农村资金互助社小额信贷的发展前景和政策建议

一、农村资金互助社的发展历程和发展现状

资金互助组织,是通过资金在一定成员群体内的动员和流转,为成员提供一个低成本融资的渠道,并以此促进居民的消费和投资。我国的农村合作基金会于 1984 年成立,是由乡村集体经济组织和农户按照自愿互利、有偿使用的原则建立起来的乡村资金互助组织,资金来源以集体资金为主,并吸纳农户资金入会,贷款对象主要是村内或乡内的农户,额度较小。1994 年,农村合作基金会开始吸纳短期存款,且主要向乡镇企业提供大额贷款,这就增加了潜在的资金风险。从 1997 年亚洲金融危机后,政府为维护金融秩序、打击非法融资,撤销和关闭了农村合作基金会,农村资金互助组织发展陷入低潮。

近年来,伴随着正规金融机构从农村阵地的大量收缩,农村正规金融机构的金融服务供给越来越少,农村经济主体的信贷需求得不到有效满足,农村民间融资逐渐发展并日益明朗化。2004 年 7 月在吉林梨树县闫家村出现了第一家新型的小型资金互助组织——梨树县百信农民资金互助合作社。随后河北省定州市翟城农村资金互助社,河南省兰考县贺村、南马庄、胡寨村等资金互助社纷纷成立。他们多数依靠农村经济合作社建立,也有的是依靠某一协会建立(见表 9.1),农村资金互助社的创新探索和成功实践,引起了中国银监会的重视。

表 9.1　部分农村资金互助社名称和成立时间

资金互助组织名称	成立时间
吉林梨树县百信农民资金互助合作社	2004 年 7 月
安徽明光潘村镇兴旺农民资金互助合作社	2004 年 10 月
河南兰考南马庄资金互助小组	2004 年 12 月
河南兰考贺村资金互助小组	2005 年 1 月
河南兰考胡寨资金互助小组	2005 年 3 月
河南兰考陈寨资金互助小组	2006 年 3 月

资金互助组织名称	成立时间
山东陵县资金互助合作社	2006 年 3 月
吉林梨树县兴开城资金互助合作社	2006 年 5 月 2 日
吉林梨树县夏家资金互助合作社	2006 年 8 月 5 日
河南濮阳贷款互助合作社	2006 年 8 月 27 日

资料来源:笔者根据公开信息整理而成。

为了更好地规范和引导农村资金合作社的发展,银监会颁布了一系列文件。如 2006 年 12 月 20 日,中国银行业监督管理委员会颁布了《关于调整放宽农村地区银行业金融机构准入政策,更好支持社会主义新农村建设的若干意见》(银监发[2006]90 号);2007 年 1 月 22 日进一步出台了《农村资金互助社管理暂行规定》(银监发[2007]7 号)、《农村资金互助社组建审批工作指引》;2007 年 2 月 4 日印发了《农村资金互助社示范章程》(银监办发[2007]51 号)等。2007 年 3 月,按照新规则正式注册的吉林梨树闫家村百信农村资金互助社正式开业。标志着崭新的农村金融机构在中国农村地区的诞生与发展,这是一种诱致性的制度变迁过程,与 20 世纪 50 年代初我国农村信用合作制度产生路径的"嵌入式"强制性制度变迁是完全不同的。[1] 2008 年,银监会又从存款准备金管理、存款利率管理、支付清算管理等八个方面明确了对农村资金互助合作社的相关政策。

按照银监会 2007 年初出台的《农村资金互助社管理暂行规定》,农村资金互助社是指经银行业监督管理机构批准,由乡(镇)、行政村农民和农村小企业自愿入股组成,为社员提供存款、贷款、结算等业务的社区互助性银行业金融组织。它以入股参加的农民为主要社员;设立理事会和监事会,其成员都是从社员中选举产生;并召开社员大会,研究决定合作社的重大事项;其主要资金来源为成员入股的股金、存款、委托资金(限本村、乡)和外部捐赠款;所有者和服务对象是入股的当地农户、居民和企业。

农村资金互助社可视为合作或股份合作金融,分村级和乡镇级两类。《农

---

① 何广文:《农村资金互助合作机制及其绩效阐释》,载《金融理论与实践》2007 年第 4 期。

村资金互助社管理暂行规定》明确农村资金互助社在乡(镇)设立的,注册资本不低于 30 万元人民币;在行政村设立的,注册资本不低于 10 万元人民币。注册资本应为实缴资本。目前,到 2009 年 1 月 1 日为止,按照银监会的规范和要求正式成立注册的农村资金互助社共有 10 家(见表 9.2)。另外,江苏、山东、河北、安徽、云南等地的 30 多个农村资金互助社虽未经银监会批准,但已成立运行。

表 9.2 符合银监会要求的 10 家农村资金互助社

资金互助组织名称	成立时间
吉林梨树闫家村百信农村资金互助社	2007 年 3 月 9 日
青海乐都雨润镇兴乐农村资金互助社	2007 年 3 月 13 日
甘肃景泰县龙湾村石林农村资金互助社	2007 年 3 月 20 日
甘肃岷县洮珠村岷鑫农村资金互助社	2007 年 3 月 23 日
江苏省东台市海丰镇农村资金互助合作社	2007 年 4 月 29 日
内蒙古自治区通辽市辽河镇融达资金互助社	2007 年 5 月 12 日
山东省沂水县聚福源农村资金互助社	2008 年 3 月 25 日
江苏省徐州市紫庄镇农村资金互助合作社	2008 年 7 月 7 日
河北省晋州周家庄农村资金互助社	2008 年 9 月 28 日
江苏省桃园镇农村资金互助合作社	2008 年 11 月 8 日

资料来源:笔者根据公开信息整理而得。

农村资金互助社的出现和成立在支持农村金融发展中发挥了重要作用。一是农村资金互助社的成立起到了与现有农村金融机构互补市场的作用,一定程度上解决了农村金融供给不足、竞争不充分等问题,改进和加强了农村金融服务,满足了农户多层次的融资需求。二是促进了农民专业合作组织的发展。2007 年 7 月 1 日,《中华人民共和国农民专业合作社法》开始实施,标志着我国农民专业合作社的发展进入了一个新阶段。农村信用社向商业化加速改革后,农村合作金融出现了真空,而农村资金互助社的设立为农民专业合作社的发展提供了有力支持,促进了农民专业合作组织的发展。三是可以有效遏制民间非法金融的蔓延和发展。农村资金互助社的发展,一方面将民间融资纳入到了国家正规的金融渠道之内,为民间资本进入银行业提供了一个比较现实的通道,提高了民间融资的规范化、组织化和机构化,另一方面也促使高利率的农村民间借贷失去了需求空间。

二、农村资金互助社小额信贷存在的问题

作为新兴的金融机构,农村资金互助社的出现给农村地区的经济发展提供了极大的便利,在丰富农村金融体系的同时,对农信社等金融机构也形成了竞争压力,促使其更加完善自己的服务。对整个农村地区特别是西部不发达地区来说,农村资金互助社的成立无疑是具有历史性意义的,给多元化的经济发展注入了新的活力。但是,也正因为农村资金互助社刚成立,缺少足够的业务经验,目前在发展中还存在着诸多需要解决的问题。据银监会最新统计,截至2008年12月31日,在全国已获准开业的105家新型农村金融机构中,村镇银行有89家,贷款公司有6家,农村资金互助社只有10家。可见,农村资金互助社这种农民自我服务的合作金融组织的发展严重滞后,农村资金互助社面临的问题需要迫切解决。

(一)市场准入"门槛"仍然偏高

农村资金互助社试点两年多以来,产生了较强示范效应,但相比而言这种新型的以农民为主体的信用合作组织发展较慢,如何加快对符合规范要求的农民信用合作组织市场准入,已经成为确保农村信用合作组织健康发展的关键。虽然银监会降低了农村金融机构的准入"门槛",但对我国农村现存的绝大多数农民资金互助组织来说依然"门槛"很高。为控制风险,监管部门对农村资金互助社的设立实施严格、繁杂的审批程序。银监会是比照商业银行的监管思想在要求资金互助社,比如五级分类、资本充足率等指标要求等,基本等同于工、农、中、建这样的大型商业银行。农村资金互助社属于微型金融组织,但在审批过程中,实际上是在按照现代化正规金融机构的标准在操作,这在一定程度上加大了农村资金互助社的组建成本和操作成本,阻碍了农村资金互助社的快速发展。

(二)融资困难

农村资金互助社以社员需求贷款为主,90%以上社员参加互助,能够获得贷款、满足贷款需求,是社员参加互助的主要动因。根据《暂行规定》,资金互助社的营运资金有四种来源渠道:一是社员的股金,二是社员的存款,三是社会的捐资,四是其他银行业金融机构的融资。《农村资金互助社管理暂行规定》规定"农村资金互助社不得向非社员吸收存款",将存款客户限制在本村入股社员范围内。① 同时,由于农村资金互助社刚刚起步,一些社员对其发展仍持观望态度,所以一般不会轻易地把钱存进来。在社会捐赠方面,目前还没有一个有效互动的平台把农村资金互助社和一些富有爱心的公益组织和个人联系起来,同时由于农村资金互助社刚进入金融行业,宣传力度也不够,这就使得社会捐赠这一资金来源的效果不能令人满意。在向其他银行业金融机构融入资金方面,按照中国银监会《农村资金互助社管理暂行规定》制度设计,农村资金互助社满足监管要求条件下,可以向其他银行机构融入资金作为资金来源,但这一制度还没有具体配套政策,具体政策和融资办法还没有出台,需要继续关注。② 加之,入股社员在交纳股金后,可以按 1:5 或者最高不超过 1:10 的股金与贷款额的杠杆比例从农村资金互助社贷到款,实际上各农村资金互助社的比例都比这个低,而绝大部分社员之所以加入农村资金互助社就是为了以"小钱换大钱"。这就产生了资金进少出多,加强了农村资金互助社资金进一步短缺的局面。③ 因此,从目前试点情况看,资金来源不足制约了农村资金互助社发展。

(三)业务管理水平落后,内部管理混乱

根据《农村资金互助社管理暂行规定》第三十七条:农村资金互助社理事、经理任职资格需经属地银行业监督管理机构核准。农村资金互助社理事长、经理应具备高中或中专及以上学历,上岗前应通过相应的从业资格考试。但是实际中,由于农村资金互助社的理事长、经理等管理人员,以及监事和工作人员都是来自社员内部,他们文化水平普遍偏低,对金融知识知之甚少,并不具备成熟全面的金融知识和管理经验,可能会出现操作风险。加之没有合适的制度约束,造成有章不循、合作性不强及内部人控制等问题,增加了运行风险。这就给农村资金互助社的未来可持续发展造成潜在的风险隐患。

---

① 李中华:《资金来源渠道不畅严重制约农村资金互助社发展》,载《调查研究》2008 年第 4 期。

② 姜柏林:《农村资金互助社融资难题待解》,载《农村金融》2007 年第 4 期。

③ 胡秋灵、刘伟:《农村资金互助社发展中面临的问题及解决办法》,载《金融博览》2009 年第 2 期。

（四）缺乏专门的针对合作金融的法律

虽然 2009 年中央一号文件明确要求引导农户发展资金互助组织，但由于长期缺乏一部关于合作金融的法律法规，互助社的合法身份受到质疑。由于"身份证"颁发部门不统一，有的互助社是在工商登记的，有少数的在民政部门登记，也有的挂靠在农工办下面。互助社没有合法身份，相关业务得不到国家政策和法律的保护，一旦发生债权债务纠纷，互助社无法维护自己的权益。缺乏专门的法律势必导致监管部门无法可依，不利于农村资金互助社的良好发展。一方面，无法避免政府对合作金融组织的不正当干预；另一方面，合作金融事业的参与者不能从立法中明确了解各自的基本权利、义务和风险，参与者之间无法形成相互制约和促进的关系等等。

（五）政府引导和支持不足

引导农村资金互助社发展，要采取经济办法引导，如财政补助、财政贴息、财政担保融资等，才能将群众积极性、主动性和创造性进一步调动起来，形成政府引导与群众自愿发起相结合。现在地方政府对农村资金互助社虽然在态度上积极支持鼓励发展，却没有具体措施和办法。这种空喊口号、没有经济扶持措施的引导，同样制约农村资金互助社发展，同样也需要引起关注。①

三、农村资金互助社小额信贷的前景展望

虽然农村资金互助社规模小、形式初级，但大力发展资金互助社可以推进农村金融改革的大战略。这是因为，一方面，资金互助社更接近农户，可以满足被商业性金融机构排斥的农户的贷款需求；另一方面，通过参与资金互助社，农户们不但获得了更多金融知识，而且在信贷交易中证明了自己的信誉。因此，资金互助社的良好发展对在农村开展业务的、力争商业化经营的其他大型正规金融机构至关重要。农户和中小企业通过参加资金互助社，不断熟悉金融交易的运作，经济行为和信用观念也发生了转变，金融文化的熏陶使他们更加注重自身的信誉。随着收入的增加和财富的积累，他们必然会向资金互助社之外的正规金融机构寻求贷款，而这些"合格的"经济主体正是正规金融机构所要发

---

① 刘宛晨、段泽宇：《完善农村资金互助社以满足农户信贷需求》，载《财经理论与实践》2008 年第 5 期。

展的客户。商业化金融机构总是不愿第一个向没有接受过信贷的个人或中小企业提供贷款,而必须对潜在客户进行金融制度和规则方面的培训,必须对潜在客户进行筛选。这些前期工作都要花费较长的时间和较大的费用。资金互助社的发展恰恰为正规金融机构培育了客户和信用土壤,节省了它们开拓市场的成本,从而吸引它们不断深入农村金融市场。因此,资金互助社这种具有代表性的合作金融形式在中国农村金融发展中具有广阔的前景。[①]

同时农村资金互助社是适应农户和农民专业合作社借贷特点的农村合作金融组织,它能够增加农民家庭经营资金生产要素投入,促进家庭经营向采用先进科技和生产手段的方向转变;农村资金互助社通过金融制度将农户联合起来,能够推动农民专业合作社的发展,为现代农业发展提供组织载体。因此,发展农村资金互助社,是推进现代农业发展的必然要求。统筹城乡一体化发展,就要着力加大对农村基础设施、社会事业投入。这需要创新农村投入体制与机制,发挥农村资金互助社中介组织作用,才能调动农民投资投劳积极性,引导社会资金参与新农村建设,发挥好财政资金使用效益,保持农村经济和社会事业共同发展,实现工业反哺农业和城市支持农村战略的要求。发挥财政资金引导作用,将对农村的投入重点放在培育农村资金互助社发展上来,不仅能够直接增加对"三农"的投入,同时还能够提高农民组织化程度,调整农户生产关系,适应现代农业的发展要求,从而实现城乡一体化发展。发展农村资金互助社,也是应对国际经济金融危机,扩大内需保证经济稳定增长的需要。国际金融危机产生以来,外贸出口受到了严重影响,企业产能过剩与内需不足的矛盾集中表现出来。在这种形势下,扩大内需、保持国民经济稳定增长,成为当前和今后一个时期的首要任务。当前,特别需要启动农村投资与消费需求,带动城市企业发展。大幅度增加对农村财政投入与货币信贷供应,是扩大内需政策的必然要求,是促进国民经济增长方式转变的政策措施。而创新农村金融体制,加快现代金融制度的建立,是保证农村财政投入与货币信贷可持续增长的必然选择。发展农村资金互助社,不仅能够增加对农村投入,带动农村经济发展,同时能够统筹消费与投资结构均衡发展。

再次,"农村资金互助社"与银行业金融机构相比,它具有以下优势:一是

---

① 姜柏林:《农村资金互助社:现代农村经济的助推器》,载《信息导刊》2009 年第 3 期。

服务对象面广人多。从服务对象上看,银行业金融机构的服务对象主要是农村中小企业、农业产业化龙头企业、农村公共基础设施建设、农村资金需求量大的个体生产经营户。而"农村资金互助社"服务对象则面对广大亟待贷款的中低收入者和参加专业合作社的社员"农村资金互助社"根据当地产业发展的资金需求而设立,在行政村可以设立,在乡镇也可以设立,只要有 10 个发起人就可以设立,成员人数不限。二是借贷信息对称,管理成本低。由于银行金融机构外生于农村经济,故它的贷款信息与农民需求不对称,因而管理成本高,而"农村资金互助社"内生于农村经济中,很多资金互助社本身就是在专业合作社的基础上根据内部社员资金需求而建立起来的。因此,它的借贷信息对称,交易成本低。三是机制灵活,手续便捷。由于金融业银行机构单纯追求赢利,故而把防范风险放在第一位,采取的措施则是抵押和担保,再加上它的利率刚性,服务态度不好,因此它远离农村,远离农民。而"农村资金互助社"存款来自社员,贷款用于社员,资金成本低,手续快捷,社员互助熟悉,在一定程度上防范了道德风险的发生,无须抵押和担保,再加上它的灵活利率,因此很受农民欢迎,有长远的农村市场。①

四、农村资金互助社小额信贷业务发展的政策建议

(一)找准自身发展定位,适当调低市场准入标准

在发展的过程中要妥善处理好"做大做强"与"做小做精"的关系,大的金融机构固然能够提升资金实力,增强抵抗风险的能力,却会增加各种成本,不利于与低收入的农户和企业开展业务,渐渐偏离了资金互助社填补农村金融服务空白的目的,走上农信社和农业银行发展的老路,小的金融组织经营灵活,监管有力,经营成本低,能够满足小范围内农民的资金需求。中国不缺大银行,缺的是能够为弱势群体提供金融服务的小银行,所以,互助社的目标应该是建立成为"小而精"的微型农村金融机构。

农村资金互助社属于微型金融组织,在审批过程中就不应按照现代化正规金融机构的标准操作,应简化农村资金互助社的审批程序,从而降低其组建成本和操作成本。另外,对于农村资金互助社从业人员的要求不能过高,可根据

---

① 李猛:《农村资金互助社:小机构可有大作为》,载《当代金融家》2009 年第 4 期。

农村实际适度降低从业标准。农村有很多优秀人才学历并不高,但他们民间放贷的风险控制能力很强,不必非按照正规金融机构从业人员的标准来衡量农村资金互助社管理人员的从业资格。即便如此,政府和监管部门也应对农民资金互助社成员进行必要的培训,保障资金互助社健康发展。

（二）加大宣传力度,拓宽融资渠道

一是提高农村资金互助社的宣传力度,让更多的农民群众认识并接受这一新兴为民的金融机构,扩大入股社员规模,通过增资扩股吸收更多存款。二是适当提高农村资金互助社的存款利率。农村资金互助社的存款利率水平可以介于银行业金融机构的存款和贷款利率之间,这样可以体现出风险溢价,吸引社员将"余钱"存入互助社,直接增加社员存款收益。因为如果没有风险溢价,即相比农信社和农行来说,在利率相同的情况下,农民群众是不会把存款放到一家没有国家信用保证的机构里,这也符合理性选择的要求。三是加强其他正规金融机构与农村资金互助社的合作,将扶农资金直接投入到资金互助,解决其资金不能进村入户的难题。其他正规金融机构也可以同业存放形式,将资金存放到资金互助社,解决农村资金回流的难题。四是尽快出台存款保险制度,支持资金互助社信用建立,增加其信誉度。建议出台成立农村社区信用担保公司的政策,为资金互助社融资提供信用担保。资金互助社成立时间较短,在需要向外部银行机构融资时,单纯的法人主体还不足以解决信用担保问题,如果有农村社区担保公司提供的信用担保,一旦融资渠道畅通,资金互助社获得其他银行机构融资的可能性则会大大增加。

（三）加大培训力度,规范内部管理

一是要加大培训力度,提高管理水平。定期对农村资金互助社的理事、经理等管理人员及监事和工作人员进行业务培训,提高他们的金融基础知识水平,扩大知识面,学习内控制度,熟悉业务操作,尽量避免操作风险。也可以通过引进人才来解决农村资金互助社业务人才匮乏的问题。

二是要完善内部管理机制。农村资金互助社应设立股东大会、董事会、监事会,股东大会由入股村民共同选举产生,是最高决策机构,股东大会再选举产生董事会、监事会,董事会任命主要组织机构成员,实行民主决策、民主管理和民主监督。同时,农村资金互助社还应建立利益共管机制,互动社实行股东集体审议制度,由董事会召集全体股东,对借款数额、期限进行审议,超过三分之二的股东同意方可借款,且社员借款在其互助保证金额内实行股权担保,超过互助保证金额须有其他社员联保,由股东实行跟踪审查制度,以保证资金的有效利用。

（四）制定《合作金融法》加强监管

建议立法及法制部门在进一步深入实际调查研究的基础上,尽快出台专门的《合作金融法》法律法规,赋予农村资金互助社特殊法人地位并纳入到正规金融组织监管体系中。这样才能使其能够依靠法律保障自由、公开、透明地开展业务。我国的《合作金融法》应涵盖以下几个方面的内容:(1)市场定位为社员提供存款、小额贷款、结算等业务,法律地位为独立的企业法人;(2)治理结构:设立社员大会、理事会及监事会;(3)财务会计制度;(4)行业自律组织的组建;(5)国家的支持等,其中国家支持可以从财政支持、税收减免、登记注册降低门槛、提供人力资源培训经费等方面加以体现;(6)监督管理。中国银行业监督管理委员按照审慎监管要求对农村资金互助社进行持续、动态监管;银监会根据农村资金互助社的资本充足和资产风险状况,采取差别监管措施。

（五）政府应加大对农村资金互助社的扶持力度

农村资金互助社成立初期资金规模太小,对促进农业生产的作用有限,政府应加大对农村资金社的扶持。政府可以通过以下方面实现对互助社的扶持:

1. 建立专项资金入股农村资金互助社。政府可以以社员总股金为参照物,以社员股金的一定比例入股,实现政府对农村小型合作金融机构——农村资金互助社的扶持,壮大其实力,增强服务功能,实现发挥政府的引导和号召作用,吸引更多的农户加入合作金融组织,吸引社会资金入股农村资金互助社。需要强调的是,政府入股互助社的,目的是扶持,而不是控制。因此,政府股金没有表决权和分红权。当互助社组织达到了一定的积累,走上了良性的发展轨道,政府可以抽出资金。

2. 免征农村资金互助社的税金等相关费用。从农村资金互助社成立起5年内:免征企业所得税、利息税、营业税及城建税和教育费附加;免交成立所需要的一切费用及金融监管费用等。5年后可以考虑免征利息税及金融监管费用,所得税、营业税及附加减半征收。

3. 建立政策性农业保险。由于农业保险业务的高风险性导致利润低甚至亏损,商业保险公司出于利润最大化的经营目标,纷纷撤出农村市场,加之农村资金互助社的业务范围比较集中,所以风险特别高。政府补贴入社农户的保费,让他们买农业保险,就能起到农业歉收或者绝收时,使农户能及时还款。

4. 允许农村资金互助社的贷款利率有更大的浮动幅度。孟加拉国GRAMEEN银行及孟加拉国BRAC银行的小额贷款年利率是20%,马达加斯加CIDR银行的小额贷款年利率为36%~48%,印度尼西亚Badan Kredit Desay银行的小额信贷年利率甚至达到55%。① 我国最高法院关于"利率超过法定利率四倍为高利贷"的司法解释显然不合理。因此,要使农村资金互助社可持续发展,其贷款的年的上限至少为法定利率6倍,即小额信贷年利率至少要达到30%。②

第三节　小额贷款公司小额信贷的发展前景及政策建议

近年来,随着金融体制改革的逐步深化,四大国有商业银行股份制改革力度加大,基层机构网点大量撤并,贷款对象集中于优质客户、大型企业和大项目,而对县域经济支持乏力,造成农村金融服务严重滞后于经济发展。从当前农村金融的供需现状看,农户和中小企业的金融需求得不到满足是现在面临的主要矛盾。根据国家开发银行对农村金融需求和供给的测算,如果不进行大规模金融创新,农村金融的供需缺口将持续扩大,2010年将达到5.4万亿元,2015年将达到7.6万亿元。显然,农村金融体系和运作机制仍然存在严重缺陷。为此,要大力培育多层次、广覆盖、可持续的农村金融体系。

在此背景下,专为农村中小企业和农户服务的小额贷款公司应运而生。2005年以来,人民银行与银监会、财政部、商务部、农业部、国务院扶贫办、工商总局等部门就开展小额贷款组织试点问题多次进行专题调研和政策研讨,于2005年10月,在山西、四川、贵州、内蒙古、陕西五省(区)各选择一个县(区)进行小额贷款公司试点。随着2008年5月中国人民银行、银监会联合下发的《关于小额贷款公司试点的指导意见》的出台以及首批7家小额贷款公司试点工作取得一定成效,在地方政府的积极推动下,各地小额贷款公司纷纷成立并正式

---

① 曹辛欣:《小额信贷的利率分析》,载《黑龙江对外经贸》2007年第5期。
② 秦煜:《农村资金互助社的金融制度创新》,载《中国农业大学学报》2008年第8期。

运营,为支持"三农"和中小企业发展开辟了一条崭新的途径。①

一、我国小额贷款公司运营现状

(一)小额贷款公司发展态势良好

中国人民银行 2005 年规定 5 省小额信贷试点的基本框架为:一是"只贷不存",规定小额贷款公司的主要资金来源为股东缴纳的资本金、捐赠资金以及来自不超过两个银行业金融机构的融入资金;二是开放小额信贷利率上限,但不能超过法定利率的 4 倍,下限为人民银行公布的贷款基准利率的 0.9 倍,具体浮动幅度按照市场原则自主确定;三是在服务"三农"的原则下自主选择贷款对象,规定 70% 以上的贷款要用于"三农",同时限定小额贷款公司只能在县域内经营。

在政策的引导下,2006 年,山西平遥的"晋源泰"、"日升隆",四川广元的"全力",贵州江口的"华地",陕西户县的"信昌"、"大洋汇鑫"和内蒙古东盛的"融丰"等 7 家试点小额贷款公司应运而生。目前,5 个试点省(区)试点成立的 7 家小额贷款公司整体运行良好。根据人民银行农村金融服务研究小组 2008 年 9 月发表的《中国农村金融服务报告》显示,截至 2008 年 9 月底,7 家小额贷款公司的资本净额已达到 23196 万元,接受委托资金共计 1316 万元。自试点小额贷款公司成立以来,共计发放贷款 7.63 亿元,其中,"三农"贷款所占比例保持在 70% 左右。截至 2008 年 9 月底,7 家小额贷款公司中,除贵州江口华地小额贷款公司外,其余 6 家均实现赢利,经营利润共计 2822 万元,表 9.3 中反映了 7 家试点小额贷款公司的基本情况。从表中的数据可以看出,小额贷款公司取得了一个良好的开局。

表 9.3　7 家试点小额贷款公司基本情况 (截至 2008 年 9 月 30 日)

单位:万元

公司名称	资本净额	委托资金	贷款余额	当年累计贷款额	当年经营利润
晋源泰	2481.1	712	3608.5	4178.6	395.05
日升隆	2815.1	604	2793.2	7553.1	261.8
全力	3000	0	3167.3	6139.1	212.04

① 王锦旺:《小额贷款公司:农村金融供给新路径分析》,载《农村经营管理》2009 年第 3 期。

续表

公司名称	资本净额	委托资金	贷款余额	当年累计贷款额	当年经营利润
江口华地	600	0	91.9	4.0	
信昌	2200	0	1729.7	3360.9	40.28
大洋汇鑫	2100	0	686.6	46.0	0.057
融丰	1000	0	12459.9	16006.5	1912.54
合计	23196.2	1316	24537.08	37288.18	2821.767

资料来源:《中国农村金融服务报告》,中国金融出版社 2008 年版。

（二）小额贷款公司试点范围不断扩大

2007 年 10 月,经国务院批准,中国银监会决定扩大调整放宽农村地区银行业金融机构准入政策试点范围,将试点省份从 2006 年的 5 个省区推广到 31 个省区。2008 年,全国批准了 100 多家小额贷款公司,进入 2009 年,小额贷款公司发展势头更为迅猛:各省市相继出台关于开展小额贷款公司试点工作的实施意见和暂行管理办法,使小额贷款公司如雨后春笋般发展起来。截至 2009 年 2 月,浙江省已批准 56 家小额贷款公司,其中登记注册 54 家,注册资本总额 77.05 亿元;广东省已注册 21 家小额贷款公司,并在 2009 年 9 月份之前在 21 个地级市完成了 42 家小额贷款公司的试点;上海有 27 家小额贷款公司获准开业,其中 17 家已经正式营业,累计放贷近 4 亿元;宁夏发展了 24 家小额贷款公司;内蒙古小额贷款公司发展最为迅猛,已经批准设立小额贷款公司 156 家,注册资金 110 亿元。据相关媒体预计,2009 年全国挂牌的小额贷款公司将不少于 1000 家,以至于有人甚至将 2009 年称之为"中国小额贷款公司元年"。[①]

小额贷款公司成立的初衷是在坚持为农民、农业和农村经济发展服务的原则下自主选择贷款对象,坚持"小额、分散"的发放贷款原则,鼓励面向"三农"和中小型企业提供信贷服务,着力扩大客户数量和服务覆盖面。因此,小额贷款公司的设立和运作,成为有效解决上述瓶颈问题的又一途径,为中小企业拓宽融资渠道提供了更多选择。同时,小额贷款公司的试点,也为民间资本涉足金融业开辟了一条崭新的途径,逐步构架起了民间资金与迫切需要资金支持的

---

① 赵小晶、杨海芬、王建中:《我国商业性小额贷款公司的运营探析》,载《南方金融》2009 年第 4 期。

中小企业之间的桥梁,对改善农村金融环境、缓解中小企业资金紧张,发挥着不可替代的作用,有利于规范和引导民间借贷。但由于小额贷款公司处于试点阶段,仍存在一些不容忽视的问题。这些问题如果得不到解决,将会严重影响小额贷款公司的推广和发展。

二、小额贷款公司发展面临的主要问题

(一)"只贷不存"资金来源问题

对于"只贷不存"从而仅能以自有资本和少许委托资金发放贷款的小额贷款公司而言,资金问题成为未来小额贷款公司发展中不可逾越的"瓶颈"。目前小额贷款公司的资金来源有三个途径:股东缴纳的资本金、捐赠资金,以及来自不超过两个银行业金融机构的融入资金。从银行业金融机构融入资金的余额,不得超过资本净额的50%。同一借款人的贷款余额,不得超过小额贷款公司资本净额的5%,不得向其股东发放贷款。严禁吸收公众存款和非法集资,不得发行债券或彩票,也不能向内部职工、股东集资。而在所有者权益、捐赠资金、单一来源的批发资金(不能从多个机构批发资金)这三个途径中,无论哪一种途径,都面临着现实的筹资难题。

相对于中小企业急迫的融资需求,目前小额贷款公司无论是数量还是规模,均远远不能满足市场需要。由于小额贷款公司只经营贷款业务不能吸收存款,不少小额贷款公司开业不久即贷出了大部分资金,一些公司甚至"贷光"了全部资金。尽管已经成立的小额贷款公司,拥有的注册资本不小,有一定资本积累,并且投资者也有进一步扩大投资规模的打算。但是,"只贷不存"的政策条件以及对于股东人数规模的控制,会导致其融资渠道单一化、有限化最终使其陷入资金短缺的困境就成为一种必然。因后续资金不足造成的"无米下锅",成为当前小额贷款公司最大的困扰和烦恼。

(二)利率限制问题

根据世界银行估计,小额信贷利率一般在年利率25%才可以实现盈亏平衡。小额贷款公司贷款利息规定不得超过银行基准利率的4倍,目前我国法定贷款年利率的4倍是21.24%,以全力公司为例:其发放贷款的最低利率为12.02%,最高利率为23.4%,全部贷款加权平均利率为19.7%;其中农户贷款加权平均利率为19.02%,个体工商户贷款加权平均利率为20.66%,乡镇微小

企业贷款加权平均利率为19.73%,普遍低于国际标准。但小额贷款公司面临的客户往往是那些大型银行认为"不屑"、"不良"、"高风险"者,风险较大,理应执行更高的利率以覆盖风险,否则就有可能亏损。利率上限的存在,以及农村信贷高风险的特性,使得小额贷款公司只能通过扩大贷款范围、拒绝高风险客户来维持低利率运行,这使得一部分急需贷款的初始目标客户失去了小额信贷的机会,同时也影响了小额贷款公司的长久发展。

（三）监管体制和风险控制问题

受现有监管政策局限性的限制,小额贷款公司面临着自身身份缺失、监管虚置等风险的挑战。由于有严格的限定,小额贷款公司必须是由法人单位发起,要求发起人不能独资经营,同时作为发起人的企业法人必须在一定时期内经营业绩良好,没有不良信用记录。这导致小额信贷公司既依托于《公司法》,又在《公司法》中无章可循,作为一类经营特殊产品的公司,在现行的《公司法》中,没有对涉及贷款类业务的公司规定。

而由于小额贷款公司并不经营存款,所以银监会认为它也不属于金融机构,小额信贷公司还未纳入人民银行信贷征信系统及当地金融统计报表中。虽然《关于小额贷款公司试点的指导意见》中明确提出"中国人民银行对小额贷款公司的利率、资金流向进行跟踪监测,并将小额贷款公司纳入信贷征信系统。小额贷款公司应定期向信贷征信系统提供借款人、贷款金额、贷款担保和贷款偿还等业务信息",但实际操作中有一定政策障碍,主要因为小额贷款公司没有金融业务许可证,没有编码,不能进入信贷征信系统。地位上的尴尬,导致了目前没有机构可以对其进行有效的监管,另一方面,小额贷款公司也没有办法进行金融维权。缺乏合规的身份、明确的监管和可依之法,制约了小额贷款公司的发展。

（四）日常经营和协调股东之间利益的问题

目前小额贷款公司的运作没有成熟的经验和模式可以借鉴,可以说是"摸着石头过河",对于公司日常经营活动和股东利益协调等方面都没有成熟的规定,很可能会出现问题。例如如果贷款公司被发起人或者某些股东所操控,则有可能出现偏向发起人或者股东的贷款集中或关系贷款。在前期试点的过程中就发生过股东之间由于类似的原因造成纠纷,从而影响了小额贷款公司正常经营的情况。

三、小额贷款公司的发展前景

随着《指导意见》的出台,小额贷款公司试点工作由先前的5省(自治区)向全国范围推广。虽然存在上述问题,我们仍预期小额贷款公司将在全国范围内获得迅速发展,并在民间金融阳光化和改善农村金融服务方面发挥重要作用。此外,作为制度创新的有益尝试,小额贷款公司可望以率先开放贷款市场的路径,为我国金融市场进一步开放积累经验。

(一)小额贷款行业将呈现"小而多"的市场组织结构

在目前制度设计下,"只贷不存"的小额贷款公司,将可望在正规金融和民间金融之间发展出一个崭新的小额贷款行业。首先,由于市场准入的门槛较低,监管方面也实行不同于银行业金融机构标准的"非审慎"原则,考虑到民间资本和地方政府的积极性,未来的小额贷款行业将由数目众多的小额贷款公司构成。其次,由于对小额贷款公司资金来源的严格限制,在融资杠杆较小的前提下,很难想象单个小额贷款公司发展到很大的规模。因而未来的小额信贷行业,将由数目众多但个体规模较小的小额贷款公司构成,从而呈现"小而多"的市场组织结构。

(二)改造为村镇银行

目前,小额贷款公司和村镇银行等新型农村金融机构,实际上选择了不同的农村金融市场开放道路。小额贷款公司和村镇银行都大幅度降低了市场准入门槛。不过,小额贷款公司不限制股东资格,而采取限制负债来源(不能吸收公众存款)的方式来控制制度风险;村镇银行则与之相反,不限制负债来源(可以吸收存款),而采用限制股东资格(银行是绝对控股的最大股东)的形式来控制制度风险。而银监会有关"村镇银行"、"(境内银行全资持有的)贷款公司"的管理规定,循开放农村金融市场、增加"三农"信贷投入之精神,在未来将可能与小额贷款公司试点有关规定进行对接。

《关于小额贷款公司试点的指导意见》(银监发[2008]23号)规定:小额贷款公司依法合规经营,没有不良信用记录的,可在股东自愿的基础上,按照《村镇银行组建审批指引》和《村镇银行管理暂行规定》规范改造为村镇银行。因此,从长远发展来看,经营较好的小额贷款公司将有望获得优先推荐,进一步发展成为村镇银行。这一诱人前景,为到处涌动的民间资本设定了转变为合法金融资本的有效路径。但是从实践来看,虽然有的小额贷款公司运行已近 3 年之久,到目前为止还没有一家转型为村镇银行,笔者认为主要有两个方面的原因:一是正规的金融机构对村镇银行积极性不大;二是小额贷款公司在转型后要让出大部分经营权和决策权,因此积极性也不大。因此,小额贷款公司的未来发展前景还期待有关制度框架的重新整合。

(三)转制为小额贷款零售商

小额贷款公司的另一条出路是发展成专业的货款零售商,发展成为小型金融贷款公司。小型金融贷款公司具有很强的放贷专业技术,专门进行放贷,从货币市场获得资金。建议人民银行向合规经营的优秀小额贷款公司,开放银行间拆借市场、再贷款、短期与中期票据、多家小额贷款公司捆绑发债、储蓄机构资金批发、政策性机构资金批发、一对一委托贷款等业务。建议人民银行制定相应的小型金融贷款公司制度,并在小额贷款公司发展的较好的地区首先开展试点。

四、小额贷款公司发展的政策建议

自从 2008 年全球性的金融危机爆发以来,我国经济发展的外部环境发生了深刻的变化,间接地给小额贷款公司的发展带来了影响。一是信贷风险加大。金融危机导致企业经营效益大幅下滑,停产、减产企业增多,而小额贷款公司针对的小企业受到的冲击尤为严重,这给小额贷款公司的风险防范带来了严峻的考验。二是自身稳定性下降。在金融危机的影响下,小额贷款公司的股东自身资金链趋紧,导致其对投资于小额贷款公司的资金回报预期发生变化。三是利润空间降低。特别是 2008 年下半年以来,国家货币政策逐渐放宽,人民银行多次下调基准利率,与此相对应的小额贷款公司的贷款利率上限直线下降,赢利空间受到挤压。为了确保小额贷款公司的试点成功,实现小额贷款公司的可持续发展,必须在发展机制上进行完善。

(一)拓宽融资渠道,扩大资金来源

资金来源的可持续是小额贷款公司可持续发展的关键。小额贷款公司持续发展的首要任务就是拓宽融资渠道,扩大资金来源。一是提高向银行业的融资比例,对确实服务"三农"和微小企业的小额贷款公司,风险管理突出的,经考核评价后,对搞得好的可以逐步提高融资杠杆比例,比如资本净额的 1 至 3

倍,现在担保公司的杠杆倍数是5倍,小额贷款公司杠杆倍数0.5倍实在太低,国外运作良好的微型贷款机构的融资比例可高达10倍,高的甚至到15倍;二是吸引民间资本,据统计,我国民间资本市场目前保持着8000亿到9000亿元人民币左右的容量,而现有的小额贷款公司所能筹集的资本总额可能不足其1%,因此,民间存在着巨大的吸存空间,小额贷款公司可以通过让民间资本入股的方式吸引存款;二是积极引进外资,许多外资机构对于中国农村金融这片广阔的市场非常感兴趣,如德意志复兴银行和国际金融公司都曾有意入股晋源泰,但由于小额贷款公司身份不明确,一直没有下文。政策的不明朗实际上制约了这方面的合作,希望人民银行尽快明确商业性小额贷款组织定位,为其发展提供良好的政策环境。①

同时,我们应该正视小额贷款公司吸存的合理性。联合国在有关决议案中把小额贷款、储蓄、保险、汇款等都纳入了小额信贷的范畴,许多学者也认为,小额储蓄等业务为贫困和中低收入居民提供了储蓄工具,有利于增强这些客户抵抗风险的能力。我国也应该以长远的眼光看待小额贷款公司的发展,逐步拓宽小额贷款公司的资金来源渠道。毕竟通过成本较高的自有资金或长期负债融资,用以发放短期的小额贷款,将影响小额贷款组织的赢利空间,进而影响民间资本参与小额信贷的积极性。所以从长期来看,在运行状况、监管及相关配套政策等条件成熟时,还是应该允许小额贷款公司吸存,引导其积极地向村镇银行发展。

(二)逐步放开利率管制,实行市场利率

目前,世界上大多数的发展中国家都在实行利率上限管制,小额信贷的成功率只有10%左右。国际上成功小额贷款的利率为30%~70%,对渴求信贷支持的农民和城市工商业者而言,信贷可得性比利率更为重要。借鉴国际小额信贷组织成功的经验和我国的现实情况,我国的小额贷款公司应根据市场实行浮动利率和管制利率相结合的运营方式,在实际的贷款发放过程中小额信贷利率应该实行差别化,对不同的信用状况的贷款者,不同的贷款项目给予不同的贷款利率。如对于中低收入农户,实行累进利率制,前期贷款利率降低,等其收

---

① 董静、郑朝阳:《小额贷款公司"双赢"道路探索——基于新时期小额信贷的理论与实践》,载《经济界》2008年第5期。

入增加了可以根据市场适当上浮利率;对于中小企业贷款,则放开利率限制,实行市场利率。

这样可以显现维持好老客户与开发新客户的成本效益优势,充分发挥老客户产生的广告效应,降低客户信用风险识别失误率。适当地给资信良好的老客户可以降低贷款利率或者增加信贷额度等贷款优惠,可收到创造贷款信用的激励效应,从而有效帮助小额贷款公司营造信用风险文化氛围。但小额贷款公司不是高利贷,所以利率水平应介于商业银行和民间高利贷之间。

(三)减轻小额贷款公司税负过重,实现财务可持续

融资成本、放贷利率和税收负担的三重挤压是导致小额贷款公司赢利偏低的主要原因。党的十七届三中全会《决议》明确了大力发展小额信贷组织,对服务"三农"和企业的信贷机构给予税收减免和财政补贴。财政部([2009]15号)对银监会批准的村镇银行、贷款公司、资金互助社大力扶持,按贷款余额的2%由中央财政补助,而对更加面向微小的企业和"三农"的小额贷款公司不予补助,省政府批准的小额贷款公司也是执行人民银行、银监会试点文件规定,建议人民银行与财政部沟通协商,对小额贷款公司应一视同仁。

由于"非金融机构"的定位,目前小额贷款公司的税收按普通工商企业对待,总体税负接近30%。相比之下,功能类似的农信社在税负和补贴方面则享有大量的优惠,还享受"小企业贷款配套风险补偿"和"农业贷款配套风险补偿"。由于小额贷款公司扶持的微小企业和农民,比农信社的贷款对象还要小,风险更大,管理成本很高,更应在税收方面给予扶持。当然,对小额贷款公司的政策扶持要与其服务微小企业和"三农"相挂钩,对严重违规经营的不能享受税收优惠政策。

(四)完善法律法规,明确小额贷款公司的合法地位

目前人民银行、银监会虽然出台了《贷款公司管理暂行规定》、《贷款公司组建审批工作指引》、《关于小额贷款公司的指导意见》等规定,但这些试点文件中,仍然没有明确小额贷款公司的性质,使小额贷款公司运行中存在很多问题。如在税收征缴中,如果不是金融机构就不能按试点文件规定的税前提取风险拨备,如小额贷款的土地房产抵押中就不能办理,财务管理中的财务科目设置中关于贷款科目的设置问题。又如试点政策规定小额贷款公司向商业融资时,按上海同业拆借市场利率加点执行,但实际只能是贷款利率等等。

　　由于小额贷款公司既可融资,又可从事放贷业务,完全从事金融业务,与国外的小型金融贷款机构相似,国外的微型金融贷款机构大都由州政府管理而非中央政府管理。不能因为我国的小额贷款公司由省政府管理而不是由银监会管理,就否定它金融机构的性质。同时,财政部(财金[2008]185号)已经明确小额贷款公司执行《金融企业财务规则》。建议人民银行、银监会明确小额贷款公司为地方微型金融机构。①

_____

①　潘广恩:《小额贷款公司可持续发展机制的研究》,载《浙江金融》2009年第4期。

第十章　非政府组织小额信贷的发展前景和政策建议

第一节　非政府组织小额信贷的实践

一、中国非政府组织小额信贷的实践

非政府组织是小额信贷的先锋和开拓者,它们的出现是为了填补银行不能有效地为穷人服务的空白,它们倡导了小额信贷的产生。世界银行扶贫协商小组(CGAP)估计,全世界目前提供金融服务的非政府组织小额信贷机构约有9000个,就机构数量而言,全世界发展中国家的小额信贷机构大多数是非政府组织小额信贷机构。在孟加拉国,2460万小额信贷客户中的60%由非政府组织小额信贷机构提供服务。

我国的非政府小额信贷起源于20世纪90年代中期利用国际援助资金开展的一系列小额信贷扶贫项目。这些项目不但在扶贫事业中作出了很大贡献,而且为我国扶贫模式创新、农村金融产品和制度创新都作出了重要的示范和促进作用。为了能够长期开展信贷扶贫,这些项目中的大部分都已发展成非政府组织形式,如社团、事业单位和民办非企业法人等。由于这些小额信贷机构的资金基本上来源于捐赠(包括国际发展机构、非政府组织和私人等),采用非政府组织的形式,而且将扶贫作为宗旨和目标,所以,一般被称为非政府小额信贷,以区别于正规金融机构开展的小额信贷。

总体来讲,中国绝大多数小额信贷都是项目型的,还没有出现完全独立运作的、规模比较大的、能够在财务上可持续的小额信贷机构。截至2005年底,中国县级的小额信贷项目有200多个,从地理区域来看,项目首先分布在西南和西北,其次分布在华中和华北的国定和省定贫困县,这种布局体现了小额信贷机构的扶贫目标。[①] 从中国 NGO 小额信贷发展情况一览表(表 10.1)可以看出,项目/机构的资金来源,90%是外资,以国际机构(国际组织和慈善机构)的资助为主。

表 10.1 中国 NGO 小额信贷发展情况一览表

项目/机构	开始年份	总项目数	项目省数	项目县数	项目资金总量(百万美元)	资金总量(百万美元)	每县资金总量(百万美元)
多边捐赠项目							
联合国开发计划署	1995	32		48	11.11	8.21	1.4
联合国儿童基金会	1996	68		68			
联合国儿童基金会 SPPA 项目	1996	25	13	25		6.5	2.1
联合国儿童基金会 LPAC 项目	2001	43		43			
联合国人口基金组织	1999	15	13	15	5.05	2.25	1.2
世界银行	1997	3	2	3			
国际农行基金(估计)	1980	19		95	473.08	345.7	29.1
欧盟林业项目							
双边捐赠项目							
加发署	1997						
澳发署	1996	1	1	3	4	2.05	4.1
荷兰社区发展资金							
新发署社区基金	2005	1	1	2			
其他捐赠者的项目							
国际非政府组织							
中国香港乐施会							
宣明会							
国际鹤类资金	1994	1	1	1			

---

① 刘西川、金铃、程恩江:《推进农村金融改革 扩展穷人信贷市场——中国非政府小额信贷和农村金融国际研讨会综述》,载《中国农村经济》2006 年第 8 期。

续表

项目/机构	开始年份	总项目数	项目省数	项目县数	项目资金总量（百万美元）	资金总量（百万美元）	每县资金总量（百万美元）
机会国际							
国际小母牛项目							
国内非政府组织项目							
社科院扶贫社	1994	4	2	4		1.87	3.8
中国扶贫基金会	1996	11		11		2.5	3.8
四川省乡村发展协会	1996		1				
山西临县小额信贷	1993	1	1	1			1.5

资料来源：程恩江、刘西川：《中国非政府小额信贷和农村金融》，浙江大学出版社2007年版。

经过十多年的发展，中国目前最主要的非政府的小额信贷机构是商务部交流中心管理的由 UNDP 资助的小额信贷机构、社科院的扶贫社、中国扶贫基金会的小额信贷和四川省乡村发展协会。

徐忠（2005）对中国的非政府小额信贷机构和项目进行了一次全国性的抽样调查，调查中对主要的非政府小额信贷机构的抽样比例，UNDP 资助的小额信贷机构达64%，社科院的扶贫社100%，中国扶贫基金会83%，全部样本数达到67个，这次调查基本能反映中国非政府小额信贷的地区分布：西南最多，其次是西北，再次是华中、华北。对调查数据的分析结果表明中国小额信贷项目和机构主要以扶贫、妇女、儿童发展为目标，80%以上的项目位于国定贫困县，不少在交通不便的山沟里。总的来讲，中国非政府的小额信贷机构主要是模仿乡村银行模式的小额信贷，在金融产品的创新上还有待努力。[1]

然而，到2008年，据中国社科院农村发展研究所的不完全统计，国内非政府小额信贷组织总数已下降到100家左右，金融服务额度总量接近10亿元，有贷款余额的客户约8万人。非政府小额信贷组织资本金多则1000万~2000万元，少则几十万元、十几万元。由于资金有限，难以扩大业务规模，目前70%~80%处于亏损状态。由于没有明确的法律地位，这些机构正遭遇融资渠

---

① 徐忠、袁国良：《中国非政府组织小额信贷的实践与评价》，载《上海金融》2007年第3期。

道和规模的萎缩,并陷于商业化改制之困。非政府小额信贷组织绝大多数集中在中西部贫困地区,主要为当地低收入人群提供信贷支持。[①]

二、中国非政府组织小额信贷的评价

非政府组织小额信贷具有以下特征:资金来源于捐赠机构或个人捐赠者,资金性质是公益性的;尽管可持续发展已经成为非政府小额信贷的国际共识,但是,可持续发展的目标是使小额信贷可以长期地向低收入和贫困人口提供信贷服务,非政府小额信贷的首要和最终目标仍然是扶贫和社会发展;非政府小额信贷机构是非营利的公益性组织,一般采用社团、事业单位或者民办非企业法人等形式;由于非政府小额信贷的资金基本上来源于国内外捐赠,不存在存款风险,因此对其采取的都是非审慎监管原则。

由于非政府小额信贷的首要和最终目标是扶贫和社会发展以及非政府小额信贷机构的非营利性质,使得其总是不断地希望为越来越多的穷人和弱势群体找寻新的服务方式,并且筹集资金以有创新的思想服务于更多的人群,这是其他类型的小额信贷机构不具备的功能。中国的非政府组织小额信贷机构经过10多年的发展,相对来说既能扶贫又能持续经营的机构对中国小额信贷发展的贡献表现为:

第一,帮助创造了非政府小额信贷机构,实现了从项目到机构的转变和相对独立于地方政府的运行,为今后发展打下了基础;

第二,把扶贫小额贷款的利率,实际上从原来的3%～5%,提高到16%～17%,也改变了政府和不少人对扶贫小额贷款利率的看法;

第三,先于正规的金融机构实验小额扶贫贷款的贷款方法,并初步证明,农民、贫困户是能够还款的,只要有比较好的管理和信贷方法,项目和机构设计合理,即使是在贫困地区,小额信贷机构也是可以实现持续经营的;

第四,把信贷与扶贫以外的其他社会发展目标相结合,如提高妇女地位、改善农村健康水平、农民培训和农业推广等;

第五,为中国人民银行推动商业性小额贷款在全国5省的试点和目前商业

---

① 韩婷婷:《非政府小额信贷组织在萎缩》,载《第一财经日报》2008年10月22日。

性的小额信贷提供了经验教训。①

　　尽管非政府组织小额信贷机构在中国引导了小额信贷的发展,但由于其受到资金来源和法律地位不明确等因素的制约,其在发展过程中也受到了很多限制。目前真正能够达到操作可持续性的机构屈指可数,能达到财务可持续性的机构更是微乎其微。不少小额信贷机构贷款资本金不断缩小,生存面临严重的挑战。如果非政府小额信贷机构不解决现存的主要问题,并进行大刀阔斧的转型或改革,在未来的3到4年内,现有的绝大多数非政府小额信贷机构和项目可能会陷入困境,甚至停止运行。

第二节　中国非政府组织小额信贷的主要问题

　　中国非政府小额信贷发展不顺利的原因是多方面的,主要存在以下问题:

一、法律地位方面

　　小额信贷发展比较好的国家,政府都有一定的支持小额信贷长远发展的制度框架,主要包括两个方面,一是给予小额信贷机构明确的法律地位,并在小额信贷机构发展到一定阶段后,允许其扩大金融业务,直至可以吸收存款;二是对小额信贷由一个监管框架,不吸收存款时采用非审慎监管办法,或注册登记的办法,可以依法进行小额信贷业务。而在中国,迄今为止,非政府小额信贷机构的法律地位仍不明确。② 从宏观环境来说,不利于小额信贷运行的法律法规是阻碍非政府小额信贷发展的外在原因。长期以来,小额信贷主要被当做是一种扶贫手段而不是一种产业或行业,金融法规禁止包括非政府组织在内的非正规金融机构提供任何类型的金融服务,只有部分小额信贷机构得到了人民银行的允许试点。非政府小额信贷机构注册成社会团体或民办非企业单位,不能依法从事贷款和其他金融活动,也难以转成小额贷款公司或金融机构,非政府小额

---

　　①　程恩江、刘西川:《中国非政府小额信贷和农村金融》,浙江大学出版社2007年版,第101页。

　　②　2006年12月20日,中国银行业监督管理委员会发布了《关于调整放宽农村地区银行业金融机构准入政策,更好支持社会主义新农村建设的若干意见》,采取"宽准入、严监管"的政策,允许各类资本在农村地区设立村镇银行、专营贷款业务的子公司和资金互助社三大类新的农村银行业机构,并于2007年1月颁布了村镇银行、贷款公司和农村资金互助社的管理暂行规定和组建审批工作指引。这些新的农村金融政策为完善农村金融体系迈出了重要的一步,但是,仍然没有对非政府小额信贷进行规范。

信贷的不合法地位极大地阻碍了机构的健康发展。

非政府组织通常是为某种公益事业而成立的机构,非政府组织的公益性质决定了其经营的小额信贷机构没有明晰的所有权。根据我国法律,国家级的非政府组织机构不允许在地方设立分支机构,虽然他们所管理的基层小额信贷操作机构都在当地民政部门注册为具有社团法人性质的社会团体,具有独立的法人地位,但他们并不是其分支机构,不隶属于所谓的"总部",实质上是国家级的非政府组织与地方政府合办的一个当地非政府组织,是从事小额信贷活动的全国性非政府组织绕过法律障碍在县一级的延伸,这是中国特色的非政府组织的小额信贷组织形式的创新。但是也正因如此,小额信贷在实际运作过程中受到不同利益相关方的干预,既受资金提供者的领导,又受限于地方政府或社团组织,这些非政府小额信贷机构不能依法从事贷款和其他金融活动,不能吸收社会存款。这些问题正是因为小额信贷机构在法律上没有明晰的所有权而给具体实施信贷过程带来了不便。因此确定机构所有权是保证小额信贷可持续发展的前提。

二、资金产权方面

非政府组织小额信贷资金来源的途径大致可以分为三种:一是捐赠资金。包括国际机构赠款、外国政府赠款和私人捐款,这些赠款和捐款通过政府或私人协议以项目的形式赠与小额信贷的操作者或政府指定的资金管理机构,这部分资金的性质是公益资金,由受托人或机构行使对资金的管理权。二是软贷款,主要来自孟加拉国乡村信托公司,这类性质的资金主要用于推广孟加拉国乡村银行模式的种子资金。三是委托资金,即委托人将资金委托小额信贷机构使用,资金所有权归委托人所有,这类资金的产权非常明晰,资金的使用效果取决于机构的管理和委托人与委托人之间的合约。中国非政府小额信贷机构的资金主要由前两种构成,大部分属于社会公益资金。严格意义上的公益资金没有明确的产权所有者,在 NGO 框架内没有人对这些资金负责。

资金产权不明晰对非政府组织小额信贷的影响在于,一是对于赠款来说没有还款压力,也没有增值的压力,所以资金的利用效果很差;二是对于软贷款来说表现为承贷人责任不清晰,有的机构甚至不存在合法的承贷人,出现还款困难时很难通过法律途径解决;三是那些既有赠款又有软贷款的机构会更关注软贷款的安全,出现还款困难时则有可能用赠款还贷款,从而侵害公益资金;四是没有人为资金安全承担责任,目前出现的经营状况差的非政府组织小额信贷机构中,除了可追究刑事犯罪外,没有追究过任何的职位责任和领导责任;五是资金产权不明晰是机构转型和商业化的最大障碍,也是机构扩展的障碍。①

三、治理结构和管理体制方面

在治理结构方面,尽管大多数小额信贷机构都建立了决策机构和监察机构,但大多流于形式,基本没有发挥正常的作用。较普遍的现象是将行政管理方式直接套用到小额信贷的经营管理中,县级及地区级非政府小额信贷机构的管理人员大多是当地政府正式的工作人员。他们在非政府小额信贷机构任职是当地政府及其部门委派的,理事长由当地政府官员(副县长或妇联主任)担任,秘书长由国家工作人员担任,他们仍享受政府工作人员的工资和福利待遇。他们主要是对政府负责,而不是对非政府的小额信贷机构负责。在这种情况下,也无法建立对管理人员的激励机制,而这对于小额信贷机构的发展是至关重要的。

可以说,中国大多数的小额信贷机构并不是真正独立于地方政府的,而是在实质上从属于或受制于地方政府。到目前为止,非政府小额信贷机构的资金主要来自于国际机构的赠款,而国际机构的赠款是赠与中国政府,或是赠与当地的贫困农民的,在项目结束后,地方政府可以通过对资金所有权、小额信贷机构的管理人员和对小额信贷机构理事会的控制来控制非政府小额信贷机构。在缺乏必要的监督机制的情况下,决策权和控制权集中在一两个人手中,出现典型的内部人控制现象。并且各种非政府组织小额信贷机构也缺乏合格的人才,专业化水平低、管理素质不高。NGO 小额信贷的主要成员均为热心扶贫和社会公益事业的人士,尽管如此,其内部组织结构的成员大多难以胜任专业化的金融服务水平的要求,并且,处在偏远的贫困地区,本身就缺乏足够的吸引力来吸引经济类人才,这就需要政府继续给予一些政策上的支持。

---

① 程恩江、刘西川:《中国非政府小额信贷和农村金融》,浙江大学出版社 2007 年版,第 84 页。

四、运作模式方面

中国非政府组织小额信贷主要实行的是乡村银行模式,没有根据不同地区的情况采取不同的机构和贷款模式。中国与孟加拉国情况相差很大,而中国各地自然条件、经济发展水平以及社会宗教文化等千差万别,照搬一种模式难免出现"水土不服"。孟加拉国小额信贷的一些金融产品、组织制度安排并不太适合目前中国广大贫困地区的农户。

在乡村银行模式下,在中国执行的一般是在县级设办公室、在乡设分支、下设信贷员的三级操作模式。这导致机构的固定成本偏高,而不少机构和项目在选点时也没有考虑财务可持续性的要求,加上每个县的资金规模小,形成单笔贷款的成本很高,直接影响到机构的财务可持续性。由于低收入农户的有效信贷需求不足,而信贷员和中心主任在机构可持续性的压力下,倾向于贷款给非农经营项目的农户,中国目前非政府组织小额信贷的瞄准目标已从贫困户向富裕户发生了偏移。

五、小额信贷的中介服务行业缺位

目前的中国既没有行业评级机构和公布其经营业绩增加透明度的平台,也没有小额信贷咨询和培训的专业公司,更没有经过注册的小额信贷行业协会这样受到法律保护的专门机构。小额信贷的中介服务行业缺位也与小额信贷没有法律地位和缺少商业可持续发展的零售小额信贷机构密切相关。绝大多数非政府小额信贷机构的经理和其他工作人员为在中国发展小额信贷事业付出了辛勤的劳动和艰辛的努力,有很多因素是他们不可控制的。他们是不可持续的小额信贷项目和机构的受害者。有很多项目和机构的操作人员和招聘的信贷员因为操作小额信贷失去了很多其他的机会。

第三节　中国非政府组织小额信贷机构的前景展望和政策建议

一、国际非政府组织小额信贷机构的转型

从国际范围来看,尽管非政府组织小额信贷仍然占有很大的比例,但是,非

政府组织小额信贷难以做大做强的难题也始终困扰着各国的实践者。因此,商业化的和机构性的小额信贷已成为小额信贷可持续发展的一条出路。随着一些国家小额信贷法律和法规的纷纷出台,小额信贷的商业化趋势越来越明显,一些新成立的小额信贷机构一开始就以商业化的机构形式出现。一些成功的非政府组织小额信贷也通过明晰产权和完善治理结构转向商业化的小额信贷机构。也有一些成功的非政府组织小额信贷机构通过完善治理结构,通过吸收利益相关方的成员进入管理层来改善机构的治理结构,从而保证了小额信贷目标的实现。国际上成功的小额信贷机构除了能够提供适合穷人的信贷产品和信贷传递技术外,他们还拥有完善的治理结构。国际经验表明,只有依靠稳健的、治理良好的组织机构,小额信贷的产品和技术创新才能够实现。在小额信贷制度创新过程中,一些小额信贷机构满足了最低资本和其他条件而成为发展银行,如尼泊尔的 CSD、NIRDHAN、NSSC 和菲律宾的 CARD;还有些小额信贷机构发展成为非银行金融机构,如印度的 SHARE 和 ASA;还有一些仍然在寻找一个更灵活、自由的组织形式。中国目前非政府组织小额信贷的制度安排不利于小额信贷的正常运作,阻碍了小额信贷的扩展,很难实现小额信贷的可持续发展和服务与更多穷人的目标。因此,我国非政府组织小额信贷应该借鉴国际小额信贷的发展经验,寻求非政府组织小额信贷组织制度上的创新和模式上的转型,以保证小额信贷的健康发展。

　　国际上,拉丁美洲是小额信贷商业化进程发展最快的地区,迄今为止的经验表明,尽管成本巨大,但是,转变过程使这些小额信贷机构可以提供更好的服务,改善其融资过程,并从长期最终增加其客户。同时,拉美经过非政府组织的转型,使之微型金融机构成为世界上最赢利的微型金融机构。通过对拉美非政府组织小额信贷的商业化过程和转型的分析,可以对我国有一些启示。几年前,小额信贷曾是非政府组织及合作社的专属领域,而如今,微型企业 29% 的资金来自商业银行,其他 45% 则来自已转型为拥有许可证的金融机构的非政府组织(NGO$_s$)和其他得到许可证的金融中介。在某种程度上,这种转变标志着微型金融进入其最后阶段:通过商业企业为穷人大规模地提供金融服务。拉美小额信贷商业化采取了许多不同的路径,最主要的可以概括为以下三种。[1]

一是在与传统银行或金融公司相同的法律框架要求下,转型为具有许可证的微型金融机构。例如玻利维亚的小额信贷行业始于非政府组织,它的转型采用的就是这种模式。随着非政府组织金融机构的逐步壮大,未来它们都将被纳入正规金融部门。玻利维亚的非政府组织 PRODEM 最早走这一步,它在 1993年获得了完整的银行执照(BancoSol);随后,哥伦比亚的 Croposol 建立了 Finansol银行,萨瓦多尔的 AMPES 建立了 Financiera Calpia,秘鲁的 Accion Comunitario del Peru 建立了 MiBanco。所有这些机构都是以银行或金融公司的执照形式存在。

二是由非政府组织转型为持有特别许可证的微型金融机构、信贷联盟和市政所属的称作"cajas"的本地非银行金融中介。这一类型与上一类型的区别在于它们是在微型金融(信贷联盟或 cajas)特殊法律框架下取得许可证的机构,而不是根据一般银行法取得许可证的机构。在玻利维亚,Prodem 获得完整的银行执照后,其他非政府组织小额信贷也成功得到了营业和获得中央银行资金的特殊执照。秘鲁最重要的微型金融机构是 cajas municipals,是专门吸收存款的本地金融中介,它们从一开始就被纳入非银行金融体系并接受监管,政府为此专门设立额外的非银行经营特许权——迫使非政府组织金融机构纳入监管体系。因此,商业化在秘鲁比本地区其他国家更具强制性。

三是由非政府组织转型为不受监管的微型金融机构。尽管拉美微型金融商业化主要由受监管的金融机构主导,但微型企业贷款额的四分之一仍是由未受监管的微型金融机构或非政府组织提供的。在尼加拉瓜,商业化并未促使非政府组织金融机构转型为拥有执照的银行中介机构,相反,是由于在比较小的市场中存在过多的非政府组织小额信贷而推动了商业化进程。

二、中国非政府小额信贷机构的发展前景

中国非政府组织小额信贷机构的发展前景在中国目前基本上还处于研究、讨论阶段,实践探索还很少。中国社会科学院农发所任常青研究员(2006)针

---

[1] Christen R. P. , "Commercialization and Mission Drift: The Transformation of Microfinace in Latin America", *CGAP Occasional Paper*, No. 1, 2001.

对中国非政府组织小额信贷的实际情况,提出了两种可供借鉴的操作模式:一是通过吸引私人资本或商业资本改善非政府组织小额信贷的治理结构,培育商业化的小额信贷机构。如非政府组织小额信贷与私人资本或商业资本联合,注册成为商业化的小额信贷公司,并逐步改造和完善机构的治理结构,规范机构的行为。二是通过重组、联合的方式建立独立的、专业化的非政府组织小额信贷,将小额信贷从现在所依托的非政府组织中剥离出来,成立专门的非政府组织小额信贷机构。独立的、专业化的小额信贷机构只从事小额信贷业务,具有明确的宗旨和目标,避免了原有部门利益的渗透,不依附于某个非政府组织或政府组织,不存在机构利益与小额信贷之间的冲突,便于建立科学的治理结构。[1]

孙同全研究员(2007)通过对非政府小额信贷机构与村镇银行、小额贷款公司和农村资金互助社这三种新型的农村金融机构在出资主体、出资性质、组织形式和所有者地位等方面进行了比较分析,认为村镇银行和贷款公司是私益性的营利企业,非政府小额信贷是公益性的非营利组织,而资金互助社是互益性质的中间性互助组织,非政府小额信贷不能参照农村金融新政进行改造,而应该按照公益性、非营利性、可持续等原则进行制度化建设,在目前没有政府部门监管的情况下进行行业自律,推动非政府小额信贷健康发展。[2]

杜晓山研究员(2008)借鉴一些国际的经验和案例,对中国非政府组织小额信贷机构的未来发展的可能选择进行了分析,并分析了每种可能选择的挑战。他提出中国非政府组织小额信贷机构的未来发展可能有五种选择,一是发展成强壮的非政府组织小额信贷机构,但至今仍然无合法的地位和融资渠道、机构小型和总体上业务和管理水平不高制约着中国非政府组织小额信贷机构做大做强;二是转变为社区资金互助组织,但如何确定捐赠资金的合法所有者,公益性捐赠资金运用产生利益如何分配,谁有权利参与分享等问题会给转变带来困难;三是转变为非银行金融机构,但机构改造在所有权和治理结构、资产和负债的转移、运作政策和制度、人力资源等方面存在挑战;四是转变为小额信贷

---

① 程恩江、刘西川:《中国非政府小额信贷和农村金融》,浙江大学出版社 2007 年版,第 86 页。

② 孙同全:《农村金融新政中非政府小额信贷的发展方向探析》,载《农业经济问题(月刊)》2007 年第 5 期。

银行,但主要存在政策层面的障碍,即目前的政策规定非政府组织机构社团法人的身份不允许其参股村镇银行;五是与正规金融机构合作,但是存在制度层面的障碍,即政策不允许金融机构向只放贷不吸储的非政府组织小额信贷机构贷款或转贷款。①

由此可见,无论何种转型都绕不开要解决当前中国非政府组织小额信贷机构所面临的各种问题,也都需要政府政策法规上的支持。

三、中国非政府小额信贷发展的政策建议

（一）政府支持

中国过去非政府小额信贷发展的几十年里,不可否认的一点就是,政府的作用不容忽视。一方面,与政府保持良好的合作关系是开展小额信贷的重要条件之一,发挥好政府的作用,可以加快小额信贷的工作。另一方面,如果政府过于介入小额信贷的具体实施的话,也会使这些信贷机构失去自主的地位,不利于建立有效的运作机制。因此,政府在农村金融实施小额信贷的时候应该充当怎样的角色显得尤为重要。

首先,政府应该加强对贫困地区基础设施的建设,这样既可以减少机构的成本,也可以为农户的生产销售提供便利条件。解决贫困问题也需要有文化教育、科学技术、医疗卫生和初级社会保障体系等综合扶贫手段的配套。政府应该增加对农村公共产品的投资,加强对农民的培训,使农民对市场、技术有所了解和掌握,提高合理使用贷款的能力,使小额信贷的效果更加明显。

其次,政府应继续并加大对小额信贷机构提供资金,就目前来看,小额信贷机构还不能做到完全的持续经营,需要依靠政府资金来维持机构的正常运作。

再次,政府应加大力度对业内人士进行专业的培养及训练,并鼓励广大金融经济类人才切身地到村镇的各企业进行指导,在一定时期内对非政府小额信贷机构进行审查。

（二）明确 NGO 小额信贷机构的合法地位

从法律角度完善所有权机制,首先,明确资金所有权,可建立起专门的小额信贷管理部门,对资金进行管理。建立决策部门,以及审核部门,对具体操作中

---

①　　杜晓山:《非政府组织小额信贷机构可能的发展前景》,载《中国农村经济》2008 年第 5 期。

的小额信贷进行审批,并在小额信贷机构发展到一定阶段后,允许其扩大金融业务,直至可以吸收存款。具体可通过重组、联合的方式建立起独立的、专业的非政府组织小额信贷,将小额信贷的业务从现有的非政府组织中脱离出来,成立专门的非政府组织小额信贷机构。将小额信贷模式发展为具有特色的组织结构、特色的金融专业服务以及特色的管理模式的信贷机构。只有做到这些,才能保证今后在法律上确定其地位。

其次,制定相关的法规,出台一部关于非政府组织小额信贷的发展法规。目前我国已经颁布并实行了小额信贷管理办法和指导意见,但其在操作中由于原则性较强而没有得到具体的应用。因此,建议在现有的基础上,设置有关非政府机构小额信贷的相关条例,并且对其机构的创建、贷款对象、资本充足率、流动性、产权及所有权、资金来源等进行更细致的划分,以保证非政府组织小额信贷的健康持续的发展。

(三)建立完善的监督和评级机构

对非政府组织的发展进行及时和高质量的监督和评价,达到规范非政府组织发展的目的。因为非政府组织小额信贷主要针对贫困地区的农户和企业,但由于信用等问题,真正可以得到贷款的仅仅是那些中等层次的农户或者企业。特别贫困的个体及摆脱不了困境的企业却不能得到非政府组织给予的贷款。基于这种情况,建议小额信贷机构自身引入项目逻辑框架管理法,对各种产出效果和影响给出指标,然后由小额信贷监督管理部门按照指标的实现与否进行监测和评价,对其监督下的所有的小额信贷机构和组织的扶贫资金偏离情况进行及时的纠正,并且实现财务报表、贷款质量和业务发展情况的透明化,以保证小额信贷能够切实地落实在贫困地区。

不吸收存款时采用非审慎监管的办法。先成立非政府组织小额信贷行业协会,待条件成熟以后成立管理委员会。协会可由几个较大的项目社团组织带头组建,社团组织的入会应当是自愿的。通过成立协会首先实现行业自律,而后通过行业自律逐步摸索出一套合理的监管办法,为小额信贷发展的政策和监管措施提供决策依据,加速小额信贷机构管理的规范化和法制化。如果小额信贷机构在贷款规模、资产质量、风险控制体系、吸收公众存款规模、内部治理结构等方面达到一定的条件之后,应允许其按照法律框架的要求升级和转型为正规金融机构。监管部门采用审慎监管的办法。

（四）加强风险控制和成本管理，提高小额信贷机构的运行效率

非政府组织信贷机构应该建立起相应的会计制度和财务管理体系，聘用专业的会计人员，按照会计准则的要求每月完成统一的财务报表，并按国际机构的财务分析比率框架进行财务比率分析，同时保留好原始的会计凭证和其他相关资料，逐步建立符合国际规范的会计制度和内部监管系统，从而更加有效地控制风险、降低成本。

第十一章 中国小额信贷的有效监管和可持续发展

随着小额信贷机构资金来源多样化和规模不断扩大,小额信贷机构的监管问题开始备受关注。很多发展中国家和处于经济转型期的国家都在考虑是否以及如何监管小额信贷。为了获得更多的客户,小额信贷机构必须争取国家金融部门的认可,并接受他们的监管。取得从业资格的小额信贷机构可以向客户提供存款服务,同时通过吸收存款增加自身资本。因为小额信贷和传统的金融业存在着诸多差异,所以大多数国家的金融法律、法规需要进行适当的调整才能适用于专门的小额信贷机构及其从业者,但在积累充分的市场经验之前,改变小额信贷的经营环境和匆忙监管小额信贷机构,就促进小额信贷发展而言,常常是弊大于利。本章通过分析国际成功的小额信贷机构的监管原则和监管经验,针对中国现有小额信贷机构的运行现状和特征,从监管对象和监管准则两方面初步构建了中国小额信贷机构的有效监管框架,并从小额信贷产业的角度提出了中国小额信贷可持续发展的一系列政策建议及政府在此过程中的合理定位和作用。

第一节 国际小额信贷机构监管的原则和经验

一、小额信贷机构的特点和风险

(一)小额信贷机构区别于传统金融机构的特点

由于各类机构范围广泛,很难对小额信贷机构(MFI_S)的具体特点作出一般性的描述。但是我们仍然可以通过对以下五种特点的描述,得知小额信贷机构与传统的金融机构有很大意义上的不同:客户特征,贷款技术,贷款组合,文化或意识形态以及制度结构。

　　小额信贷机构的客户一般是低收入的贷款者,他们在非正规部门工作或拥有较低的工资级别,他们由于缺乏物质担保很难从传统的正规金融部门获得贷款,但他们的家庭和企业通常是联结的。小额信贷机构提供的贷款技术也和传统金融机构有很大的区别:通常能够在较短时间内提供短期的小额贷款,由于成本的原因通常没有广泛的贷款记录,通常以小组联保的方式来替代担保并规避风险,信息密集型的贷款通常通过分析借款人的现金流和借款人参加的联保小组来发放。小额信贷机构的贷款组合很不稳定,贷款的风险很大程度上依赖于管理素质。对于大多数非政府组织(NGOs)的小额信贷机构,政府不太重视他们的文化,其自身的文化以怜悯、同情的文化为基调,其目标是成本的收回而不是利润最大化。大多数非政府组织的制度结构也较分散,缺乏有效的外控机制,其资金来源以捐赠款和软贷款为主。小额信贷机构区别于传统金融机构的特征可见表11.1。

表 11.1　小额信贷机构区别于传统金融机构的特点

特点	描述
客户特征	·低收入 ·在非正规部门工作或低工资级别 ·缺失物质担保 ·家庭与企业是联结的
贷款技术	·快速提供短期小额贷款 ·无广泛的贷款记录 ·以小组联保贷款技术或有条件的长期获得信贷作为担保替代品 ·生产性消费信贷 ·信息密集型的贷款通过现金流分析或借款人选择参加的小组分析获得
贷款组合	·不稳定性 ·风险很大程度上依赖于管理素质
文化/意识 (主要是 NGOs)	·政府不重视 ·怜悯的文化 ·目标是成本收回而不是利润最大化
制度结构 (主要是 NGOs)	·分散 ·缺乏外控机制 ·准股本的资金来源(赠款和软贷款)

　　资料来源:Shari B. , Churchill C. , "Regulation and Supervision of Microfinance Institutions: Experience from Latin America, Asia and Africa", *The Microfinance Network Occasional Paper*, Washington, No. 1, 1997。

（二）小额信贷机构面临的风险

相对传统的金融机构而言，小额信贷机构不仅具有共同的风险，而且还具有其特有的风险。具体而言，小额信贷的风险主要表现为：信贷风险、利率风险、市场风险、管理风险、所有权及治理风险、新产业风险以及补贴依赖的风险。

1. 信贷风险

信贷风险是小额信贷机构面临的最主要的风险。小额信贷是小额信贷机构的核心业务，贷款资产是其资产的主要部分，贷款收益是其主要收入，而信贷风险又将导致小额信贷机构产生大量无法收回的贷款呆账，将严重影响信贷资产质量。小额信贷机构相对于传统金融机构而言，一般都具有更好的还款纪律和约束，但是这种状况并不稳定。由于小额信贷机构较多地依赖于贷款业务，因此轻微的还款率的恶化都将会给小额信贷机构的整体运作造成巨大的影响。因此，信贷风险密切关系着小额信贷机构自身的存在和发展，过度的信贷风险将使得小额信贷机构倒闭。

2. 利率风险

利率风险是由于借贷双方的不同的固定利率期限而造成的。例如，在出现通货膨胀情况下利率应该适当地调高来保持信贷的平衡，而此时若是小额贷款利率仍然保持不变就可能会带来利率风险了。小额信贷机构的利率风险大小往往直接取决于小额贷款利率是否能按照现行利率的变化而改变。由于小额信贷的期限通常较短，因此利率的调整一般在较短的时间内就能完成，但是这一行为也会被法律规定的小额信贷的利率上限所限制。

3. 市场风险

市场风险是指因市场波动而不能获得预期收益的风险，包括价格、利率或汇率等经济原因而产生的不利波动。信贷资金作为一种资本项目投资，资本收回时的赢利受市场的影响，因此市场风险也是小额信贷机构面临的风险之一。小额贷款只是实现了贷款对象的分散，但同一地区生产经营品种具有相似性，客观上造成了贷款集中于某一项目、某一农户的事实。由于市场容量有限，这些项目、产品的生产量过多，会引起市场行情变化，加上农产品的鲜活性，极易造成价格波动或产品腐烂变质，甚至出现亏损，影响贷款归还。

4. 管理风险

小额信贷这种贷款技术的直接后果，就是其在很大程度上依赖于决策者的个人能力。因此,小额信贷机构的管理者不仅应该熟悉这种特殊的金融技术,而且还需要有丰富的银行工作经验。由于对借款人的资信进行评估并对评估结果进行外部核实都相对困难,而这一行为又主要依赖于信贷员的水平、业绩及其熟练程度和可靠性,这就特别容易产生腐败和欺诈。

另一方面,如果小额信贷机构内部管理体系的决策权和执行权集中于少数个人手中,则会缺乏必要的监督机制。而且,小额信贷机构缺乏完善的权、责、利相结合的激励机制,也将很难吸引高素质、高技能的专业人才,并且很大程度上会限制员工的主动性和创造性,从而不能最大限度地控制成本与风险。

5. 新产业风险

微型金融是一个较新的产业,在许多国家的微型金融领域中,关于微型金融机构成本效益的经验至今为止仍然很少,管理人员的培训还很缺乏。小额信贷机构的快速增长,需要对员工进行培训升级,同时需要引进新产品和新技术等等,这些都会对小额信贷机构带来额外的挑战。而在关于小额信贷机构的学习曲线方面几乎没有任何有效的研究,监管者也缺乏监管小额信贷机构的经验,这也就意味着更高的风险。

6. 所有权及治理风险和补贴依赖风险

所有权及治理风险和补贴依赖风险这两个风险类别并不适用于所有的小额信贷机构类型,但是尤其适用于非政府组织。一个小额信贷机构的偿付能力风险依赖于内部管理,这被称为所有权及治理风险。在没有外部监管的时候,内部控制机制会发挥特殊的作用。决定金融机构成功的绩效因素包括其所有权、监事会的成员资格及对利润分配的决定。在非政府组织中,所有权和治理风险特别的高,因为非政府组织的小额信贷机构不受商业投资者、捐助者或政府的控制,而"准所有者"也不准备或不能实施有效的控制。在此基础之上,会使非政府组织小额信贷机构的社会和金融目标之间的界限变得很模糊。

最后,有些小额信贷机构有较严重的补贴依赖风险。如果小额信贷机构没有提前做好足够的预防措施而突然停止补贴则会带来问题和风险。

二、小额信贷机构监管的动机和原则

(一)小额信贷机构监管的动机

在许多国家,小额信贷首先是由非政府组织(NGO$_S$)开始进行的,一般没有合法的章程批准它们从事金融中介活动。随着小额信贷的发展,各国相继开始探讨小额信贷的监管问题,许多国家的政府、捐助者和执业者开始考虑是否和如何为小额信贷建立新的法律框架。他们探讨小额信贷的监管问题大多出于以下动机:①

——从资金本身的角度看,从事小额信贷的非政府组织为了能够从公众吸储,或者从捐助者或政府那里得到融资,它们往往希望获得政府的许可,这样它们就要受到监管。

——有时小额信贷机构,尤其是非政府组织,相信政府监管将有助于推动它们的业务发展,并提高操作水平。

——为了扩大穷人的储蓄服务,一些非政府组织、机构和捐助者希望放宽金融许可的发放范围。

——捐助者和政府可能认为为小额信贷建立一个特别的管理窗口将催生大量的可持续的小额信贷机构。

——在偶然的情况下,在有些地方没有得到许可的小额信贷机构已经在吸储。中央银行急于给它们办理许可的目的是为了保护储户的利益。

——许多小额信贷机构收取高得惊人的利率。政府可能会认为这种利率具有剥削性并且想保护弱小的借款人免受剥削。

——地方政府有时对许多小额信贷机构的问题感到头痛,并对资助它们的捐助者正在进行的协调工作无动于衷。它们希望有人能参与进来,整顿国内妨碍小额信贷发展的环境。

——个别情况下,政府希望通过管理和监督来取缔那些制造麻烦的外国非政府组织,或更加严格地控制其他一些组织。

——在有些国家,根本没有以社会发展为目标的组织合法地向穷人提供贷款所需的法律框架。除非建立这样的法律框架,否则有些贷款在法律意义上是收不回来的,甚至小额信贷提供者还有受到起诉的危险。

——最后,小额信贷在很多国家具有高度的政治意义,在 1997 年小额信贷高峰会后尤其如此。有时,政府关心对小额信贷的管理和监督是因为它们认为

---

① 　Christen R., Rosenberg R., "The Rush to Regulate: Legal Framework for Microfinance", *CGAP Occasional Paper*, No. 4, 2000.

必须对小额信贷做点什么,从而可以将对穷人的关心和实际的政治需求结合起来。

正是鉴于以上原因和动机,小额信贷机构的监管问题才被广泛讨论和研究。另一方面,对小额信贷监管的试验时间太短,以至于无法过多地依靠历史数据来提供指导,各国在对小额信贷的监管问题上只能尝试性地进行解决。

(二)小额信贷机构监管的目标

金融机构的监管一般区分为审慎监管和非审慎监管。

当监管的目的是专门保护整个金融体系和小储户的安全时,监管是"审慎的"。当一个吸纳储蓄的机构破产时,它没有能力支付其储户的储蓄,如果该机构是一家大机构,其失败会打击公众的信心,到一定程度后,银行系统会遭遇挤兑。因此,审慎监管就是监管当局对被监管机构的金融稳定性进行监管,审慎监管直接意味着金融监管当局认可并且保障被监管机构稳定发展的责任。例如,审慎监管规定了财务结构和会计政策的细则标准,并要求金融监管当局依照监控与强制执行机制对金融机构是否违反这些标准进行监管。

国际公认的审慎监管的目标包括:第一,防止因一个机构的失败而引起其他机构的失败,以保护国家的金融系统;第二,保护小储户,因为小储户自身不具备有效监督该机构金融健全性的能力。如果审慎监管不能严密关注这些目标,稀有的监管资源将会被浪费,机构还可能蒙受不必要的投诉负担,金融系统的发展会受到限制。①

虽然小额信贷机构的客户数量日益增多、资产分布范围日益广泛,但其资产总量还是相对较小,很少能够对一国或地区的金融体系稳健性产生影响,因此对小额信贷机构实施监管的目标主要是保护资金提供者的利益。因此,许多分析家认为,没有必要监管那些只贷不存的金融机构,因为只贷不存机构的倒闭不会危及客户利益,然而,存款类机构的倒闭会危及客户利益和挫伤公众的信心,只要对这类金融机构进行监管即可。

非审慎监管则意味着金融监管当局没有保障被监管机构稳定发展的认可和责任,而只是提供指导原则以及不涉及金融监管当局绝对保障力的指引性标准。非审慎监管包括贷款求实法,或借款者向信贷信息局提供报告以及其他事

---

① 联合国资本发展基金会:《微型金融远程学习课程》,2002 年 9 月版,第 37～39 页。

例。小额信贷相关的非审慎监管问题包括授权建立和运行小额贷款机构,保护消费者,防止欺诈和金融犯罪,建立信用服务,支持有安全保障的交易,制定与利率相关的政策,制定外国所有者、管理和资本来源的约束,确定税收和会计问题,以及围绕机构类型的转变所产生的种种问题。

(三)小额信贷机构监管的原则

审慎监管通常比大多数非审慎监管复杂、困难,也更耗资。审慎监管(比如,资本充足性标准或关于准备金与流动性的要求)总是要有专门的金融权力机构来从事这项工作。但是,非审慎监管(比如,对有效率的或个体控制的公司的披露)大都自主监管,而不是由金融权力机构监管。要对全国范围所有执照机构实施监管需要实物资本和专业技能水平,这对于一个国家的中央法人金融监管当局来说,是一个沉重的负担。因此,一条重要的原则是,应避免用繁复的审慎规则从事非审慎监管的目的。就是说,如果目的不是为了保护储户的安全性和金融机构的整体稳定性,比如,如果目的是为了排除有不良记录者拥有或管理小额信贷机构,那么中央银行不必承担监控和保护小额信贷机构的稳定性这些工作。只要求登记注册,公开小额信贷机构的拥有者和管理者的信息,以及提交"健全及恰当"的检查即可。一些非审慎的管理可以放在一般商业法规下进行的,由执行这些法律的政府部门来管理。

具体而言,小额信贷机构的监管应遵循以下原则:

1. 公平竞争的原则

即必须是有组织的监管,以避免金融中介机构之间的竞争扭曲。监管的目的是"公平竞争",但这并不意味着对所有的金融机构都应该使用相同的规则。因为同一规则对不同类型的机构的影响可能会有很大的不同,从而实际上会导致竞争的扭曲。因此,对不同(银行和非银行)的金融中介机构应该实行不同的管制。

2. 效率的原则

金融机构的效率是能够有效采取调整监管框架的措施。对小额信贷机构监管的主要困难是要保持一种动态效率(适应不断变化的环境),因为首先对于小额信贷机构的监管没有什么实际经验可借鉴,其次不适当的监管风险也相当高。而在追求效率和维持金融体系稳定之间也存在取舍,因为保障金融体系稳健(如对资产的高需求)的措施总是会影响竞争,从而往往导致效率的损失。

因此有效的监管手段往往意味着最大限度地违反既定的监管规则的可能性。当然,这一目标并没必要不惜一切代价来追逐,必要的监管力度应以成本效益分析来权衡。

3. 激励相容的原则

金融机构的监管框架应尽可能地规定一个治理结构—激励相容,即充分利用个人(所有者、管理者、存款者、借款者等)的利益,来达到理想的监管效果。这对小额信贷机构尤其重要,因为要满足法定的监管机制所需要的资源是不切实际的,而且对非正规部门的监管成本也太高,此时所有制结构和管理信息系统将发挥重大作用。

4. 灵活性的原则

金融机构的监管框架必须足够灵活,从而才能针对监管逃避,技术创新,以及一定的监管措施的失败等及时地作出反应。这对小额信贷机构而言尤其重要,因为在其他国家几乎没有任何的经验可以借鉴。监管可以被看做是一个渐进的过程,因为只有个别机构类型或部分拥有较好所有权及治理结构的机构占优势,而其他机构则被取代。没有被管制的小额信贷机构的一个优势在于他们可以进行创新产品的测试。因此,后来有学者(Merton, 1995)主张以功能性监管替代制度性监管:"功能性监管强调金融中介机构履行的经济功能,并寻求一个最佳的体制结构来执行这些功能"①。而制度性监管则有不同的管理框架:它往往针对特定的机构体制类型作出不同的规定(如针对银行、合作社的立法,针对金融公司的立法等),但它几乎不允许从一类过渡到另一类。

5. 成本—收益分析的原则

最终所有的监管准则和监督方法都必须接受成本—效益分析。由于小额信贷机构发放了大量的短期小额贷款,因此,要求小额信贷机构保持惯例的银行贷款记录将使他们承担过高的成本。同样,有时因为数量巨大的小额信贷机构通常与他们国家的经济意义以及相关的潜在风险联系在一起,对他们进行监管的成本也会非常高,这使得银行业监管机构由于缺乏必要的资源而往往不愿对之予以规范。那么,对监管机构的一个主要的挑战就是要寻找既节约成本而

---

① Merton R. C., "A Functional Perspective of Financial Intermediation", *Financial Management*, No. 2, 1995.

又运用有效的方法来监管这些小额信贷机构。

三、国际小额信贷机构的监管方式和实践

各国想要对小额信贷机构采用一种连续性的监管方法是非常困难的,在此可以将小额信贷的监管方式简化为以下三类:即通过银行法来监管,通过专门的小额信贷机构法来监管和其他监管方法(如自我监管、委托监管、批发机构监管等)。这些方式可以很容易在一个国家中共存,因为它们都有各自的长处和缺点,具体采用哪种方式取决于小额信贷机构的类型。

(一)通过银行法来监管

这种监管的假设是基于小额信贷机构办理银行类业务的做法,即小额信贷机构不仅提供信贷,而且吸收公众储蓄。在这种情况下,小额信贷机构应像所有其他金融机构那样,接受现行的银行立法和政府的监管。大多数发展中国家针对小额信贷机构都缺乏自己的监管框架,而且不允许类似不受监管的机构动员广大公众进行储蓄。因此,小额信贷机构的唯一选择就是继续作为只能进行信贷工作的机构或是尽量符合银行法规定的要求。

在后一种情况中,相同的法律监管规则除了适用于小额信贷机构外,对所有其他的金融机构也适用。此时的监管框架是作为法律被制定下来的,措辞通常是标准术语。但是,一般来说,小额信贷机构在与监管部门进行协商后,都能免除某些规则。这一监管方法的优点是政府可以利用更多的金融资源以及享有高度的尊重,这种尊重往往提高了监管的公信力。以这种方式监管,当遇到现金流问题时,政府作为货币当局可以通过打开贴现窗口提供无限的流动资金来应对。

但是另一方面,典型的银行业管理不但规定了得到许可的股东的性质,还规定了创始股东的最小数量和不同股东股份的最高比例。在特定的所有权和治理结构的条件下,这两种规则都可能对储蓄性小额信贷机构形成障碍。因为许多新注册的小额信贷机构在注册之前来自从事小额信贷业务的非政府组织。首先,银行的法律或规则有的时候禁止非政府组织拥有持证机构的股份,使得脱胎于非政府组织的小额信贷机构最终得不到许可证。即使允许非政府组织拥有新机构的股份,多样性的要求可能还会构成新的挑战。比如,至少要求5个股东和每位股东最多拥有20%的股权等将迫使转型中的非政府组织寻求另

外4位股东,这4位股东的出资额可能会超过该非政府组织出资额的4倍。这对于一个从事社会公益事业,营利能力不能够足以吸引商业资金的机构来说是一个不切实际的负担。唯一的做法是把股份分给尚未拿出相应额度的股本的其他股东。这种安排不利于形成由其他股东进行监督的局面,应该考虑对此加以修改。

虽然以这种方式监管下现有的微型金融管理框架门槛较高,但是仍有一些小额信贷机构在正式金融领域获得批准的例子,它们包括玻利维亚的阳光银行(BancoSol)和肯尼亚的K-Rep,在此以BancoSol为例。

阳光银行(BancoSol)成立于1992年2月,是世界上第一家只在微型金融方面开展业务的私人商业银行。阳光银行由成立于1985年的非政府组织PRODEM创办,PRODEM过去非常成功,早在1990年就成功地收回了所有成本,但是作为一个非政府组织,PRODEM无力通过吸纳存款来增加它的资金基础,它通过捐赠者和自己融资而来的资金无力满足贷款业务的需求。由于玻利维亚当时没有针对微型金融机构的特殊管理框架,于是PRODEM创办了BancoSol,BancoSol是作为一个商业银行的形式成立的。关于得到银行执照的发放主要通过如下方法解决:一是通过三个主要有效来源使股本增至320万美元:PRODEM的放款业务,来自国际捐赠机构的资金和玻利维亚公民的私人资金。几乎500万美元的资金是通过这种方式筹集到的。然而许多情况下,这种高起点资金的要求对于非政府组织会带来严重的问题,因为放款总量过低,BancoSol明显不能起到银行的通常的杠杆作用。二是必须在其创始者非政府组织和银行之间进行任务分工。一个很大的协作优点就是PRODEM开始集中精力开展玻利维亚农村地区的业务,而BancoSol接受了PRODEM优良的城镇客户。PRODEM还负责BancoSol的研究和发展行动。三是对于玻利维亚银行监管机构SBEF,通过促进微型金融业务深化金融系统是一项重要的任务。在相互学习的过程中,它将熟悉微型金融的贷款技术,然而其从事存款业务的忧虑直到股本达到500万美元时才能得以缓解。

BancoSol虽然获得了银行的许可执照,但是大量的银行法规条款给BancoSol也带来了额外的负担:一是银行行为的第45条规定银行发放贷款时必须经过拥有两倍贷款资金的担保人担保。1996年6月,BancoSol中27%的贷款资金没有经过担保,不符合该条款。而低于2000美元的贷款不用担保的规定对于 BancoSol 没有帮助,因为监管机构会把集体贷款算成一笔单独的贷款,而集体贷款算在一起常常超过该限制。这也是管理对于微型金融机构特殊性不公平的明显例子。二是银行法规定的报告和披露要求同样对微型金融机构的需求不合适,例如,每个客户的经营和财务状况都要通过严格的评级。这对于短期的小额贷款会造成不合理的成本,妨碍了非官方贷款的受理。三是通过法律程序对不良贷款进行强制性收费对于 BancoSol 来说代价非常高。它要求执行更多的管理规定,选择贷款范围以保证还款能力。四是如果分支机构要按照国家开放的时间而且需要提供所有的金融服务,那么许多需要接触目标群体的新分支机构可能无法赢利。

1998 年末,情况完全改变了。由于某种原因,PRODEM 把 BancoSol 中 35.4% 的股份卖给了英国半国营机构——联邦发展公司(Commonwealth Development Corporation,CDC)。从 BancoSol 中撤出是 SBEF 设定的前提条件,因此 PRODEM 能自己申请获得私募金融基金的许可证了,这就切断了作为创建者的非政府组织和银行之间的所有联系。1998 年 12 月,出台了新的规定,使得小额贷款在关键方面变得更为灵活,从而也为其他想从限制性规定较少的银行法规中受益的微型金融机构和银行业开辟了新的天地。

(二)通过专门的小额信贷机构法来监管

主张通过专门的小额信贷机构法来监管的理由是:商业银行不会为贫困户服务,当前为贫困户提供服务的大多数机构都是非政府组织。由于这些机构都没有金融许可证,它们不能通过吸储来扩大资金来源,也不能向客户提供存款服务。对于这些为贫困人口服务的机构来说,取得正规的银行经营许可的要求太高了。所以,需要对小额信贷机构开设一个窗口,并给它们设置较低的门槛,以使它们能够进入这一领域,同时制定更适合小额信贷的标准。这样一个特殊窗口的存在,将会改善非政府组织的经营状况以适应小额信贷的需要并且会给这一领域引入一些更有潜力的机构。

在这种监管方法中,针对小额信贷机构的具体特点的法律框架已经建立起来。采用小额信贷法来监管应满足以下两点先决条件,一是对法律监管领域要拥有足够的兴趣,二是已经做好准备来接受法律的监管。但现实中往往是一方面由于对小额信贷领域的立法缺乏经验,另一方面,对小额信贷机构进行法律监管也缺乏经验,因此,一个特别的小额信贷机构法的采用应该是一个长期的过程,在这个过程中要进行相互协商,学习以及以一个非官僚的方式来修订所制定出的措施。

目前的问题是在大多数国家,究竟有多少适合获得许可的小额信贷机构(按照专门的小额信贷机构法)。通常意义上,金融"许可"意味着政府的宣示,说明得到许可的机构实力十分雄厚,是一个可以利用商业性资金的中介机构,不管这些资金是来源于零散储户、机构投资者,还是中央银行贷款。在经营这样一种有商业性成本的资金时,一个小额信贷机构想成为名副其实的安全的储蓄机构,它就应该是赢利的,不仅要能支付今天的成本,还要能支付在许可范围内融资的全部商业性成本。在还没有达到可持续经营的水平时就发给它们经营许可是十分不负责任的。但在很多国家,很少有非政府组织的小额信贷机构达到这种赢利的水平。因此,从某种意义上说,阻碍小额信贷发展的原因是缺乏可获得许可的小额信贷机构,而不是缺乏切合实际的监管法规。

在具体的监管实践中,玻利维亚的"私募金融基金(Private Financial Funds,FFP)法"经常被当做运用此类方式监管小额信贷机构的范例,是创立特许的非银行金融中介向穷人提供服务的活广告。但常常被忽略的一点是,政府的这项措施是在几家能力较强的金融非政府组织多年来取得良好业绩之后才采取的,而且是在通过对 BancoSol(一家无须取得特殊许可的商业银行)进行监督而取得了丰富经验之后采取的。

玻利维亚小额信贷真正开始发展起来是在 20 世纪 80 年代中期的经济危机和恶性通货膨胀之后。包括 PRODEM,FIE 和 IDEPRO 在内的几家非政府组织都是在 1985 年之后不久成立的,后来成立的还有 PROCREDITO 和 AgroCapital。到 1994 年,这些金融非政府组织兴旺的小额信贷业务已经遍布玻利维亚。在总数大约为 50 万家微型企业的市场中有约 10 万家成为小额信贷的客户。最重要的是,上述小额信贷都达到了操作自负盈亏。

作为非政府组织中的一员,PRODEM 于 1992 年获得了银行经营许可,并把它的城市客户转让给了 BancoSol。到了 1995 年,BancoSol 的客户为 6 万,而PRODEM 的客户为 1 万。在成立后不久,根据 CAMEL 的测评,BancoSol 被银行的监督机构认为是玻利维亚运营最好的银行。也许是 BancoSol 的示范效应,或者是受某种传闻的影响——美洲开发银行的贷款基金只提供给有许可证的机构,其他的金融非政府组织于 1993 年开始游说玻利维亚国会通过一项特殊的许可。对私募金融基金的许可是在 1993 年通过的一部银行法中规定的，但监管机构和中央银行一直等到 1995 年才批准了施行新的许可制度的法令。

FFP 的许可制允许一些实力比较强的非政府组织进入发展的下一阶段——从中央银行、机构投资者和长期储蓄那里融资。监督者没有允许它们从事银行存款业务，这种保留不仅反映出 FFP 法在总体上不支持这种融资战略，也反映出监督者们认为这些金融非政府组织还没有掌握经营好小额的、流动性强的存款所需要的产品、体系或市场策略。[1]

在建立为低收入客户服务的金融体系过程中，FFP 法及其应用采用了渐进主义模式。在一些表现良好的金融非政府组织可以利用商业性资金进行运营后，特殊的许可制才出台。为了获得许可证，这些非政府组织在申请新的 FFP 许可证之前就认真地执行监督机构要求的报告标准。但是，这个许可证优先考虑管理问题，而不是将其作为非政府组织本身实现可持续发展的机会。在 FFP 法通过的时候，玻利维亚有其他数十家经营小额信贷的 NGO，它们很少把可持续发展作为有效的发展方向。在该法通过以后，它们中没有一家满足获得许可证的条件。

（三）其他监管方式

1. 自我监管

除了以上两类监管方式，其他的监管方式还包括自我监管、委托监管、批发机构监管等。

"自我监管"是指这样一种安排，在这种安排中，监督和执行审慎规则的基本责任是由接受监督的组织所控制的一个机构来承担，这个机构通常是由几个小额信贷机构组成的联盟。[2] 有时管理者认为政府金融监管机构直接监管大量小额信贷机构是一种不节约成本的行为，因此，建议采用自我监管的方式。管理者要求那些小型的中介机构进行自我监管，有时并不是因为管理者希望得到有效的监管，而是因为这样做比说这些吸储者没有得到监管更具政治意味。在某些情况下这可能是一种明智的适应性调节。如果小额信贷机构已提交了

---

[1]　即使是 BancoSol，虽然它获得了全部银行业务的许可证，但其来源于小额储蓄的资金也是比较少的。

[2]　Christen R. , Rosenberg R. , "The Rush to Regulate: Legal Framework for Microfinance", *CGAP Occasional Paper*, No. 4, 2000.

自我监管,也允许它们动员公众来吸收存款,一个私营性组织的存款保险可以通过小额信贷机构来进行筹资,因为这样可以提高储蓄存款的安全。为了限制道德风险的问题,这些出资应该反映出与小额信贷机构相关的各种风险,或至少大概反映出一些问题。

在发展中国家,金融中介机构的自我监管已经被尝试过很多次,但是事实证明自我监管在保护合法机构的稳定性方面从来都不是有效的。谁也不能说有效的自我监管是不可能实现的,但是可以说自我监管成功的机会很小。尽管自我监管可能不能保障金融中介机构的文件,让这些机构开始提交报告,或者引进最佳实践标准方面还是有所裨益的。

在危地马拉和多米尼加共和国,一些有实力的信贷联盟小组组成了联合会,联合会的任务包括监督和执行审慎的规则。这两国的联合会都给它们的工作带来了巨大的好处。它们监管的信贷联盟都是从良好的财务状况开始起步的。联合会的监管部门对大多数经营状况不佳的信贷联盟也不用操心。会计和报告系统不但好,而且统一。规则制定得很清楚,而且也获得了大家的认可。监管部门拥有技术实力很强的员工。尽管拥有以上这么多优势,两个联合会人员包括信贷联盟成员私下都承认,当大多数成员都越轨时,"监管"就失去了威力。他们不相信,出现紧急情况的时候,由被监督成员推选出的董事会还会强调信用,或坚守规则。由于这个或其他的原因,这些联合会都极力鼓励其成员接受银行监管当局的监管。

2. 委托监管

按照一些建议的模式、监管机构对被监管机构现有法定管辖权,并负有责任。但它可以把常规的监督和实地检查委托给第三方进行。这个"代理"可以是小额信贷机构的联合会,也可以是一个独立的技术实体。监管者的责任在于定期检查代理人监管、检验及报告的可靠性以及发生问题时及时介入。

这种模式的一种变异形式在印度尼西亚效果还不错。在那里,印尼人民银行(BRI)就长期利用其在农村的分支机构对大量的小型城市银行进行监管;然而,BRI与那些城市银行的关系要比通常所说的"监管"关系密切。在秘鲁,银行监管机构把日常监管工作授权给了城市储蓄和贷款机构组成的联合会。然而,监管机构一直牢牢地控制着联合会工作的质量,并保证联合会工作的独立性,其措施是每年每个机构都要接受一次监管办公室的实地检查。

这种监管方式似乎在政府监管人员密切监督代表监管者工作质量的情况下是可行的,尽管还不清楚这种模式是否可以降低总监管成本。但是考虑这种方式的时候应该对以下三个问题有明确的答案:一是谁支付代表监管的成本和政府监管者的监督成本;二是如果监管代表是不可靠的,必须收回其代表权,对此政府监管者是否能提供现实的备用方案;三是在被监管的机构倒闭时,哪家机构将有权力和能力通过干预、清算或兼并来清理现状。

3. 批发机构监管

有些国家有一个批发机构或国家基金向当地的小额信贷机构——典型的只从事贷款的小额信贷机构——提供贷款批发业务。作为投资人,这个机构自然就成了监管机构。如果它希望贷款得到偿还,就必须对其债务机构进行评估和监督。对于那些达不到其要求的小额信贷机构,其制裁手段就是拒绝放贷。

有时人们建议这种方式可以用于对吸储的小额信贷机构的监管。这样做的前提是这个最高机构要与金融当局签署委托监督协议。这种协议也许会产生某些潜在的利益冲突:比如,如果一个小额信贷机构欠了自己的钱,这个最高机构是否会急于关闭这个小额信贷机构呢? 一般地,一些批发机构都成功地追回了它们的贷款。但是,这些机构成立的目的之一是希望能够促使自己投资的小额信贷机构的质量有显著的提高。但在这一点上,没有几个特别成功的例子。PKSF 是孟加拉国一家很大的小额信贷批发机构,它好像没有其他机构那些不幸的经验。但这家机构是在大量的有可靠信用的小额信贷机构发展起来后才建立的,这种情况在其他国家很少。

四、国际小额信贷机构的成功监管经验

(一)对小额信贷机构的审慎监管

各国对吸收公众存款的小额信贷机构都建立了相对健全的审慎监管框架,并在设立审慎监管指标时,采用了较严的标准。[①]

1. 注册资金

注册资金是一道"最低门槛",由监管当局根据市场中金融中介的经济规模设定,无法满足最低要求的机构,也难以支撑作为金融中介所需的基础设施。

---

① 陈颖、王胜邦:《小额信贷机构监管的国际经验和中国实践》,载《新金融》2006 年第 7 期。

实际上,注册资金要求成了进入审慎监管框架的配比参数,该指标越低,进入审慎监管框架的机构越多,竞争就越激烈,监管当局的监管负担也越重。

2. 资本充足率

各国监管当局对小额信贷机构的资本充足率要求较传统银行更严,普遍高于 1988 年资本协议确立的 8% 的最低资本要求,一般在 10%～20%。

3. 资产分类及贷款损失准备金计提

许多国家将逾期天数作为小额贷款分类的主要标准,玻利维亚将贷款重组的次数也作为分类因素,即使贷款没有出现逾期,每重组一次风险级数升高一级。监管当局通常要求小额信贷机构按照贷款总量的一定比例提取一般准备,同时根据贷款的逾期天数提取专项准备;一些国家(如乌干达、玻利维亚)对重组贷款的准备金制度要严于正常贷款。由于小额贷款主要采用分期还款的模式,逾期的次数较逾期天数更能反映贷款的违约风险,印度尼西亚的准备金要求与逾期次数挂钩。

4. 风险集中度

虽然小额信贷机构的贷款不会过分集中于少数几个大的客户,但由于贷款对象的特殊性,小额信贷机构贷款的区域、行业集中度很高,客户同质性非常突出。因此风险集中度是监管当局关注的重要审慎指标。监管当局一般通过限制单笔贷款、对单个客户的贷款规模控制贷款集中风险。

5. 内部人借贷

小额信贷机构由于其公司治理相对薄弱,内部人交易问题有可能更甚于传统大银行。对内部人借贷的处理方式可大体分为两类:一是严格限制内部人借贷,如玻利维亚、尼泊尔、洪都拉斯等国;二是控制内部借贷的总量,如吉尔吉斯斯坦规定每笔内部借贷须经董事会批准,加纳、乌干达规定内部借贷总量不超过小额信贷机构资本的 10%,并将雇员融资总额与其年薪挂钩。

6. 备付金和流动性要求

监管当局要求小额信贷机构逐年提取一定比例的利润,建立内部备付基金以应付流动性支付,基金只能投资于流动性资产。如尼泊尔监管当局要求有限牌照的合作金融组织每年提取利润的 25%、开发银行每年提取利润的 20% 用于积累备付基金,直至基金总额达到实收资本的 2 倍后积累比例可降至 10%。

（二）对小额信贷机构的非审慎限制

非审慎限制本质上是为小额信贷机构设计行为准则,包括对小额信贷机构的信贷业务准入、保护客户、防止欺诈和金融犯罪、明确利率政策,厘清税务和会计问题等。

1. 信贷业务准入

各国对从事小额信贷活动的许可形式可分为三类:第一类没有特定的准入要求,即任何非政府组织或实体无须申请特许牌照,都可以从事信贷业务。第二类有选择的准入管理,如机构开展信贷业务但不吸收公众存款,只需获得监管当局颁发的证书。第三类作为特许牌照管理,即只有获得监管当局经营许可的机构才能从事信贷业务。

2. 客户保护

贷款的固定成本使得小额信贷的实际价格通常要高于传统信贷产品。小额信贷机构为避免高利率可能带来的负面影响,通常只对外公布一个较低的小额信贷利率,但同时规定对一定规模以下的贷款收取额外费用,混淆了贷款的实际成本。一些国家从保护客户的角度出发,要求小额信贷机构公布真实的贷款成本。

3. 防止欺诈和金融犯罪与反洗钱

在这方面,小额信贷机构适用于与传统银行同样的法律法规,但不一定要由负责银行审慎监管的部门执行。

4. 设立利率上限

一些国家为保护低收入群体,对小额贷款利率设立了上限。但设定利率上限的做法应谨慎采用。如设限太高,没有实际意义;如设限太低,专业小额信贷机构可能会因为贷款收益无法覆盖成本而难以为继,银行可能因无法赢利而放弃从事此项业务,加大了微小企业及低收入人群的融资难度。

5. 税务和会计处理

在增值税的处理上,一些国家只对实施审慎监管的正规金融机构发放的小额信贷业务提供优惠增值税待遇,而另外一些国家对合作金融机构采取了不同于银行的增值税政策。在所得税的处理上,通常给予对不以营利为目的非政府组织免收所得税的优惠,因为这些组织的赢利并不用于分配,而是转为投资扩大社会福利。实际操作中必须确保这类机构坚守"不分配"原则,如不能像内部人发放低息贷款等。

(三)小额信贷机构监管的适用性

1. 纯信贷微型金融机构(只贷不存)

只有当信贷机构拥有需要被保护的储户时,才需要审慎的监管措施。因此,对于此类只从捐助者或商业贷款途径获取资金的纯信贷机构,对其进行审慎监管是不恰当的,而只需要对其进行相对宽松的非审慎的监管。

2. 小规模的社区型机构

对那些地处偏远地区的或规模非常小的吸收存款的社区机构进行有效的审慎的监管,成本将会过高,而不对他们监管会存在风险。但是如果干脆关闭这些机构,让储户去寻找其他的储存途径则可能导致更高的风险,储户资产的安全保障并没有得到改善。最后,大多数的监管机构作出了这样的决定:只要这些小型中介机构的资产和客户数量保持在一定范围之内,就不对其进行审慎监管。

3. 国家环境

为了安全地吸收储蓄,小额信贷机构必须具备足够强的营利能力,自身的经营成本(包括获得储蓄的金融成本和管理成本)全部得以被覆盖,否则,储户的利益最终将受损。只有当具有上述条件的小额信贷机构的数量达到一定规模后再建立微型金融业从业许可证发放制度才更可行。事实证明,那些在小额信贷监管方面做得较为成功的国家,其监管制度的建立都倾向于晚于而不是早于微型金融业的发展步伐。[1]

第二节　中国小额信贷机构的有效监管框架

一、中国小额信贷机构的有效监管框架

具体而言,对小额信贷机构的监管模式因资金来源不同而异。对于资金全部来源于个人投资或机构捐赠的小额信贷机构,由出资人、捐赠方委托的第三方负责监督,一般情况下政府不直接进行监管,但可通过银行监管部门了解此

---

[1]　Rosenberg R. , Lyman T. , Ledgerwood J. , "Regulation and Supervision of Microfinance", *CGAP Donor Brief*, No. 1, 2003.

类机构的业务规模,通过司法部门惩治金融犯罪。对于资金全部来源于内部成员的互助型机构,由银行监管当局负责,并适用于相对简化的审慎监管框架,如通过设定并监控业务范围、限制贷款期限、设立利率上限等控制风险。对于资金主要来源于公众存款的机构,纳入银行监管框架。针对目前中国现存的小额信贷机构,其有效监管的框架如图11.1所示:

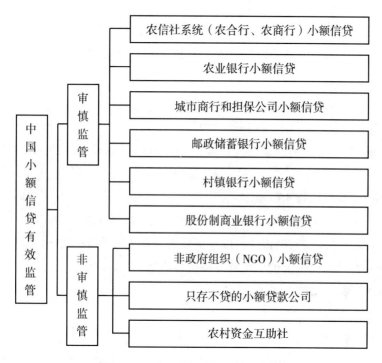

图 11.1　中国小额信贷有效监管框架

(一)审慎监管的对象

1. 商业银行小额信贷机构

商业银行由私人所有、集体所有或股东所有,位于城市地区或农村地区,通常向公众提供信贷服务,也向公众提供储蓄服务,而且其典型的存款客户可以是任何人。由于商业银行向广大的公众吸收储蓄,其倒闭将影响整个金融系统,因此,无论商业银行有没有开展小额信贷业务,对其都要求进行审慎的监管。虽然有很多国家的商业银行目前还没有兴趣从事小额信贷业务,但是一旦专业的小额信贷机构证明其赢利的潜力,这些商业银行的态度就会转变。

　　我国现存的小额信贷机构中,商业银行开展小额信贷业务的有农业银行、城市商业银行、邮政储蓄银行、村镇银行和股份制商业银行,因此对这些开展小额信贷业务的小额信贷机构要进行审慎的监管。当然,这一种审慎的监管仅针对商业银行或由商业银行本身开展的小额信贷业务,而不包括使用商业贷款作为融资的小额信贷机构。有的小额信贷机构通过从商业银行获得商业贷款来进行小额放贷,虽然其放贷人是商业银行,但是该放贷人已经受到了适合的审慎监管,而小额信贷机构不应受到审慎的监管。小额信贷机构向商业银行借款这一事实并不能说明,该小额信贷机构较之其他从该商业银行贷款的贷款人更应该受到审慎的监管。

　　2. 农信社系统的小额信贷机构

　　世界上大多数地区,小额信贷是由信用合作社提供的,他们的贷款本金通常是信用社社员的股份与存款。因此,有的人认为这些机构只吸纳社员的存款,而不向"公众"吸储,因此他们不必受到审慎的监管。这种观点是错误的,首先,当一个信用社越来越强大时,其会员实际上相当于商业银行的储户。第二,会员的界限有很多漏洞。比如,发行地域性公共债券的信用社可以简单地通过该区域内任何愿意储蓄的人以会员资格的方式来吸纳存款。因此,信用合作社,至少那些规模较大的信用社应该受到特定金融部门的审慎监管。

　　(二)非审慎监管的对象

　　1. 非政府小额信贷机构

　　长期以来,不同类型的资助者,包括双边和多边开发机构支持了小额信贷机构。这些小额信贷机构由非政府所有和经营,其资金来源是捐助资金或捐赠资金,向公众提供信贷服务,无自愿性储蓄服务。有时捐助者倾向于用贷款,而不是捐款的方式支持小额信贷机构,尽管贷款是由小额信贷机构取得的,但它们的损失不会对东道国带来实质性的系统风险;有时小额信贷机构要求借款人在贷款前和/或在贷款期内存款,以作为还款的保障,但是这种"强制储蓄"应该区别对待,实际上更应该把它们视为贷款合同上要求的现金抵押,而不是真正的储蓄服务。因此,由于非政府组织的小额信贷机构没有动员自愿性储蓄,不会威胁到金融系统和储户的安全,这些机构不适用于审慎监管。

　　目前也有许多国家在考虑为那些想转变为吸储机构的非政府小额信贷机构开设新的小额信贷监管窗口。但是与此同时,现有的非政府小额信贷机构尚没有或几乎没有哪一家可以证明他们有能力用贷款的赢利支付并保护他们要吸收的储蓄。国际经验表明,开发一个新的用于小额信贷的监管制度需要大量的分析、咨询以及磋商,除非会出现大量的合格机构,否则,这个过程的成本可能会超过收益。监管者在决定审慎监管的时间表和设计之前,应该对比较好的小额信贷机构进行可靠的财务与机构分析,在小额信贷机构证明其贷款利润能够覆盖其所有成本,包括动员储蓄所发生的额外金融成本和管理成本之前,小额信贷机构不应该得到吸储的许可证。因此,在现有的情况下,政府对于营利能力欠缺的非政府小额信贷机构的监管态度,应该是选择静观其变,并进一步监督小额信贷人的运营业绩,只有在小额信贷机构拥有更多和更好的财务运营经验后再开启审慎的小额信贷监管窗口。

2. 只贷不存的小额贷款公司

为了进一步完善农村金融服务,有效利用民间富余资金,引导和促进民间融资规范发展,我国从 2005 年开始了只贷不存的小额信贷公司试点。试点设立的小额贷款公司的资金来源主要有三类,一是自有资金,即发起人投入的经过验证的合法自有资金;二是接受的捐赠资金,即国际非政府组织或慈善机构提供的无偿资金;三是单一来源的批发资金,即唯一一家机构提供的批发资金。除此之外,小额贷款公司不得吸收任何形式的存款,不得发行债券,不得搞变相集资。小额贷款公司的入股资金必须经过公证,必须是股东自身所有的合法资金。我国小额信贷公司坚持"只贷不存"的主要原因在于以下两点,一是试点设立的小额贷款公司属于商业性机构,而并非金融机构,其区别于正规金融机构的主要方面在于不能吸收存款;二是吸收存款的管理成本较高,需要专门场所、安全保障及人员,由于各方面条件限制,试点设立的小额贷款公司目前并不具备存款管理的技术和设施。因此,为了维护社会金融稳定,有效防范金融风险,目前规定我国试点设立的小额贷款公司不能吸收存款。既然如此,对开展小额信贷业务的小额贷款公司我们也不必将之纳入审慎监管的框架,而仅需要对其进行非审慎监管即可。

3. 小型社区的小额信贷机构

有些基于小型社区的小额信贷机构也吸纳储蓄,但其规模很小,这些机构往往采用会员制,位于比较偏远的农村地区,其向会员提供信贷服务,也向会员提供储蓄服务,其典型的贷款客户就是其会员。对于这样的小额信贷机构,对他们不可能进行低成本的监管,如此一来,就给监管带来了一个现实的问题:是应该允许这些机构在没有审慎监管的情况下运营呢?还是应该对其执行最低资本金要求或其他要求,以使其停止吸收存款呢?

有时候监管者们倾向于后一种选择。他们认为不能够得到监管的机构是不安全的机构,因此不应该允许他们吸纳小储户的存款。但是,如此一来,难道小而穷的客户没有资格得到与境况较好的大客户同等的安全待遇吗?大量的研究表明穷人可以储蓄,而且都在储蓄。特别是没有正规储蓄的地方,穷人使用各种储蓄方式,比如将现金放到床垫下面、牲畜身上、建筑材料里以及非正规的一些做法(比如循环储蓄和贷款俱乐部)。所有这些工具都是有风险的,在很多情况下,即使不是大多数情况的话,他们比存放在不受监管的正规机构里的风险要大得多。因此,关闭小型社区的小额信贷机构往往不是减少,而是增加了储户面临的风险,促使这些储户回到满意程度更低的储蓄形式。

因为有这些考虑,国际成功的监管经验是把小于一定规模的基于社区的小额信贷机构作为例外处理,不对他们要求审慎的监管。当然,规模的大小取决于会员的数量和/或资产的数额,而一旦超过了这个限额,该机构则必须纳入审慎监管的范畴。同时,如果允许小规模中介机构在没有审慎监管的情况下吸纳储蓄,那么非常重要的一点是,应该让其客户明白没有任何政府机构对该机构的健康进行监督,因此储户需要依据自己对该机构的个人认识作出自己的结论和判断。

二、专用于小额信贷的审慎监管准则

国际经验表明,由于在结构、产权、目的、方法和客户群方面存在较大的差异,现有的对于商业银行的监管法规不太适用于小额信贷机构,而且由于小额信贷机构面临的是没有抵押的贷款,某些在传统商业银行中很普遍的准则必须经过调整才能适用于小额信贷。无论是专门独立的小额信贷机构运作的小额信贷,还是作为零售银行或金融公司内的产品,以下的一系列规定通常都需要重新审核和调整。[①]

---

① Robet Christen, Timothy R. Lyman, Richard Rosenberg, "Microfinance Consensus Guidelines Guiding Principles on Regulation and Supervision of Microfinance", CGAP, http://www.cgap.org.

（一）资本金和资本充足率

愿意并且能够在资金上支持小额信贷的投资者可能达不到领取常规银行许可证所要求的资本额度。而且，专门的小额信贷机构可能需要很长的时间才能够达到足够的资产额来筹集银行所要求的资本金额度。

对于专门的小额信贷机构的资本充足率要求是否应该严于各类商业银行，有两种观点。

第一种观点认为应该要求小额信贷机构的资本充足率高于商业银行，原因主要基于以下三点：第一，由于小额信贷通常没有担保或者说担保的资产不足以抵补贷款额，当某借款人发现其他借款人不偿还贷款时，其继续偿还贷款的积极性也会随之降低，导致小额信贷机构产生的不良贷款具有传染性，因此，小额信贷机构的资产往往比起商业银行的资产更不稳定。第二，由于小额信贷的单位贷款成本比商业银行高很多，所以同等程度的不良贷款对小额信贷机构营利性的影响要大于对银行的影响，小额信贷机构需要更高的利率。第三，在大多数国家，无论是专门的小额信贷机构还是开展小额信贷业务的金融机构，都没有很长的跟踪记录。小额信贷机构的管理层和职员相对缺乏经验，而传统的某些重要的商业银行监管手段对于专门的小额信贷机构而言并不适用，所以监管机构对于小额信贷的风险判断和控制难度更大。

第二种观点认为不应该对小额信贷机构要求较高的资本充足率，主要原因有二。第一，如果对小额信贷机构要求较高的资本充足率，或者对业务多样化的机构的小额贷款提出了同样的平抑风险要求，这有可能会降低其作为一个产业的吸引力，创造一个不公平的竞争环境。第二，由于小额信贷需求对利率的敏感程度不如常规银行，只要所有的放贷者遵循同样的规则，并且政府不设置最高利率限制，那么小额贷款的发放者就有更大的空间来提高利率以取得所需要的回报。

（二）对无担保放款的限制和贷款损失预留

为了使风险最小化，商业银行通常把无担保的贷款业务限制到银行净资产基数的某个百分比（通常是100%），商业银行有时还规定对所有无担保的贷款在发放贷款时要提取100%的贷款损失预留。这两条监管规则，在用于小额信贷时应该进行调整，因为小额信贷主要是无担保贷款，小额信贷机构不可能用所有者权益来筹集储蓄或借入资金，所以对小额信贷不能实行无担保放款的限制;提前预留贷款损失也不适用于小额信贷,即使这笔预留在贷款收回后会被冲销,对当期贷款不断地提取贷款损失预留,累计起来也会大大降低小额信贷机构的实际净资产值。

对这两项监管规则进行调整,在实践操作中将小组联保视为小额信贷的"抵押",以便小额信贷能够适用于此类规则,然而实践中小组联保的效果往往没有预期得好,因此,小额贷款最有力的安全保障是加强机构的放贷、跟踪记录和回收贷款的能力,而不是使用小组联保。

(三)贷款文件和报告的频率

鉴于小额信贷的贷款额度与客户的性质,要求其像商业银行那样提供贷款文件是很难做到或者是不可能的,尤其不可能要求其提供抵押登记、客户的财务报告以及客户的登记证明等。某些小额信贷的方法取决于小额信贷机构对每一位借款人还款能力所做的评估。在这种情况下,要求贷款文件包括客户简单的现金流评估文件是完全合理的。然而,如果给该客户发放重复性的短期(比如3个月)贷款,则不应该要求小额信贷机构为每一笔贷款提供现金流分析。

商业银行通常要求频繁地报告其财务状况,甚至每天都要报告。但在很多国家,运输与通讯条件的限制可能使位于偏僻农村的小额信贷机构无法做到这一点。同时,向监管方提供报告可能会给小额信贷机构增加一定的管理成本,尤其是对于交易量非常小的小额信贷机构而言。所以,风险管理应该基于小额信贷机构过去贷款回收业绩,以及对其放款系统和实践的分析。对于小额信贷机构和小额信贷操作来说,其要求的贷款文件和报告应比商业银行的简单。

(四)物理安全与分支机构要求

商业银行在营业时间、分支机构的位置以及安全方面的严格监管准则在运用到小额信贷机构和小额信贷服务是需要进行调整的。为了方便客户,小额信贷机构可能要求在正常的营业时间外营业,或出于成本方面的考虑,可能要求职员每周轮流在不同营业所工作一两天。在安全性方面,商业银行在保安、金库或其他常规基础设施性规定对于在贫困地区开办的小额信贷分支机构而言成本也显得过于高昂。对于小额信贷,应在权衡客户的金融服务与持有现金的风险同时重新考虑对分支机构和安全方面的要求。

（五）所有权和资本结构要求

典型的银行业管理不但规定了得到许可的股东的性质，还规定了创始股东的最小数量和不同股东股份的最高比例。对得到许可的股东性质管理旨在确保储蓄性金融机构的业主能够既拥有财务能力，同时还有兴趣在有资本需求的时候追加投资；所有权的多样化要求旨在避免由某一个人或一组人"把持"银行许可证，在管理中建立核查与平衡机制。在特定的所有权和治理结构的条件下，这两种规则都可能对储蓄性小额信贷机构形成障碍。

小额信贷机构典型的所有权和治理结构反映了其资本的初始来源。在小额信贷资本初始来源中占主导地位的是非政府组织、政府援助机构、多边捐助机构以及其他开发投资者，不是那些典型的追求利润最大化的银行股东。新注册的小额信贷机构在注册之前很多都来自于从事小额信贷业务的非政府组织。但是法律或规则有的时候禁止非政府组织拥有持证机构的股份，这使得脱胎于非政府组织的小额信贷机构最终得不到许可证。即使允许非政府组织拥有新机构的股份，多样性要求可能还会构成新的挑战。比如，至少要求 5 个股东和每位股东最多拥有 20% 的股权等要求将迫使转型中的非政府组织寻求另外 4 位股东，这 4 位股东的出资额可能会超过该非政府组织出资额的 4 倍。这对于一个从事社会公益事业，营利能力不能够足以吸引商业资金的小额信贷机构来说是一个不切实际的负担。因此，对于小额信贷机构可以考虑逐步放弃股东适宜性和多样性的要求。

以上这些调整后的准则不仅应该适应于专门的小额信贷机构，而且也应适用于商业银行或金融公司的小额信贷业务。只有这样，一旦银行决定提供小额信贷产品，或者与提供这些产品的小额信贷机构合作的时候，才能有一条清楚合法的路径从事这项工作。

三、中国小额信贷机构监管面临的挑战

世界各国多种形式的"另类"金融机构（包括各种形式的信用社、互助会、农村银行、村银行和现在的小额信贷机构）几十年的实践经验表明，人们严重和普遍地低估了为保持这些机构的安全和稳定所进行监管的难度。中国小额信贷机构监管也同样面临着挑战，尽管审慎的监管对小额信贷机构来说是必然的，但还是要权衡决定在什么时间、用什么方式实施监管。

（一）监管的时机

小额信贷机构的未来发展目标是成为能够吸收私人资本的拥有执照的金融中介机构,然而,传统银行业的监管框架一般很难适用于小额信贷机构。因为小额信贷这个概念对于多数国家来说都是非常新的,所以政府、捐赠者和倡导者往往试图尽快搭建监管框架并付诸实施。然而,为推动或控制这个行业的发展,急于进行监管往往被认为是不够成熟的做法。

急于监管小额信贷机构,实际上限制了它们的发展潜力,因为这样做还是没有让它们充分地积累经验就严格限制了它们的发展。而且,采用业绩指标来对小额信贷机构的业绩进行监管,往往是弊大于利。因为,如果要求小额信贷机构达到一些比较武断的业绩指标,那么许多可能成功的小额信贷机构可能不愿进入这个市场。

另外,过早制定的监管法规往往无法预见小额信贷机构将会如何发展,对机构组织形式的控制会限制机构发展的选择,如只允许某一类小额信贷机构发展(如合作社或非营利组织)是错误的,这样做实际上会制约那些提供服务的机构的多样性和拥有资产的客户数量。

当政府为了有序发展而制定相应的监管法规时,便产生了强加过多控制的风险。如果机构能够在产品和服务方面进行试验,从而找到最能满足市场的需求,它便很可能实现可持续发展。特别是在监管能力不足的情况下,即使是松散的监管也可能成为小额信贷机构发展的瓶颈。如果现有的监管法规严重阻碍了小额信贷机构的发展就必须尽快修改现有法规。在小额信贷发展的最初阶段,最佳政策是允许机构在现有法规框架下运作,并且开展一些实验,从而为进一步拓展法律框架提供实践的依据。

因此,一个国家制定小额信贷监管法规的最佳时机为:一是大量有效运营的小额信贷机构建立起来;二是有经验丰富的实践者。只有当大量的小额信贷机构建立起来,并且成功地作为金融媒介开展服务时,监管工作的推进才有意义。那些熟悉当地小额信贷机构而且经验丰富的实践者可以与政府一起制定法规,以确保这些新的法规符合机构的实际操作。

一旦政府决定更加积极地投入小额信贷的监管,它们需要加大对专业监管能力方面的投入,这将极大地增加小额信贷监管的成本,这些成本又将以高利率的方式转嫁给客户,如果监管能力有限,政府也必须在小额信贷机构和商业银行之间权衡其监管成本。

（二）监管的手段

商业银行监督者们惯用的一些传统的监管手段在监管小额信贷机构时并不是很奏效。

1. 要求增资

传统金融机构监督者的一个有力监管手段就是要求增资。当金融机构陷入困境时，如果监督者及时发现了这些问题，他们会要求金融机构的所有者增加资本投入，否则会采取关闭等措施手段。当监管者如此要求时，金融机构的所有者很可能会照办，因为他们害怕损失掉已经投入到银行的资本。

但是对于所有者是非政府组织的小额信贷机构，监管者采取要求增资的监管手段会基本无效，因为非政府组织的小额信贷机构的资本金来源于捐赠和捐助，它本身没有额外的资本用来挽救小额信贷机构。

2. 停止借款

对商业银行的另一个通常的监督手段是在问题解决之前责令停止借款。商业银行通常能够在停止发放新贷款的同时又不损害已发放贷款的回收。

但是对于小额信贷机构，这一监管手段也行不通。因为小额信贷客户还款的主要原因是他们期望未来能够获得持续的贷款和服务，如果拒绝马上提供后续贷款给那些按期还款的客户，那么，小额信贷客户还贷的激励机制将会消失，大部分客户将停止归还贷款。如此一来，小额信贷机构的贷款余额将损失殆尽。

3. 收购和兼并

当传统的金融机构陷入困境的时候，监管者通常选择实力较强的银行来进行收购或者兼并。因为银行贷款都有担保或保证，因此即使银行出现了问题，借款人仍有还款的动力，运行良好的银行往往有望收回大部分此类贷款。所以，只要价格合理，好的银行就愿意进行收购或兼并。这样，即使陷于困境的银行破产了，其贷款的一部分仍然能够被收回，从而减少了储户的损失。

但是由于小额贷款是没有担保和抵押的贷款，一旦客户对小额信贷机构的信心逐步动摇时，他们就会不愿意还款，并且回收这些贷款的成本就会高于贷款本身。所以，通常陷于困境的小额信贷机构的信贷资产对于其他任何人来说都没有什么价值，运行良好的小额信贷机构也很少有兴趣接管这些不良贷款。

4. 内部审计和外部审计

银行监管者们惯用的一些传统的检验和审计手段也不太适用于衡量小额贷款的风险。传统的手段强调正规的程序和文件,这种做法对于贷给非正规借款人的小额无担保贷款不太适用。比如,由于贷款的逐级审批程序,不得不详细地审查贷款文件,审核担保品的金额和登记情况,或者给客户写信确认其资金余额。把有问题的贷款放在一起重新谈判是小额信贷机构普遍面临的一个问题;调查这些贷款是一件很繁琐的事情,需要对每笔贷款的记录进行详尽的审核,并且要对大多数的分支机构作实地考察。有内部审计部门可依靠的小额信贷机构很少。

因为有很多小额信贷机构都相对较小,所以总是存在一种倾向性的想法,认为可以安全地让外部审计来进行监管。但是,经验表明,监管者不能过于信任所谓的小额信贷机构的独立的外部审计,即使是国际联盟化的审计事务所,也不能够足以提供小额信贷机构贷款资产质量保证的检验。如果信任审计师,监管者必须要求专门的小额信贷审计协议书比通常使用的要有效和昂贵,必须能够定期检查审计师的工作。

总之,中国要加快小额信贷监管框架的建立。针对不同形式的小额信贷,应采取不同的监管模式,这里主要是要区分审慎性监管原则和非审慎性监管原则。一般来说,对于那些允许吸收公众存款的从事小额信贷业务的机构,如农村信用社、综合性商业银行的小额信贷事业部,适用"低门槛、严监管"的审慎性原则,将其纳入银行监管框架中。对传统银行业的一些硬性指标,如最低注册资本、资本充足率、存款准备金率、风险集中度等要进行重新审核和适当调整。而对于那些"只贷不存"的专业小额信贷公司和农村资金互助社、公益性小额信贷组织则适用非审慎性监管原则,为小额信贷机构设计行为准则,包括对小额信贷的信贷业务准入、客户保护、利率政策、法律规范等问题进行监管。

政府在设计监管框架时必须考虑到小额信贷机构所付出的成本,如各种信息披露文件的整理和报送的成本;其次还要考虑到监管者的监管成本,即监管者对大量的小额信贷组织必须付出很多的人力、物力和财力。如果监管框架的设计过于繁琐,既超过了被监管者的承受能力,也超过监管者的监管能力,最终将形同虚设乃至归于失败。

第三节　政府在小额信贷可持续发展中的作用

一、中国小额信贷可持续发展的政策建议

根据对世界各国小额信贷发展的成功经验及我国小额信贷发展的特点、存在问题的分析,对我国如何大力支持和发展小额信贷有以下思考。

（一）完善小额信贷载体,树立构建普惠金融体系的理念

普惠金融体系应该包括政策性金融、商业性金融和社会性金融三个部分,这三种性质的金融服务都是完整的普惠金融体系不可或缺的,立法和政策制定者在建设金融体系和制度是都应以此为目标,通过建立政策性、商业性和社会性小额信贷运作体系,发挥各自作用,通过给予一定的政策支持,吸引国内外资金,撬动民间资本,发展专业小额信贷组织以及其他金融机构的小额信贷业务,以小额信贷为广大贫困者提供金融服务。

一是大力推进专业小额信贷机构发展,为公益性小额信贷转制提供通道。专业小额信贷机构应包括政策性和商业性机构,商业性组织在工商部门注册,公益性组织在民政部门注册。国际上,随着小额信贷市场的商业价值被发现,越来越多的商业资本进入小额信贷领域,越来越多的商业性小额信贷机构产生,一些公益性小额信贷机构吸收商业资本,逐渐商业化,玻利维亚的阳光银行、蒙古的 Xac 银行和柬埔寨的 ACLEDA 银行都是从非政府组织形式的小额信贷机构转变为商业银行的典型。[①] 商业化转制的好处是可以扩大小额信贷机构的资金来源,有效改善治理结构,提高营利能力和可持续发展能力。我国对现有各类小额信贷机构,应视具体情况,采取区别对待的政策,经过调整或改造完善,符合条件的,允许合法存在,并给予金融支持;不符合条件的,做好退出工作。

二是完善正规金融机构的小额信贷业务。可以借鉴印尼的村信贷系统管理模式,在农行内部设立完全独立的小额信贷专职机构,完全独立运行、独立核算,制定区别于银行内部其他商业部门的运行和考核指标、标准和规则,行使市

---

① 孙同全:《中国小额信贷政策法律环境的现状与前景》,载《中国金融》2008 年第 23 期。

场化运作取向的政策银行的职能。农村信用社自身改革目前处在攻坚阶段,为鼓励其积极性,建议对农信社办理的农户小额贷款免征营业税。对小额信贷业务开展较好的农村信用社,专设小额信贷部门,针对小额信贷的特殊情况,制定特殊的规则和操作程序,享受一定的政策扶持。逐步推进小额信贷试点工作,争取在全国范围内推广小额信贷业务。

三是可成立新型的扶贫银行,作为强大的小额信贷机构。这类银行不以营利为目的,专门服务于低收入和贫困人口的金融机构;实行自负盈亏,是企业化经营的非政府机构;其资金来源包括国家财政拨款、财政扶贫资金、农业银行的扶贫贴息贷款、国际贷款、扶贫基金等。

四是实行三线运行的间接信贷模式。"三线"即"政府 + 银行 + 扶贫合作社",政府线主要负责制定政策、安排计划、组织协调、监督指导;扶贫合作社线主要负责确定扶贫对象、选择扶贫项目、提供配套服务和协助银行收贷收息;银行线主要负责筹措资金和放款。

(二)拓宽资金供给渠道,扩大农村金融机构试点范围

根据国际经验,小额信贷运作需有一定的规模和覆盖率方可实现可持续发展,但这往往受到后续资金来源的制约。应在明确小额信贷机构吸收资金有关法律问题的基础上,协调农业发展银行、农业银行、邮政储汇局、国家扶贫开发基金等机构,建立有效的小额信贷资金批发机制。同时应建立非吸收存款类小额信贷机构向吸收存款类小额信贷机构发展的政策通道,拓宽可持续的资金供给来源。①

多元化的资金来源是商业性小额信贷组织开展经营的基础。从我国目前情况看,商业性小额信贷组织有着"做大做强"的趋势。商业性小额信贷组织的"原材料"是资金、"产品"是贷款、"价格"是利率,但是由于受"无金融许可证"、"只贷不存"等条件的限制,加之缺少"融资平台","原料"来源渠道非常有限,使其扩大经营规模的后续资金问题日益显现。"只贷不存"是为了控制风险,无可厚非,但是控制风险的方式也有多种选择,诺贝尔和平奖获得者尤努斯认为,"只贷不存"相当于斩断了小额信贷的一条腿。作为正式的工商企业,

---

① 中国银行业监督管理委员会福建监管局金融创新研究小组:《小额信贷的可持续发展:国际经验与现实思考》,载《福建金融》2007 年第 12 期。

应保证其拥有合理合法的资金来源,这个来源可以包括政府组织和社会团体的委托扶贫或特定目的资金,可以向商业银行或政策性银行申请转贷,也可以是法人组织的委托贷款。另外,在市场条件成熟或小额信贷组织自身实力足够强时,可以将其发展成为地区性或社区型商业性金融组织。

中央银行应继续加大对农信社支农再贷款的投放力度,以有效调节农村资金供求紧张状况。在个别地区,央行可以允许一定范围内农信社自主上浮存款利率,以缓解资金问题。农信社还可以通过发展农村金融机构之间的资金借贷,疏通横向资金融通渠道。农业投资和农业生产的周期较长,要解决农信社的资金余缺问题,单靠短期拆借是难以解决的,这就需要发展金融机构之间的资金借贷,建立区域性资金融通网络,从而实现资金的最优配置。改变农行自筹扶贫信贷资金的方式,由中央政府提供基础货币;并在扶贫信贷资金中划出一定比例用于小额信贷;同时,财政扶贫资金中也可以拿出一小部分用于小额信贷的操作费用。可以考虑创立一个总部机构或批发式资金形式来解决全国小额信贷资金问题,批发式基金从政府、银行和捐助机构动员贷款和资本金赠款,然后转贷或入股于基层的小额信贷项目,有助于克服小额信贷零售机构为争取资金和管理资金而付出高成本的缺陷。

经验表明,商业银行介入小额信贷市场有利于优化金融资源配置,促进小额信贷市场的良性发展。因此,应鼓励商业银行和政策性银行根据地方经济发展程度和借款主题的需求,制定个性化、符合区域特点的小额信贷管理制度和内部考核机制,加大对小额信贷的投放。同时建立配套的监管激励导向,扩大农村金融机构试点范围,对小额贷款实施差别化的风险分类和风险监管,对发放小额信贷质量高、数量大的银行业机构,监管部门可以在机构设置、业务审批上给予优先考虑。设计适宜的存款制度,充分吸收穷人的储蓄。为减少金融风险,可分为两个档次:一般的小额信贷,可以向贷款人吸收储蓄,额度限制在贷款的80%以内;对于已有较强实力、资本较多的机构,可以吸收社会储蓄,额度不得超过自有本金的50%,后一种必须获得批准。

(三)放宽利率范围,支持小额信贷合理定价

国内外大量的长期经验证明,利率上限的规定降低了小额信贷机构覆盖其经营成本的能力,这将影响新的金融机构的涌现,而且现有的小额信贷机构也会因此陷入窘境,从而最终损害贫困人口的利益。由于利率上限的存在,很多

小额信贷机构退出了市场,增长缓慢、降低其贷款所收费用的透明度或缩减其在偏远农村和成本较高市场的业务。

同时,人为的低利率存在着难以克服的问题。补贴的优惠贷款导致了严重的寻租行为,低利率导致真正的贫困者贷不到款,贷款大量被地方政府、金融机构的关系户或富裕农民截流,这就违背了小额信贷的初衷,剥夺了穷人获得贷款的机会,降低了资金配置的效率,大大降低了信贷的效果。另外,低利率也不利于激励金融机构积极参与小额信贷,也难以对借到款的农民产生积极生产的动力和压力,导致资金利用效率降低。低利率还将难以补偿小额信贷所需成本,使其无法实现可持续性发展,而不能可持续发展的小额信贷会导致更低的还款率,还款率将受到下一年度贷款发放不确定性的影响。因此,要使小额信贷作为正式金融服务市场的扩展得到落实,使小额信贷利率市场化,采取较高的利率是必然的选择。

为保证小额信贷机构的可持续运营,还应放开小额信贷利率,实现利率市场化。地方政府不应再强制性规定具体利率,在不超过基准利率4倍这一前提下,可适当放开利率水平,根据当地资金需求情况,自主制定利率水平,比如可以采取由借贷双方自主协商的方式来确立交易利率。监管机构应鼓励小额信贷机构对小额信贷进行合理定价,使利息收入必须能覆盖交易成本和风险成本,只有这样,小额信贷机构才有发放小额信贷的积极性。在合理定价的基础上,小额信贷机构还可创新信贷产品,对不同产品实行差别利率。例如,对于生产性贷款和非生产性贷款就可以实行不同的利率,即对于生产性贷款实行较为优惠的利率以鼓励贫困农民通过农业生产改善家庭经济状况。

(四)完善风险控制和担保机制,降低和分散贷款风险

首先,要建立小额信贷的风险控制机制。通过建立农户经济档案,对农户的家庭住址、人口、田亩、经济收入情况等详细记载并经常更新,这样,在发放贷款时可以减少不必要的违约风险。另外,可以对历史借款编制还贷记录,根据记录重新评定农户的信用等级,从而决定其信用贷款限额等级和利率优惠政策。对于那些历史记录不好的农户取消资格或加以限制,而对于信用良好的可以给予一定的利率优惠和优先贷款。探索建立小额信贷的风险补偿机制,通过建立风险补偿基金,用于弥补因自然灾害等不可抗拒因素形成的小额信贷损失。为了分散和规避风险,可以在农村推行农业意外保险制

度,扩大承担风险的主体,提高贷款当事人的抗风险能力,使农业风险由信用社和保险公司共同承担,同时做好信用社资本金的补充,完善呆、坏账准备金制度。

其次,建议建立"按照市场经济原则,政府购买服务"的农村小额信贷担保机制,一方面允许担保机构收取一定的担保费,同时允许银行根据小额贷款成本较高的实际,适当上浮贷款利率,从而使担保公司和银行都能够取得一定的合法收入;另一方面则由政府对发放小额贷款的农户给予补贴,包括贷款贴息和担保费补贴。具体措施为:从中小企业担保基金中划出一部分资金作为农村小额贷款担保基金;政府出资成立专门担保公司,从事农民小额贷款担保工作,同时鼓励其他担保公司开展农民小额贷款担保;构建以"一保两补"(生产性小额贷款担保、银行利息补贴和担保费用补贴)为主要内容的农村小额贷款担保贴息体系;省、市、县投入农村贷款担保专项资金以后每年增资充实;为了加强监督,确保贷款基金的安全正常运行,农村小额贷款担保贴息工作领导小组可委托第三方(管理公司)对此进行专业监管;实施贷款业务的农村金融机构,其担保贷款的额度应不低于担保机构预存保证金的 6 倍,贷款利率可以在国家规定的幅度内上浮,但不得高于同档正常贷款利率的 20%;发生坏账由担保公司承担 80% 责任,银行承担 20% 责任。

(五)转变政府职能,优化小额信贷发展的外部环境

为创造一个有助于小额信贷发展的环境,促使商业性可持续的小额信贷机构成长、壮大和竞争,当前政府要做的事情主要是:保证宏观经济的稳定;实行小额信贷扶贫市场准入制度,建立小额信贷扶贫系统;建设有竞争的农村金融市场,保证不同经济部门在同一个市场上竞争时处于同等地位;加强市场信用环境建设,形成信用大环境不仅有利于实现小额信贷的可持续性,也可以为地方吸引更多的资金,从而有效地促进地方经济发展。政府的作用不是直接分配金融资源,而是培养有偿还能力的贷款者。培养有偿还能力的贷款者一方面要求政府加大贫困地区的基础设施建设投资,如道路、教育等方面的投资。加强贫困地区的市场化建设,促进贫困地区的经济发展,可以为贫困地区的人民提供更多赚钱的机会,有利于贫困人口获得的商业化信贷资金实现最大化的价值增值。另一方面也要采取措施积极加强培训,提高贫困者发现赢利机会的能力。

　　此外,要建立和完善相关法律法规。目前,我国还没有专门针对小额信贷机构的金融政策和法律制度,这一方面使得许多小额信贷机构在执行扶贫任务时身份暧昧,处于合理不合法的尴尬境地;另一方面也增大了金融风险,所以完善小额信贷相关的法律规范迫在眉睫。要重新检查那些可能和小额信贷业务扩展发生冲突的法律、行政法规和内部规章制度,在控制小额信贷机构业务风险的前提下,推动相关立法工作,为小额信贷的发展廓清道路;要尽快修改《人民银行法》,补充有关小额信贷的法律条文,规范小额信贷组织的性质和审批条件,在法律上赋予小额信贷组织独立的主体地位;要允许小额信贷组织享有按照其资金成本在一定范围内利率浮动的权力,使其可以以近似市场利率的水平进行信贷服务,增强其可持续性;要开通小额信贷组织从金融市场上融资的渠道,允许它同其他金融机构通过各种方式开展有意义的存款、贷款、拆借等业务往来;条件合适时,可开办存款保险制度,为小额信贷壮大资金来源、增强抵御风险的能力提供保险。[①]

　　(六)构建科学的监管框架,引导小额信贷规范发展

　　当前,商业性小额信贷组织在央行的指导框架下、围绕当地政府制定的《小额信贷组织试点实施方案》开展业务活动,并接受由当地政府组成的协调小组的治理,实行非审慎性监管。但是有关部门对具体监管方式未作出统一规定,协调小组并非专门的监管组织,不具有行政主体资格,另外,商业性小额信贷组织的投资人又多为非金融专业人才,因此提高监管的有效性迫在眉睫。由于小额信贷还处于成长期,其监管要求和普通商业银行应有所区别。

　　一是对小额信贷机构实行准入制度。为了推动小额信贷的商业化运作,相关部门应该加快小额信贷机构发展的研究和评估,可借鉴玻利维亚等国的经验,由商业银行吸收兼并非政府组织的小额信贷机构,或允许条件成熟的机构及时纳入银行监管框架,使其具备合法地位。对于运作失败的小额信贷项目或机构,要引导其平稳退出市场,以减轻对市场的负面作用。

　　二是灵活运用审慎监管和非审慎监管手段。对不吸收公众存款或仅仅吸收借款人强制性储蓄的小额信贷机构,使用一般性监管手段,即小额信贷机构只需注册即可在业务范围内开展活动。对吸收公众存款的小额信贷机构,必须

---

　　① 　曹凤岐、郭志文:《我国小额信贷问题研究》,载《农村金融研究》2008 年第 9 期。

从保护存款人利益的角度出发,加强风险监管等审慎性监管手段和方法,并将其纳入存款保险体系。

三是建立小额信贷信息披露制度。监管机构可借鉴评级系统的相关做法,设计对小额信贷的评价体系,使监管者、捐赠人、投资者以及小额信贷的服务对象都能获得有关信息,充分发挥市场的激励约束机制。四是加大教育培训力度。积极引进、借鉴国际先进经验加强对小额信贷业务的信用评级、风险管理、业务审计等环节的教育培训,提高小额信贷业务的定价技术和风险控制水平。

四是要改进金融监管模式。加强对小额信贷组织的存款保障、资金安全性等方面的监管力度,以确保存款人的利益不受损失,维护整个金融秩序的健康和稳定;要在全社会开展金融知识教育,加强社会信用制度建设,创建信用社区;要逐步建立小额信贷登记系统,实现相关信息在小额信贷机构之间的共享,将正规金融机构排斥的低收入阶层纳入征信系统,逐步建立他们的信用档案,这样既便于小额信贷机构控制风险,也有利于逐步培养低收入人群的信用意识。

二、政府在中国小额信贷发展中的合理定位和作用

农村金融体系的发展和完善离不开政府的引导和扶持,政府在农村金融的建设中拥有绝对的主导权,它的政策导向及扶持政策对农村金融体系的变革起着举足轻重的作用。如果政府的作用发挥得好,则政府的宏观政策将有利于对农村金融进行整体调控,有利于规范农村金融机构的经营管理方式和服务行为,有利于促进农村经济的发展和繁荣;如果政府对农村金融体系、金融创新管制过严,这将在一定程度上影响和阻碍农村金融的发展。从我国农村金融制度的发展演变历程可以看出,政府作为第一行动集团组建了农村金融体系,但在我国的农村金融体制改革中,政府作用机制的弊端日益暴露,政府存在不同程度的越位、错位、缺位现象,影响了农村金融体制的健康发展。

(一)政府在农村金融制度安排中的"越位"、"错位"和"缺位"

政府在农村金融制度安排中的越位主要表现为过度干预。由于制度和历史原因,长期以来我国政府对农村金融机构设立、金融业务和各种利率水平,都有过度严格的管制,以适应当时的农村经济政策。还有中国农村金融体系长期以来形成的业内上级管理与地方行政干预的双层管理体制,使地方政府对农村金融业务干预过大。一方面导致关系融资严重,即资金主要流向与政府关系较深的地方国有老企业,而对新兴中小型企业资金支持较少;另一方面由于地方政府致力于政绩工程、形象工程,农村金融体系沦为为政府融资的工具,而不能对急需资金的小农户和中小型企业的生产性投资提供足够支持。

政府在农村金融制度安排中的错位主要表现为政府角色由"裁判员"变为了"参赛者"。政府是制度供给者,它天然地起着保护市场环境、维护市场秩序、增进市场竞争、提高市场效率的作用。也就是说政府作为"裁判员",它不应该再是"参赛者"。但由于政府对农村金融领域的干预,使得它取得了农村金融市场强有力的参赛者的身份。但事实是体制内金融制度所提供的信贷供给远不适合体制外产出的金融需求。在这种情况下,体制外的农村经济和个体私营经济自发地孕育出了满足其金融需求的"民间金融"方式。对这种市场自发的制度供给,政府不是去规范和保护,而是把它当成对自身垄断金融产权的一种挑战,对金融体系稳定的威胁,片面地根据其身份而进行"取缔"和"禁止"。在这一点上,政府出现了错位。

政府在农村金融制度安排中的缺位主要表现为对政策性金融投入不足。政府在商业性金融上的干预态度和在政策性金融上的投入不足形成鲜明的对比。政策性金融是政府的意志得以有力贯彻实施的领域,也是最需要政府来弥补市场失灵的领域。政策性金融可以其直接扶植与强力推进功能促进农业的发展,以其逆向选择功能覆盖商业性金融不愿选择的领域,以其倡导与诱导性功能吸引民间和私人资本投入农业战略发展领域,以其扩张性功能引导商业性金融的投向。我国经济发展的不平衡,农业的天然弱质性,广大的贫困人口,薄弱的农业基础设施,农业产业化、科技化的启动等项目急需农业政策性银行的支持。但在政策性金融业务上,一方面,农村信用社、农业银行仍承担着一部分政策性金融业务;另一方面,农业发展银行由最初的全方位支农发展到专司收购资金管理,虽然对农村粮、棉、油收购的流通环节的通畅起到了应有的作用,但随着粮棉油市场化进程的推进,农业发展银行的业务也在收缩,急需在业务范围的拓展和支农工作的开展上有新的创新。在政策性金融制度的建设上,政策性银行的法律地位、资金来源的保障、优惠政策的落实、管理水平的提高等方面还有很大的改善空间。

(二)政府在中国小额信贷发展中的作用

纵观世界各地成功的小额信贷模式,它们成功的关键很大程度上取决于机构的运作与该区域需求、文化、制度、法律环境的匹配,以使该机构可以达到赢利水平。这个适应性包含了两层意义:第一,对小额信贷机构的外部环境的要求,包括法律法规建设、监管环境等。第二,对小额信贷机构本身的要求,包括其所有者、高级管理人员的经验和素质、其采用的运作机制、风险管理水平等。在这个过程中,政府的作用不容忽视。世界各国的经验证明,政府对微型金融发展的最大作用就是通过制定适当的货币和财政政策以保持宏观经济环境的稳定。政府(包括国家和地方各级政府)应该为微型金融业的市场准入和竞争的引入提供法律和监管环境。要做到这一点,主管金融业的国家部委、中央银行和其他政府组织应该承认微型金融业作为整个金融体系一部分的合法地位,而不是将其视为边缘产业或者一种资源转移机制。① 我国政府在支持小额信贷的发展过程中,一方面要为中国小额信贷的发展创造良好宽松的制度环境,另一方面应该积极引导、有力约束,提高小额信贷机构自身的水平。

1. 营造优良的金融生态环境

金融生态环境内涵相当丰富,包括法制环境、政策环境、信用环境等。这是一项浩大的系统工程,需要社会各个方面给予关注和支持。

(1)打造良好金融发展环境力度

当前,政府可重点从经济环境、市场环境、法制环境、信用环境等方面发挥好金融保障作用。一是保持良好的经济环境,努力发展地方经济,扶植一批优良企业和龙头企业,打造本地经济发展的基础;二是建设良好的市场环境,建立健全各类市场中介组织,完善有政府参与的各种担保体系,规范财政出资担保机构运作,加强对中小企业金融机构的政策扶持,落实各项税收减免承诺措施,取消金融机构处置不良资产过程中的不合理收费;三是建立良好的法制环境,加大对各种金融违法行为的惩治力度,督促有关部门严格执法,进一步提高金融案件的执结率,依法保护合法金融行为和金融资产不受侵害,努力提高金融法治水平;四是营造良好的信用环境,大力培育诚信环境,积极引导企业和个人诚信守法,通过建立失信惩戒制度,对违约失信行为给予必要的制裁,通过加快信用村、信用镇的建设,建立守信行为,培育企业和个人的良好的信用意识,完

---

① Duflos E. , Imboden K. , "The Role of Governments in Microfinance", *CGAP Donor Brief*, No. 19, 2004.

善社会信用体系。

(2)完善农村资金的回流导入机制

尤努斯创办的孟加拉国乡村银行,规定当地农村的钱要用于当地,限制资金流出,贷款人的存款就是孟加拉国乡村银行最重要的资金来源。因此,从短期看,我国可以采用行政手段直接干预资金流向,促使资金在吸纳区域的有效运用,实现"资金从哪里来,就优先到哪里去"。

一是可以借鉴国际经验,制定颁布《农业投资法》,以立法手段加强对农业投入机制运营的有效管理,保证农业发展所需的资金来源,并防止农业投资的盲目性和随意性;二是引导资金向"三农"流动,国家可规定国有商业银行县支行投入"三农"资金的一定比例,以保证农村基础设施建设、龙头企业和提高农业技术所需要的相对庞大的资金需要,还可以通过限制国有商业银行过高的系统内上存资金利差和上存比例,通过制定优惠措施鼓励商业银行将盈余资金调剂到当地农村合作金融机构,以更好地支持农村经济的发展;三是规范对邮政金融的管理,县以下邮政储蓄吸收的存款,可通过人行全额用于增加对农村金融机构的再贷款,由农村金融机构贷款放给农户和农业企业等农村经济组织,从而引导资金向农村流动,增加农村信贷扶持资金。

(3)加大对地方金融的发展支持引导力度

地方政府要加快地方金融机构的改制工作,进一步明确发展战略和市场地位,发挥地方金融机构自己的业务特色。同时,地方政府要积极引导银行信贷投向,在不干预银行经营自主权的前提下,及时监测、分析和发布地区经济金融信息,引导金融机构调整信贷结构、优化资源配置,加大对中小企业的支持。此外,地方政府有关部门应建立和完善与金融管理部门的沟通协调机制,实现地区经济产业政策、财税政策与金融政策的协调配合。

2. 完善法律监管框架,健全农村金融组织体系

(1)完善法律监管框架

我国的农村金融现在还缺乏必要的法律、法规基础,尤其是小额信贷和微型金融领域,还没有出台相应的法规和监管框架,这不但会影响非正规金融的放贷,也会影响正规金融机构和部门对农户的放贷和对"三农"的支持。法律、法规框架的建立需要一系列的改革,包括增加农村地区贷款的可获得性,完善土地制度,确立法律登记,降低登记成本,扩大私人经营的规模和范围,起草明

确的田产保护条例等。这些保护金融交易的法律基础将提高信贷供给量,降低利率,提高农村经济发展速度。

如果条件和时机成熟,政府应通过调整框架允许所有形式的金融机构向贫困人口提供金融服务。但是过早或者严厉的监管可能会限制贫困人口获得金融服务的选择范围和便利性。只有当微型金融机构发展到一定规模,并且能够获得政府所发放的允许他们向公众吸储的资格证书时,审慎的金融监管措施才能够发挥作用。

(2)加强政策性金融创新

政策性金融创新主要包括:一是转换政策性银行的发展理念和业务模式,原来按机构划定业务为主的模式转变为按机构划定业务与招投标并存的发展模式,改善政策性金融的运作方式和效率。在机构上仍保持一定分工,国家开发银行主要负责大中社会基础设施项目的资金投入,农业发展银行则负责农村中小型项目的资金投入。综合运用财政直接补贴和招投标两种贴息贷款经营方式,发展业务招投标形式,形成相对分工和适度竞争模式。二是建立政策性农业保险机构,尽快组建国家农业保险公司,它属于公益性法人,不属于商业性公司。农业保险应分为两个层次:强制性保险和自愿性保险。强制性保险的补偿水平只限于生产投入的物质部分,如种子、化肥、农药等;自愿性保险补偿水平不仅包括了生产投入的物质部分,也包括人工及以后家庭基本生活费用,自愿性保险的最高限额一般不超过平均水平的60%,以防止道德风险的发生。三是发展面向农户和中小企业的信用担保机构,通过发展信用担保体系,转嫁和降低一部分农村金融机构的风险,提高它们对农户和中小企业放贷的积极性,这种担保机构是以财政出资为主的公益性法人。四是设立农业投资基金,投资基金是按照信托原理所筹集的资金委托专业性投资机构进行运作的一种金融投资工具。农业投资基金包括政策性投资基金和商业性投资基金,前者由政府设立,后者系民间资金设立。农村投资基金的目的是吸引社会资金投入到农田水利、农村公路、电力、通信、特色农业、旅游等基础性项目和有发展潜力的项目上。

(3)建立可持续发展的多层次的农村金融体系

我国的农村金融体制改革要针对存在的问题和农村金融需求的特点,适应农村对层次金融需求,形成多种形式的金融机构并存、分工合理、功能互补、适度竞争并且可持续发展的多层次农村金融体系。① 可在完善农村金融市场的准入和退出机制的基础上,将经济发达县(市)的农村信用社改造为商业性金融机构,完全按照市场化运作,同时,鼓励组建民营的小额信贷银行、合作银行等多种形式的农村金融组织。除此之外,还应大力发展资本市场,发行农业开发债券,对优质农业龙头企业要积极推行股份制改造,积极培育农村产权交易市场,发展农产品期货市场,扩大农村金融市场融资渠道,以适应农村对金融的多样性、多层次需求。只有这样,才能真正解决农民贷款难的问题,促进农业经济的发展,为建设社会主义新农村提供足够的资金支持。

政策篇小结

本书通过政策篇的分析,得出以下结论:

1. 在其他商业性小额贷款机构中,邮政储蓄银行以存款规模计是中国第五大商业银行,具有覆盖农村金融空白、成为特色零售银行的巨大潜力,但是邮政储蓄银行目前对小额信贷业务的开展还相当有限。邮政储蓄银行在开展小额信贷业务中,其发展的风险和挑战是缺乏操作金融业务的人才、经验和风险管控能力,财务核算办法不健全,风险管理构架未完全建立。农村资金互助社是一种较好的合作金融形式,但其在中国的发展速度不快,发展不平衡,状态也参差不齐。农村资金互助社可持续发展面临的主要挑战是机构规模小、资金来源有限,银行不愿意融资,政府政策支持不到位;其发展成功的要素一方面要取决于本地区市场经济的发展程度和社区的凝聚力,另一方面还取决于建立较完善的内部制衡机制和外部监督机制。小额贷款公司可能是中国今后两三年发展速度最快的小额信贷组织之一,目前值得注意把握的原则是既要积极推动又要规范和防范风险,尤其是操作风险和道德风险。各机构都应从其主要问题入手改进操作,进一步促进小额信贷的发展。

2. 非政府组织小额信贷在中国小额信贷发展初期发挥了重要的作用,但由于其在法律地位、资金产权、治理结构和管理体制等方面存在一些问题尚未

---

① 刘锡良、罗继东:《改革与发展》,西南财经大学出版社 2008 年版,第 235～240 页。

解决,目前其在中国的发展呈萎缩的趋势。中国可以借鉴国际经验采取不同的模式对非政府组织小额信贷机构实施转型,但是无论何种转型都绕不开要解决当前中国非政府组织小额信贷机构所面临的各种问题,也都需要政府政策法规上的支持。

3. 由于小额信贷和传统的金融业存在着诸多差异,所以大多数国家的金融法律、法规都需要进行适当的调整才能适用于专门的小额信贷机构及其从业者,但在积累充分的市场经验之前,改变小额信贷的经营环境和匆忙监管小额信贷机构,就促进小额信贷发展而言,常常是弊大于利。中国在加快小额信贷监管框架建立的同时,要针对中国现有小额信贷机构的不同运行现状和特征,采取不同的监管模式。对于那些允许吸收公众存款的从事小额信贷业务的机构,如农村信用社、综合性商业银行的小额信贷事业部,应适用"低门槛、严监管"的审慎性原则,将其纳入银行监管框架中;而对于那些"只贷不存"的专业小额信贷公司和农村资金互助社、公益性小额信贷组织,则适用非审慎性监管原则。

根据对世界各国小额信贷发展的成功经验及我国小额信贷发展的特点、存在问题的分析,本书最后从宏观的角度对我国如何大力支持和发展小额信贷提出了以下政策建议:一是完善小额信贷载体,树立构建普惠金融体系的理念;二是拓宽资金供给渠道,扩大农村金融机构试点范围;三是放宽利率范围,支持小额信贷合理定价;四是完善风险控制和担保机制,降低和分散贷款风险;五是转变政府职能,优化小额信贷发展的外部环境;六是构建科学的监管框架,引导小额信贷规范发展。

在小额信贷的发展过程中,政府的支持及其合理定位非常重要。中国政府对小额信贷发展的最大作用就是通过制定适当的货币和财政政策以保持宏观经济环境的稳定,同时国家和地方各级政府应该为微型金融业的市场准入和竞争的引入提供法律和监管环境。要做到这一点,主管金融业的国家部委、中央银行和其他政府组织应该承认微型金融业作为整个金融体系一部分的合法地位,而不是将其视为边缘产业或者一种资源转移机制。

参考文献

1. 杜晓山、刘文璞等：《小额信贷原理及运作》，上海财经大学出版社2001年版。

2. 联合国资本发展基金：《微型金融远程学习课程》，美国2002年印刷。

3. 世界银行扶贫协商组织 CGAP：《微型金融出资人良好实践指南》，2006年版。

4. 中国人民银行小额信贷专题组：《小额贷款公司指导手册》，中国金融出版社2006年版。

5. 〔美〕西奥多·W. 舒尔茨：《人力资本投资》，吴珠华等译，北京经济学院出版社1990年版。

6. 世界银行：《1980年世界发展报告》，中国财政经济出版社1980年版。

7. 〔美〕阿玛蒂亚·森：《贫困与饥荒》，商务印书馆2000年版。

8. 〔美〕阿玛蒂亚·森：《以自由看待发展》，中国人民大学出版社2002年版。

9. 联合国开发计划署：《2003年人类发展报告》，中国财政经济出版社2003年版。

10. 世界银行：《2000/2001年世界发展报告：与贫困作斗争》，中国财政经济出版社2001年版。

11. 康晓光：《中国贫困与反贫困理论》，广西人民出版社1995年版。

12. 世界银行：《全球化、增长与贫困》，中国财政经济出版社2003年版。

13. 世界银行：《从贫困地区到贫困人群：中国扶贫议程的演进——中国贫困和不平等问题评估》，2009年版。

14. 汪三贵、李文：《中国农村贫困研究》，中国财政经济出版社2005年版。

15. 张培刚：《发展经济学教程》，经济科学出版社2001年版。

16. 国家统计局农村社会经济调查司:《中国农村贫困监测报告(2006年)》,中国统计出版社 2007 年版。

17. 杨明洪、王永莉:《西部民族地区贫困问题的现状及其形成原因》,载《中国西部经济发展报告 2005》,社会科学文献出版社 2005 年版。

18. 中国发展研究基金会:《在发展中消除贫困:中国发展报告 2007》,中国发展出版社 2007 年版。

19. 国家计委国土地区司:《以工代赈工作指南》,科学技术文献出版社 1991 年版。

20. 国务院扶贫领导小组:《国家八七扶贫攻坚计划》。

21. 国家统计局农调队:《中国农村贫困监测报告(2001)》,中国统计出版社 2001 年版。

22. 国务院扶贫领导小组:《中国农村扶贫开发纲要(2001—2010)》。

23. 焦瑾璞、杨骏:《小额信贷和农村金融》,中国金融出版社 2006 年版。

24. 吴国宝:《扶贫模式——中国小额信贷扶贫研究》,中国经济出版社 2001 年版。

25. 中国农村金融学会:《中国农村金融改革发展三十年》,中国金融出版社 2008 年版。

26. 孙若梅:《小额信贷与农民收入——理论与来自扶贫合作社的经验数据》,中国经济出版社 2006 年版。

27. 王君:《农村信用社改革创新与经营管理操作实务》,人民日报出版社 2003 年版。

28. 杜晓山、张保民、刘文璞、孙若梅:《中国小额信贷十年》,社会科学文献出版社 2005 年版。

29. 程恩江、刘西川:《中国非政府小额信贷和农村金融》,浙江大学出版社 2007 年版。

30. Sananikone O. , "Microfinance and the Millennium Development Goal", *CGAP Donor Brief*, No. 9, 2002.

31. Townsend P. , *Poverty in the Kingdom*: *A Survey of the Household Resource and Living Standard*.

32. Oppenheim C. , *Poverty*: *The Facts*, London: Child Poverty Action

Group, 1993.

33. Benerjee A. V. , Benabou and Mookherijee, *Understanding Poverty*, Oxford University Press, 2006.

34. World Bank, *China: Overcoming Rural Poverty*, The World Bank, Washington, D. C. , 2001.

35. United Nations, *The Millennium Development Goals Reports* 2005, New York, 2005.

36. Chen S. H. , Ravallion M. , "The Developing World is Poorer than We Thought, but no Less Successful in the Fight Against Poverty", *Policy Research Working Paper*, No. WPS 4703, 2008.

37. Ravallion M. , "Pro-poor Growth: A Primer", *The World Bank*, *Policy Research Working Paper*, No. 3242, 2004.

38. Wang S. G. , Albert P. , Shubham C. , Gaurav D. , "Poverty Targeting of China's Intergrated Village Development Program", *CGAP Mimeo*, 2006.

39. Cohen M. , Sebstad J. , "Microfinance and Risk Management: A Client Perspective", *CGAP Focus Note*, No. 5, 2000.

40. Ghatak M. , Guinnane T. W. , "The Economics of Lending with Joint Liability: Theory and Practice", *Journal of Development Economics*, No. 60, 1999.

41. Besley T. , Coate S. , "Group Lending, Repayment Incentives, and Social Collateral", *Journal of Development Economy*, 1995.

42. Stiglitz J. E. , "Peer Monitoring and Credit Markets", *World Bank Economic Review*, No. 3, 1990.

43. Armendariz B. , de Aghion B. A. , Morduch J. , *The Economics of Microfinance*, MIT Press, Cambridge, MA, 2005.

44. Lapenu C. , Zeller M. , "Distribution, Growth, and Performance of Microfinance Institutions in Africa, Asia, and Latin America", *IFPRI FCND*, No. 114, 2001.

45. Morduch J. , "The Microfinance Promise", *Journal of Economic Literature*, No. 37, 1999.

46. Mainsah E. , Heuer S. R. , Kalra A. , Zhang Q. , "Grameen Bank: Taking

Capitalism to the Poor", *Chazen Web Journal of International Business*, 2004.

47. Maurer K. , "Bank Rakyat Indonesia: Twenty Years of Large-Scale Microfinance", Scaling up Poverty Reduction: A Global Learning Process and Conference Shanghai, 2004, May 25 – 27.

48. Hossain M. , *Nature and Impact of the Green Revolution in Bangladesh*, Series Number 67, Publisher: International Food Policy Research Institute (IFPRI), Washington, 1988.

49. Hulme D. , "Impact Assessment Methodologies for Microfinance: Theory, Experience and Better Practice", *World Development*, No. 1, 2000.

50. Zaman H. , "Assessing the Impact of Microcredit on Poverty and Vulnerability in Bangladesh", *World Bank Policy Research Working Paper*, No. 2145, 1999.

51. Schuler S. R. , Hashemi S. M. , "Credit Programs, Women's Empowerment, and Contraceptive Use in Rural Bangladesh", *Studies in Family Planning*, No. 2, 1994.

52. Rahman M. , Da Vanzo J. , Razaaque A. , "Family Planning Services Limit Abortion: Evidence from Bangaladesh", *Icon Research Brief*, 2000.

53. Chowdhury A. M. R. , Bhuiya A. , *Do Poverty Alleviation Programmes Reduce Inequities in Health? The Bangladesh Experience*, In Poverty Inequality and Health: An International Perspective, Oxford University Press, 2001.

54. Hashemi S. M. , Schuler, S. R. , Riley A. P. , "Rural Credit Programs and Women's Empowerment in Bangladesh", *World Development*, No. 4, 1996.

55. Remenyi J. , Quinones B. , "Microfinance and Poverty Alleviation: Case Studies from Asia and the Pacific", *London & New York*, Pinter, 2000.

56. Panjaitan-Drioadisuryo R. D. M, Cloud K, Gender, "Self-employment and Microcredit Programs: An Indonesian Case Study", *The Quarterly Review of Economics and Finance*, No. 5 1999.

57. Simanowitz A. , *Issues in Designing Effective Microfinance Impact Assessment*, Kumarian Press, 2001.

58. Cheston S. , Kuhn L. , *Empowering Women Through Microfinance*,

Kumarian Press, 2002.

59. MkNelly B. , Christopher D. , "Impact of Credit with Education on Mothers and Their Young Children's Nutrition: CRECER Credit with Education Program in Bolivia", *Freedom from Hunger*, 2000.

60. MkNelly B. , Christopher D. , "Impact of Credit with Education on Mothers and their Young Children's Nutrition: Lower Pra Rural Bank Credit with Education Program in Ghana", *Freedom from Hunger*, 1998.

61. Colin M. , "Peer Group Micro-lending Programs in Canada and the United States", *Journal of Development Economics*, No. 60, 1999.

62. Morduch J. , "Poverty and Vulnerability", *American Economic Review*, No. 2, 1994.

63. Helms B. , Reille X. , "Intertest Rate Ceilings and Microfinance: The Story So Far", *CGAP Occasional Paper*, No. 9, 2004.

64. Duval A. , "The Impact of Interest Rate Ceilings on Microfinance", *CGAP Donor Brief*, No. 18, 2004.

65. Little P. , "Assessing the Impact of Microfinance Programs on Incomes and Assets", *CGAP Mimeo*, 1997.

66. Cohen M. , "The Impact of Microfinance", *CGAP Donor Brief*, No. 13, 2003.

67. Sebstad J. , Neill C. , Barnes C. , Chen G. , *Assessing the Impacts of Microenterprise Interventions: A Framework for Analysis*, Washington, D. C. : US-AID, 1995.

68. Peace G. , Hulme D. , "Microenterprise and Children what are the Intra-household Impacts of Income-generating Programmes", *Small Enterprise Development*, No. 1, 1994.

69. Goetz A. M. , Gupta R. S. , "Who Takes the Credit? Gender, Power and Control Over Loan Use in Rural Credit Programs in Bangladesh", *World Development*, No. 1, 1996.

70. Hulme D. , Mosley P. , *Finance Against Poverty*, London: Routledge, 1996.

71. Cohen M. , Chen M. A. , Dunn E. , *Household Economic Portfolios*,

Washington, D. C. : Management Systems International, 1996.

72. Hossain M. , "Credit for Alleviation of Rural Poverty: The Grameen Bank in Bangladesh", International Food Policy Rsearch Institute, Washington, D. C. , 1988.

73. Mustafa S. , Ara I. , Banu D. , Hossain A. , Kabir A. , Mohsin M. , *Beacon of Hope: An Impact Assessment Study of BRAC's Rural Development Program*, Dhaka: BRAC, 1996.

74. Schuler S. R. , Hashemi S. M. , "Credit Programs Women's Empowerment and Contraceptive Use in Rural Bangladesh", *Studies in Family Planning*, No. 2, 1994.

75. Hashemi S. M. , Schuler S. R. , Riley A. P. , "Rural Credit Programs and Women's Empowerment in Bangladesh", *World Development*, No. 4, 1996.

76. Mayoux L. , "Impact Assessment and Women's Empowerment in Microfinance Programmes: Issues for a Participatory Action and Learning Approach", *CGAP Mimeo*, 1997.

77. Schuler S. R. , Hashemi S. M. , Riley A. P. , "The Influence of Women's Changing Roles and Status in Bangladesh's Fertility Transition: Evidence from a Study of Credit Programs and Contraceptive Use", *World Development*, No. 4, 1997.

78. Gaile G. L. , Foster J. , *Review of Methodological Approaches to the Study of the Impact of Microenterprise Credit Programs*, Washington, D. C. : Management Systems International, 1996.

79. Mosley P. , "The Use of Control Groups in Impact Assessment for Microfinance", *CGAP Mimeo*, 1997.

80. Khandker S. R. , *Fighting Poverty with Microcredit: Experience in Bangladesh*, London: Oxford University Press, 1998.

81. Remenyi J. , *Where Credit is Due*, London: IT Publications, 1991.

82. Bouman F. J. A. , Hospes O. , *Financial Landscapes Reconstructed*, Boulder, Co. : Westview, 1994.

83. Ardener S. , Burman S. , *Money-go-rounds: The Importance of Rotating*

Savings and Credit Associations for Women, Oxford: Berg, 1996.

84. Rutherford S. , "The Poor and Their Money", *Finance and Development Working Paper* Institute for Development Policy and Management(IDPM): University of Manchester, No. 3, 1999.

85. Khandker S. R. , "Microfinance and Poverty: Evidence Using Panel Data from Bangladesh", *The World Bank Economic Review*, 2003.

86. Coleman B. E. , "Microfinance in Northeast Thailand: Who Benefits and How Much", *World Development*, No. 9, 2006.

87. Hiatt S. R. , Woodworth W. P. , "Alleviating Poverty Through Microfinance: Village Banking Outcomes in Central America", *The Social Science Journal*, No. 3, 2006.

88. Mahjabeen R. , "Microfinancing in Bangladesh: Impact on Households, Consumption and Welfare", *Journal of Policy Modeling*, No. 6, 2008.

89. Hulme D. , "Impact Assessment Methodologies for Microfinance: Theory, Experience and Better Practice", *World Development*, No. 1, 2000.

90. Casely D. , Lury D. A. , *Monitoring and Evaluation of Agricultural and Rural Development Projects*, Baltimore: Johns Hopkins University Press, 1982.

91. Littlefield E. , Morduch J. , Hashemi S. , "Is Microfinance an Effective Strategy to Reach the Millennium Development Goals", *CGAP Focus Note*, No. 1, 2003.

92. Christen R. P. , "Commercialization and Mission Drift: The Transformation of Microfinace in Latin America", *CGAP Occasional Paper*, No. 1, 2001.

93. Christen R. P. , Rosenberg R. , "The Rush to Regulate: Legal Framework for Microfinance", *CGAP Occasional Paper*, No. 4, 2000.

94. Rosenberg R. , Lyman T. , Ledgerwood J. , "Regulation and Supervision of Microfinance", *CGAP Donor Brief*, No. 1, 2003.

95. Hulme D. , Shepherd A. , "Conceptualizing Chronic Poverty", *World Development*, No. 3, 2003.

96. Duflos E. , Imboden K. , "The Role of Governments in Microfinance", *CGAP Donor Brief*, No. 19, 2004.

97. Ebdon R. , "NGO Expansion and the Fight to Research the Poor: Gender Implications of NGO Scaling-up in Bangladesh", *IDS Bulletin*, No. 3, 1995.

98. Rogaly B. , "Microfinance Evangelism, 'Destitute Women', and the Hard Selling of a New Anti-poverty Formula", *Development in Practice*, No. 2, 1996.

99. Barnes C. , "Microfinance Program Clients and Impact: An Assessment of Zambuko Trust, Zimbabwe", *USAID-AIMS Paper*, Washington, D. C. , 2001.

100. Dunn, E. , "Impacts of Microcredit on Clients in Bosnia and Herzegovina", Impact Assessment Component, Local Initiatives (Microfinance) Project II, 2005.

101. Chowdhury A. M. R. , Bhuiya A. , Do Poverty Alleviation Programmes Reduce Inequities in Health? The Bangladesh Experience, In *Poverty Inequality and Health: An International Perspective*, Oxford: Oxford University Press, 2001.

102. Mayoux L. , "Women's Empowerment and Microfinance Programmes: Strategies for Increasing Impact", *Report of South Asia Workshop*, ActionAid UK, 1997.

103. Mayoux L. , "Women's Empowerment and Microfinance Programmes: Approaches, Evidence and Ways Forward", *Discussion Paper*, Milton Keynes: The Open University, 1998.

104. Mayoux L. , Johnson S. , "Women's Empowerment and Microfinance Programmes: Strategies for Increasing Impact", *Report of East Africa Workshop*, ActionAid UK. 1997.

105. Owusu-Gyamfi M. , Johnson S. , Mayoux L. , "Women's Empowermentand Microfinance Programmes: Strategies for Increasing Impact", *Report of West Africa Workshop*, ActionAid UK. 1997.

106. Leach F. , Sitaram S. , "Microfinance and Women's Empowerment: A Lesson from India", *Development in Practice*, No. 5, 2002.

107. Johnson S. , Kidder T. , "Globalization and Gender-dilemmas for Microfinance Organizations", *Small Enterprise Development*, No. 3, 1999.

108. Mayoux L. , "Questioning Virtuous Spirals: Microfinance and Women's Empowerment in Africa", *Journal of International Development*, November-Decem-

ber, 1999.

109. Kabeer N. , "Money Can't Buy Me Love? Re-evaluating Gender, Credit and Empowerment in Rural Bangladesh", *IDS Discussion Paper*, No. 363, Brighton: IDS, 1998.

110. Schuler S. R. , Hashemi S. M. , Badal S. H. , "Men's Violence Against Women in Rural Bangladesh: Undermined or Exacerbated by Microcredit Programmes", *Development in Practice*, No. 2, 1999.

111. Chant S. , Gutmann M. , *Mainstreaming Men into Gender and Development*, Oxford: Oxfam, 2000.

112. Copestake J. , Dawson P. , Fanning J. P. , McKay A. , Wright-Revolledo K. , "Monitoring the Diversity of the Poverty Outreach and Impact of Microfinance: A Comparison of Methods Using Data from Peru", *Development Policy Review*, No. 6, 2005.

113. Bils M. , Klenow P. J. , "Does Schooling Cause Growth?", *American Economic Review*, No. 5, 2000.

114. Krueger A. , Lindahl M. , "Education for Growth: Why and for whom?", *National Bureau of Economic Research Working Paper*, No. W7591, 2000.

115. Armendáriz B. , Morduch J. , *The Economics of Microfinance*, The MIT Press, 2005.

116. Chowdhury A. M. R. , Bhuiya A. , "Do Poverty Alleviation Programmes Reduce Inequities in Health? The Bangladesh Experience", In *Poverty Inequality and Healthcare*, Oxford University Press, 2001.

117. Chen M. A. , Snodgrass D. , "Managine Resources, Activities, and Risk Urban India: The Impact of SEWA Bank", *AIMS Paper*, 2001.

118. Barnes C. , "Microfinance Program Clients and Impact: An Assessment of Zambuko Trust, Zimbabwe", *AIMS Paper*, 2001.

119. Barnes C. , Gaile G. , Kibombo R. , "The Impact of Three Microfinance Programs in Uganda", *AIMS Paper*, 2001.

120. Maladonado J. H. , Gonzalez-Vega C. , "Impact of Microfinance on Schooling: Evidence from Poor Rural Households in Bolivia", *World Development*,

No. 11, 2008.

121. Beegle K., Dehejia R. H., Gatti R., "Child Labor and Agricultural Shocks", *Journal of Development Economics*, No. 1, 2006.

122. de Janvry A., Sadoulet F. E., Vakis R., "Can Conditional Cash Transfers Serve as Safety Nets in Keeping Children at School and from Working when Exposed to Shocks", *Journal of Development Economics*, No. 2, 2006.

123. Armenda'riz de A. B., Morduch J., *The Economics of Microfinance*, Cambridge, MA: The MIT Press, 2005.

124. Behrman J. R., Rosenzweig M. R., "Does Increasing Women's Schooling Raise the Schooling of the Next Generation", *American Economic Review*, No. 92, 2002.

125. Swain R. B., Wallentin F. Y., "Does Microfinance Empower Women? Evidence from Self-help Groups in India", *Working Paper*, No. 24, Department of Economics, Uppsala University, 2007.

126. Lillard L. A., Willis R. J., "Intergenerational Educational Mobility: Effects of Family and State in Malaysia", *The Journal of Human Resources*, No. 4, 1994.

127. Grootaert C., Patrinos H. A., *The Policy Analysis of Child Labor: A Comparative Study*, St. Martin's Press, 1999.

128. Ray R., "The Determinants of Child Labor and Child Schooling in Ghana", *Journal of African Economics*, No. 4, 2003.

129. Rosati F., Rossi M., "Children's Working Hours and School Enrollment: Evidence from Pakistan and Nicaragua", *World Bank Economic Review*, No. 2, 2003.

130. Gunnarsson V., Orazem P., Sanchez M., "Child Labor and School Achievement in Latin America", *World Bank Economic Review*, No. 1, 2006.

131. Hartarska V., Nadolnyak D., "An Impact Analysis of Microfinance in Bosnia and Herzegovina", *World Development*, No. 12, 2008.

132. Khandker, S. R., "Microfinance and Poverty: Evidence Using Panel Data from Bangladesh", *The World Bank Economic Review*, No. 2, 2005.

133. Dunn E., Tvrtkovic J., *Microfinance Clients in Bosnia and Herzegovina*: Report on Baseline Survey, Foundation for Sustainable Development of Federation Bosnia and Herzegovina, 2003.

134. Cornwall A., White S. Men, "Masculinities and Development: Politics, Policies and Practice", *IDS Bulletin*, 31, No. 2, 2000.

135. Guijt I., Shah M. K., *The Myth of Community*: *Gender Issues in Participatory Development*, Intermediate Technology Publications, 1998.

136. Khan M. R., "Women Entrepreneurs in the Bangladeshi Restaurant Business", *Development in Practice*, No. 3, 1995.

137. Simanowitz A., *Issues in Designing Effective Microfinance Impact Assessment*, Kumarian Press, 2001.

138. Zohir S., Matin I., "Wider Impacts of Microfinance Institutions: Issues and Concepts", *Journal of International Development*, No. 3, 2004.

139. 杜晓山:《小额信贷的发展与普惠性金融体系框架》,载《中国农村经济》2006 年第 8 期。

140. 刘俊文:《超越贫困陷阱——国际反贫困问题研究的回顾与展望》,载《农业经济问题》2004 年第 10 期。

141. 吴理财:《"贫困"的经济学分析及其分析的贫困》,载《经济评论》2001 年第 4 期。

142. 蔡荣鑫:《国外贫困理论发展述评》,载《经济学家》2000 年第 2 期。

143. 王艳萍:《贫困内涵及其测量方法新探索》,载《内蒙古财经学院学报》2006 年第 2 期。

144. 叶普万:《贫困经济学研究:一个文献综述》,载《世界经济》2005 年第 9 期。

145. 谭崇台:《论快速增长与"丰裕中贫困"》,载《经济学动态》2002 年第 12 期。

146. 严江:《贫困的相关重要范畴与推进我国农村扶贫开发》,载《软科学》2006 年第 1 期。

147. 吴国宝:《对中国扶贫战略的简评》,载《中国农村经济》1996 年第 8 期。

148. 吴清华:《当代中外贫困理论比较研究》,载《人口与经济》2004 年第 1 期。

149. 世界银行扶贫协商小组:《储蓄和信贷一样重要:为穷人提供存款服务》,载《捐助者简报》2002 年第 4 期。

150. 世界银行扶贫协商小组:《为农村贫困人口提供的金融服务》,载《捐助者简报》2003 年第 15 期。

151. Jonathan Richter、温则圣、何国俊、徐冲:《小额信贷:缓解贫困问题的一条重要途径——穆罕默德·尤努斯教授在北京大学的演讲》,载《经济科学》2006 年第 6 期。

152. 李猛:《小额信贷的经济学原理》,载《贵州社会科学》2007 年第 7 期。

153. 刘民权、俞建拖:《国际扶贫的理论和政策实践》,载《中国发展研究基金会报告》2007 年第 33 期。

154. CGAP:《小额信贷机构的增长挑战——BancoSol 的经验》,载《焦点评论》1997 年第 6 期。

155. 范香梅、彭建刚:《国际小额信贷模式运作机制比较研究》,载《国际经贸探索》2007 年第 6 期。

156. 李晓文:《印尼小额信贷的发展》,载《中国金融》2006 年第 14 期。

157. 杜云福:《国际小额信贷机构治理结构与运作的比较及启示》,载《海南金融》2008 年第 11 期。

158. 张宗军:《小额保险业务的国际比较与我国的发展》,载《金融发展研究》2009 年第 3 期。

159. 徐忠:《小额信贷:国际经验及其对我国启示》,载《上海金融》2006 年第 8 期。

160. 马忠富:《政策加力推动农村小额贷款》,载《银行家》2007 年第 11 期。

161. 何广文、冯兴元:《农村金融体制缺陷及其弥补的路径选择》,载《2004 年中国青年农业经济学者年会论文集——统筹城乡发展　深化农村改革》,2004 年 8 月。

162. 褚保金:《构建新型农村金融　缓解农村信贷约束》,中国合作金融网 2009 年 1 月 13 日。

163. 秦池江:《着力创新农村金融经济补偿机制》,载《中国农村信用合作》2008 年第 12 期。

164. 何广文、杜晓山、白澄宇、李占武:《中国小额信贷行业评估报告》,中国小额信贷发展促进网络 2009 年 2 月。

165. 徐鲜梅:《云南小额信贷反贫困事实调研》,载《云南民族大学学报》(哲学社会科学版)2005 年第 3 期。

166. 吴国宝、李兴平:《小额信贷对中国扶贫与发展的贡献》,载《金融与经济》2003 年第 3 期。

167. 胡安舜、王海平:《青藏地区小额信贷实证研究》,载《金融研究》2006 年第 2 期。

168. 金媛媛、雷海章:《欠发达地区农户小额信贷绩效的实证分析与思考——以河南太康县农户小额信贷为例》,载《农村经济》2007 年第 3 期。

169. 冯涓、邹帆:《农户小额信贷对农民增收绩效的实证研究——基于 2002~2006 年地区面板数据的实证分析》,载《全国商情》2008 年第 22 期。

170. 程明太:《对完善林权与农房抵押贷款管理的思考》,载《中国金融》2009 年第 10 期。

171. 邓楚雄、黄正国等:《惠农卡:农行服务"三农"的成功尝试》,载《湖北农村金融研究》2009 年第 5 期。

172. 朱乾宇、董学军:《少数民族贫困地区农户小额信贷扶贫绩效的实证研究——以湖北省恩施土家族苗族自治州为例》,载《中南民族大学学报》(社科版)2007 年第 1 期。

173. 朱乾宇、吴遵新:《农户小额信贷对农信社盈利能力的影响分析》,载《开发研究》2007 年第 5 期。

174. 席革:《制度安排:提高再贷款支农功效》,载《金融时报》2006 年 8 月 10 日。

175. 朱乾宇:《民族贫困地区农信社推行农户小额信贷的实证分析》,载《社会科学》2007 年第 4 期。

176. 孙同全:《农村金融新政中非政府小额信贷的发展方向探析》,载《农业经济问题(月刊)》2007 年第 5 期。

177. 刘寅喆、银河:《村镇银行对农村金融的意义及其发展策略》,载《商业时代》2008 年第 9 期。

178. 朱乾宇、张忠永:《村镇银行的"支农"效应与制约因素》,载《农村金融研究》2009 年第 4 期。

179. 张忠永、朱乾宇:《村镇银行的风险控制问题》,载《银行家》2008 年第 11 期。

180. 陈坚、李天柱、曹海涛:《格莱珉模式与中国村镇银行的发展之路》,载《西安石油大学学报》(社会科学版)2008 年第 1 期。

181. 任敏、陈金龙:《日本农村金融运行状况对我国村镇银行的启示》,载《中国集体经济》2008 年第 2 期。

182. 王敏:《中国邮政储蓄银行今年将发 500 亿元小额贷款》,载《经济参考报》2009 年 3 月 9 日。

183. 袁闽川、商婷婷:《构建邮政储蓄银行小额贷款拖欠管理体系的思考》,载《邮政研究》2009 年第 5 期。

184. 马英杰、赵贵峰:《我国邮政储蓄银行开展农村小额信贷的 SWOT 分析》,载《海南金融》2008 年第 10 期。

185. 薛桂清:《邮政储蓄银行产品创新路径初探》,载《现代邮政》2008 年第 5 期。

186. 盛永志、张建明、唐秋玲:《关于邮政储蓄银行风险管理策略的研究》,载《哈尔滨金融高等专科学校学报》2007 年第 4 期。

187. 李中华:《资金来源渠道不畅严重制约农村资金互助社发展》,载《调查研究》2008 年第 4 期。

188. 姜柏林:《农村资金互助社融资难题待解》,载《农村金融》2007 年第 4 期。

189. 胡秋灵、刘伟:《农村资金互助社发展中面临的问题及解决办法》,载《金融博览》2009 年第 2 期。

190. 刘宛晨、段泽宇:《完善农村资金互助社以满足农户信贷需求》,载《财经理论与实践》2008 年第 5 期。

191. 姜柏林:《农村资金互助社:现代农村经济的助推器》,载《信息导刊》2009 年第 3 期。

192. 李猛:《农村资金互助社:小机构可有大作为》,载《当代金融家》2009

年第 4 期。

193. 曹辛欣:《小额信贷的利率分析》,载《黑龙江对外经贸》2007 年第 5 期。

194. 秦煜:《农村资金互助社的金融制度创新》,载《中国农业大学学报》2008 年第 8 期。

195. 王锦旺:《小额贷款公司:农村金融供给新路径分析》,载《农村经营管理》2009 年第 3 期。

196. 董静、郑朝阳:《小额贷款公司"双赢"道路探索——基于新时期小额信贷的理论与实践》,载《经济界》2008 年第 5 期。

197. 潘广恩:《小额贷款公司可持续发展机制的研究》,载《浙江金融》2009 年第 4 期。

198. 刘西川、金铃、程恩江:《推进农村金融改革 扩展穷人信贷市场——中国非政府小额信贷和农村金融国际研讨会综述》,载《中国农村经济》2006 年第 8 期。

199. 徐忠、袁国良:《中国非政府组织小额信贷的实践与评价》,载《上海金融》2007 年第 3 期。

200. 韩婷婷:《非政府小额信贷组织在萎缩》,载《第一财经日报》2008 年 10 月 22 日。

201. 杜晓山:《非政府组织小额信贷机构可能的发展前景》,载《中国农村经济》2008 年第 5 期。

202. 陈颖、王胜邦:《小额信贷机构监管的国际经验和中国实践》,载《新金融》2006 年第 7 期。

203. 孙同全:《中国小额信贷政策法律环境的现状与前景》,载《中国金融》2008 年第 23 期。

204. 中国银行业监督管理委员会福建监管局金融创新研究小组:《小额信贷的可持续发展:国际经验与现实思考》,载《福建金融》2007 年第 12 期。

205. 曹凤岐、郭志文:《我国小额信贷问题研究》,载《农村金融研究》2008 年第 9 期。

后 记

　　本书是笔者在国家社会科学基金项目"少数民族地区反贫困战略中农户小额信贷扶贫的绩效评价"和教育部哲学社会科学研究重大课题攻关项目"金融市场全球化下的中国金融监管体系研究"的共同资助下完成的。在本书的写作过程中，笔者得到了博士后合作导师北京大学金融与证券研究中心主任、北京大学光华管理学院曹凤岐教授的精心指导和帮助，在此对导师表示衷心的感谢！本书的初稿完成以后，华中科技大学经济学院院长徐长生教授和中南民族大学经济学院院长张跃平教授对本书提出了宝贵的意见，笔者在此表示感谢！本书在出版过程中得到了人民出版社吴焰东编辑的大力协助，他对本书的出版付出了很大的心血，在此对他的高效工作表示感谢！

　　在本书的研究过程中，笔者参加了世界银行组织的微型金融师资培训班的学习，长期以来，世界银行学院一直致力于微型金融在中国的推广和对微型金融研究者和操作者的培训，他们对小额信贷在中国的发展作出了巨大的贡献。在此，对世界银行学院高级培训专家李胜女士、世界银行东亚太平洋地区首席金融专家王君先生、中国人民银行研究生部部务委员会副主席焦瑾璞教授、中国社科院农村发展研究所杜晓山研究员、中国农业大学何广文教授等一并表示感谢！

　　在本书的写作过程中，笔者参考了大量的有关专著、报刊和论文，参考和引用了别人的一些观点，在此对这些作者表示感谢。过去的两年中，中国的农村金融体系和格局发生了巨大的变化，中国的小额信贷机构也发生了许多变革，本书将新型的农村小额信贷机构也纳入到研究的范畴，在写作的过程中可能存在不少疏漏和错误，欢迎广大读者提出宝贵意见！

朱乾宇

2009 年 9 月 28 日

策划编辑:吴焰东
责任编辑:吴焰东
封面设计:肖　辉

图书在版编目(CIP)数据

中国农户小额信贷影响研究/朱乾宇 著．-北京:人民出版社,2010.4
ISBN 978－7－01－008783－2

Ⅰ．中…　Ⅱ．朱…　Ⅲ．农贷-信贷管理-中国　Ⅳ．F832.43

中国版本图书馆 CIP 数据核字(2010)第 047951 号

中国农户小额信贷影响研究

ZHONGGUO NONGHU XIAO'E XINDAI YINGXIANG YANJIU

朱乾宇　著

人民出版社 出版发行
(100706　北京朝阳门内大街 166 号)

北京集惠印刷有限责任公司印刷　新华书店经销

2010 年 4 月第 1 版　2010 年 4 月北京第 1 次印刷
开本:710 毫米×1000 毫米 1/16　印张:23.5
字数:376 千字　印数:0,001－3,000 册

ISBN 978－7－01－008783－2　定价:49.00 元

邮购地址 100706　北京朝阳门内大街 166 号
人民东方图书销售中心　电话 (010)65250042　65289539